A
FOUNDATION
DICTIONARY OF
RUSSIAN

A
FOUNDATION
DICTIONARY OF
RUSSIAN

3000 HIGH SEMANTIC FREQUENCY WORDS ILLUSTRATED
WITH PHRASES AND SENTENCES
(formerly titled "Essential Russian-English Dictionary")

BY

B. G. ANPILOGOVA, E. Y. VLADIMIRSKY,
V. I. ZIMIN AND E. Y. SOSENKO
ENGLISH TRANSLATION BY V. KOROTKY

Dover Publications, Inc., New York

Published in Canada by General Publishing Company Ltd., 30 Lesmill Road, Don Mills, Toronto, Ontario.

Published in the United Kingdom by Constable and Company, Ltd., 10 Orange Street, London WC 2.

This Dover edition, first published in 1967, is an unabridged and unaltered republication of the work originally published by Progress Publishers, Moscow, under the title *Essential Russian-English Dictionary*.

International Standard Book Number: 0-486-21860-0
Library of Congress Catalog Card Number: 67-28632

Manufactured in the United States of America
Dover Publications, Inc.
180 Varick Street
New York, N.Y. 10014

FOREWORD

This book is intended for students studying Russian with or without a teacher (in study groups, at courses, etc.) outside Russian linguistic milieu.

It is a dictionary, i.e., besides lists of the commonest Russian words (vocabulary) with English translations, it gives grammatical characteristics of the words and illustrative material, explaining not only the meanings of the words but their uses as well.

The illustrative material consists of phrases and sentences showing the meanings of the words, and brief contexts, which are traditional, ordinary, semantically stable or, in any case, very commonly used, e.g. любо́вь к ро́дине *love for one's country*, сде́лать вы́вод *to draw a conclusion*, соверши́ть посту́пок *to perform an action*, Как вас зову́т? *What is your name?*, Мы опозда́ли к нача́лу спекта́кля *We were late for the performance*, etc. A number of words are followed by the sign ◇, after which phrases, proverbs or figurative expressions containing these words are given, e.g. Льёт как из ведра́ *It is raining cats and dogs*, Всего́ хоро́шего *All the best*, Ум хорошо́, а два лу́чше *Two heads are better than one*, etc.

The vocabulary comprises some 3,000 of the commonest Russian words.

At the end of the Dictionary, thematic word lists are supplied, which widen the scope of the vocabulary.

It is hoped that the study of the lexico-grammatical material of the Dictionary will provide the necessary foundation for conversation on various everyday subjects and reading of modern Russian fiction and periodicals without consulting a Russian-English dictionary too often.

Every article in this Dictionary includes the word under consideration in its initial form and defines it grammatically (either stating what part of speech it is or giving its forms). If a word has several meanings, only the commonest of these are given, each under a separate figure. Homonyms are entered as separate words marked 1, 2, 3, etc. Derivatives are not generally given in the same article as their root words but as caption words, since the Dictionary is based on an exact word count.

The part of speech is indicated only in the case of adverbs, numerals, pronouns, prepositions, conjunctions and particles. Nouns, verbs and adjectives have no such labels, as their grammatical characteristics given in the article define them clearly enough.

Nouns are entered in the nominative singular, their gender and the peculiarities in the formation of the case forms, if any, are indicated. In the case of an unstable vowel, the genitive singular (e.g. кон|е́ц, *gen.* -ца́, end) or genitive plural (e.g. па́л|ка, *gen. pl.* -ок, stick; окно́, *gen. pl.* о́кон, window) is supplied. The paradigms of nouns declined irregularly are given in full.

Indeclinable nouns are marked *indecl.*

All those forms of nouns in which there is a stress shift are given, e.g. вода́, *acc.* во́ду, water; стол, *gen.* стола́, *pl.* столы́, table; etc.

Adjectives are entered in the masculine; the feminine, neuter and plural endings following the initial form. The comparative is given only if there are irregularities in its formation (interchange of sounds, suppletion). Short form adjectives are given in the same article as the long form ones.

Personal pronouns are followed by their declension paradigms. Possessive and demonstrative pronouns are given in the masculine singular, followed by the feminine, neuter and plural forms.

Verbs are entered in the infinitive, followed by the 1st and 2nd persons singular and the 3rd person plural. Cases where a verb form is not used are specially marked, e.g. продолжа́ться to continue, *1st & 2nd pers. not used*; побе採дить to win, *1st pers. sing. not used*, etc. The peculiarities in the formation of the past and the imperative are given. The past is supplied only if it is formed irregularly or if its formation is accompanied by a shift of stress (везти́ to carry — вёз, везла́; взять to take — взял, взяла́). Irregular formations of the imperative are also supplied, e.g. бить to beat — бей.

Aspects of verbs are given in the following manner. In the case of perfective verbs only the infinitive is given, with reference to the imperfective for meaning. Articles containing imperfective forms also include the perfective forms and illustrative examples explaining both forms.

After the imperfective forms questions are supplied helping to determine the government of the verb under consideration and of its perfective counterpart in each of their meanings. If a verb has a different government in one of its meanings, the questions are given for that particular meaning.

When a verb is used only in one aspect in one of its meanings, this is always indicated, as well as the cases where the verb has one perfective counterpart in one meaning and a different one in another.

Questions helping to determine the government of a word are also given after certain nouns, adverbs and adjectives.

Assuming that the student will work at the Dictionary simultaneously with studying grammar, forms different from their initial forms are not entered as separate words, e.g. шёл (from идти́ *to go*), вы́ше (from высо́кий *high*), мне (from я *I*), etc. All such forms can be found in the articles on the initial forms. Exceptions are suppletive forms which are beginning to be used as independent words with a specific meaning (e.g. лю́ди *people*, лу́чше *better*, etc.). In such cases the suppletive forms are entered with reference to their principal forms.

Participles and verbal adverbs are not entered at all.

In the **Supplement,** the words are grouped thematically.

In the section **Names of Nationalities,** the head words are the nouns denoting nationality in the masculine and feminine singular and in the plural. These are followed by the names of the countries and the corresponding adjectives, e.g. францу́з *Frenchman,* францу́женка *Frenchwoman;* францу́зы *the French,* Фра́нция *France;* францу́зский *French.*

Forms which have not yet become quite stable are not given.

Stress is indicated throughout the Dictionary. The primary stress is marked ['], the secondary [`]. All the words without independent stress should be merged in pronunciation with the principal word, as та́к же, на сто́л, не́ был, не ста́л, etc. In some cases the pronunciation is given in square brackets.

The Compilers

THE RUSSIAN ALPHABET

А а	Р р
Б б	С с
В в	Т т
Г г	У у
Д д	Ф ф
Е е	Х х
Ё ё	Ц ц
Ж ж	Ч ч
З з	Ш ш
И и	Щ щ
Й й	ъ
К к	Ы ы
Л л	ь
М м	Э э
Н н	Ю ю
О о	Я я
П п	

ABBREVIATIONS

acc., accusative
adj., adjective
adv., adverb
ant., antonym
colloq., colloquial
comp., comparative
conj., conjunction
dat., dative
f., feminine
fig., figurative
fut., future
gen., genitive
imp., imperfective
imper., imperative
impers., impersonal
indecl., indeclinable
inf., infinitive
instr., instrumental
lit., literal
m., masculine

n., noun
neut., neuter
num., numeral
p., perfective
paren., parenthetic
part., participle
pers., person
philos., philosophy
pl., plural
poss., possessive
pred., predicate
predic., predicative
prep., preposition
prepos., prepositional
pron., pronoun
q. v., which see
sing., singular
superl., superlative
usu., usually

А, а

А *conj.* and
Я учу́сь в университе́те, а не в институ́те. *I study at a university, and not at an institute.* Мы изуча́ем ру́сский язы́к, а они́ англи́йский. *We study Russian and they, English.*

А́ВГУСТ *m., no pl.* August
Сего́дня деся́тое а́вгуста. *Today is the tenth of August.* Я прие́хал в а́вгусте. *I came in August.* Я прие́хал деся́того а́вгуста. *I came on the tenth of August.*

АВТО́БУС *m.* bus
Éхать на авто́бусе. *To go by bus.* В авто́бусе мно́го наро́ду. *There are many people in the bus.*

АВТОМА́Т *m.* automatic machine
Телефо́н-автома́т. *Public telephone.* Стано́к-автома́т. *Automatic machine-tool.*

АВТОМОБИ́ЛЬ *m.* motor-car
Éхать на автомоби́ле. *To go by car.*

А́ВТОР *m.* author
Áвтор кни́ги. *The author of a book.*

АВТОРУ́Ч|КА *f., gen. pl.* -ек fountain-pen
Писа́ть авторучкой. *To write with a fountain-pen.*

АГРЕССИ́ВН|ЫЙ, -ая, -ое, -ые aggressive
Агресси́вная поли́тика. *An aggressive policy.*

АГРОНО́М *m.* agronomist
Рабо́тать агроно́мом. *To work as an agronomist.*

А́ДРЕС *m., pl.* -á address
Да́йте мне ваш а́дрес. *Give me your address.* Посла́ть письмо́ по а́дресу. *To send a letter to an address.*

АКАДЕ́МИЯ *f.* academy
Акаде́мия нау́к. *The Academy of Sciences.* Сельскохозя́йственная

академия. *The Agricultural Academy.* Учи́ться в акаде́мии. *To study at an academy.*

АККУРА́ТН|ЫЙ, -ая, -ое, -ые, *short form* аккура́тен, аккура́тн|а, -о, -ы; *adv.* аккура́тно painstaking, punctual
Аккура́тный студе́нт. *A painstaking, punctual student.* Писа́ть аккура́тно. *To write carefully.*

АНА́ЛИЗ *m.* analysis
Ана́лиз и си́нтез. *Analysis and synthesis.* Ана́лиз междунаро́дного положе́ния. *An analysis of the international situation.*
◇ Ана́лиз кро́ви. *Blood test.*

АНГИ́НА *f., no pl.* tonsillitis
У меня́ анги́на. *I have tonsillitis.* Боле́ть анги́ной. *To be ill with tonsillitis.*

АПЕЛЬСИ́Н *m.* orange
Вку́сный апельси́н. *A tasty orange.* Килогра́мм апельси́нов. *A kilogramme of oranges.*

АПЛОДИ́Р|ОВАТЬ, -ую, -уешь, -уют *imp.* кому́? чему́? to applaud
Аплоди́ровать арти́сту. *To applaud an actor.*

АППЕТИ́Т *m.* appetite
Хоро́ший аппети́т. *A good appetite.* Прия́тного аппети́та! *I wish you a good appetite!*

АПРЕ́ЛЬ *m., no pl.* April
Сего́дня пе́рвое апре́ля. *Today is the first of April.* Он прие́дет в апре́ле. *He will come in April.* Два́дцать тре́тьего апре́ля мы е́здили на экску́рсию. *We went on an excursion on the twenty-third of April.*

АПТЕ́КА *f.* chemist's
Дежу́рная апте́ка. *Duty chemist's.* Покупа́ть лека́рства в апте́ке. *To buy medicine at a chemist's shop.*

АРБУ́З *m.* water-melon
Спе́лый арбу́з. *A ripe water-melon.*

АРЕСТ|ОВА́ТЬ, -у́ю, -у́ешь, -у́ют *imp. & p.* к о г о́? to arrest
Арестова́ть престу́пника. *To arrest a criminal.*

А́РМИЯ *f.* army
Си́льная а́рмия. *A strong army.*

АРТИ́СТ *m.* actor
Арти́ст кино́. *A cinema actor.* Наро́дный арти́ст СССР. *A People's Artist of the USSR.*

АРХИТЕ́КТОР *m.* architect
Гла́вный архите́ктор. *The chief architect.* Прое́кт архите́ктора. *The architect's project.*

АСПИРА́НТ *m.* post-graduate student
Аспира́нт ка́федры матема́тики. *A post-graduate of the Mathematics Chair.*

А́ТОМ *m.* atom
Атом водоро́да. *A hydrogen atom.*

А́ТОМН|ЫЙ, -ая, -ое, -ые atomic
Атомная эне́ргия. *Atomic energy.* Атомная электроста́нция. *An atomic power-station.* Атомный ледоко́л. *An atomic ice-breaker.* Атомная бо́мба. *An atomic bomb.*

АУДИТО́РИЯ *f.*
1. lecture-room. Пя́тая аудито́рия. *Lecture-room No. 5.* Мы занима́емся в тре́тьей аудито́рии. *We have our lessons in Room Three.*
2. audience. Внима́тельная аудито́рия. *An attentive audience.*

АЭРОДРО́М *m.* aerodrome
На аэродро́ме. *At the aerodrome.* Ехать на аэродро́м. *To drive to the aerodrome.*

АЭРОПО́РТ *m., prepos.* в аэропорту́ airport
Встреча́ть делега́цию в аэропорту́. *To meet a delegation at the airport.*

Б, б

БА́БУШ|КА *f., gen. pl.* -ек grandmother

БА́ЗА *f.*
1. basis. Экономи́ческая ба́за. *An economic basis.*
2. base. Вое́нная ба́за. *A military base.*

БАЛ *m., prepos.* на балу́ & о ба́ле; *pl.* -ы́ ball

Они́ познако́мились на балу́. *They met at a ball.*

БАЛЕ́Т *m.* ballet
Но́вый бале́т. *A new ballet.* Смотре́ть бале́т. *To see a ballet.* Пойти́ на бале́т. *To go to a ballet.*

БАЛКО́Н *m.* balcony
Вы́йти на балко́н. *To come (go) out on to the balcony.*

БАНК *m.* bank
Госуда́рственный банк. *The State Bank.* Национа́льный банк. *The National Bank.*

БА́Н|КА *f., gen. pl.* -ок jar
Стекля́нная ба́нка. *A glass jar.*

БА́НЯ *f.* bath-house

БАСКЕТБО́Л *m., no pl.* basket-ball
Игра́ть в баскетбо́л. *To play basket-ball.*

БАССЕ́ЙН *m.*
1. swimming-pool. Пла́вать в бассе́йне. *To swim in a swimming-pool.*
2. basin. Каменноуго́льный бассе́йн. *A coal basin.*

БА́Ш|НЯ *f., gen. pl.* -ен tower
Высо́кая ба́шня. *A high tower.* Кремлёвские ба́шни. *The Kremlin towers.*

БЕ́ГА|ТЬ, -ю, -ешь, -ют *imp.* to run
Де́ти бе́гают в саду́. *The children are running about in the garden.*

БЕДА́ *f., pl.* бе́ды misfortune, trouble
Друг помо́г мне в беде́. *My friend helped me in my need.*

БЕ́ДН|ЫЙ, -ая, -ое, -ые, *short form* бе́ден, бедна́, бе́дн|о, -ы; *adv.* бе́дно
1. poor. Бе́дная страна́. *A poor country.* Он был бе́дно оде́т. *He was poorly dressed.*
2. *fig.* poor. У него́ бе́дное воображе́ние. *He has a poor imagination.*
3. *fig., only complete form* poor. Бе́дная же́нщина! Она́ потеря́ла сы́на. *The poor woman! She has lost her son.*

БЕЖА́ТЬ, бегу́, бежи́шь, бегу́т *imp.*
1. to run. Спортсме́н бежи́т бы́стро. *The sportsman runs quickly.*
2. *fig.* to fly. Вре́мя бежи́т. *Time flies.*

БЕЗ *prep.* + *gen.* without
Чай без са́хара. *Tea without sugar.* Ходи́ть без ша́пки. *To go without a cap.*

◇ **Без пяти́ мину́т во́семь.** *Five minutes to eight.* **Нет ды́ма без огня́** (proverb). *There is no smoke without a fire.*

БЕЗРАБО́ТН|ЫЙ *m., gen.* -ого unemployed person
Он безрабо́тный. *He is unemployed.*

БЕ́Л|ЫЙ, -ая, -ое, -ые white
Бе́лая ска́терть. *A white table-cloth.*
◇ Бе́лый хлеб. *White bread.*

БЕЛЬЁ *neut., no pl.* underwear; linen
Наде́ть чи́стое бельё. *To put on clean underwear.* Отда́ть бельё в сти́рку. *To give out one's washing.* Посте́льное бельё. *Bed-linen.*

БЕ́РЕГ *m., prepos.* о бе́реге & на берегу́; *pl.* -а́ bank, shore
Бе́рег реки́. *The bank of the river.* Бе́рег о́зера. *The shore of the lake.* Отдыха́ть на берегу́ мо́ря. *To rest at the seaside.*

БЕРЕ́ЧЬ, берегу́, бережёшь, берегу́т, *past* берёг, берегл|а́, -о́, -и́ *imp.* кого́? что? to take care (of)
Береги́те здоро́вье. *Take care of your health.* Бере́чь дете́й. *To take care of the children.* Бере́чь вре́мя. *To make the most of one's time.*

БЕСЕ́ДА *f.* conversation
Дру́жеская бесе́да. *A friendly conversation.* Вести́ бесе́ду. *To carry on a conversation.*

БЕСЕ́Д|ОВАТЬ, -ую, -уешь, -уют *imp.* с кем? о ком? о чём? /*p.* побесе́д|овать, -ую, -уешь, -уют to talk
Я бесе́дую с това́рищем о но́вой кни́ге. *I am talking about a new book with my friend.*

БЕСКОНЕ́ЧН|ЫЙ, -ая, -ое, -ые, *short form* бесконе́чен, бесконе́чн|а, -о, -ы
1. endless. Бесконе́чная равни́на. *An endless plain.*
2. endless. Бесконе́чный спор. *An endless argument.*
3. infinite. Мир бесконе́чен. *The world is infinite.*

БЕСПАРТИ́ЙН|ЫЙ *m., gen.* -ого non-party
Он беспарти́йный. *He belongs to no party.*

БЕСПЛА́ТН|ЫЙ, -ая, -ое, -ые; *adv.* беспла́тно free, gratis

Беспла́тное обуче́ние. *Free education.* Беспла́тное медици́нское обслу́живание. *Free medical service.* Отдыха́ть беспла́тно в санато́рии. *To have free lodgings and board in a sanatorium.*

БЕСПОКО́|ИТЬСЯ, -юсь, -ишься, -ятся *imp.* о ком? о чём?
1. to worry, to be anxious. Беспоко́иться о де́тях. *To worry about the children.* Беспоко́иться о здоро́вье. *To be concerned with one's health.*
2. to bother. Не беспоко́йтесь, я сам э́то сде́лаю. *Don't bother, I'll do it myself.*

БЕСПОКО́ЙН|ЫЙ, -ая, -ое, -ые; *adv.* беспоко́йно
1. restless. Беспоко́йная жизнь. *A restless life.*
2. restless. Беспоко́йный челове́к. *A restless person.*
3. *fig.* agitated. Беспоко́йное мо́ре. *A choppy sea.*

БЕСПОЛЕ́ЗН|ЫЙ, -ая, -ое, -ые, *short form* бесполе́зен, бесполе́зн|а, -о -ы; *adv.* бесполе́зно useless
Бесполе́зное заня́тие. *A useless occupation.*

БЕСПО́МОЩН|ЫЙ, -ая, -ое, -ые, *short form* беспо́мощен, беспо́мощн|а, -о, -ы; *adv.* беспо́мощно helpless
Беспо́мощный ребёнок. *A helpless child.*

БЕСПОРЯ́Д|ОК *m., gen.* -ка disorder
Беспоря́док в ко́мнате. *Disorder in the room.*

БИБЛИОТЕ́КА *f.* library
Нау́чная библиоте́ка. *A scientific literature library.* Публи́чная библиоте́ка. *A public library.* Брать кни́ги в библиоте́ке. *To borrow books from a library.*

БИЛЕ́Т *m.*
1. ticket. Биле́т в теа́тр, в кино́, на конце́рт; на по́езд, на парохо́д, на самолёт. *A ticket for the theatre, for the cinema, for a concert; for a train, for a ship, for a plane.*
2. card. Парти́йный биле́т. *A party membership card.* Пригласи́тельный биле́т. *An invitation card.* Студе́нческий биле́т. *A student's card.*
3. Экзаменацио́нный биле́т. *A*

question-paper (for oral examinations).

БИОГРАФИЯ f. biography
Рассказа́ть биогра́фию. To tell one's biography.

БИТЬ, бь|ю, -ёшь, -ют; imper. бей imp.
1. кого́? чем? по чему́? to beat. Он бил соба́ку па́лкой по спине́. He beat the dog on the back with a stick.
2. что? чем? p. разби́ть, разобь|ю́, -ёшь, -ю́т to break. Разби́ть стекло́ ка́мнем. To break a pane with a stone. Разби́ть стака́н. To break a glass.
3. кого́? p. разби́ть to defeat. Разби́ть врага́. To defeat the enemy.
4. p. проби́ть, 1st & 2nd pers. not used, 3rd pers. пробь|ёт, -ю́т to strike. Бьют часы́ кремлёвской ба́шни. The clock of the Kremlin tower is striking.

БИ́ТЬСЯ, бь|юсь, -ёшься, -ются imp.
1. to beat. Се́рдце би́лось. The heart was beating.
2. to struggle. Он до́лго би́лся над реше́нием зада́чи. He wrestled with the problem for a long time.

БЛАГОДАР|И́ТЬ, -ю́, -и́шь, -я́т imp. кого́? что? за что?/p. поблагодар|и́ть, -ю́, -и́шь, -я́т to thank
Благодарю́ вас за внима́ние. (I) thank you for your attention.

БЛАГОДАРЯ́ prep. + dat. thanks to, owing to
Благодаря́ упо́рному труду́ они́ вы́растили бога́тый урожа́й. Thanks to persistent work they've grown a rich crop.

БЛЕДНЕ́|ТЬ, -ю, -ешь, -ют imp./p. побледне́|ть, -ю, -ешь, -ют to turn pale
Побледне́ть от стра́ха. To blanch with terror.

БЛЕ́ДН|ЫЙ, -ая, -ое, -ые, short form бле́ден, бледна́, бле́дн|о, -ы; adv. бле́дно
1. pale. Бле́дное лицо́. A pale face. Бле́дный от волне́ния. Pale with excitement.
2. fig. colourless. Бле́дный отве́т. A colourless answer.

БЛЕ|СТЕ́ТЬ, -щу́, -сти́шь, -сти́т or -щу́, бле́щешь, бле́щут, 1st & 2nd pers. rarely used, imp. to shine, to sparkle

Снег блести́т на со́лнце. The snow is sparkling in the sun. Глаза́ у неё блестя́т от ра́дости. Her eyes are sparkling with joy.

БЛЕСТЯ́Щ|ИЙ, -ая, -ее, -ие
1. shining. Блестя́щий предме́т. A shining object.
2. fig. brilliant. Блестя́щие успе́хи. Brilliant success. Блестя́щий отве́т. A splendid answer.

БЛИ́ЗК|ИЙ, -ая, -ое, -ие, short form бли́зок, близка́, бли́зк|о, -и; adv. бли́зко; compr. бли́же
1. near. Бли́зкая дере́вня. A near village. Лес и река́ бли́зко. The river and the forest are close by. Я живу́ бли́зко от университе́та. I live near the university.
2. fig. close. Бли́зкий друг. A close friend.

БЛЮ́ДО neut.
1. dish. Фарфо́ровое блю́до. A porcelain dish.
2. course. Пе́рвое блю́до. The first course. Обе́д из трёх блюд. A three-course dinner.

БОГ [бох] m., gen. pl. -о́в God
Ве́рить в бо́га. To believe in God.

БОГА́ТСТВО neut.
1. wealth. Огро́мное бога́тство. Great wealth.
2. pl. resources. Приро́дные бога́тства. Natural resources.

БОГА́Т|ЫЙ, -ая, -ое, -ые, short form бога́т, -а, -о, -ы
1. rich. Бога́тый челове́к. A rich person.
2. fig. rich. Бога́тый урожа́й, уло́в. A rich harvest, catch.

БОЙ m., prepos. в бою́ & о бо́е; pl. бои́, боёв battle
Поги́бнуть в бою́. To die in battle. На по́ле бо́я. On the battlefield.

БОК m., prepos. в (на) боку́; pl. -а́ side
Лежа́ть на боку́. To lie on one's side. Поверну́ться бо́ком. To turn side-ways.

БО́ЛЕЕ adv. more
Бо́лее высо́кий. Taller. Бо́лее интере́сный. More interesting.
◇ **Тем бо́лее (что).** The more so; especially as. Бо́лее и́ли ме́нее. More or less.

БОЛЕ́ЗНЬ f. disease, illness

Тяжёлая болéзнь. *A grave disease.*

БО́ЛЕН, больн|á, -ó, -ы́ *short adj. used as predic.* ill (*cf.* **БОЛЬНО́Й**)
Я бóлен. *I am ill.* Онá больнá ужé давнó. *She has been ill for a long time.*

БОЛÉ|ТЬ¹, -ю, -ешь, -ют *imp.* ч е м? to be ill
Болéть дóлго. *To be ill for a long time.* Болéть грúппом. *To be ill with the 'flu.* Я болéл ангúной. *I had a sore throat.*

БОЛ|ÉТЬ², *1st & 2nd pers.* not used, *3rd pers.* -úт, -я́т *imp.* to hurt, to ache
У меня́ болúт ногá. *My leg hurts me.* У меня́ болúт головá. *I have a headache.* У негó болéли зýбы. *He had a toothache.* У неё болúт гóрло. *She has a sore throat.*

БОЛЬНИ́ЦА *f.* hospital
Городскáя больнúца. *A city hospital.* Лежáть в больнúце. *To be in hospital.*

БО́ЛЬНО
1. *adv.* badly. Мáльчик бóльно ушúбся. *The boy hurt himself badly.*
2. *predic. impers.* it hurts. Мне бóльно. *It hurts me.*

БОЛЬН|О́Й, -áя, - óе, -ы́е
1. sick, bad, diseased. Больнáя дéвочка. *A sick girl.* Больнóе сéрдце. *A bad heart.*
2. *fig.* sore. Больнóй вопрóс. *A sore problem.* Это егó больнóе мéсто. *This is his sore spot.*

БОЛЬН|О́Й *m., gen.* -óго; **больн|áя** *f., gen.* -óй, *pl.* -ы́е, *gen.* -ы́х sick person, patient
Больнóй лежúт в больнúце. *The patient is in hospital.* Врач осмáтривает больнóго. *The doctor is examining the patient.*

БО́ЛЬШЕ
1. *comp. of* **большóй** bigger. Москвá бóльше Ленингрáда. *Moscow is bigger than Leningrad.*
2. *comp. of* **мнóго** more. Он знáет бóльше, чем я (бóльше меня́). *He knows more than I do.*
◇ Бóльше всегó. *Most of all.*
3. *adv.* more. Бóльше нет вопрóсов? *No more questions?* Я бóльше не могý. *I can't endure it any longer.*

БОЛЬШИНСТВО́ *neut., no pl.* majority, most
Большинствó студéнтов занимáется спóртом. *Most students go in for sports.*

БОЛЬШ|О́Й, -áя, -óе, -úе, *comp.* **бóльше** (q. v.)
1. big, large. Большóй дом. *A big house.* Большáя рекá. *A large river.*
2. great. Большáя рáдость. *A great joy.*

БО́МБА *f.* bomb
Атомная бóмба. *An atomic bomb.* Водорóдная бóмба. *A hydrogen bomb.* Взорвáть бóмбу. *To explode a bomb.*

БОР|ÉЦ *m., gen.* -цá fighter
Борéц за свобóду. *A fighter for freedom.* Борцы́ за мúр. *Champions of peace.*

БОРО́ТЬСЯ, борю́сь, бóрешься, бóрются *imp.* з а ч т о? з а к о г о? п р о т и в ч е г о? п р о т и в к о г о? с к е м? с ч е м? to fight, to struggle
Борóться с врагóм. *To fight the enemy.* Борóться с болéзнями. *To fight disease.* Борóться за мúр. *To fight for peace.*

БОРЬБА́ *f., no pl.* з а ч т о? з а к о г о? п р о т и в ч е г о? п р о т и в к о г о? с к е м? с ч е м?
1. fight, struggle. Борьбá за незавúсимость. *Struggle for independence.* Борьбá прóтив врагóв. *The fight against the enemies.* Клáссовая борьбá. *Class struggle.* Политúческая борьбá. *A political struggle.*
2. wrestling. Классúческая борьбá. *Greco-Roman wrestling.* Вóльная борьбá. *Free style wrestling.*

БОТИ́Н|КИ *pl., gen. pl.* -ок; *sing.* -ок, *gen.* -ка boots
Купúть ботúнки. *To buy boots.* Ботúнки сóрок вторóго размéра. *Size number forty-two boots.*

БО|Я́ТЬСЯ, -ю́сь, -úшься, -я́тся *imp.* к о г о? ч е г о? & + *inf.* to be afraid, to fear
Боя́ться простýды. *To fear a chill.* Боя́ться морóза. *To be afraid of the frost.* Боя́ться заболéть. *To be afraid of falling ill.* Я бою́сь, что

опозда́ю на по́езд. *I am afraid I'll miss the train.*

◇ Волко́в боя́ться — в лес не ходи́ть (proverb). Cf. *Nothing venture, nothing have.* Де́ло ма́стера бои́тся (proverb). Cf. *He works best who knows his trade.*

БРАТ *m.*, *pl.* бра́тья, бра́тьев brother
Ста́рший брат. *The elder (eldest) brother.* Мла́дший брат. *The younger (youngest) brother.*
◇ Родно́й брат. *Brother.* Двою́родный брат. *(First) cousin.*

БРАТЬ, бер|у́, -ёшь, -у́т, *past* брал, брала́, бра́л|о, -и *imp.* что? кого́?/*p.* взять, возьм|у́, -ёшь, -у́т, *past* взял, взяла́, взя́л|о, -и
1. to take. Он берёт кни́ги со стола́. *He is taking the books off the table.*
2. за что? to take. Брать кого́-нибу́дь за́ руку. *To take somebody by the hand.*
3. to borrow. Брать кни́ги в библиоте́ке. *To borrow books from the library.*
◇ Взять себя́ в ру́ки. *To pull oneself together.* Взять сло́во. *To take the floor.*

БРА́ТЬСЯ, бер|у́сь, -ёшься, -у́тся, *past* бра́лся, брал|а́сь, -о́сь, -и́сь *imp.* за кого́? за что?/*p.* взя́ться, возьм|у́сь, -ёшься, -у́тся, *past* взя́лся, взял|а́сь, -о́сь, -и́сь
1. to take hold of. Он взя́лся за ру́чку две́ри. *He took hold of the handle of the door.*
2. *fig.* to apply oneself (to). Он горячо́ взя́лся за рабо́ту. *He set about the work enthusiastically.*

БРИГА́ДА *f.* team
Брига́да рабо́чих. *A team of workers.*

БРИ́ТЬСЯ, бре́|юсь, -ешься, -ются *imp.* чем?/*p.* побри́ться, побре́|юсь, -ешься, -ются to shave
— Вы бре́етесь в парикма́херской? — Нет, я бре́юсь сам. *"Do you shave at a barber's?" "No, I shave myself."*

БРОВ|Ь *f.*, *gen. pl.* -е́й eyebrow
Чёрные бро́ви. *Black eyebrows.* Хму́рить бро́ви. *To knit one's brows.*

БРОДИ́ТЬ, брожу́, бро́дишь, бро́дят *imp.* to roam

Мы до́лго броди́ли по́ лесу. *We roamed the forest for a long time.*

БРОСА́|ТЬ, -ю, -ешь, -ют *imp.* / *p.* бро́|сить, -шу, -сишь, -сят
1. кого́? что? куда́? to throw. Бро́сить ры́бу в во́ду. *To throw a fish into the water.* чем? в кого́? во что? Бро́сить ка́мнем в окно́. *To throw a stone at a window.*
2. + *inf.* to give up. Бро́сить кури́ть. *To give up smoking.*
◇ Броса́ть слова́ на ве́тер. *To talk at random.*

БРОСА́|ТЬСЯ, -юсь, -ешься, -ются *imp.* куда́? на кого́?/*p.* бро́|ситься, -шусь, -сишься, -сятся to throw oneself (on), to attack
Соба́ка бро́силась на челове́ка. *The dog attacked the man.* Бро́ситься в мо́ре. *To throw oneself into the sea.*

БРО́СИТЬ *see* **БРОСА́ТЬ**

БРО́СИТЬСЯ *see* **БРОСА́ТЬСЯ**

БРЮ́КИ *no sing.*, *gen. pl.* брюк trousers
Мужски́е брю́ки. *Men's trousers.*

БУДИ́ТЬ, бужу́, бу́дишь, бу́дят *imp.* кого́? /*p.* разбуди́ть, разбужу́, разбу́дишь, разбу́дят to wake
Разбуди́ть това́рища. *To wake up a friend.*

БУ́ДТО *conj.* as if
Он расска́зывает так интере́сно, бу́дто сам всё э́то ви́дел. *He has such an interesting way of telling things as though he had actually seen them himself.*

БУ́ДУЩ|ЕЕ *neut.*, *gen.* -его the future
Де́ти — на́ше бу́дущее. *Children are our future.* В бу́дущем. *In the future.*

БУ́ДУЩ|ИЙ, -ая, -ее, -ие future; next
Бу́дущая рабо́та. *Future work.* В бу́дущем году́. *Next year.*

БУ́КВА *f.* letter
В ру́сском алфави́те 33 бу́квы. *There are 33 letters in the Russian alphabet.*

БУ́Л|КА *f.*, *gen. pl.* -ок roll
Сдо́бная бу́лка. *A bun.*

БУ́ЛОЧН|АЯ [-шн-] *f.*, *gen.* -ой bakery
Купи́ть хле́ба в бу́лочной. *To buy some bread at the baker's.*

БУМА́ГА *f.*
1. *no pl.* paper. Чи́стая бума́га. *Clean paper.* Бума́га для письма́. *Note-paper.*
2.: Це́нные бума́ги. *Securities.*

БУ́РЯ *f.* storm
Си́льная бу́ря. *A violent storm.*
◇ Бу́ря в стака́не воды́. *A storm in a teacup.*

БУТЕРБРО́Д *m.* sandwich
Бутербро́д с ма́слом. *Bread and butter.* Бутербро́д с ветчино́й. *A ham sandwich.*

БУТЫ́Л|КА *f., gen. pl.* -ок bottle
Буты́лка молока́. *A bottle of milk.*

БУФЕ́Т *m.*
1. sideboard. В буфе́те стоя́т ча́шки и стака́ны. *There are cups and glasses in the sideboard.*
2. buffet. Буфе́т рабо́тает с 9 часо́в. *The buffet is open from 9 o'clock.*

БЫ (Б) *modal particle, rendered in English by the Conditional Mood and also by the compound pronouns and adverbs* whoever, whatever, however, whenever, *etc.*
I. 1. Е́сли бы я знал, я бы позвони́л тебе́. *Had I known, I would have called you up.*
2. Ле́том я хоте́л бы пое́хать в Ленингра́д. *I should like to go to Leningrad in summer.*
3. Шёл бы ты спать! *You ought to go to bed!*
II. 1. Кто́ бы мог э́то сде́лать? *Whoever could have done that?*

БЫВА́|ТЬ -ю, -ешь, -ют *imp.*
1. to go, to visit. Я ча́сто быва́ю в теа́тре. *I often go to the theatre.*
2. to be, to occur. Зимо́й быва́ют больши́е моро́зы. *There are severe frosts in winter.*

БЫ́СТР|ЫЙ -ая, -ое, -ые, *short form* быстр, быстра́, бы́стр|о, -ы; *adv.* бы́стро quick, swift
Бы́страя река́. *A swift river.* Быстро́ е́хать. *To go quickly.*

БЫТЬ *3rd pers. sing. of Present Tense* есть *is often omitted; fut.* бу́д|у, -ешь, -ут; *past* был, была́, бы́ло, бы́ли; не́ был (-о, -и), не была́ *imp.*
1. there is (are). В Москве́ есть университе́т. *There is a university in Moscow.* Ра́ньше здесь

был лес, а тепе́рь го́род. *There used to be a forest here, and now there is a town.* В Москве́ мно́го теа́тров. *There are many theatres in Moscow.*
2. to have. У меня́ есть брат. *I have a brother.* У меня́ был брат. *I had a brother.*
3. to be (есть *is omitted*). Сейча́с зима́. *It is winter now.* Вчера́ был снег. *There was snow yesterday.* Вчера́ была́ пя́тница, сего́дня суббо́та, а за́втра бу́дет воскресе́нье. *Yesterday was Friday, today is Saturday and tomorrow will be Sunday.*
4. to be (есть *is omitted*) Мой брат — инжене́р. *My brother is an engineer.* Мой оте́ц был врачо́м. *My father was a doctor.* Я бу́ду агроно́мом. *I shall be an agronomist.*

В, в

В (ВО) *prep.*
I. + *prepos.*
1. in. В пи́сьменном столе́. *In the desk.* Жить в Москве́. *To live in Moscow.* Прочита́ть в газе́те. *To read in a newspaper.*
2. in. Роди́ться в 1949 году́. *To be born in 1949.* В а́вгусте. *In August.* В про́шлом ве́ке. *In the last century.*
3. in. Челове́к в чёрном костю́ме. *A man in a black suit.*
II. + *acc.*
1. in, to, at. Положи́ть в шкаф. *To put in the wardrobe.* Прие́хать в Москву́. *To come to Moscow.*
2. on, at. В суббо́ту в три часа́ бу́дет собра́ние. *There will be a meeting at three o'clock on Saturday.*
3. *not translated.* Перевы́полнить план в два ра́за. *To fulfil a plan twofold.*

ВАГО́Н *m.* (railway) carriage
Жёсткий ваго́н. *A hard-seated railway carriage.* Мя́гкий ваго́н. *A soft-seated railway carriage.*

ВА́ЖН|ЫЙ -ая, -ое, -ые, *short form* ва́жен, важна́, ва́жн|о, -ы; *adv.* ва́жно
1. important. Ва́жное сообще́ние.

An important announcement (communication). Ва́жный вопро́с. *An important question.* Это не ва́жно. *This is of no importance.* 2. important, pompous. Он говори́л с ва́жным ви́дом. *He was speaking with an air of importance.*

ВА́ННА *f.* bath
Приня́ть ва́нну. *To take a bath.*
◇ Со́лнечные ва́нны. *Sun-baths.* Возду́шные ва́нны. *Air-baths.*

ВАРЁН|ЫЙ, -ая, -ое, -ые boiled
Варёное мя́со. *Boiled meat.*

ВАРИ́ТЬ, варю́, ва́ришь, ва́рят *imp.* что? /*p.* свари́ть, сварю́, сва́ришь, сва́рят to boil, to cook
Вари́ть мя́со. *To boil meat.* Свари́ть суп. *To cook soup.* Вари́ть обе́д. *To cook dinner.*

ВАШ, -а, -е, -и *pron.* your
Вот ва́ша ко́мната. *Here is your room.* Как ва́ше здоро́вье? *How are you?*

ВВЕРХ *adv.* куда́? up(ward)
Смотре́ть вверх. *To look up.* Лете́ть вверх. *To fly upward.*

ВДАЛИ́ *adv.* где? in the distance
Вдали́ показа́лся по́езд. *A train appeared in the distance.*

ВДАЛЬ *adv.* куда́? into the distance
Смотре́ть вдаль. *To look into the distance.*

ВДВОЁМ *adv.* two (together)
Рабо́тать вдвоём. *To work together (two persons).*

ВДОЛЬ *prep.* + *gen.* along
Ехать вдоль бе́рега мо́ря. *To drive along the sea coast.* Вдоль доро́ги расту́т дере́вья. *There are trees along the road.*

ВДРУГ *adv.* suddenly
Вдруг пошёл дождь. *Suddenly it started to rain.*

ВЕДРО́ *neut.*, *pl.* вёдра, вёдер, вёдрам, *etc.* bucket
Ведро́ воды́. *A bucketful of water.*
◇ Дождь льёт как из ведра́. *It is raining cats and dogs.*

ВЕДЬ
1. *conj.* for. Он обяза́тельно придёт, ведь он зна́ет, что мы его́ ждём. *He will certainly come, for he knows that we are waiting for him.*

2. *particle* but. Ведь э́то пра́вда! *But this is the truth!*

ВЕ́ЖЛИВ|ЫЙ, -ая, -ое, -ые, *short form* ве́жлив, -а, -о, -ы; *adv.* ве́жливо polite
Ве́жливый ма́льчик. *A polite boy.* Ве́жливо проси́ть. *To ask politely.*

ВЕЗДЕ́ *adv.* где? everywhere
Везде́ лежа́л снег. *There was snow everywhere.*

ВЕЗ|ТИ́, -у́, -ёшь, -у́т, *past* вёз, везла́, -о́, -и́ *imp.* кого́? что? куда́?
1. to take, to carry. Маши́на везёт молоко́ в го́род. *The truck is carrying the milk to town.* Везти́ ребёнка в санато́рий. *To take the child to the sanatorium.*
2. *impers.* кому́? to be lucky. Ему́ везёт. *He is lucky.* Мне не везло́. *I had no luck.*

ВЕК *m.*, *pl.* -а́, -о́в century
Двадца́тый век. *The twentieth century.* В про́шлом ве́ке. *In the last century.*

ВЕЛ|Е́ТЬ, -ю́, -и́шь, -я́т *imp. & p.* (*past only p.*) кому́? чему́? + *inf.* to order
Мать веле́ла ему́ пойти́ в магази́н. *His mother told him to go to the shop.* Она́ веле́ла, что́бы он купи́л ма́сла. *She told him to buy some butter.*

ВЕЛИ́К, -а́, -о́, -и́ *short adj.* (*cf.* **БОЛЬШО́Й & ВЕЛИ́КИЙ**) too large
Костю́м вели́к ему́. *The suit is too large for him.* Ту́фли ей велики́. *The shoes are too large for her.*

ВЕЛИ́К|ИЙ, -ая, -ое, -ие, *short form* вели́к, -а, -о, -и great
Вели́кий учёный. *A great scholar.*

ВЕЛОСИПЕ́Д *m.* bicycle
Но́вый велосипе́д. *A new bicycle.* Ехать на велосипе́де. *To ride a bicycle.*

ВЕ́РА *f.*, *no pl.* в кого́? во что? belief, faith
Ве́ра в побе́ду. *Belief in victory.* Ве́ра в челове́ка. *Faith in man.*

ВЕРЁВ|КА *f.*, *gen. pl.* -ок string, rope
Дли́нная верёвка. *A long piece of string.*

ВЕ́Р|ИТЬ, -ю, -ишь, -ят *imp.*/ *p.* пове́р|ить, -ю, -ишь, -ят

1. к о м у́? ч е м у́? to believe. Я
тебе́ ве́рю. *I believe you.*
2. в к о г о́? в о ч т о́? to have
faith (in). Ве́рить в наро́д, в
его́ си́лы. *To have faith in the
people, in their strength.*

ВЕРН|У́ТЬ, -у́, -ёшь, -у́т *p.* к о г о́?
ч т о? к о м у́? to return
Верну́ть де́ньги това́рищу. *To return money to one's friend.*

ВЕРН|У́ТЬСЯ, -у́сь, -ёшься, -у́тся *p.*
к у д а́? о т к у́ д а? to come back
Верну́ться домо́й. *To come back
home.* Верну́ться из пое́здки. *To
come back from a trip.*

ВЕ́РН|ЫЙ, -ая, -ое, -ые, *short form*
ве́рен, верна́, ве́рно, верны́; *adv.*
ве́рно
1. faithful. Ве́рный друг. *A faithful friend.* Ве́рно служи́ть на-
ро́ду. *To serve the people faith-
fully.*
2. correct. Ве́рное реше́ние. *The
correct decision.* Ве́рная мысль.
The right idea. Ве́рно реши́ть
зада́чу. *To solve a problem correctly.*

ВЕРОЯ́ТНО *paren. word* probably
Сего́дня мы, вероя́тно, пойдём в
кино́. *Today we shall probably go
to the cinema.*

ВЕРТОЛЁТ *m.* helicopter
Вертолёт но́вой констру́кции. *A
helicopter of a new design.*

ВЕ́РХН|ИЙ, -яя, -ее, -ие
1. upper. Ве́рхний эта́ж. *The upper
storey.*
2. outdoor. Ве́рхнее пла́тье. *Outdoor clothes.* Ве́рхняя оде́жда.
Outdoor clothes.

ВЕРШИ́НА *f.* top
Верши́на де́рева. *The top of a tree.*
Верши́на горы́. *The top of a moun-
tain.*

ВЕС *m.* weight
Вес те́ла. *The weight of a body.*
Большо́й вес. *A great weight.*

ВЕСЁЛ|ЫЙ, -ая, -ое, -ые, *short form*
ве́сел, весела́, ве́сел|о, -ы; *adv.*
ве́село merry, gay
Весёлые студе́нты. *Gay students.*
Весёлая пе́сня. *A merry song.* Мне
ве́село. *I feel gay.*

ВЕСЕ́НН|ИЙ, -яя, -ее, -ие spring
Весе́нний день. *A spring day.*

Весе́ннее со́лнце. *The spring sun.*
Весе́ннее пальто́. *A spring coat.*

ВЕ́|СИТЬ, -шу, -сишь, -сят *imp.* to
weigh
Арбу́з ве́сит пять килогра́ммов.
*The water-melon weighs five kilo-
grammes.*

ВЕСНА́ *f.*, *pl.* вёсны spring

ВЕСНО́Й *adv.* in spring
Весно́й на поля́х та́ет снег. *In
spring the snow thaws in the fields.*

ВЕСТИ́, вед|у́, -ёшь, -у́т, *past* вёл,
вел|а́, -о́, -и́ *imp.*
1. к о г о́? ч т о? к у д а́? to take.
Мать ведёт ребёнка в де́тский
сад. *The mother is taking her
child to the kindergarten.*
2. ч т о? to conduct. Вести́ уро́к.
To conduct a lesson.
◇ **Вести́ хозя́йство.** *To keep a
house.*
3. to lead. Куда́ ведёт э́та доро́-
га? *Where does this road lead to?*
◇ **Вести́ себя́.** *To behave.* Ребёнок
ведёт себя́ хорошо́. *The child
behaves well.* Он не уме́ет вести́
себя́. *He can't behave himself.*

ВЕСЬ (*gen.* всего́), вся (*gen.* всей),
всё (*gen.* всего́), все (*gen.* всех)
pron.
1. all, whole. Рабо́тать весь день.
To work the whole day. Рабо́тать
всю ночь. *To work the whole
night.*
2. *used as n.* всё everything. Всё
в поря́дке. *Everything is all
right.*
3. *used as n.* все everybody. Все
пришли́? *Has everybody come?*
◇ **Всего́ хоро́шего!** *All the best!*
Всё вре́мя шёл дождь. *It was
raining all the time.*

ВЕ́Т|ЕР *m.*, *gen.* -ра wind
Поду́л си́льный ве́тер. *A strong
wind blew.*

ВЕ́Т|КА *f.*, *gen. pl.* -ок
1. branch. Ве́тка берёзы. *A branch
of a birch-tree.*
2. branch-line. Железнодоро́жная
ве́тка. *A railway branch-line.*

ВЕ́ЧЕР *m.*, *pl.* -а́
1. evening. Прийти́ домо́й в семь
часо́в ве́чера. *To come home at
seven o'clock in the evening.*
2. evening-party. Пра́здничный
ве́чер. *A festive evening.*

Музыка́льный ве́чер. *A musical evening.* Литерату́рный ве́чер. *A literary evening.*

ВЕЧЕ́РН|ИЙ, -яя, -ее, -ие
1. evening. Вече́рняя заря́. *Evening twilight.*
2. evening. Вече́рнее пла́тье. *An evening dress.* Вече́рний факульте́т. *Evening department.*

ВЕ́ЧЕРОМ *adv.* in the evening
Я приду́ к вам ве́чером. *I shall come to see you in the evening.* Вчера́ ве́чером у нас бы́ли го́сти. *We had guests yesterday evening.*

ВЕ́ША|ТЬ, -ю, -ешь, -ют *imp.* к о г о́? ч т о? к у д а́? / *р.* пове́|сить, -шу, -сишь, -сят to hang
Ве́шать карти́ну на́ сте́ну. *To hang a picture on the wall.*

ВЕЩЕСТВО́ *neut.* substance
Твёрдое вещество́. *Solid substance.* Жи́дкое вещество́. *Liquid substance.* Газообра́зное вещество́. *Gaseous substance.*

ВЕЩ|Ь *f.*, *gen. pl.* -е́й
1. thing. Ну́жная вещь. *A thing one needs.* ‖*Usu. pl.* ве́щи things. Отвезти́ ве́щи на вокза́л. *To take one's things to the station.*
2. thing. Компози́тор написа́л хоро́шую вещь. *The composer wrote a good piece.*

ВЗАИ́МН|ЫЙ, -ая, -ое, -ые mutual
Взаи́мная любо́вь. *Mutual love.*

ВЗВОЛНОВА́ТЬ *see* **ВОЛНОВА́ТЬ**

ВЗГЛЯД *m.*
1. look. При́стальный взгляд. *A stare.* Не́жный взгляд. *An affectionate look.* Бро́сить взгляд. *To cast a glance.*
2. view. Нау́чные взгля́ды. *Scientific views.*

ВЗГЛЯНУ́ТЬ, взгляну́, взгля́нешь, взгля́нут *р.* н а к о г о? н а ч т о? to glance
Он взгляну́л на часы́. *He looked at the clock.*

ВЗДОХНУ́ТЬ *see* **ВЗДЫХА́ТЬ**

ВЗДЫХА́|ТЬ, -ю, -ешь, -ют *imp.*/ *р.* вздохн|у́ть, -у́, -ёшь, -у́т to sigh
Глубоко́ вздохну́ть. *To heave a deep sigh.*

ВЗОЙТИ́ *see* **ВСХОДИ́ТЬ**

ВЗРО́СЛ|ЫЙ, -ая, -ое, -ые
1. grown-up. Взро́слый сын. *A grown-up son.*

2. *n.* grown-up. Слу́шайся взро́слых! *Listen to grown-ups!*

ВЗРЫВ *m.*
1. explosion. Взрыв бо́мбы. *A bomb explosion.*
2. *fig.* outburst. Взрыв сме́ха. *An outburst of laughter.*

ВЗЯТЬ *see* **БРАТЬ**

ВЗЯ́ТЬСЯ *see* **БРА́ТЬСЯ**

ВИД¹ *m.*
1. look. Здоро́вый вид. *A healthy look.* Больно́й вид. *An unhealthy look.*
2. view. Краси́вый вид на го́род. *A beautiful view of the city.*
◇ Име́ть в виду́. *To bear in mind.*

ВИД² *m.* sort, kind, species

ВИ́ДЕН, видна́, ви́дно, видны́ *short adj.* visible
Го́род ви́ден с мо́ря. *The town can be seen from the sea.*

ВИ́ДНО к о г о? ч т о? *predic. impers.* (it is) visible
Отсю́да далеко́ ви́дно! *You can see far into the distance from here!* Ничего́ не ви́дно. *Nothing is visible.* Мне хорошо́ ви́дно. *I can see well.*

ВИ́|ДЕТЬ, -жу, -дишь, -дят *imp.* к о г о? ч т о? / *р.* уви́|деть, -жу, -дишь, -дят to see
В окно́ я ви́жу ста́рый парк. *I see an old park through the window.* Пло́хо ви́деть. *To have poor eyesight.* Рад вас ви́деть. *I am glad to see you.*
◇ Ви́деть всё в ро́зовом све́те. *To see through rose-coloured spectacles.*

ВИ́ДИМО *paren. word* apparently
Ви́димо, э́то был её знако́мый. *It must have been her acquaintance.*

ВИ́ДН|ЫЙ, -ая, -ое, -ые eminent
Ви́дный учёный. *An eminent scientist.*

ВИ́Л|КА *f.*, *gen. pl.* -ок fork
Да́йте, пожа́луйста, ви́лку. *Will you give me a fork, please?* Есть ви́лкой. *To eat with a fork.*

ВИНА́ *f.* fault
Э́то моя́ вина́. *It is my fault.* Э́то произошло́ по мое́й вине́. *It has happened through my fault.*

ВИНО́ *neut.*, *pl.* ви́на wine
Кре́пкое вино́. *Strong wine.* Слад-

кое вино́. *Sweet wine.* Сухо́е вино́. *Dry wine.*

ВИНОВА́Т|ЫЙ, -ая, -ое, -ые, *short form* винова́т, -а, -о, -ы
1. guilty. Я винова́т пе́ред ва́ми. *I am guilty towards you.* Он не винова́т. *He is not guilty.*
2. *fig.*, *only complete form* guilty. Винова́тый взгляд. *A guilty look.* Винова́тое выраже́ние лица́. *A guilty expression on one's face.*

ВИНОГРА́Д *m.*, *no pl.* grapes; vine Сла́дкий виногра́д. *Sweet grapes.*

ВИ|СЕ́ТЬ, -шу́, -си́шь, -ся́т *imp.* г д е? to hang Пальто́ виси́т на ве́шалке. *The coat is hanging on a hanger.* Ка́рта виси́т на стене́. *The map is hanging on the wall.*

ВКЛЮЧА́|ТЬ, -ю, -ешь, -ют *imp.* ч т о?/ *p.* включ|и́ть, -у́, -и́шь, -а́т to switch on Включи́ть свет. *To switch on the light.*

ВКЛЮЧИ́ТЬ *see* **ВКЛЮЧА́ТЬ**

ВКУС *m.*
1. taste. У су́па стра́нный вкус. *The soup tastes queer.*
2. *fig.* taste. Одева́ться со вку́сом. *To dress with taste.* У него́ хоро́ший вкус. *He has good taste.*

ВКУ́СН|ЫЙ, -ая, -ое, -ые, *short form* вку́сен, вкусна́, вку́сн|о, -ы; *adv.* вку́сно tasty Вку́сный за́втрак. *A tasty breakfast.* Она́ гото́вит вку́сно. *She cooks tasty meals.*

ВЛАДЕ́|ТЬ, -ю, -ешь, -ют *imp.* ч е м?
1. to own. Владе́ть землёй. *To own land.*
2. *fig.* to know. Владе́ть иностра́нным языко́м. *To know a foreign language.*

ВЛА́ЖН|ЫЙ, -ая, -ое, -ые, *short form* вла́жен, влажна́, вла́жн|о, -ы damp Вла́жный кли́мат. *A damp climate.* Вла́жная тря́пка. *A damp rag.*

ВЛАСТЬ *f.* power Быть (стоя́ть) у вла́сти. *To be in power.* Взять власть в свои́ ру́ки. *To take power into one's hands.* Прийти́ к вла́сти. *To come to power.*

ВЛЕЗА́|ТЬ, -ю, -ешь, -ют *imp.* н а ч т о? в о ч т о? / *p.* влез|ть, -у,

-ешь, -ут, *past* влез, вле́зл|а, -о, -и to climb Ма́льчик влез на кры́шу. *The boy climbed onto the roof.* Он влез в окно́. *He climbed in through the window.*

ВЛЕЗТЬ *see* **ВЛЕЗА́ТЬ**

ВЛИЯ́НИЕ *neut.* influence Оказа́ть влия́ние на това́рища. *To exert influence on a friend.* Быть под влия́нием бра́та. *To be under the influence of one's brother.*

ВЛЮБИ́ТЬСЯ *see* **ВЛЮБЛЯ́ТЬСЯ**

ВЛЮБЛЯ́|ТЬСЯ, -юсь, -ешься, -ются *imp.* в к о г о? в о ч т о? / *p.* влюби́ться, влюблю́сь, влю́бишься, влю́бятся to fall in love Он влюби́лся в мою́ сестру́. *He fell in love with my sister.*

ВМЕ́СТЕ *adv.* together Рабо́тать вме́сте. *To work together.*

ВМЕ́СТО *prep.* + *gen.* instead of Вме́сто уро́ка сего́дня бу́дет экску́рсия. *There will be an excursion instead of the lesson today.*

ВМЕША́ТЬСЯ *see* **ВМЕ́ШИВАТЬСЯ**

ВМЕ́ШИВА|ТЬСЯ, -юсь, -ешься, -ются *imp.* в о ч т о? / *p.* вмеша́|ться, -юсь, -ешься, -ются to interfere Не вме́шивайтесь не в своё де́ло. *Don't interfere in what doesn't concern you.*

ВНАЧА́ЛЕ *adv.* at first, at the beginning Внача́ле все слу́шали внима́тельно. *At first everybody listened attentively.*

ВНЕ *prep.* + *gen.* outside Вне до́ма. *Outside the house.*
◇ Вне о́череди. *Out of turn.*

ВНЕСТИ́ *see* **ВНОСИ́ТЬ**

ВНЕ́ШН|ИЙ, -яя, -ее, -ие
1. outer, outward.
2. external, foreign. Вне́шняя поли́тика. *Foreign policy.* Вне́шняя торго́вля. *Foreign trade.*

ВНИЗ *adv.* к у д а? down(ward) Спусти́ться вниз. *To come (go) down.*

ВНИЗУ́ *adv.* г д е? below Внизу́ текла́ река́. *Down below flowed a river.*

ВНИМА́НИЕ *neut.* attention Внима́ние! *Attention!* Обраща́ть внима́ние на что́-либо. *To pay attention to something.* Привлека́ть внима́ние. *To attract attention.* Не обраща́йте внима́ния. *Don't pay attention.* Благодарю́ вас за внима́ние. *Thank you for your attention.*

ВНИМА́ТЕЛЬН|ЫЙ, -ая, -ое, -ые, short form внима́телен, внима́тельн|а, -о, -ы; *adv.* внима́тельно attentive. Внима́тельный учени́к. *An attentive pupil.* Внима́тельно чита́ть кни́гу. *To read a book attentively.*

ВНОСИ́ТЬ, вношу́, вно́сишь, вно́сят *imp.* к о г о́? ч т о? к у д а́?/ *p.* внес|ти́, -у́, -ёшь, -у́т, *past* внёс, внесл|а́, -о́, -и́ Внести́ ве́щи в ко́мнату. *To carry the things into the room.*

◇ **Внести́** предложе́ние. *To table a motion.*

ВНУК *m.* grandson

ВНУ́ТРЕНН|ИЙ, -яя, -ее, -ие
1. internal. Вну́тренние боле́зни. *Internal diseases.*
2. internal. Вну́треннее положе́ние в стране́. *The internal situation in a country.* Вну́тренняя поли́тика. *Internal policy.*

ВНУТРИ́
1. *adv.* г д е? inside. Боли́т внутри́. *It hurts inside.*
2. *prep.* + *gen.* inside. Внутри́ ко́мнаты. *Inside the room.*

ВНУТРЬ inside, into
1. *adv.* к у д а́?: Приня́ть лека́рство внутрь. *To take a medicine.*
2. *prep.* + *gen.*: Загляну́ть внутрь за́ла. *To look into the hall.*

ВНУ́Ч|КА *f.*, *gen. pl.* -ек granddaughter

ВО́ВРЕМЯ *adv.* in time
Прийти́ во́время. *To come in time.*

ВО ВРЕ́МЯ *prep.* + *gen.* during
Во вре́мя войны́. *During the war.* Во вре́мя переры́ва. *During the interval.*

ВО́ВСЕ (не) *adv.* at all
Он во́все не до́ктор, а инжене́р. *He is not a doctor at all, he is an engineer.*

ВО-ВТОРЫ́Х *paren. word* second(ly)
Во-пе́рвых, я уста́л, во-вторы́х, хочу́ спать. *First, I'm tired, secondly, I'm sleepy.*

ВОДА́ *f.*, *acc.* во́ду; *pl.* во́ды water
Холо́дная вода́. *Cold water.* Горя́чая вода́. *Hot water.* Минера́льная вода́. *Mineral water.* Фрукто́вая

вода́. *Fruit drink.* Стака́н воды́. *A glass of water.*

◇ **Вы́йти сухи́м из воды́.** *To come off unscathed.* Как две ка́пли воды́. *As like as two peas.* Мно́го воды́ утекло́. *Much water has flowed under the bridges.*

ВОДИ́ТЬ, вожу́, во́дишь, во́дят *imp.*
1. к о г о́? ч т о? к у д а́? to take. Води́ть дете́й на прогу́лку в парк. *To take the children out for a walk in the park.*
2. ч т о? to drive. Води́ть маши́ну. *To drive a car.*

ВО|ЕВА́ТЬ, -ю́ю, -ю́ешь, -ю́ют *imp.* с к ем? с ч ем? to fight
Воева́ть с враго́м. *To fight the enemy.*

ВОЕ́НН|ЫЙ, -ая, -ое, -ые war, military
1. Вое́нное положе́ние. *The military situation.* Вое́нная промы́шленность. *War industry.* Вое́нное вре́мя. *War time.*
2. *n.* Мой брат — вое́нный. *My brother is in the army.*

ВОЖД|Ь *m.*, *gen.* -я́ leader
Вождь наро́да. *The leader of the people.*

ВОЗВРАТИ́ТЬ *see* **ВОЗВРАЩА́ТЬ**

ВОЗВРАТИ́ТЬСЯ *see* **ВОЗВРАЩА́ТЬСЯ**

ВОЗВРАЩА́|ТЬ, -ю, -ешь, -ют *imp.* к о г о́? ч т о? к о м у́?/ *p.* возвра|ти́ть, -щу́, -ти́шь, -тя́т to return
Возврати́ть долг това́рищу. *To return a debt to one's friend.*

ВОЗВРАЩА́|ТЬСЯ, -юсь, -ешься, -ются *imp.* к у д а́? о т к у́ д а?/ *p.* возвра|ти́ться, -щу́сь, -ти́шься, -тя́тся to come back
Возвраща́ться домо́й из похо́да. *To return home from a hike.*

ВО́ЗДУХ *m.* air
Чи́стый во́здух. *Pure air.* Све́жий во́здух. *Fresh air.*

◇ **На све́жем во́здухе.** *In the open air.*

ВОЗИ́ТЬ, вожу́, во́зишь, во́зят *imp.* к о г о́? ч т о? to carry
Маши́ны во́зят кирпичи́. *Lorries carry bricks.*

ВО́ЗЛЕ
1. *adv.* near. Маши́на останови́лась во́зле. *The motor-car stopped near by.*
2. *prep.* + *gen.* near. Его́ дом на-

ходится возле университета.
His house is near the University.

ВОЗМОЖНОСТЬ *f.*
1. opportunity. Иметь возможность. *To have an opportunity.*
Дать возможность кому-либо сделать что-либо. *To give somebody an opportunity to do something.*
2. *usu. pl.* possibilities. Большие возможности. *Great possibilities.*

ВОЗМОЖН|ЫЙ, -ая, -ое, -ые, *short form* возможен, возможн|а, -о, -ы; *adv.* возможно possible, probable Возможный случай. *A possible case.* Это вполне возможно. *That is quite possible.*

ВОЗНИКА|ТЬ, *1st & 2nd pers. not used, 3rd pers.* -ет, -ют *imp./p.* возникн|уть, *1st & 2nd pers. not used, 3rd pers.* -ет, -ут, *past* возник, -ла, -ло, -ли to appear Это государство возникло в третьем веке. *This state appeared in the third century.*

ВОЗНИКНУТЬ *see* **ВОЗНИКАТЬ**

ВОЗРАЖА|ТЬ, -ю, -ешь, -ют *imp.* кому? на что?/*p.* возра|зить, -жу, -зишь, -зят to reply, to object Возразить докладчику. *To reply to the speaker.* Возразить на замечание. *To reply to a remark.* Если вы не возражаете... *If you don't mind...*

ВОЗРАЗИТЬ *see* **ВОЗРАЖАТЬ**

ВОЗРАСТ *m.* age Дети школьного возраста. *Children of school age.* В возрасте шестидесяти лет. *At the age of sixty.*

ВОЙНА *f., pl.* войны war Объявить войну. *To declare war.* Погибнуть на войне. *To lose one's life in the war.*

ВОЙТИ *see* **ВХОДИТЬ**

ВОКЗАЛ *m.* station Ленинградский вокзал. *Leningrad Railway Station.* Поехать на вокзал. *To go to the station.*

ВОКРУГ
1. *adv.* round. Тишина вокруг. *There is silence all round.*
2. *prep.* + *gen.* round. Вокруг дома был сад. *The house was surrounded by a garden.*

ВОЛЕЙБОЛ *m.* volley-ball Играть в волейбол. *To play volley-ball.*

ВОЛК *m., gen. pl.* -ов wolf
◇ Волков бояться — в лес не ходить (proverb). Cf. *Nothing venture, nothing have.*

ВОЛНА *f., pl.* волны wave

ВОЛНЕНИЕ *neut.* excitement, nervousness Он побледнел от волнения. *He turned pale with excitement.*

ВОЛН|ОВАТЬ, -ую, -уешь, -уют *imp.* кого? что?/*p.* взволн|овать, -ую, -уешь, -уют to worry Этот вопрос меня очень волнует. *This question worries me very much.*

ВОЛН|ОВАТЬСЯ, -уюсь, -уешься, -уются *imp.* to worry, to be nervous, to be excited Волноваться перед экзаменом. *To feel nervous before an examination.*

ВОЛОСЫ *pl., gen. pl.* волос, волосам, *etc.; sing.* волос hair Красивые волосы. *Beautiful hair.*

ВОЛЯ *f., no pl.* will Сильная воля. *A strong will.* Воля к победе. *The will to win.*

ВООБЩЕ *adv.*
1. in general. Вообще это правда. *In general it is true.*
2. at all. Он вообще не говорит по-русски. *He does not speak Russian at all.*

ВООРУЖЕНИЕ *neut.*
1. *no pl.* equipment. Вооружение армии новым оружием. *The equipment of the army with new weapons.*
2. *usu. pl.* armaments. Сокращение вооружений. *A reduction of armaments.* Гонка вооружений. *The arms race.*

ВО-ПЕРВЫХ *paren. word* first(ly), in the first place Во-первых, это трудно... *In the first place, it's difficult...*

ВОПРОС *m.*
1. question. Простой вопрос. *A simple question.* Задать вопрос. *To ask a question.*
2. question, problem. Важный вопрос. *An important question.* Национальный вопрос. *The national question.*

ВОР *m., gen. pl.* -ов thief Арестовать вора. *To arrest a thief.*

ВОРÓТА *no sing., gen. pl.* ворóт
1. gate(s). Ворóта сáда. *The gate of a garden.*
2. goal. Послáть мяч в ворóта протѝвника. *To send the ball into the opponent's goal.*

ВОРОТНЍК *m., gen.* -á collar
Меховóй воротнѝк. *A fur collar.*

ВОСКЛЍКН|УТЬ *see* **ВОСКЛИЦÁТЬ**

ВОСКЛИЦÁ|ТЬ, -ю, -ешь, -ют *imp.*/ *p.* восклѝкн|уть, -у, -ешь, -ут to exclaim, to cry out
Рáдостно восклѝкнуть. *To cry out joyfully.*

ВОСКРЕСÉНЬЕ *neut.* Sunday
В воскресéнье мы éздили зá город. *We went to the country on Sunday.*

ВОСПИТÁНИЕ *neut.* upbringing, education
Воспитáние ребёнка. *The upbringing of a child.* Он получѝл хорóшее воспитáние. *He received a good education.*

ВОСПИТÁТЬ *see* **ВОСПЍТЫВАТЬ**

ВОСПЍТЫВА|ТЬ, -ю, -ешь, -ют *imp.*/ *p.* воспитá|ть, -ю, -ешь, -ют to bring up
1. когó? to bring up. Воспитáть сѝна. *To bring up one's son.*
2. что? в ком? to cultivate. Воспитáть в дéтях любóвь к прирóде. *To cultivate love for nature in children.*

ВОСПÓЛЬЗОВАТЬСЯ *see* **ПÓЛЬЗОВАТЬСЯ**

ВОСПОМИНÁНИЕ *neut.*
1. recollection. Воспоминáние дéтства. *Recollection of one's childhood.*
2. *usu. pl.* reminiscences, memoirs. Воспоминáния о современникáх. *Reminiscences of one's contemporaries.*

ВОССТАНÁВЛИВА|ТЬ, -ю, -ешь, -ют *imp.* что?/ *p.* восста|новѝть, -новлю́, -нóвишь, -нóвят to restore, to rebuild
Восстановѝть разрýшенный гóрод. *To rebuild a town that had been destroyed.* Восстановѝть хозя́йство. *To restore the economy.*

ВОССТÁНИЕ *neut.* uprising, revolt
Поднять восстáние. *To raise a revolt.*

ВОССТАНОВЍТЬ *see* **ВОССТАНÁВЛИВАТЬ**

ВОСТÓК *m.* east
1. east. Сóлнце восхóдит на востóке. *The sun rises in the east.*
2. East. Блѝжний Востóк. *Near East.* Дáльний Востóк. *Far East.* Срéдний Востóк. *Middle East.* Вы бы́ли на Востóке? *Have you been in the East?*

ВОСТÓРГ *m.* delight, enthusiasm
Он с востóргом расскáзывал о своéй поéздке. *He was telling about his trip enthusiastically.*

ВОСТÓЧН|ЫЙ, -ая, -ое, -ые east(ern)
Востóчный вéтер. *An east wind.* Востóчное направлéние. *An easterly direction.*

ВОСХИТЍТЬСЯ *see* **ВОСХИЩÁТЬСЯ**

ВОСХИЩÁ|ТЬСЯ, -юсь, -ешься, -ются *imp.* кем? чем?/ *p.* восхи|тѝться, -щýсь, -тѝшься, -тя́тся to admire
Весь мир восхищáется пóдвигом герóев. *The whole world admires the heroes' feat.*

ВОСХÓД *m.* rising
Восхóд сóлнца. *The sunrise.*

ВОТ *particle*
1. here is. Вот книга. *Here is the book.*
2. what (a). Вот красотá! *What beauty!* Вот это хорошó! *That's good!*

ВПЕРВЫ́Е *adv.* for the first time
Я впервые в Москвé. *It is the first time I have been in Moscow.*

ВПЕРЁД *adv.* кудá? forward
Идтѝ вперёд. *To go forward.*

ВПЕРЕДЍ
1. *adv.* где? in front. Впередѝ бы́ли гóры. *There were mountains in front.*
2. *prep.* + *gen.* at the head of, in front of. Впередѝ колóнны неслѝ знамёна. *At the head of the column they carried banners.*

ВПЕЧАТЛÉНИЕ *neut.* impression
Сѝльное впечатлéние. *A strong impression.* Игрá артѝста произвелá большóе впечатлéние на зрѝтелей. *The actor's performance made a great impression on the spectators.*

ВПРÓЧЕМ *conj.* though, nevertheless
Картѝна хорóшая, впрóчем вы сáми её увѝдите. *The picture is good, though you'll see it yourself.*

ВРАГ *m.*, *gen.* -á enemy
Боро́ться с врага́ми. *To fight the enemies.*

ВР|АТЬ, -у, -ёшь, -ут, *past* врал, врала́, вра́ли *imp.* к о м у́? ч е м у́?/ *p.* совр|а́ть, -у́, -ёшь, -у́т, *past* совра́л, соврала́, совра́ли *colloq.* to lie. Ребёнок совра́л отцу́. *The child lied to his father.*

ВРАЧ *m.*, *gen.* -á physician, doctor
Врач-терапе́вт. *A therapeutist.* Же́нщина-врач. *A lady doctor.* Быть у врача́. *To be at the doctor's.* Идти́ к врачу́. *To go to the doctor.* Сове́товаться с врачо́м. *To consult a doctor.*

ВРЕ́ДН|ЫЙ, -ая, -ое, -ые, *short form* вре́ден, вредна́. вре́дн|о, -ы; *adv.* вре́дно harmful, bad
Вре́дный челове́к. *A bad man.* Вре́дная тео́рия. *A harmful theory.* Вре́дное расте́ние. *A noxious weed.* Вам вре́дно мно́го кури́ть. *It's bad for you to smoke so much.* Моро́з вре́ден для ю́жных расте́ний. *Frost is dangerous for southern plants.*

ВРЕ́МЯ *neut.*, *gen.*, *dat.*, *prepos.* вре́мени; *pl.* времена́, времён, времена́м, *etc.* time
1. Ско́лько вре́мени? *What time is it?* Вре́мя идёт. *Time flies.* Вре́мя прошло́. *The time has passed.* Вре́мя не ждёт. *Time waits for no man.* Вре́мя пока́жет. *Time will show.*
2. Вече́рнее вре́мя. *Evening.* Дождли́вое вре́мя. *Rainy period.* Ста́рые времена́. *Old times.* Времена́ го́да. *Seasons.*
◇ Всему́ своё вре́мя. *There is a time for everything.* Всё вре́мя. *All the time.* Она́ всё вре́мя смея́лась. *She laughed all the time.* Во вре́мя *used as prep.* +*gen.* Во вре́мя войны́ мы жи́ли у ба́бушки. *During the war we lived at our granny's.*

ВСЁ[1] *pron.*, *see* ВЕСЬ, 2
ВСЁ[2] *particle* still, ever
А он всё молчи́т и молчи́т. *And he still keeps silent.* Я всё ча́ще вспомина́ю твои́ слова́. *I recollect your words ever oftener.* Он всё ещё боле́ет. *He is still ill.* Ты всё же приходи́ ко мне. *You come to see me just the same.*

ВСЕГДА́ *adv.* always
Он всегда́ весёлый. *He is always gay.*

ВСЕМИ́РН|ЫЙ, -ая, -ое, -ые world
Всеми́рный фестива́ль. *World festival.*

ВСЁ РАВНО́
1. all the same. Мне всё равно́. *It's all the same to me.*
2. just the same. Хотя́ о́чень хо́лодно, я всё равно́ пойду́ туда́. *Though it is very cold, I'll go there just the same.*

ВСЁ-ТАКИ *particle* just the same
Я всё-таки пойду́ на ве́чер. *I'll go to the evening-party just the same.*

ВСКО́Р|Е *adv.* soon
Вско́ре начался́ дождь. *Soon it began to rain.*

ВСЛЕД after, following
1. *adv.* Он посмотре́л вслед... *His eyes followed...*
2. *used as prep.* + *dat.* *or* за + *instr.* Он посмотре́л вслед ему́. *He followed him with his eyes.* Мы пошли́ вслед за ним. *We followed him.*

ВСЛУХ *adv.* aloud
Чита́ть вслух. *To read aloud.*

ВСПАХА́ТЬ *see* ПАХА́ТЬ
ВСПОМИНА́|ТЬ, -ю, -ешь, -ют *imp.* к о г о́? ч т о? *or* о чём? / *p.* вспо́мн|ить, -ю, -ишь, -ят
1. to recollect. Я вспомина́ю своего́ дру́га. *I recollect my friend.* Вспомина́ть о де́тстве. *To recall one's childhood.*
2. to remember. Я ника́к не могу́ вспо́мнить. *I just can't remember.*

ВСПО́МНИТЬ *see* ВСПОМИНА́ТЬ
ВСТА|ВА́ТЬ, -ю́, -ёшь, -ю́т *imp.* / *p.* вста|ть, -ну, -нешь, -нут to get up, to rise
Ка́ждый день я встаю́ в семь часо́в утра́, но сего́дня я встал в во́семь часо́в *Every day I get up at seven o'clock in the morning, but today I got up at eight o'clock.* Со́лнце встаёт на восто́ке. *The sun rises in the east.*
◇ Встать с ле́вой ноги́. *To get out of bed on the wrong side.*

ВСТАТЬ *see* ВСТАВА́ТЬ
ВСТРЕ́ТИТЬ *see* ВСТРЕЧА́ТЬ
ВСТРЕ́ТИТЬСЯ *see* ВСТРЕЧА́ТЬСЯ

ВСТРЕ́ЧА *f.* meeting
Встре́ча друзе́й. *A meeting of friends.* Серде́чная встре́ча. *A cordial meeting.*

ВСТРЕЧА́|ТЬ, -ю, -ешь, -ют *imp.*
к о г о́? ч т о? / *p.* встре́|тить, -чу, -тишь, -тят to meet
1. Я встре́тил его́ случа́йно. *I met him by chance.*
2. Встре́тить хле́бом-со́лью. *To extend hospitality to somebody.*
◇ **Встреча́ть Но́вый год.** *To see the New Year in.*

ВСТРЕЧА́|ТЬСЯ, -юсь, -ешься, -ются *imp.* с к е м? с ч е м?/ *p.* встре́|титься, -чусь, -тишься, -тятся to meet
Встре́титься с друзья́ми. *To meet friends.* Мы встре́тились на у́лице. *We met in the street.* *fig.* Встре́титься с тру́дностями. *To meet with difficulties.*

ВСТУПА́|ТЬ, -ю, -ешь, -ют *imp.* в о ч т о? / *p.* вступи́ть, вступлю́, всту́пишь, всту́пят to join
Вступи́ть в спорти́вное о́бщество. *To enter a sports society.*

ВСТУПИ́ТЬ *see* **ВСТУПА́ТЬ**

ВСХОДИ́ТЬ, всхожу́, всхо́дишь, всхо́дят *imp.* / *p.* взой|ти́, -ду́, -дёшь, -ду́т, *past* взо|шёл, -шла́, -шло́, -шли́
1. to ascend. Всходи́ть на верши́ну горы́. *To climb to the top of the mountain.*
2. to rise. Со́лнце всхо́дит. *The sun rises.*

ВСЮ́ДУ *adv.* everywhere
Всю́ду бы́ло темно́. *It was dark everywhere.*

ВСЯ́К|ИЙ, -ая, -ое, -ие *pron.*
1. any
2. all sorts of. В магази́не есть вся́кие проду́кты. *There are all sorts of foodstuffs in the shop.*
3. *used as n.* anyone
◇ **На вся́кий слу́чай.** *Just in case.* **Без(о) вся́ких трудо́в.** *Without any difficulty.*

В ТЕЧЕ́НИЕ *prep.* +*gen.* during
В тече́ние зимы́. *During the winter.* Рабо́тать в тече́ние го́да. *To work during the year.*

ВТО́РНИК *m.* Tuesday
Собра́ние состои́тся во вто́рник. *The meeting will take place on*

Tuesday. Ка́ждый вто́рник. *Every Tuesday.*

В-ТРЕ́ТЬИХ *paren. word* third(ly)
Кни́га, во-пе́рвых, о́чень интере́сная, во-вторы́х, краси́во офо́рмлена, и, в-тре́тьих, она́ легко́ чита́ется. *First, the book is very interesting, second, it is beautifully designed, and, third, it reads well.*

ВТРОЁМ *adv.* three (together)
Мы обе́даем втроём. *We three dine together.*

ВУЗ *m.* (= вы́сшее уче́бное заведе́ние) higher educational establishment
В Москве́ о́коло 90 ву́зов. *In Moscow, there are some 90 higher educational establishments.*

ВХОД *m.* entrance
Вход в метро́. *An entrance to the underground.* Вход в парк. *An entrance to the park.* Гла́вный вход. *The main entrance.*

ВХОДИ́ТЬ, вхожу́, вхо́дишь, вхо́дят *imp.* к у д а? / *p.* вой|ти́, -ду́, -дёшь, -ду́т, *past* во|шёл, -шла́, -шло́, -шли́
1. to enter. Войти́ в класс. *To enter the classroom.* Разреши́те войти́? *May I come in?*
2. В соста́в делега́ции вхо́дит пять челове́к. *The delegation consists of five members.*
◇ **Войти́ во вкус.** *To get to like.* **Войти́ в мо́ду.** *To become fashionable.* **Войти́ в дове́рие к кому́-либо.** *To win somebody's confidence.*

ВЧЕРА́ *adv.* yesterday
Вчера́ бы́ло хо́лодно. *It was cold yesterday.*

ВЧЕРА́ШН|ИЙ, -яя, -ее, -ие yesterday's
Вчера́шняя газе́та. *Yesterday's paper.*

ВЪЕЗЖА́|ТЬ, -ю, -ешь, -ют *imp.* к у д а? / *p.* въе́хать, въе́д|у, -ешь, -ут to drive (into)
Въе́хать в го́род. *To drive into a town.* Въе́хать на́ гору. *To drive uphill.*

ВЪЕ́ХАТЬ *see* **ВЪЕЗЖА́ТЬ**

ВЫ *pron., gen., acc., prepos.* вас, *dat.* вам, *instr.* ва́ми
Прошу́ вас, да́йте мне кни́гу. *Will you kindly give me the book?*

ВЫБИРА́|ТЬ, -ю, -ешь, -ют *imp.* к о г о́? ч т о? / *p.* вы́брать, вы́бер|у, -ешь, -ут to choose, to select
Вы́брать специа́льность. *To choose a speciality.* Вы́брать блю́до. *To choose a dish.* Вы́брать лу́чших спортсме́нов из числа́ студе́нтов. *To select the best sportsmen among the students.*

ВЫ́БОРЫ *pl., no sing.* elections
Вы́боры в парла́мент. *Elections to the Parliament.* Всео́бщие, ра́вные и прямы́е вы́боры. *Universal, equal and direct elections.*

ВЫБРА́СЫВА|ТЬ, -ю, -ешь, -ют *imp.* к о г о́? ч т о? к у д а́?/ *p.* вы́бро|сить, -шу, -сишь, -сят to throw out
Вы́бросить нену́жные бума́ги. *To throw out the unnecessary papers.*

ВЫ́БРАТЬ *see* **ВЫБИРА́ТЬ**
ВЫ́БРОСИТЬ *see* **ВЫБРА́СЫВАТЬ**
ВЫ́ВЕСТИ *see* **ВЫВОДИ́ТЬ**
ВЫ́ВОД *m.* conclusion
Сде́лать пра́вильный вы́вод. *To draw the right conclusion.*

ВЫВОДИ́ТЬ, вывожу́, выво́дишь, выво́дят *imp.* к о г о́? ч т о? / *p.* вы́ве|сти, -ду, -дешь, -дут, *past* вы́вел, -а, -о, -и
1. to take out. Вы́вести лошаде́й на прогу́лку. *To take the horses for a walk.*
2. to remove. Вы́вести пятно́ на костю́ме. *To remove a stain from a suit.*
◊ **Он вы́вел меня́ из себя́.** *He put me beside myself.*

ВЫГЛЯ́|ДЕТЬ, -жу, -дишь, -дят *imp.* to look
Она́ хорошо́ вы́глядит. *She looks well.*

ВЫ́ГНАТЬ *see* **ВЫГОНЯ́ТЬ**
ВЫГОНЯ́|ТЬ, -ю, -ешь, -ют *imp.* к о г о́? о т к у́ д а? / *p.* вы́гнать, вы́гон|ю, -ишь, -ят to turn out
Я его́ вы́гнал вон. *I turned him out.*

ВЫДА|ВА́ТЬ, -ю́, -ёшь, -ю́т *imp.* ч т о? к о м у́?/*p.* вы́дать, вы́дам, вы́дашь, вы́даст, вы́дадим, вы́дадите, вы́дадут
1. to give out. Вы́дать кни́ги. *To give books out.*
2. to give away, to betray. Его́ вы́дали. *He was betrayed.*

ВЫ́ДАТЬ *see* **ВЫДАВА́ТЬ**

ВЫЕЗЖА́|ТЬ, -ю, -ешь, -ют *imp.* / *p.* вы́ехать, вы́ед|у, -ешь, -ут to leave, to drive out
Маши́на вы́ехала из гаража́. *The car drove out of the garage.* Вы́ехать из го́рода. *To leave town.*

ВЫ́ЕХАТЬ *see* **ВЫЕЗЖА́ТЬ**
ВЫ́ЗВАТЬ *see* **ВЫЗЫВА́ТЬ**
ВЫЗДОРА́ВЛИВА|ТЬ, -ю, -ешь, -ют *imp.* / *p.* вы́здорове|ть, -ю, -ешь, -ют to recover
Мой брат вы́здоровел. *My brother has recovered.* Выздора́вливайте! *Get well!*

ВЫ́ЗДОРОВЕТЬ *see* **ВЫЗДОРА́ВЛИВАТЬ**
ВЫЗЫВА́|ТЬ, -ю, -ешь, -ют *imp.* к о г о́? / *p.* вы́звать, вы́зов|у, -ешь, -ут to call out
Вы́звать студе́нта к доске́. *To call out a student to the blackboard.*

ВЫ́ИГРАТЬ *see* **ВЫИ́ГРЫВАТЬ**
ВЫИ́ГРЫВА|ТЬ, -ю, -ешь, -ют *imp.* ч т о? у к о г о́? / *p.* вы́игра|ть, -ю, -ешь, -ют
1. у к о г о́? to win. Вы́играть у дру́га па́ртию в ша́хматы. *To win a game of chess from a friend.*
2. to win. Вы́играть маши́ну. *To win a motor-car.*

ВЫ́ЙТИ *see* **ВЫХОДИ́ТЬ**
ВЫКЛЮЧА́|ТЬ, -ю, -ешь, -ют *imp.* ч т о? / *p.* вы́includ|ить, -у, -ишь, -ат to switch off
Вы́ключить свет. *To switch off the light.*

ВЫ́КЛЮЧИТЬ *see* **ВЫКЛЮЧА́ТЬ**
ВЫ́ЛЕЧИТЬ *see* **ЛЕЧИ́ТЬ**
ВЫЛИВА́|ТЬ, -ю, -ешь, -ют *imp.* ч т о? о т к у́ д а? к у д а́? / *p.* вы́лить, вы́лью, -ешь, -ют; *imper.* вы́лей to pour out
Вы́лить во́ду из стака́на. *To pour water out of a glass.* Вы́лить молоко́ в кастрю́лю. *To pour milk into a saucepan.*

ВЫ́ЛИТЬ *see* **ВЫЛИВА́ТЬ**
ВЫ́МЫТЬ *see* **МЫТЬ**
ВЫ́МЫТЬСЯ *see* **МЫ́ТЬСЯ**
ВЫНИМА́|ТЬ, -ю, -ешь, -ют *imp.* ч т о? о т к у́ д а? / *p.* вы́н|уть, -у, -ешь, -ут to take out
Вы́нуть плато́к из карма́на. *To take a handkerchief out of one's pocket.*

ВЫ́НУТЬ *see* **ВЫНИМА́ТЬ**

ВЫ́ПИСАТЬ *see* **ВЫПИ́СЫВАТЬ**

ВЫПИ́СЫВА|ТЬ, -ю, -ешь, -ют *imp.*
ч т о? / *p.* вы́пи|сать, -шу, -шешь,
-шут
1. ч т о? о т к у́ д а? to copy out.
Вы́писать цита́ту из кни́ги. *To
copy out a quotation from a book.*
2. to subscribe. Вы́писать журна́лы
и газе́ты. *To subscribe to maga-
zines and newspapers.* Вы́писать
реце́пт больно́му. *To write a
prescription for a patient.*

ВЫ́ПИТЬ *see* **ПИТЬ**

ВЫПОЛНЕ́НИЕ *neut.* fulfilment
Выполне́ние пла́на. *The fulfilment
of a plan.*

ВЫ́ПОЛНИТЬ *see* **ВЫПОЛНЯ́ТЬ**

ВЫПОЛНЯ́|ТЬ, -ю, -ешь, -ют *imp.*
ч т о? / *p.* вы́полн|ить, -ю, -ишь,
-ят to carry out, to fulfil
Вы́полнить большу́ю рабо́ту. *To
carry out a great work.* Вы́полнить
ме́сячный план. *To fulfil a monthly
plan.*

ВЫПУСКА́|ТЬ, -ю, -ешь, -ют *imp.*
к о г о́? ч т о? / *p.* вы́пу|стить, -щу,
-стишь, -стят
1. to let out. Вы́пустить пти́цу из
кле́тки. *To let the bird out of
the cage.*
2. to turn out. Вы́пустить специа-
ли́стов. *To turn out specialists.*
3. to turn out. Выпуска́ть про-
ду́кцию высо́кого ка́чества. *To
turn out high-quality products.*

ВЫ́ПУСТИТЬ *see* **ВЫПУСКА́ТЬ**

ВЫРАЖЕ́НИЕ *neut.* expression
1. Интере́сное выраже́ние. *An interesting expression.*
2. Выраже́ние лица́. *Expression.*

ВЫ́РАСТИ *see* **РАСТИ́**

ВЫСО́К|ИЙ, -ая, -ое, -ие, *short form*
высо́к, высок|а́, -о́, -и́; *adv.* высо-
ко́; *comp.* вы́ше
1. tall. Высо́кий дом. *A tall house.*
Высо́кий челове́к. *A tall man.*
2. *fig.* high. Высо́кий у́ровень
жи́зни. *A high living standard.*
Высо́кая температу́ра. *A high
temperature.* Высо́кое давле́ние.
High pressure. Высо́кий го́лос.
A high voice.

ВЫСОТА́ *f.* height
Больша́я высота́. *A great height.*
Прыжки́ в высоту́. *High jumping.*
Зда́ние сто ме́тров в высоту́. *A*

building a hundred metres high.
Де́рево высото́й в де́сять ме́тров.
A tree ten metres high.

ВЫ́СТАВ|КА *f., gen. pl.* -ок exhibi-
tion
Вы́ставка достиже́ний наро́дного
хозя́йства. *The Exhibition of Economic Achievement.*

ВЫ́СТРЕЛ|ИТЬ, -ю, -ишь, -ят *p.* to fire
Вы́стрелить из пистоле́та. *To fire
a pistol.*

ВЫСТУПА́|ТЬ, -ю, -ешь, -ют *imp.*/
p. вы́сту|пить, -плю, -пишь, -пят
1. to speak. Вы́ступить на собра́нии.
To speak at a meeting. Вы́сту-
пить с ре́чью. *To make a speech.*
2. to appear. Вы́ступить в гла́вной
ро́ли. *To appear in the principal
role.*

ВЫ́СТУПИТЬ *see* **ВЫСТУПА́ТЬ**

ВЫСТУПЛЕ́НИЕ *neut.*
1. speech. Выступле́ние делега́та.
The delegate's speech. Выступле́-
ние мини́стра иностра́нных дел
по телеви́дению. *The foreign minister's appearance on television.*
2. performance. Выступле́ние ар-
ти́стов. *The actors' performance.*

ВЫСШ|ИЙ, -ая, -ее, -ие
1. higher, superior
2. highest, supreme
◇ Вы́сшее образова́ние. *Higher
education.* Вы́сший о́рган вла́сти.
The supreme organ of power.

ВЫ́ТАЩИТЬ *see* **ТАЩИ́ТЬ**, 2

ВЫ́ТЕРЕТЬ *see* **ВЫТИРА́ТЬ**

ВЫТИРА́|ТЬ, -ю, -ешь, -ют *imp.*
ч т о? / *p.* вы́тереть, вы́тр|у, -ешь,
-ут, *past* вы́тер, -ла, -ло, -ли to wipe
Вы́тереть ру́ки и лицо́ полоте́н-
цем. *To wipe one's hands and
face with a towel.*

ВЫ́УЧИТЬ *see* **УЧИ́ТЬ**, 1

ВЫ́ХОД *m.* exit
Вы́ход из метро́. *The exit from the
underground station.* Вы́ход из
па́рка. *The exit from a park.*

ВЫХОДИ́ТЬ, выхожу́, выхо́дишь,
выхо́дят *imp.* о т к у́ д а? / *p.* вы́й-
ти, вы́йд|у, -ешь, -ут, *past* вы́-
шел, вы́шл|а, -о, -и to go out
Выходи́ть из ко́мнаты. *To go out
of the room.* Вы́йти из кла́сса. *To
go out of the classroom.*
◇ Вы́йти из терпе́ния. *To lose
patience.* Вы́йти сухи́м из воды́.

To come off unscathed. **Выйти из себя.** *To lose one's temper.*

ВЫХОДН|ОЙ, -áя, -óе, -ые free
Выходной день. *A day off.* Я сегóдня выходнóй. *I am free today.*

Г, г

ГАЗ *m.* gas
Водорóд — лёгкий газ. *Hydrogen is a light gas.* У нáс провелú газ. *They laid on gas in our house.*

ГАЗЕ́ТА *f.* newspaper
Читáть газéту. *To read a newspaper.* Сегóдняшняя газéта. *Today's newspaper.*

ГА́ЛСТУК *m.* (neck)tie
Завязáть гáлстук. *To tie one's tie.* Пионéрский гáлстук. *A Young Pioneer's scarf.*

ГАСИ́ТЬ, гашý, гáсишь, гáсят *imp.* ч т о? / *p.* погасúть, погашý, погáсишь, погáсят to switch off, to put out
Гасúть свет. *To switch off the light.* Погасúть костёр. *To put out a fire.*

ГАСТРОНО́М *m.* provision shop
Купúть продýкты в гастронóме. *To buy foodstuffs at a provision shop.*

ГДЕ
1. *adv.* where. Где вы рабóтаете? *Where do you work?* Где вы живёте? *Where do you live?*
2. *as conj.* where. Дом, где я живý, пострóен в э́том годý. *The house in which I live was built this year.*

ГДЕ́-НИБУ́ДЬ *adv.* somewhere
Я бýду где-нибýдь здесь. *I shall be somewhere here.*

ГДЕ́-ТО *adv.* somewhere
Мы с вáми где́-то встречáлись. *We have met somewhere.*

ГЕНИА́ЛЬН|ЫЙ, -ая, -ое, -ые of genius
Шекспúр — гениáльный англúйский драматýрг. *Shakespeare is a great English dramatist.* Гениáльное произведéние. *A work of genius.*

ГЕОГРАФИ́ЧЕСК|ИЙ, -ая, -ое, -ие geographic(al)
Географúческий áтлас. *A geographical atlas.* Велúкие географúческие открытия. *The great geographical discoveries.* Учúться на гео-

графúческом факультéте. *To study in the geography department.*

ГЕОГРА́ФИЯ *f.*, *no pl.* geography
Физúческая геогрáфия. *Physical geography.* Экономúческая геогрáфия. *Economic geography.*

ГЕО́ЛОГ *m.* geologist
Быть геóлогом. *To be a geologist.*

ГЕРОЙ́ЧЕСК|ИЙ, -ая, -ое, -ие heroic
Герóйческий труд. *Heroic labour.* Герóйческая борьбá. *Heroic struggle.*

ГЕРО́Й *m.*
1. hero. Герóй войны. *A war hero.*
2. hero. Глáвный герóй ромáна. *The hero of the novel.*
3. hero. Герóи трудá. *Heroes of labour.*

ГИ́БН|УТЬ, -у, -ешь, -ут, *past* гиб, -ла, -ло, -ли *imp.* о т ч е г ó?/ *p.* погúбн|уть, -у, -ешь, -ут
Во врéмя вторóй мировóй войны погúбли миллиóны людéй. *Millions of people died in the Second World War.* Дерéвья гúбнут от морóза. *Trees perish with cold.*

ГИМНА́СТИКА *f.*, *no pl.* gymnastics
Утренняя гимнáстика. *Morning p. t. exercises.* Спортúвная гимнáстика. *Sports gymnastics.* Дéлать гимнáстику. *To do p. t. exercises.* Занимáться гимнáстикой. *To practise gymnastics.*

ГЛАВА́[1] *f.*, *pl.* глáвы head
Главá делегáции. *The head of the delegation.* Главá правúтельства. *The head of the government.*
◇ **Стоя́ть во главé чегó-лúбо.** *To be at the head of something.*

ГЛАВА́[2] *f.*, *pl.* глáвы chapter
Пéрвая главá. *The first chapter.*

ГЛА́ВН|ЫЙ, -ая, -ое, -ые principal, chief, main
Глáвный вопрóс. *The principal question.* Глáвный редáктор. *Editor-in-Chief.* Глáвный врач. *Head physician.*

ГЛА́|ДИТЬ, -жу, -дишь, -дят *imp./ p.* поглá|дить, -жу, -дишь, -дят
1. ч т о? ч е м? to iron, to press. Глáдить рубáшку утюгóм. *To iron a shirt.*
2. к о г ó? ч т о? п о ч е м ý? to stroke. Глáдить ребёнка по головé. *To stroke the child's head.*

ГЛА́ДК|ИЙ, -ая, -ое, -ие smooth

Гла́дкая пове́рхность. *A smooth surface.*

ГЛАЗ *m., prepos.* о гла́зе & в глазу́; *pl.* глаза́, глаз eye
Больши́е глаза́. *Big eyes.*
◇ Э́то случи́лось на на́ших глаза́х. *It happened before our eyes.* Пусти́ть пыль в глаза́. *To cut a dash.* Говори́ть пра́вду в глаза́. *To speak the truth to one's face.* Говори́ть с гла́зу на гла́з. *To talk confidentially.* Идти́ куда́ глаза́ глядя́т. *To follow one's nose.* Сде́лать больши́е глаза́. *To make big eyes.*

ГЛУБИНА́ *f.* depth
На глубине́ ста ме́тров. *At a depth of one hundred metres.* Ша́хта глубино́й в три́ста ме́тров. *A pit three hundred metres deep.*
◇ В глубине́ са́да. *In the heart of the garden.*

ГЛУБО́К|ИЙ, -ая, -ое, -ие, *short form* глубо́к, глубок|а́, -о́, -и́; *adv.* глубоко́; *comp.* глу́бже
1. deep. Глубо́кая река́. *A deep river.*
2. *fig.* profound. Глубо́кий ум. *Profound intellect.* Глубо́кое чу́вство. *Deep feeling.*

ГЛУ́П|ЫЙ, -ая, -ое, -ые, *short form* глуп, глупа́, глу́п|о, -ы; *adv.* глу́по stupid, foolish
Глу́пый челове́к. *A stupid man.* Глу́пая мысль. *A foolish idea.* Он поступи́л глу́по. *He acted foolishly.*

ГЛУХ|О́Й, -а́я, -о́е, -и́е, *short form* глух, глуха́, глу́х|о, -и; *adv.* глу́хо
1. deaf. Глухо́й челове́к. *A deaf person.*
2. *fig.* out-of-the-way. Глухо́й край. *An out-of-the-way region.*

ГЛЯ|ДЕ́ТЬ, -жу́, -ди́шь, -дя́т *imp.* на кого́? на что? во что?/ *p.* погля|де́ть, -жу́, -ди́шь, -дя́т to look
Погляди́ на него́! *Look at him!* Гляде́ть в окно́. *To look out of the window.*

ГНЁТ *m., no pl.* yoke, oppression
Находи́ться под гнётом завоева́телей. *To be under the yoke of the conquerers.*

ГОВОР|И́ТЬ, -ю́, -и́шь, -я́т *imp.* что? о ко́м? о чём? кому́? с кем?

1. *p.* сказа́ть, скажу́, ска́жешь, ска́жут кому́? to speak, to tell, to say. Я сказа́л отцу́ пра́вду. *I told the truth to my father.* Я говори́л отцу́ об э́том. *I told Father about it.* Говори́те гро́мче. *Speak louder.* Скажи́те не́сколько слов о Москве́. *Say a few words about Moscow.*
2. *p.* поговори́ть *or has no p.* aspect с кем? to speak, to talk
(1) Я говорю́ с дру́гом о его́ сестре́. *I am speaking with my friend about his sister.* Я поговори́л с отцо́м на э́ту те́му. *I had a talk with Father on that subject.*
(2) Я говорю́ по-ру́сски. *I speak Russian.* Он не говори́т по-англи́йски. *He doesn't speak English.*

ГОД *m., prepos.* в году́ & о го́де; *pl.* го́ды & года́
1. year. Уче́бный год. *School year, academic year.* Я роди́лся в 1941 году́. *I was born in 1941.*
2. *gen. pl.* лет year. Ско́лько вам лет? *How old are you?* Мне 20 лет. *I am 20 years old.* Мне 23 го́да. *I am 23 years old.* Прошло́ 4 го́да (5 лет). *4 (5) years passed.*
◇ С Но́вым го́дом! *A Happy New Year!*

ГОЛОВА́ *f., acc.* го́лову; *pl.* го́ловы, голо́в, голова́м, *etc.* head
У меня́ боли́т голова́. *I have a headache.*
◇ Све́тлая голова́. *A bright head.* Пуста́я голова́. *An empty head.* Пове́сить го́лову. *To hang one's head.* Потеря́ть го́лову. *To lose one's head.* Мне пришла́ в го́лову мысль. *An idea occurred to me.* Мне пришло́ в го́лову. *It occurred to me.*

ГО́ЛОД *m., no pl.* hunger
Почу́вствовать го́лод. *To feel hungry.* Умере́ть с го́лоду. *To die of hunger.*

ГОЛО́ДН|ЫЙ, -ая, -ое, -ые, *short form* го́лоден, голодна́, го́лодн|о, -ы
1. hungry. Голо́дный челове́к. *A hungry person.* Я го́лоден. *I am hungry.*

2. *only complete form* starving. Голо́дная смерть. *Starvation.*

ГО́ЛОС *m., pl.* -á
1. voice. Ни́зкий го́лос. *A low voice.* Высо́кий го́лос. *A high voice.* Лиши́ться го́лоса. *To lose one's voice.*
2. vote. Го́лос избира́теля. *The vote of an elector.*

ГОЛОС|ОВА́ТЬ, -у́ю, -у́ешь, -у́ют *imp.* за кого́? за что? про́тив кого́? про́тив чего́?/ *p.* проголос|ова́ть, -у́ю, -у́ешь, -у́ют to vote
Голосова́ть за кандида́та в депута́ты. *To vote for a candidate.* Голосова́ть про́тив резолю́ции. *To vote against a resolution.*

ГОЛУБ|О́Й, -а́я, -о́е, -ы́е light-blue
Голубо́е не́бо. *A light-blue sky.* Голубы́е глаза́. *Blue eyes.*

ГО́ЛУБ|Ь *m., gen. pl.* -е́й dove, pigeon
Летя́т го́луби. *The doves are flying.*

ГО́Л|ЫЙ, -ая, -ое, -ые naked, bare
Го́лая спина́. *A naked back.* Го́лые дере́вья. *Bare trees.*

ГОРА́ *f., acc.* го́ру; *pl.* го́ры, гор, гора́м, *etc.* mountain, hill
Высо́кая гора́. *A high mountain.* Жить в гора́х. *To live in the mountains.* На гора́х лежи́т снег. *There is snow on the mountains.* Тури́сты взошли́ на́ гору. *The tourists climbed the mountain.*
◇ **Не за гора́ми.** *Close at hand, not far away.*

ГОРА́ЗДО *adv.* much, far
Гора́здо лу́чше. *Far better.* Гора́здо быстре́е. *Much faster.* Гора́здо умне́е. *Much cleverer.* Гора́здо ме́ньше. *Much smaller / less*

ГОР|ДИ́ТЬСЯ, -жу́сь, -ди́шься, -ди́тся *imp.* кем? чем? to be proud
Горди́ться успе́хами. *To be proud of one's success.* Горди́ться ро́диной. *To be proud of one's country.*

ГО́РД|ЫЙ, -ая, -ое, -ые, *short form* горд, горда́, го́рдо, горды́; *adv.* го́рдо proud
Го́рдый челове́к. *A proud person.* Го́рдая де́вушка. *A proud girl.* Го́рдый вид. *A proud air.*

ГО́РЕ *neut., no pl.* misfortune
У него́ большо́е го́ре. *A great misfortune befell him.*

ГОР|Е́ТЬ, -ю́, -и́шь, -я́т *imp.*
1. *p.* сгор|е́ть, -ю́, -и́шь, -я́т to burn. Гори́т свеча́. *A candle burns.* Горя́т дрова́. *Firewood burns.* Гори́т дом. *The house is on fire.*
2. *no p.* to burn. В ко́мнате гори́т свет. *There is a light in the room.*
3. *fig.* to shine, to sparkle. Глаза́ у него́ горя́т от ра́дости. *His eyes are shining with joy.*

ГО́РЛО *neut.* throat
У меня́ боли́т го́рло. *I have a sore throat.*

ГО́РН|ЫЙ, -ая, -ое, -ые
1. mountain. Го́рные верши́ны. *Mountain tops.*
2. mining. Го́рная промы́шленность. *The mining industry.* Го́рный институ́т. *A mining institute.*

ГО́РОД *m., pl.* -а́ city, town
Кру́пный промы́шленный го́род. *A large industrial city.* В го́роде мно́го садо́в. *There are many gardens in the city.*
◇ **Пое́хать за́ город.** *To go to the country.*

ГОРОДСК|О́Й, -а́я, -о́е, -и́е city, town
Городско́й тра́нспорт. *City transport.* Городско́й сад. *A city park.*

ГО́РЬК|ИЙ, -ая, -ое, -ие, *short form* го́рек, горька́, го́рьк|о, -и; *adv.* го́рько
1. bitter. Го́рькое лека́рство. *A bitter medicine.*
2. *fig.* bitter. Го́рькая пра́вда. *The bitter truth.* Го́рькие слёзы. *Bitter tears.* Го́рько пла́кать. *To weep bitterly.*

ГОРЯ́Ч|ИЙ, -ая, -ее, -ие, *short form* горя́ч, -а́, -о́, -и́; *adv.* горячо́
1. hot. Горя́чий суп. *Hot soup.*
2. *fig.* ardent. Горя́чая любо́вь. *Ardent love.* Горя́чий приве́т. *Warm greetings.* Горячо́ спо́рить. *To have a heated argument.*
3. *fig.* hot. Горя́чий хара́ктер. *A hot temper.*
4. *fig.:* Горя́чее вре́мя. *A busy time.*

ГОСПОДИ́Н *m.*, *pl.* господа́, госпо́д, господа́м, *etc.* gentleman; *used in addressing people* Mr. Господи́н Уо́тсон! *Mr. Watson!*

ГОСТЕПРИ́ИМН|ЫЙ, -ая, -ое, -ые hospitable
Гостеприи́мный хозя́ин. *A hospitable host.* Гостеприи́мная страна́. *A hospitable country.*

ГОСТИ́НИЦА *f.* hotel
Мы останови́лись в гости́нице. *We put up at an hotel.* Но́вая гости́ница. *A new hotel.*

ГОСТ|Ь *m.*, *gen. pl.* -е́й guest, visitor
Жела́нный гость. *A welcome guest.* Иностра́нные го́сти. *Foreign visitors.*
◊ **Идти́ в го́сти.** *To go on a visit.* **Быть в гостя́х.** *To be on a visit.*

ГОСУДА́РСТВЕНН|ЫЙ, -ая, -ое, -ые state
Госуда́рственный строй. *A state system.* Госуда́рственные грани́цы. *State frontiers.* Госуда́рственная поли́тика. *A state policy.* Моско́вский госуда́рственный университе́т. *Moscow State University.*

ГОСУДА́РСТВО *neut.* state; country
В э́том госуда́рстве живёт 15 миллио́нов челове́к. *The population of this country is 15 million.*

ГОТО́|ВИТЬ, -влю, -вишь, -вят *imp.* кого́? что?
1. *р.* пригото́|вить, -влю, -вишь, -вят to prepare. Гото́вить уро́к. *To do a lesson.* Гото́вить обе́д. *To cook dinner.*
2. *р.* подгото́|вить, -влю, -вишь, -вят to prepare. Гото́вить специали́стов. *To train specialists.* Гото́вить ученико́в к экза́мену. *To prepare pupils for an examination.*

ГОТО́|ВИТЬСЯ, -влюсь, -вишься, -вятся *imp.* к чему́? & + *inf.* / *р.* пригото́|виться, -влюсь, -вишься, -вятся to prepare, to get ready
Студе́нт гото́вится к экза́мену. *The student is preparing for an examination.* Спортсме́н пригото́вился пры́гнуть в во́ду. *The sportsman got ready to jump into the water.*

ГОТО́В|ЫЙ, -ая, -ое, -ые, *short form* гото́в, -а, -о, -ы к чему́? на что́? & + *inf.*
1. ready. Учени́к гото́в к экза́мену. *The pupil is ready for his examination.*
2. ready. Он всегда́ гото́в помо́чь това́рищу. *He is always ready to help a friend.* Гото́вый на по́двиг. *Ready to perform a feat.*
3. ready. Обе́д гото́в. *Dinner is ready.*
◊ **Гото́вое пла́тье.** *A ready-made dress.*

ГРА́ДУС *m.*
1. degree. Термо́метр пока́зывает пять гра́дусов ни́же нуля́ (вы́ше нуля́). *The thermometer shows five degrees below zero (above zero).*
2. degree. У́гол в 45 гра́дусов. *An angle of 45 degrees.*

ГРАЖДАНИ́Н *m.*, *pl.* гра́ждане, гра́ждан
1. citizen. Граждани́н Сове́тского Сою́за. *A citizen of the Soviet Union.*
2. *used in addressing people* Sir. Граждани́н, скажи́те, пожа́луйста, где нахо́дится теа́тр? *Sir, will you kindly tell me where the theatre is?*

ГРАЖДА́НСК|ИЙ, -ая, -ое, -ие civil, civic
Гражда́нский долг. *One's civic duty.*
◊ **Гражда́нская война́.** *A civil war.*

ГРАММ *m.* gramme
Семьсо́т гра́ммов са́хара. *Seven hundred grammes of sugar.*

ГРАММА́ТИКА *f.* grammar
Грамма́тика ру́сского языка́. *A Russian grammar.*

ГРА́МОТН|ЫЙ, -ая, -ое, -ые, *short form* гра́мотен, гра́мотн|а, -о, -ы; *adv.* гра́мотно literate
Гра́мотный челове́к. *A literate person.* Писа́ть гра́мотно. *To write literately.*

ГРАНИ́ЦА *f.* frontier; boundary
Госуда́рственная грани́ца. *A state frontier.*
◊ **Жить за грани́цей.** *To live abroad.* **Уе́хать за грани́цу**

To go abroad. Прие́хать из-за грани́цы. *To come from abroad.*

ГРЕ|МЕ́ТЬ, -млю́, -ми́шь, -мя́т *imp.* to thunder
Греми́т гром. *It thunders.*

ГРЕ|ТЬ, -ю, -ешь, -ют *imp.* ч т о? / *p.* согре́|ть, -ю, -ешь, -ют
1. to give out warmth. Осенью со́лнце све́тит, но ма́ло гре́ет. *In autumn the sun is bright but not very warm.*
2. to be warm. Пальто́ хорошо́ гре́ет. *The overcoat is very warm.*
3. to warm. Греть ру́ки над огнём. *To warm one's hands over the fire.*
4. *p.* нагре́|ть, -ю, -ешь, -ют to warm. Нагре́ть во́ду до 40 гра́дусов. *To warm the water to 40 degrees.*

ГРИБ *m., gen.* -а́ mushroom
Набра́ть мно́го грибо́в. *To gather a lot of mushrooms.* Бе́лый гриб. *An edible boletus.*

ГРИПП *m.* influenza
Боле́ть гри́ппом. *To be ill with the 'flu.* У него́ тяжёлая фо́рма гри́ппа. *He has a bad attack of the 'flu.* Осложне́ния по́сле гри́ппа. *Complications after the 'flu.*

ГРОЗА́ *f., pl.* гро́зы thunderstorm
Начала́сь гроза́. *A thunderstorm broke out.* Ле́том ча́сто быва́ют гро́зы. *Thunderstorms often occur in summer.*

ГРОМ *m.*
1. thunder. Загреме́л гром. *It started thundering.*
2. *fig.* storm. Гром аплодисме́нтов. *A storm of applause.*

ГРОМА́ДН|ЫЙ, -ая, -ое, -ые, *short form* грома́ден, грома́дн|а, -о, -ы huge, enormous
Грома́дный дом. *A huge house.* Грома́дный успе́х. *An enormous success.*

ГРО́МК|ИЙ, -ая, -ое. -ие, *short form* гро́мок, громка́, гро́мк|о, -и; *adv.* гро́мко; *comp.* гро́мче loud
Гро́мкий звук. *A loud sound.* Гро́мкий го́лос. *A loud voice.* Гро́мкий смех. *A loud laughter.* Разгова́ривать гро́мко. *To speak loudly.*

ГРУБ|ЫЙ, -ая, -ое, -ые, *short form* груб, груба́, гру́б|о, -ы; *adv.* гру́бо

1. coarse. Гру́бая шерсть. *Coarse wool.*
2. rude. Гру́бый челове́к. *A rude person.* Гру́бое отноше́ние. *A rude attitude.* Гру́бо отве́тить. *To reply rudely.* Он о́чень груб с това́рищами. *He is very rude to his friends.*
3. gross. Гру́бая оши́бка. *A gross mistake.*

ГРУДЬ *f., prepos.* на груди́ chest; breast
◇ Корми́ть ребёнка гру́дью. *To nurse (suckle) a child.*

ГРУЗОВИ́К *m., gen.* -а́ lorry
К до́му подъе́хал грузови́к. *A lorry drove up to the house.*

ГРУ́ППА *f.* group
В на́шей тури́стской гру́ппе семь челове́к. *There are seven people in our tourist group.* Гру́ппа де́вушек. *A group of girls.*

ГРУ|СТИ́ТЬ, -щу́, -сти́шь, -стя́т *imp.* о ко́м? о чём? по кому́? по чему́? to miss, to be sad
Грусти́ть о това́рище. *To miss a friend.* Грусти́ть о семье́. *To miss one's family.*

ГРУ́СТН|ЫЙ, -ая, -ое, -ые, *short form* гру́стен, грустна́, гру́стн|о, -ы; *adv.* гру́стно sad
Гру́стный челове́к. *A melancholy man.* Гру́стное лицо́. *A sad face.* Гру́стная пе́сня. *A sad song.* Мне гру́стно. *I feel sad.*

ГРУ́ША *f.*
1. pear. Купи́ть не́сколько груш. *To buy some pears.*
2. pear-tree. В на́шем саду́ расту́т гру́ши. *There are pear-trees in our orchard.*

ГРЯЗН|ЫЙ, -ая, -ое, -ые, *short form* гря́зен, грязна́, гря́зн|о, -ы; *adv.* гря́зно
1. muddy. Гря́зная у́лица. *A muddy street.*
2. *lit. & fig.* dirty. Гря́зная руба́шка. *A dirty shirt.* Гря́зная рабо́та. *Dirty work.* Гря́зный посту́пок. *A dirty deed.* Он написа́л гря́зно. *He wrote carelessly.*

ГРЯЗЬ *f., prepos.* в грязи́ & о гря́зи, *no pl.*

1. mud. На у́лице грязь. *It's muddy in the street.*
2. dirt. Грязь на воротнике́. *Dirt on a collar.*

ГУБА́ *f., pl.* гу́бы, губ, губа́м, *etc.* lip
Кра́сить гу́бы. *To make up one's lips.*

ГУЛЯ́|ТЬ, -ю, -ешь, -ют *imp./p.* погуля́|ть, -ю, -ешь, -ют *to walk*
Гуля́ть с ребёнком. *To go for a walk with a child.* Гуля́ть в лесу́. *To walk in the forest.*

ГУСТ|О́Й, -а́я, -о́е, -ы́е, *short form* густ, густа́, гу́ст|о, -ы; *adv.* гу́сто; *comp.* гу́ще
1. thick, dense. Густы́е во́лосы. *Thick hair.* Густо́й лес. *A thick forest.* Дере́вья расту́т гу́сто. *The trees grow thick.*
2. thick. Густо́й мёд. *Thick honey.* Густа́я смета́на. *Thick sour cream.*
3. dense. Густо́й тума́н. *A dense fog.* Густо́й дым. *Thick smoke.*

ГУС|Ь *m., gen. pl.* -е́й goose
Жа́реный гусь. *A roast goose.* Здесь мно́го гусе́й. *There are many geese here.*

Д, д

ДА *particle*
1. yes. Это ты? — Да, э́то я. *"Is that you?" "Yes, it's me."*
2. *translated by the Imperative.* Да здра́вствует мир на земле́! *Long live peace on Earth!*

ДА|ВА́ТЬ, -ю, -ёшь, -ют *imp.* кого́? что? кому́? чему́? / *p.* дать, дам, дашь, даст, дади́м, дади́те, даду́т, *past* дал, -а́, -о, -и *to give*
Дать кни́гу това́рищу. *To give a book to a friend.*
◇ Дать согла́сие на что-ли́бо. *To give one's consent to something.* Дать возмо́жность кому́-ли́бо сде́лать что́-либо. *To enable somebody to do something.*

ДАВЛЕ́НИЕ *neut.*
1. pressure. Атмосфе́рное давле́ние. *Atmospheric pressure.* У него́ высо́кое давле́ние кро́ви. *He has a high blood pressure.*
2. *fig.* pressure. Оказа́ть давле́ние на челове́ка. *To exert pressure on a person.*

ДАВНО́ *adv.*
1. long ago. Это бы́ло давно́. *It was a long time ago.*
2. for a long time. Я давно́ не ви́дел своего́ дру́га. *I haven't seen my friend for a long time.*

ДА́ЖЕ *particle* even
Он да́же не захоте́л обе́дать. *He would not even have dinner.*

ДА́ЛЕЕ *adv.* further
И так да́лее (и т. д.). *And so on (etc.).*

ДАЛЁК|ИЙ, -ая, -ое, -ие, *short form* далёк, далек|а́, -о́, -й; *adv.* далеко́; *comp.* да́льше distant
Далёкая страна́. *A distant country.* Ехать далеко́. *To go far.* Быть далеко́ от до́ма. *To be far from home.*

ДА́ЛЬН|ИЙ, -яя, -ее, -ие
1. distant, remote. Да́льние райо́ны. *Remote regions.*
2. long. Да́льнее путеше́ствие. *A long journey.*
3. distant. Да́льние ро́дственники. *Distant relatives.*

ДА́ЛЬШЕ *adv.* further, on
Чита́йте, пожа́луйста, да́льше. *Will you read on, please?* Пойдём да́льше. *Let's go on.*

ДАРИ́ТЬ, дарю́, да́ришь, да́рят *imp.* кого́? что? кому́? чему́?/ *p.* подари́ть, подарю́, пода́ришь, пода́рят to give (a present)
Подари́ть това́рищу кни́гу. *To give a friend a book (as a present).*

ДА́ТА *f.* date
Знамена́тельная да́та. *A memorable date.*

ДАТЬ *see* ДАВА́ТЬ

ДВЕР|Ь *f., gen. pl.* -е́й door
Стекля́нная дверь. *A glass door.* Откры́ть дверь. *To open the door.* Закры́ть дверь. *To close the door.* Войти́ в дверь. *To come (go) through a doorway.*

ДВИ́ГА|ТЬСЯ, -юсь, -ешься, -ются *or* дви́жешься, дви́жутся *imp./ p.* дви́н|уться, -усь, -ешься, -утся to move
По́езд дви́жется со ско́ростью 50 киломе́тров в час. *The train is moving at a speed of 50 kilometres*

an hour. Дви́гаться вперёд. *To move ahead.* Не дви́гайтесь! *Don't move!*

ДВИЖЕ́НИЕ *neut.*
1. movement. Движе́ние планѐт вокру́г Со́лнца. *The movement of planets round the Sun.*
2. traffic. Движе́ние тра́нспорта. *Traffic.* Расписа́ние движе́ния поездо́в. *A railway time-table.*
3. movement. Национа́льно-освободи́тельное движе́ние. *The national liberation movement.* Рабо́чее движе́ние. *The working-class movement.* Движе́ние сторо́нников ми́ра. *The peace movement.*

ДВЍНУТЬСЯ *see* **ДВЍГАТЬСЯ**

ДВО́Е *num.* two
Дво́е мужчи́н. *Two men.* Дво́е су́ток. *Two days.*

ДВОР *m., gen.* -á
1. courtyard. Маши́на въѐхала во дво́р. *The motor-car drove into the yard.*
2. outside. На дворѐ хо́лодно. *It is cold outside.*

ДВОР|Е́Ц *m., gen.* -ца́ palace
Короле́вский дворѐц. *King's palace.*
◇ Дворѐц культу́ры. *A palace of culture.* Дворѐц спо́рта. *A sports palace.*

ДЕ́ВОЧ|КА *f., gen. pl.* -ек (little) girl
Ма́ленькая де́вочка. *A small girl.*

ДЕ́ВУШ|КА *f., gen. pl.* -ек girl
Краси́вая де́вушка. *A beautiful girl.*

ДЕ́ДУШ|КА *m., gen. pl.* -ек grandfather
Мой де́душка живёт в дере́вне. *My grandfather lives in the country.*

ДЕЖУ́РН|ЫЙ, -ая, -ое, -ые
1. duty. Дежу́рный врач. *Duty doctor.* Дежу́рная апте́ка. *Duty chemist's.* Дежу́рный магази́н. *A duty shop.*
2. *n.* a person on duty. Кто сего́дня дежу́рный? *Who is on duty today?* Дежу́рный по общежи́тию. *The man on duty at the hostel.*

ДЕ́ЙСТВИЕ *neut.*
1. action. Де́йствие кислоты́ на ткань. *The action of an acid on material.*

2. action. Э́ти де́йствия привели́ к тому́, что... *These actions led to...*
3. action. Де́йствие происхо́дит в го́роде Н. в XIX ве́ке. *The action takes place in the town of N. in the 19th century.*
4. act. В пье́се 4 де́йствия. *There are 4 acts in the play.*

ДЕЙСТВИ́ТЕЛЬНО
1. *adv.* really. Он действи́тельно э́то зна́ет. *He really knows that.*
2. *paren. word* indeed. Да, действи́тельно, э́то ну́жно. *Yes, that's necessary indeed.*

ДЕЙСТВИ́ТЕЛЬНОСТЬ *f., no pl.* reality
Объекти́вная действи́тельность. *Objective reality.* Действи́тельность на́ших дней. *The reality of our time.*
◇ В действи́тельности. *In reality.*

ДЕ́ЙСТВ|ОВАТЬ, -ую, -уешь, -уют *imp.*
1. to act. Тепе́рь на́до де́йствовать. *Now we must act.*
2. to affect. Э́то на меня́ не де́йствует. *It doesn't affect me.*

ДЕКА́Б|Ь *m., gen.* -я́ December
В декабре́ начина́ется зима́. *Winter begins in December.* Сего́дня тре́тье декабря́. *Today is the third of December.* Он прие́дет восьмо́го декабря́. *He will arrive on the eighth of December.*

ДЕКА́Н *m.* dean
Дека́н филологи́ческого факульте́та университе́та. *The Dean of the Philological Department of the University.*

ДЕКЛАРА́ЦИЯ *f.* declaration
Деклара́ция сторо́нников ми́ра. *A declaration of the peace-supporters.*

ДЕ́ЛА|ТЬ, -ю, -ешь, -ют *imp.* ч т о? / *p.* сде́ла|ть, -ю, -ешь, -ют
1. to do. Что вы де́лаете сего́дня ве́чером? *What are you doing this evening?* Мне не́чего де́лать. *I've nothing to do.* Я ничего́ не де́лаю. *I am doing nothing.*
2. кого́? что? кем? каки́м? to make. Де́лать де́тали. *To make parts.* Э́то сде́лало его́ счастли́вым. *That made him happy.*

3. to do. Маши́на де́лает 80 км в час. *The motor-car does 80 km an hour.*
◇ Де́лать докла́д. *To make a report.* Де́лать оши́бки. *To make mistakes.* Де́лать из му́хи слона́. Cf. *To make a mountain out of a molehill.*

ДЕЛЕГА́Т *m.* delegate
Делега́т конфере́нции. *A delegate to a conference.*

ДЕЛЕГА́ЦИЯ *f.* delegation
Прави́тельственная делега́ция. *A government delegation.* Спорти́вная делега́ция. *A sports delegation.*

ДЕЛИ́ТЬ, делю́, де́лишь, де́лят *imp.* кого́? что? / *p.* раз|дели́ть, -делю́, -де́лишь, -де́лят to divide
Раздели́ть страни́цу на́ две ча́сти. *To divide a page into two parts.* Раздели́ть 10 на́ 2. *To divide 10 by 2.*

ДЕ́ЛО *neut.*, *pl.* дела́, дел, дела́м, *etc.* business
У меня́ к вам де́ло. *I've got business to discuss with you.*
◇ Ва́жное де́ло. *An important business.* Как дела́? *How are you getting along?* Он пошёл по дела́м. *He went out on business.* Это не ва́ше де́ло. *It's not your business.* В чём де́ло? *What's the matter?* Сде́лать что́-нибудь ме́жду де́лом. *To do something at odd moments.*

ДЕМОКРАТИ́ЧЕСК|ИЙ, -ая, -ое, -ие democratic
Демократи́ческий строй. *A democratic system.* Демократи́ческая респу́блика. *A democratic republic.*

ДЕМОКРА́ТИЯ *f.* democracy
По́лная демокра́тия. *Complete democracy.*

ДЕМОНСТРА́ЦИЯ *f.*
1. demonstration. Демонстра́ция состои́тся на пло́щади. *The demonstration will take place in the square.*
2. showing, presentation. Демонстра́ция но́вого фи́льма. *The showing of a new film.*

ДЕНЬ *m.*, *gen.* дня day
В нача́ле дня. *In the morning.* В середи́не дня. *At midday.* Во вто-

ро́й полови́не дня. *In the afternoon.* В тече́ние дня. *During the day.* Че́рез 2 дня. *In 2 days.* 2 дня наза́д. *2 days ago.* На сле́дующий день. *Next day.*
◇ Выходно́й день. *A day off.* День незави́симости. *Independence Day.* День рожде́ния. *Birthday.* Он прие́дет на дня́х. *He will come one of these days.* Ходи́ть куда́-либо че́рез день. *To go somewhere every other day.*

ДЕ́НЬГИ *pl.*, *no sing.*, *gen.* де́нег money
Получа́ть де́ньги. *To receive money.*

ДЕПУТА́Т *m.* deputy
Депута́т парла́мента. *A member of parliament.* Пала́та депута́тов. *The Chamber of Deputies.*

ДЕРЕ́ВНЯ *f.*, *gen. pl.* дереве́нь
1. village. Дере́вня стоя́ла на берегу́ реки́. *The village was on the bank of the river.*
2. country(side). Жить в дере́вне. *To live in the country.*

ДЕ́РЕВО *neut.*, *pl.* дере́вья, дере́вьев
1. tree. Высо́кое де́рево. *A tall tree.*
2. *only sing.* wood. Я́щик из де́рева. *A wooden box.*

ДЕРЕВЯ́НН|ЫЙ, -ая,   ое,   -ые wooden
Деревя́нный дом. *A wooden house.*

ДЕРЖА́ТЬ, держу́, де́ржишь, де́ржат *imp.* кого́? что? to hold
Держа́ть портфе́ль. *To hold a bag.* Держа́ть ребёнка на рука́х. *To hold a child in one's arms.* Держа́ть ребёнка за́ руку. *To hold a child by the hand.*
◇ Держа́ть себя́ в рука́х. *To control oneself.*
p. сдержа́ть, сдержу́, сде́ржишь, сде́ржат. Сдержа́ть сло́во. *To keep one's word.*

ДЕРЖА́ТЬСЯ, держу́сь, де́ржишься, де́ржатся *imp.* за что́?
1. to hold on. Держа́ться за́ руку. *To clutch at somebody's hand.* Держа́ться за пери́ла. *To hold on to the handrail.*
2. to behave. Держа́ться хра́бро. *To behave in a courageous manner.*

ДЕТА́ЛЬ *f.* part
Дета́ль маши́ны. *A part of a machine.*

ДЕ́ТИ *pl.*, *gen.* дете́й, *dat.* де́тям, *instr.* детьми́, *prepos.* о де́тях; *sing.* ребёнок children
Кни́ги для дете́й. *Books for children.* У него́ дво́е дете́й. *He has two children.* Отцы́ и де́ти. *Fathers and sons.*

ДЕ́ТСК|ИЙ, -ая, -ое, -ие child's, children's
Де́тское лицо́. *A child's face.* Де́тский теа́тр. *A children's theatre.*
◇ Де́тский сад. *A kindergarten.*

ДЕ́ТСТВО *neut.*, *no pl.* childhood
В де́тстве он жил в дере́вне. *He lived in the country in his childhood.*

ДЕШЁВ|ЫЙ, -ая, -ое, -ые, *short form* дёшев, дешева́, дёшев|о, -ы; *adv.* дёшево; *comp.* деше́вле cheap
Дешёвые ве́щи. *Cheap things.* Купи́ть о́вощи дёшево. *To buy vegetables cheap.*

ДЕ́ЯТЕЛЬНОСТЬ *f.* activity
Обще́ственная де́ятельность. *Social activity.*

ДИА́МЕТР *m.* diameter
Диа́метр кру́га. *The diameter of a circle.*

ДИВА́Н *m.* divan
Сиде́ть на дива́не. *To sit on a divan.* Мя́гкий дива́н. *A soft divan.* Лечь на дива́н. *To lie down on a divan.*

ДИ́К|ИЙ, -ая, -ое, -ие
1. wild. Ди́кие живо́тные. *Wild animals.* Ди́кие расте́ния. *Wild plants.*
2. *fig.* wild. Ди́кий крик. *A wild cry.*

ДИКТАТУ́РА *f.* dictatorship

ДИПЛО́М *m.* diploma
Получи́ть дипло́м инжене́ра. *To receive an engineer's diploma.*

ДИПЛОМАТИ́ЧЕСК|ИЙ, -ая, -ое, -ие diplomatic
Установи́ть дипломати́ческие отноше́ния. *To establish diplomatic relations.* Дипломати́ческие отноше́ния ме́жду стра́нами. *Diplomatic relations between countries.*

ДИРЕ́КТОР *m.*, *pl.* -а́ director
Дире́ктор заво́да. *The director of a plant.* Дире́ктор шко́лы. *The director of a school, head-master.*

ДИРИЖЁР *m.* conductor (of an orchestra)

ДИСЦИПЛИ́НА *f.*, *no pl.* discipline
Соблюда́ть дисципли́ну. *To observe discipline.* Дисципли́на на уро́ке. *The discipline at the lesson.*

ДЛИНА́ *f.*, *no pl.* length
Ме́ра длины́. *A measure of length.* Изме́рить длину́ ко́мнаты. *To measure the length of a room.* Ули́ца длино́ю в 3 киломе́тра. *A street 3 kilometres long.* Прыжки́ в длину́. *Long jumping.*

ДЛИ́НН|ЫЙ, -ая, -ое, -ые, *short form* дли́нен, длинна́, дли́нно, дли́нны́
1. long. Дли́нное пальто́. *A long overcoat.*
2. long. Дли́нный путь. *A long way.*
3. *only short form* дли́нен, длинн|а́, -о́, -ы́ too long. Пальто́ длинно́. *The overcoat is too long.*

ДЛЯ *prep.* + *gen.*
1. for. Уче́бники для студе́нтов. *Textbooks for students.* Купи́ть игру́шки для дете́й. *To buy toys for children.*
2. to. Для него́ э́то тяжёлый уда́р. *It's a heavy blow to him.*

ДНЕВНИ́К *m.*, *gen.* -а́ diary
Вести́ дневни́к. *To keep a diary.*

ДНЕВН|О́Й, -а́я, -о́е, -ы́е
1. daytime. Дневны́е заня́тия. *Daytime lessons.*
2. day. Дневно́й свет. *Daylight.*

ДНЁМ *adv.* in the daytime
Днём жа́рко. *It's hot in the daytime.*

ДНО *neut.*, *no pl.* bottom
Дно реки́. *The bottom of a river.* Морско́е дно. *Sea bottom.* Идти́ ко дну. *To sink to the bottom.*

ДО *prep.* + *gen.*
1. to. От Москвы́ до Ки́ева. *From Moscow to Kiev.* Дое́хать до це́нтра. *To go to the centre.* Дойти́ до две́ри. *To reach the door.*
2. till. От 2 до 5. *From 2 till 5.* С утра́ до ве́чера. *From morning till evening.*
3. to. Борьба́ до побе́ды. *A fight to the victorious end.* Дочита́ть кни́гу до конца́. *To read the book to the end.*

◇ **Жизнь до войны́.** *Life before the war.*

ДОБА́ВИТЬ *see* **ДОБАВЛЯ́ТЬ**

ДОБАВЛЯ́|ТЬ, -ю, -ешь, -ют *imp.* ч т о? ч е г о́? / *p.* доба́|вить, -влю, -вишь, -вят
1. to add. Доба́вить со́ли в суп. *To add salt to the soup.*
2. to add. Доба́вить не́сколько слов. *To add a few words.*

ДОБИВА́|ТЬСЯ, -юсь, -ешься, -ются, *imp.* ч е г о́? / *p.* доби́ться, добь|ю́сь, -ёшься, -ю́тся to strive
Добива́ться успе́ха. *To strive for success.*

ДОБИ́ТЬСЯ *see* **ДОБИВА́ТЬСЯ**

ДО́БР|ЫЙ, -ая, -ое, -ые, *short form* добр, добра́, -о́бро, до́бры́ kind
До́брый челове́к. *A kind person.*
◇ **До́брый день!** *Good afternoon!* **До́брое у́тро!** *Good morning!* Лю́ди до́брой во́ли. *People of good will.* Бу́дьте добры́. *Be so kind.* Сде́лать что́-либо по до́брой во́ле. *To do something out of good will.*

ДОБЫВА́|ТЬ, -ю, -ешь, -ют *imp.* ч т о?/*p.* добы́ть, добу́д|у, -ешь, -ут to extract
Добыва́ть у́голь. *To mine coal.*

ДОБЫ́ТЬ *see* **ДОБЫВА́ТЬ**

ДОВЕ́РИЕ *neut., no pl.* confidence, trust
Оправда́ть дове́рие. *To justify somebody's confidence.* Заслужи́ть дове́рие. *To prove to be worthy of one's trust.*

ДОВЕ́РИТЬ *see* **ДОВЕРЯ́ТЬ**

ДОВЕРЯ́|ТЬ, -ю, -ешь, -ют *imp.* ч т о? к о м у́? / *p.* дове́р|ить, -ю, -ишь, -ят
1. *no p.* to trust. Доверя́ть дру́гу. *To trust a friend.*
2. to entrust. Дове́рить дру́гу та́йну. *To take a friend into one's confidence.*

ДОВЕСТИ́ *see* **ДОВОДИ́ТЬ**

ДОВОДИ́ТЬ, довожу́, дово́дишь, дово́дят *imp.* к о г о́? ч т о? д о ч е г о́?/*p.* довести́, довед|у́, -ёшь, -у́т, *past* довёл, довел|а́, -о́, -и́ to lead to (as far as), up to
Довести́ кого́-нибудь до како́го-нибу́дь ме́ста. *To lead somebody as far as some place.* Довести́ ма́льчика до ста́нции. *To take the boy to the station.*
◇ **Довести́ де́ло до конца́.** *To*

complete an undertaking. **Довести́ кого́-либо до слёз.** *To make one cry.*

ДОВО́ЛЬНО
1. *adv.* rather. Уже́ дово́льно по́здно. *It's rather late already.*
2. *predic. impers.* (it is) enough. Уже́ по́здно: дово́льно вам занима́ться. *It's already late: you've studied long enough.*

ДОВО́ЛЬН|ЫЙ, -ая, -ое, -ые, *short form* дово́лен, дово́льн|а, -о, -ы к е м? ч е м? contented, pleased
Дово́льный вид. *A contented look.* Я дово́лен твое́й рабо́той. *I am pleased with your work.*

ДОГАДА́ТЬСЯ *see* **ДОГА́ДЫВАТЬСЯ**

ДОГА́ДЫВА|ТЬСЯ, -юсь, -ешься, -ются *imp.* о чём?/*p.* догада́|ться, -юсь, -ешься, -ются to guess
Он догада́лся, о чём они́ говори́ли, хотя́ они́ говори́ли ти́хо. *He guessed what they were talking about, though they were talking in low voices.*

ДОГНА́ТЬ *see* **ДОГОНЯ́ТЬ**

ДОГОВА́РИВА|ТЬСЯ, -юсь, -ешься, -ются *imp.* о чём? с к е м? / *p.* договор|и́ться, -ю́сь, -и́шься, -я́тся to agree, to fix
Договори́ться о встре́че с това́рищем. *To fix a meeting with a friend.* Стра́ны договори́лись о культу́рном обме́не на сле́дующий год. *The countries agreed about the next year's cultural exchange.*

ДОГОВО́Р *m.* treaty, agreement
Догово́р о дру́жбе и взаи́мной по́мощи. *A treaty of friendship and mutual aid.* Ми́рный догово́р. *A peace treaty.* Торго́вый догово́р. *A trade agreement.* Заключи́ть ми́рный догово́р. *To conclude a peace treaty.* Подписа́ть догово́р о ми́ре. *To sign a peace treaty.*

ДОГОВОРИ́ТЬСЯ *see* **ДОГОВА́РИВАТЬСЯ**

ДОГОНЯ́|ТЬ, -ю, -ешь, -ют *imp.* к ого́? ч т о? / *p.* догна́ть, догоню́, дого́нишь, дого́нят, *past* догна́л, -гнала́, -гна́л|о, -и to overtake
Догоня́ть убега́ющего челове́ка. *To overtake a fugitive.* ‖ *fig.* Он до́лго боле́л, но он дого́нит свою́ гру́ппу. *He was ill for a long time but he will catch up with the group.*

ДОЕЗЖА|ТЬ, -ю, -ешь, -ют *imp.* д о
ч е г о? / *р.* доехать, доед|у, -ешь,
-ут to reach
Доехать до Москвы. *To reach Moscow.* Я доехал от Москвы до Ленинграда за 8 часов. *It took me 8 hours to get to Leningrad from Moscow.* Обычно он доезжал до центра на автобусе, а потом шёл пешком. *He usually went to the centre by bus, and then walked.*

ДОЕХАТЬ *see* **ДОЕЗЖАТЬ**

ДОЖДЛИВ|ЫЙ, -ая, -ое, -ые rainy
Дождливая погода. *Rainy weather.* Дождливый день. *A rainy day.* Дождливое лето. *A rainy summer.*

ДОЖД|Ь *m.*, *gen.* -я rain
Идёт дождь. *It rains.* Проливной дождь. *Pouring rain.* Дождь льёт как из ведра. *It is raining cats and dogs.* Мелкий осенний дождь. *An autumn drizzle.* Под дождём. *In the rain.*

ДОЙТИ *see* **ДОХОДИТЬ**

ДОКАЗАТЕЛЬСТВО *neut.* proof, evidence
Судья требовал доказательств. *The judge demanded proof(s).*

ДОКАЗАТЬ *see* **ДОКАЗЫВАТЬ**

ДОКАЗЫВА|ТЬ, -ю, -ешь, -ют *imp.*
ч т о? к о м у? / *р.* доказать, докажу, докажешь, докажут to prove
А как вы докажете, что вы правы? *And how are you going to prove that you are right?* Доказать это трудно. *It's difficult to prove that.*

ДОКЛАД *m.* report
Научный доклад. *A scientific report.* Интересный доклад. *An interesting report.* Сделать доклад. *To make a report.* Готовить доклад. *To prepare a report.* Готовиться к докладу. *To prepare for a report.*

ДОКТОР *m.*, *pl.* -á
1. doctor. Опытный доктор. *An experienced doctor.* Надо позвать доктора. *A doctor must be called.* Пойти к доктору. *To go to a doctor.* Быть у доктора. *To be at the doctor's.*
2. doctor. Доктор наук. *A doctor (of science).*

ДОКУМЕНТ *m.*
1. *usu. pl.* document. Получить

документы. *To get the documents.*
2. document. Это очень важный документ. *It is a very important document.* Исторический документ. *An historical document.*

ДОЛГ *m.*
1. *no pl.* duty. Это мой долг. *It's my duty.* Выполнить свой долг. *To do one's duty.*
2. *pl.* долги debt. Взять деньги в долг. *To borrow money.* Отдать долг. *To pay one's debt.* Иметь долги. *To be in debt.* У него много долгов. *He has a lot of debts.*
◇ Я был в долгу перед ним. *I was indebted to him.*

ДОЛГО *adv.* for a long time
Долго ждать. *To wait for a long time.*

ДОЛЖЕН, должн|á, -ó, -ы
1. must. Мы должны много работать. *We must work a lot.* Больная должна лежать в постели. *The sick woman has to keep to her bed.* Я должен пойти в магазин. *I must go shopping.* Мы завтра должны будем встретиться. *We shall have to meet tomorrow.* Он должен быть здесь в 2 часа. *He is to be here at 2 o'clock.*
2. to owe. Ты мне должен 10 рублей. *You owe me 10 roubles.*

ДОМ *m.*, *pl.* -á house
Построить дом. *To build a house.*
◇ Дом культуры. *A house of culture.* Дом отдыха. *A rest-home.*

ДОМА *adv.* г д е? at home
Работать дома. *To work at home.* Я буду дома в 6 часов вечера. *I'll be home at 6 o'clock in the evening.*

ДОМАШН|ИЙ, -яя, -ее, -ие
1. home. Домашняя работа. *Homework.* Домашнее задание. *A home-task.* Домашний телефон. *A private telephone.*
2. domestic. Домашние животные. *Domestic animals.*

ДОМОЙ *adv.* к у д а? home
Идти домой. *To walk home.* Ехать домой. *To go home.* После работы я обычно иду домой. *After work I usually go home.*

ДОРО́ГА *f.*
1. road. Широ́кая доро́га. *A wide road.*
2. way. Показа́ть доро́гу. *To show the way.*
3. journey. В доро́ге бы́ло ве́село. *It was a merry journey.* Уста́ть с доро́ги. *To be tired after one's journey.*
◊ **Желе́зная доро́га.** *A railway.* **Идти́ свое́й доро́гой.** *To go one's way.* **По доро́ге.** *On the way.* По доро́ге домо́й он купи́л газе́ту. *On the way home he bought a newspaper.*

ДОРОГ|О́Й, -а́я, -о́е, -и́е, short form до́рог, дорога́, до́рог|о, -и; *adv.* до́рого; *comp.* доро́же
1. expensive, dear. Дорого́й костю́м. *An expensive suit.* Дорога́я ме́бель. *Expensive furniture.*
2. dear. Дорого́й друг. *Dear friend.*
3. cherished, dear. Дороги́е воспомина́ния. *Cherished recollections.*

ДО СВИДА́НИЯ *see* **СВИДА́НИЕ**

ДОСКА́ *f., acc.* до́ску; *pl.* до́ски, досо́к, доска́м, *etc.*
1. board. Дубо́вая доска́. *An oak board.*
2. blackboard. Писа́ть на доске́. *To write on the blackboard.* Стере́ть с доски́. *To clean the blackboard.*
◊ **Кла́ссная доска́.** *Blackboard.* **Ша́хматная доска́.** *Chessboard.* **Доска́ почёта.** *Roll of honour.*

ДОСТА|ВА́ТЬ, -ю́, -ёшь, -ю́т *imp.* что? / *p.* доста́|ть, -ну, -нешь, -нут
1. до чего́? to reach. Достава́ть до потолка́. *To reach the ceiling.*
2. to get, to take. Достава́ть кни́гу с по́лки. *To get a book from the shelf.* Достава́ть пла́тье из шка́фа. *To take a dress out of the wardrobe.*
3. to get. Достава́ть биле́ты в кино́. *To get tickets for the cinema.*

ДОСТА́ТОЧНО
1. *adv.* enough. Рабо́тать доста́точно до́лго. *To work long enough.*
2. *predic. impers.* (it is) enough, that will do. Мне чита́ть да́льше? — Нет, доста́точно. *"Shall I go on reading?" "No, that'll do."*

ДОСТА́ТЬ *see* **ДОСТАВА́ТЬ**

ДОСТИГА́|ТЬ, -ю, -ешь, -ют *imp.* чего́? / *p.* дости́гн|уть, -у, -ешь, -ут & дости́чь, дости́гн|у, -ешь, -ут, *past* дости́г, -ла, -ло, -ли
1. to reach. Альпини́сты дости́гли верши́ны горы́. *The mountain climbers reached the top of the mountain.*
2. to achieve. Достига́ть больши́х успе́хов. *To achieve great success.* Дости́чь прекра́сных результа́тов. *To achieve splendid results.*

ДОСТИ́ГНУТЬ *see* **ДОСТИГА́ТЬ**

ДОСТИЖЕ́НИЕ *neut.* achievement
Достиже́ния мирово́й нау́ки. *The achievements of world science.*

ДОХОДИ́ТЬ, дохожу́, дохо́дишь, дохо́дят *imp.* до кого́? до чего́? / *p.* дойти́, -ду́, -дёшь, -ду́т, *past* дошёл, дошл|а́, -о́, -и to reach, to go as far as
Дойти́ до университе́та. *To reach the University.* От университе́та до общежи́тия я дошёл пешко́м. *I walked all the way from the University to the hostel.*

ДОЧЬ *f., gen., dat., prepos.* до́чери, *acc.* дочь, *instr.* до́черью; *pl.* до́чери, дочере́й, дочеря́м, дочере́й, дочерьми́ (дочеря́ми), о дочеря́х daughter
Мла́дшая дочь. *The youngest daughter.* Сре́дняя дочь. *The middle daughter.* Ста́ршая дочь. *The eldest daughter.*

ДРЕВН|ИЙ, -яя, -ее, -ие ancient
Дре́вние наро́ды. *Ancient peoples.* Дре́вняя исто́рия. *Ancient history.* Дре́вние па́мятники архитекту́ры. *Ancient monuments of architecture.*

ДРОЖ|А́ТЬ, -у́, -и́шь, -а́т *imp.*
1. to quiver. Ли́стья дрожа́т на де́реве. *The leaves are quivering on the tree.*
2. to tremble, to shiver. Дрожа́ть от хо́лода. *To shiver with cold.* Дрожа́ть от стра́ха. *To tremble with fear.*

ДРУГ *m., pl.* друзья́, друзе́й friend
Ста́рый друг. *An old friend.* Дорого́й друг. *A dear friend.* Люби́мый друг. *A very dear friend.* Ве́рные друзья́. *Faithful friends.*
◊ **Ста́рый друг лу́чше но́вых двух** (proverb). *An old friend is*

better than two new ones. **Друзья́ познаю́тся в беде́** (proverb). Cf. *A friend in need is a friend indeed.*

ДРУГ|О́Й, -а́я, -о́е, -и́е
1. different. **Ты стал други́м.** *You've become different.*
2. other. **Уви́димся в друго́й раз.** *We'll meet some other time.*
3. *used as n.* other. **Одни́ пошли́ в кино́, други́е — в теа́тр.** *Some went to the cinema, others to the theatre.*
◇ **На друго́й день.** *The next day.*

ДРУ́ЖБА *f., no pl.* friendship
Больша́я дру́жба. *A great friendship.* **Дру́жба наро́дов** (*or:* ме́жду наро́дами). *Friendship between peoples.*

ДРУЖИ́ТЬ, дружу́, дру́жишь, дру́жат *imp.* с кем? с чем? to be friends
Дружи́ть с това́рищами по институ́ту. *To be friends with one's fellow-students.*

ДРУ́ЖН|ЫЙ, -ая, -ое, -ые; *adv.* дру́жно
1. friendly, united. **Дру́жная семья́.** *A united family.* **Жить дру́жно.** *To live in friendship.*
2. concerted. **Дру́жная рабо́та.** *Team work.* **Рабо́тать дру́жно.** *To work as a team.*

ДУ́МА|ТЬ, -ю, -ешь, -ют *imp.* что? о ко́м? о чём? & + *inf./p.* поду́ма|ть, -ю, -ешь, -ют to think
О чём ты ду́маешь? *What are you thinking about?* **Что ты ду́маешь об э́том?** *What do you think of that?* **Ду́маю, что он говори́т пра́вду.** *I think he is speaking the truth.* **Я ду́маю заня́ться спо́ртом.** *I am thinking of taking up sport.*

ДУРА́К *m., gen.* -а́ fool
ДУ|ТЬ, -ю, -ешь, -ют *imp.*
1. to blow. **С мо́ря ду́ет ве́тер.** *A wind is blowing from the sea.*
2. *impers.:* **Здесь ду́ет.** *There is a draught here.*

ДУШ *m.* shower
Приня́ть душ. *To take a shower.*

ДУША́ *f., acc.* ду́шу; *pl.* ду́ши soul
◇ **Хорошо́ на душе́.** *At ease.* **Де́лать с душо́й.** *To put one's heart into something.* **Поговори́ть по душа́м.** *To have a heart-to-heart*

talk. **Поблагодари́ть от души́.** *To thank from the bottom of one's heart.* **Душа́ о́бщества.** *The life of the party.*

ДУ́ШН|ЫЙ, -ая, -ое, -ые; *adv.* ду́шно
1. sultry. **Ду́шный ве́чер.** *A sultry evening.*
2. *adv., predic. impers.* (to be) suffocating. **Мне ду́шно.** *I am suffocating.*

ДЫМ *m., no pl.* smoke
Густо́й дым. *Dense smoke.*
◇ **Нет ды́ма без огня́** (proverb). *There's no smoke without a fire.*

ДЫХА́НИЕ *neut., no pl.* breathing
Глубо́кое дыха́ние. *Deep breathing.*

ДЫША́ТЬ, дышу́, ды́шишь, ды́шат *imp.*
1. to breathe. **Глубоко́ дыша́ть.** *To breathe deep.* **Дыша́ть по́лной гру́дью.** *To breathe deep.* **Тяжело́ дыша́ть.** *To breathe with difficulty.*
2.: **Вам на́до дыша́ть све́жим во́здухом.** *You must get fresh air.*

ДЯ́ДЯ *m.* uncle

Е, е

ЕГО́ *poss. pron., indecl.* his
Это его́ портфе́ль. *This is his brief-case.* **Эта кни́га его́.** *This book is his.*

ЕДА́ *f., no pl.* food
Вку́сная еда́. *Tasty food.*

ЕДВА́
1. *adv.* nearly. **Он едва́ успе́л на уро́к.** *He was nearly late for his lesson.* **Она́ едва́ не усну́ла.** *She nearly fell asleep.*
2. *conj.* hardly. **Едва́ он вы́шел на у́лицу, как начался́ дождь.** *Hardly had he gone out into the street when it began to rain.*

ЕДИ́НСТВЕНН|ЫЙ, -ая, -ое, -ые only
Еди́нственный сын. *An only son.* **Еди́нственный костю́м.** *The only suit.*

ЕДИ́НСТВО *neut.* unity
Еди́нство взгля́дов. *Unity of views.* **Еди́нство тео́рии и пра́ктики.** *The unity of theory and practice.*

ЕДИ́Н|ЫЙ, -ая, -ое, -ые united, single Еди́ная во́ля. *A single will.* Еди́ный план. *A single plan.*

ЕЁ *poss. pron.*, *indecl.* her, hers Это её пальто́. *This is her coat.* Эти кни́ги её. *These books are hers.*

ЕЖЕДНЕ́ВН|ЫЙ, -ая, -ое, -ые; *adv.* ежедне́вно daily Ежедне́вная газе́та. *A daily paper.* Ежедне́вно де́лать у́треннюю заря́дку. *To do p.t. exercises daily.*

ЕЗ|ДИТЬ, -жу, -дишь, -дят *imp.*
1. to go. Ка́ждый день я е́зжу в институ́т на трамва́е. *Every day I go to the Institute by tram.* В про́шлом году́ я е́здил на Кавка́з. *Last year I went to the Caucasus.*
2. to ride. Я уме́ю е́здить на велосипе́де. *I can ride a bicycle.*

ЕЛ|КА *f.*, *gen. pl.* -ок fir-tree В лесу́ мно́го ёлок. *There are many fir-trees in the forest.*
◇ Нового́дняя ёлка. *New Year tree.*

Е́СЛИ *conj.*
1. if. Если я не бу́ду бо́лен, то обяза́тельно приду́ в теа́тр. *If I am not ill, I'll certainly come to the theatre.* Если хоти́те, я расскажу́ вам. *If you want, I'll tell you.* Если бы я знал об э́том ра́ньше, я́ бы не пришёл. *If I had known this earlier I should not have come.*
2. whereas. Если на се́вере страны́ о́чень хо́лодно, то на ю́ге жа́рко. *Whereas it is very cold in the north of the country, it is very hot in the south.*

ЕСТЕ́СТВЕНН|ЫЙ, -ая, -ое, -ые, *short form* есте́ствен, есте́ственн|а, -о, -ы; *adv.* есте́ственно
1. only complete form natural. Есте́ственные нау́ки. *Natural sciences.* Есте́ственный факульте́т. *Natural science faculty.*
2. natural. Есте́ственное жела́ние. *A natural desire.*

ЕСТЬ¹, ем, ешь, ест, еди́м, еди́те, едя́т; *imper.* ешь, е́шьте, *past* ел, е́ла *imp. / p.* съесть, съем, съешь, съест, съеди́м, съеди́те, съедя́т to eat Есть суп. *To eat soup.* Хо́чешь есть? — Да, я о́чень хочу́ есть.

"*Are you hungry?*" "*Yes, I am very hungry.*"

ЕСТЬ² *see* БЫТЬ

Е́ХАТЬ, е́д|у, -ешь, -ут; *imper.* поезжа́й, пое́дем, поезжа́йте *imp.* куда́? на чём? to go Ехать на парохо́де. *To go by ship.* Ехать на трамва́е. *To go by tram.* Ехать на по́езде. *To go by train.* Ехать на авто́бусе. *To go by bus.* Пое́дем на метро́! *Let's go by the underground!* Авто́бус бы́стро е́дет. *The bus is going fast.* Пионе́ры е́дут в ла́герь. *The Young Pioneers are going to camp.*

ЕЩЁ *adv.*
1. more. Да́йте мне ещё хле́ба. *Give me some more bread.* Я хочу́ купи́ть костю́м и ещё оди́н га́лстук. *I want to buy a suit and one more tie.*
2. still. Он ещё о́чень мо́лод. *He is still very young.*
3. as much as. Он уе́хал ещё год наза́д. *He left as much as one year ago.*
4. still. У нас ещё мно́го вре́мени. *We still have plenty of time.*
5. still. Он стал ещё добре́е и лу́чше. *He became still kinder and better.*

Ж, ж

ЖА́ДН|ЫЙ, -ая, -ое, -ые, *short form* жа́ден, жадна́, жа́дн|о, -ы; *adv.* жа́дно stingy Жа́дный челове́к. *A stingy person.*

ЖАЛЕ́|ТЬ, -ю, -ешь, -ют *imp. / p.* пожале́|ть, -ю, -ешь, -ют
1. кого́? что? to pity. Жале́ть ребёнка. *To pity a child.*
2. о ко́м? о чём? *or followed by conj.* что to be sorry. Жале́ть о поте́рянном вре́мени. *To be sorry for the time lost.* Я жале́ю, что не пое́хал на экску́рсию. *I am sorry I did not go on the excursion.*
3. чего́? to grudge. Жале́ть де́нег. *To grudge the money.*

ЖА́ЛКО (ЖАЛЬ) *adv.*, *predic.* *impers.* кому́? кого́? что? *or* чего́?

1. кого? что? (to be) sorry. Мне
жа́лко тебя́. *I am sorry for you.*
Мне жа́лко сестру́. *I am sorry
for my sister.* Нам жа́лко наш
ста́рый дом. *We feel sorry for
our old home.* Мне жа́лко поте́-
рянного вре́мени. *I'm sorry for
the time lost.*
2. *followed by conj.* что. Жа́лко,
что ты не пришёл. *It's a pity
that you didn't come.*
3. чего́? to grudge. Ему́ жа́лко
де́нег. *He grudges the money.*

ЖА́Л|ОВАТЬСЯ, -уюсь, -уешься,
-уются *imp.* на кого́? на что́?
кому́? /*p.* пожа́л|оваться, -уюсь,
-уешься, -уются to complain
Жа́ловаться на сы́на. *To complain
of one's son.*

ЖАЛЬ *see* **ЖА́ЛКО**

ЖА́РЕН|ЫЙ, -ая, -ое, -ые fried,
roast
Жа́реная карто́шка. *Fried potatoes.* Жа́реное мя́со. *Roast meat.*

ЖА́Р|ИТЬ, -ю, -ишь, -ят *imp.* что? /
p. поджа́р|ить, -ю, -ишь, -ят to
fry, to roast
Поджа́рить карто́шку. *To fry potatoes.* Жа́рить мя́со. *To roast
meat.*

ЖА́РК|ИЙ, -ая, -ое, -ие; *adv.* жа́рко;
comp. жа́рче
1. hot. Жа́ркий день. *A hot day.*
Жа́ркая пого́да. *Hot weather.*
Жа́ркое ле́то. *A hot summer.*
2. *adv., predic. impers.* (is) hot.
Мне жа́рко. *I am hot.* Сего́дня
о́чень жа́рко. *It's very hot today.* Ста́ло ещё жа́рче. *It became still hotter.*

ЖАТЬ, жм|у, -ёшь, -ут *imp.* что?/
p. пожа́ть, пожм|у́, -ёшь, -у́т to
press, to squeeze
Пожа́ть кому́-нибудь ру́ку. *To
shake hands with somebody.*

ЖД|АТЬ, -у, -ёшь, -ут, *past* ждал,
ждала́, жда́л|о, -и *imp.* кого́?
что? *or* чего́?
1. кого́? что? to wait. Ждать
дру́га. *To wait for a friend.*
Ждать сестру́. *To wait for one's
sister.* Ждать трамва́й. *To wait
for a tram.*
2. чего́? to expect. Ждать пись-
ма́. *To expect a letter.* Ждать
по́мощи. *To expect help.*

ЖЕ (Ж) *particle*
1. *emphatic particle:* Что́ же ты
молчи́шь? *Why on earth are you
silent?* Что́ же мне де́лать? *What
shall I do?* Кто́ же знал, что по-
го́да изме́нится? *Who could know
that the weather would change?*
2. exactly, very, just, *etc.* У меня́
есть така́я же кни́га, как у
тебя́. *I've got an exactly the same
book as you.* Ко мне́ приходи́л
то́т же врач, кото́рый приходи́-
ди́л к тебе́. *I was attended by
the same doctor as you.* В ту́ же
мину́ту разда́лся звоно́к. *At
that very moment the bell rang.*

ЖЕЛА́НИЕ *neut.* wish
У меня́ большо́е жела́ние учи́ть-
ся. *I am eager to learn.*

ЖЕЛА́|ТЬ, -ю, -ешь, -ют *imp.* ко-
му́? чему́? чего́? *or followed
by inf.*/*p.* пожела́|ть, -ю, -ешь, -ют
to wish
Жела́ю вам сча́стья, здоро́вья и
больши́х успе́хов. *I wish you happiness, good health and great success.* Жела́ю вам всего́ наилу́ч-
шего. *I wish you all the best.* Же-
ла́ю вам хорошо́ отдохну́ть. *I
wish you a good rest.* Я не жела́ю
ничего́ слу́шать. *I don't want to
hear anything.*

ЖЕЛЕ́ЗН|ЫЙ, -ая, -ое, -ые
1. iron. Желе́зная кры́ша. *A metal roof.* Желе́зная руда́. *Iron ore.*
2. *fig.* iron. Желе́зное здоро́вье.
Strong health. Желе́зная во́ля.
An iron will.

◇ **Желе́зная доро́га.** *Railway.*

ЖЕЛЕ́ЗО *n., no pl.* iron
В э́той руде́ мно́го желе́за. *There
is much iron in this ore.* Сде́лать
что́-нибудь из желе́за. *To make
something out of iron.*

ЖЁЛТ|ЫЙ, -ая, -ое, -ые yellow
Жёлтая кра́ска. *Yellow paint.* Жёл-
тый цвет. *Yellow colour.* Жёлтое
пла́тье. *A yellow dress.*

ЖЕНА́ *f., pl.* жёны wife
Моя́ жена́ — врач. *My wife is a
doctor.*

ЖЕНА́Т|ЫЙ, -ые; *short form* жена́т,
-ы (*of men or of a married couple*)
married
Жена́тый челове́к. *A married man.*
Я не жена́т. *I'm not married.*

ЖЕНИ́ТЬСЯ, женю́сь, же́нишься, же́-
нятся *imp. & p.* **на ко́м?** to
marry
Мой друг же́нится. *My friend is
getting married.* Он жени́лся на
краси́вой де́вушке. *He married a
beautiful girl.*
p. also **пожени́ться,** *sing. not used,*
pl. пожени́мся, пожени́тесь, поже́-
нятся to get married
Они́ пожени́лись уже́ давно́. *They
married quite a long time ago.*

ЖЕ́НСК|ИЙ, -ая, -ое, -ие woman's,
women's
Же́нская о́бувь. *Women's footwear.*
Междунаро́дный же́нский день.
International Women's Day.

ЖЕ́НЩИНА *f.* woman
Краси́вая же́нщина. *A beautiful
woman.*

ЖЕ́РТВА *f.*
1. sacrifice. Быть гото́вым на лю-
бы́е же́ртвы. *To be ready to
make any sacrifices.* Приноси́ть
же́ртвы. *To make sacrifices.*
2. victim. Быть (стать) же́ртвой.
To be (become) a victim.

ЖЁСТК|ИЙ, -ая, -ое, -ие wiry, hard
Жёсткие во́лосы. *Wiry hair.* Жёсткий дива́н. *A hard divan.*
◇ **Жёсткий ваго́н.** *Hard-seated
railway carriage.*

ЖЕСТО́К|ИЙ, -ая, -ое, -ие
1. cruel. Жесто́кий челове́к. *A
cruel person.*
2. bitter, severe. Жесто́кая борьба́.
A bitter struggle. Жесто́кий за-
ко́н. *A cruel law.*

ЖЕЧЬ, жгу, жжёшь, жгут, *past*
жёг, ·жгл|а, -о, -и *imp.* **кого́?**
что? / *p.* сжечь, сожгу́, сожжёшь,
сожгу́т, *past* сжёг, сожгл|а́, -о́, -и́
1. to burn. Сжечь письмо́. *To burn
a letter.* Жечь бензи́н, кероси́н,
у́голь, дрова́. *To burn petrol,
paraffin, coal, firewood.*
2. *fig.* to burn. Со́лнце жжёт. *The
sun is scorching.* Моро́з жжёт
лицо́ и ру́ки. *The frost bites
the face and the hands.*

ЖИВ|О́Й, -а́я, -о́е, -ы́е, *short form*
жив, жива́, жи́в|о, -ы; *adv.* жи́во
1. alive.
2. living. Жива́я приро́да. *Living
nature.*

3. *fig.* lively. Живо́й ребёнок. *A
lively child.* Живо́й ум. *Lively wit.*
4. living. Живо́й язы́к. *A living
language.*
◇ **Живы́е цветы́.** *Natural flowers.*

ЖИВО́Т *m.,* *gen.* -а́ stomach
У меня́ боли́т живо́т. *I have a
stomach-ache.*

ЖИВО́ТН|ОЕ *neut., gen.* -ого animal
Ди́кие живо́тные. *Wild animals.*
Дома́шние живо́тные. *Domestic
animals.*

ЖИ́ДК|ИЙ, -ая, -ое, -ие
1. liquid. Жи́дкое те́ло. *A liquid
substance.*
2. thin. Жи́дкий суп. *Thin soup.*
Жи́дкая смета́на. *Thin sour
cream.*

ЖИ́ДКОСТЬ *f.* liquid
Напо́лнить сосу́д жи́дкостью. *To
fill a vessel with a liquid.*

ЖИ́ЗНЕНН|ЫЙ, -ая, -ое, -ые life
Жи́зненный о́пыт. *Life experience.*

ЖИЗНЬ *f.* life
Жизнь челове́ка. *Man's life.* Жизнь
расте́ний. *The life of plants.* Как
возникла жизнь на Земле́? *How
did life appear on Earth?* Тяжёлая жизнь. *A hard life.* Обще́ст-
венная жизнь. *Public life.*
◇ **Челове́к, по́лный жи́зни.** *A man
full of vitality.* **Вопро́с жи́зни и
сме́рти.** *A matter of life and death.*
Быть ме́жду жи́знью и сме́ртью.
To be between life and death.

ЖИ́РН|ЫЙ, -ая, -ое, -ые fat, rich
Жи́рное мя́со. *Fat meat.* Жи́рный
суп. *Rich soup.*

ЖИ́ТЕЛЬ *m.* inhabitant
Се́льский жи́тель. *A countryman.*
Городско́й жи́тель. *A townsman.*
Ско́лько жи́телей в го́роде? *How
many inhabitants are there in the
town?*

ЖИТЬ, жив|у́, -ёшь, -у́т, *past* жил,
жила́, жи́л|о, -и *imp.* to live
Жить до́лго. *To live long.* Жить
дру́жно. *To live peacefully.* Жить
хорошо́. *To live well.* Я живу́ в
Москве́. *I live in Moscow.* Жить
свои́м умо́м. *To live by one's wits.*
Жить под одно́й кры́шей. *To live
under the same roof.*

ЖУРНА́Л *m.* magazine

3, з

ЗА *prep.*

I. + *instr.*

1. behind, beyond. Шум за стеной. *A noise behind the wall.* За рекой лес. *There is a forest beyond the river.*

2. at. Сидеть за столом. *To sit at the table.*

3. after. Идти друг за другом. *To go one after another.* Я за вами. *I am after you.*

4. at. За обедом. *At dinner.* За завтраком. *At breakfast.*

5. for. Послать за врачом. *To send for the doctor.* Идти за хлебом. *To go to buy some bread.*

6. after. Смотреть за ребёнком. *To look after a child.*

7. out of, beyond. Жить за городом. *To live in the country (out of town).*

II. + *acc.*

1. behind, out of. Поставить картину за шкаф. *To put a picture behind the wardrobe.* Бросить что-либо за окно. *To throw something out of the window.*

2. at. Сесть за стол. *To sit down at the table.*

3. by. Взять кого-нибудь за руку. *To take somebody by the hand.*

4. before. За несколько дней до приезда товарища. *Some days before the friend's arrival.*

5. in. Выполнить работу за неделю. *To do the work in a week.*

6. for. Бороться за мир, за свободу. *To fight for peace, for freedom.*

7. for. Заплатить за костюм. *To pay for a suit.* Купить за 5 рублей. *To buy for 5 roubles.*

8. to. Поездка за город. *A trip to the country.*

ЗАБАСТОВ|КА *f., gen. pl.* -ок strike

Объявить забастовку. *To declare a strike.*

ЗАБОЛЕ|ТЬ[1], -ю, -ешь, -ют *p.* чем? to fall ill

Заболеть гриппом. *To fall ill with the 'flu.* Заболеть ангиной. *To fall ill with tonsillitis.*

ЗАБОЛЕ́ТЬ[2], *1st & 2nd pers. not used, 3rd pers.* заболит, заболят *p.* to begin to ache

У меня заболела голова. *My head began to ache.*

ЗАБО́ТА *f.* care

Забота о друге. *Care for a friend.*

ЗАБО́|ТИТЬСЯ, -чусь, -тишься, -тятся *imp.* о ком? о чём? / *p.* позабо́|титься, -чусь, -тишься, -тятся to take care

Мать заботится о ребёнке. *The mother takes care of her child.*

ЗАБО́ТЛИВ|ЫЙ, -ая, -ое, -ые thoughtful, careful

Заботливый друг. *A thoughtful friend.* Заботливое отношение. *A careful attitude.*

ЗАБЫВА́|ТЬ, -ю, -ешь, -ют *imp.* / *p.* забыть, забуд|у, -ешь, -ут

1. кого? что? о ком? о чём? *or followed by conj.* что *or by an inf.* to forget. Забывать друга. *To forget one's friend.* Забывать о товарище. *To forget about one's friend.* Забыть правило. *To forget a rule.* Я забыл, что сегодня собрание. *I forget there is a meeting today.* Не забудьте купить билеты. *Don't forget to buy tickets.*

2. что? to leave. Забыть зонтик в метро. *To leave one's umbrella in the underground.*

ЗАБЫ́ТЬ *see* **ЗАБЫВА́ТЬ**

ЗАВЕРНУ́ТЬ *see* **ЗАВЁРТЫВАТЬ**

ЗАВЁРТЫВА|ТЬ, -ю, -ешь, -ют *imp.* кого? что? / *p.* заверн|у́ть, -у́, -ёшь, -у́т to wrap

Завернуть масло в бумагу. *To wrap the butter in paper.* Заверните, пожалуйста. *Wrap it up, please.*

ЗАВЕСТИ́ *see* **ЗАВОДИ́ТЬ**

ЗАВИ́Д|ОВАТЬ, -ую, -уешь, -уют *imp.* кому? чему? / *p.* позави́д|овать, -ую, -уешь, -уют to envy

Он завидует мне. *He envies me.* Он завидует моим успехам. *He envies my success.*

ЗАВИ́|СЕТЬ, -шу, -сишь, -сят *imp.* от кого? от чего? to depend

Это зависит от вас. *It depends on you.*

ЗАВИ́СИМОСТЬ *f., no pl.* dependence

ЗАВО́Д *m.* works, plant

Автомобильный завод. *An auto*

works. Поступи́ть на заво́д. *To begin working at a plant.* Рабо́тать на заво́де. *To work at a plant.* Идти́ на заво́д. *To go to the plant.* Уйти́ с заво́да. *To leave a plant.*

ЗАВОДИ́ТЬ, завожу́, заво́дишь, заво́дят *imp.* ч т о? / *р.* завести́, заведу́, -ёшь, -у́т, *past* завёл, завела́, -о́, -и́ to wind up
Завести́ часы́. *To wind up a watch (clock).*

ЗАВО|ЕВА́ТЬ, -ю́ю, -ю́ешь, -ю́ют *р.* ч т о?
1. to conquer. Завоева́ть мно́гие стра́ны. *To conquer many countries.*
2. *fig.* to win. Завоева́ть дове́рие. *To win confidence.* Завоева́ть уваже́ние и любо́вь. *To win respect and love.*

ЗА́ВТРА *adv.* tomorrow
За́втра бу́дет хоро́шая пого́да. *Tomorrow the weather will be fine.*
◇ До за́втра! *Till tomorrow!*

ЗА́ВТРАК *m.* breakfast
Пригото́вить за́втрак. *To prepare breakfast.* За за́втраком. *At breakfast.*

ЗА́ВТРАКА|ТЬ, -ю, -ешь, -ют *imp.* / *р.* поза́втрака|ть, -ю, -ешь, -ют to have breakfast
Мы за́втракаем в во́семь часо́в утра́. *We have breakfast at eight o'clock in the morning.*

ЗА́ВТРАШН|ИЙ, -яя, -ее, -ие tomorrow's
За́втрашняя экску́рсия. *Tomorrow's excursion.*

ЗАВЯЗА́ТЬ *see* **ЗАВЯ́ЗЫВАТЬ**

ЗАВЯ́ЗЫВА|ТЬ, -ю, -ешь, -ют *imp.* ч т о?/*р.* завяза́ть, завяжу́, завя́жешь, завя́жут
1. to tie. Завяза́ть у́зел. *To tie a knot.* Завяза́ть го́рло. *To tie something round one's neck.*
2. *fig.* to start. Завяза́ть дру́жбу. *To start a friendship.*

ЗАГА́Д|КА *f., gen. pl.* -ок riddle
Загада́ть зага́дку. *To ask a riddle.* Зага́дки приро́ды. *The riddles of nature.* Этот челове́к для меня́ зага́дка. *This man is a riddle to me.*

ЗА́ГОВОР *m.* conspiracy, plot
Организова́ть за́говор. *To hatch a plot.* Раскры́ть за́говор. *To discover a plot.*

ЗАГОРА́|ТЬ, -ю, -ешь, -ют *imp./ р.* загор|е́ть, -ю́, -и́шь, -я́т to sunbathe
Загора́ть на пля́же. *To sunbathe on a beach.* Хорошо́ загоре́ть. *To get well sun-tanned.*

ЗАГОРА́|ТЬСЯ, -юсь, -ешься, -ются *imp./р.* загор|е́ться, -ю́сь, -и́шься, -я́тся
1. to catch fire. Загоре́лся дом. *A house was on fire.*
2. *fig.* to burn. Загоре́ться жела́нием. *To burn with desire.* Его́ глаза́ загоре́лись ра́достью. *His eyes began to sparkle with joy.*

ЗАГОРЕ́ТЬ *see* **ЗАГОРА́ТЬ**
ЗАГОРЕ́ТЬСЯ *see* **ЗАГОРА́ТЬСЯ**

ЗАДА|ВА́ТЬ, -ю́, -ёшь, -ю́т *imp.* ч т о? к о м у́? / *р.* зада́ть, зада́м, зада́шь, зада́ст, задади́м, задади́те,ададу́т, *past* за́дал, задала́, за́дал|о, -и
1. to give. Задава́ть уро́к. *To give some material to learn.* Зада́ть на́ дом. *To give a home-task.*
2. to ask. Зада́ть вопро́с. *To ask a question.*

ЗАДА́НИЕ *neut.* task
Дома́шнее зада́ние. *A home-task.*

ЗАДА́ТЬ *see* **ЗАДАВА́ТЬ**

ЗАДА́ЧА *f.*
1. task. Очередны́е зада́чи. *The immediate tasks.* Зада́ча госуда́рственной ва́жности. *A task of state importance.*
2. sum, problem. Реши́ть зада́чу. *To do a sum. To solve a problem.* Зада́ча с двумя́ неизве́стными. *A problem with two unknowns.*

ЗАДУ́МАТЬСЯ *see* **ЗАДУ́МЫВАТЬСЯ**

ЗАДУ́МЧИВ|ЫЙ, -ая, -ое, -ые, *short form* заду́мчив, -а, -о, -ы; *adv.* заду́мчиво pensive, thoughtful
Заду́мчивый вид. *A pensive look.* Заду́мчивая де́вушка. *A thoughtful girl.* Он заду́мчиво посмотре́л на неё. *He looked at her thoughtfully.*

ЗАДУ́МЫВА|ТЬСЯ, -юсь, -ешься, -ются *imp.* о чём? над чём? / *р.* заду́ма|ться, -юсь, -ешься, -ются to think, to ponder
Заду́маться над сло́жным вопро́сом. *To ponder over a complex problem.* Заду́маться о своём дру́ге. *To think about one's friend.*

ЗАЕЗЖА|ТЬ, -ю, -ешь, -ют *imp.*
к к о м у́? к у д а́? з а к е́м? з а
ч е́ м?/*p*. заехать, заед|у, -ешь, -ут
to call (on, at)
Зае́хать к това́рищу. *To call on
one's friend.* Зае́хать на по́чту. *To
call at the post-office.* Зае́хать в ма-
гази́н за кни́гами. *To call at the
shop to get books.*
ЗАЕ́ХАТЬ *see* **ЗАЕЗЖА́ТЬ**
ЗАЖЕ́ЧЬ *see* **ЗАЖИГА́ТЬ**
ЗАЖЕ́ЧЬСЯ *see* **ЗАЖИГА́ТЬСЯ**
ЗАЖИГА́|ТЬ, -ю, -ешь, -ют *imp.*
ч т о? / *p.* заже́чь, зажгу́, зажжёшь,
зажгу́т, *past* зажёг, зажгл|а́, -о́,
-и́ to light
Заже́чь спи́чку. *To light a match.*
Заже́чь свет. *To switch on the light.*
ЗАЖИГА́|ТЬСЯ, *1st & 2nd pers. not
used, 3rd pers.* -ется, -ются *imp. / p.*
заже́чься, *1st & 2nd pers. not used,
3rd pers.* зажжётся, зажгу́тся,
past зажёгся, зажгл|а́сь, -о́сь, -и́сь
to light
Спи́чки не зажига́ются. *The
matches won't light.* На не́бе за-
жгли́сь звёзды. *Stars appeared in the
sky.*
ЗАЙТИ́ *see* **ЗАХОДИ́ТЬ**
ЗАКАЗА́ТЬ *see* **ЗАКА́ЗЫВАТЬ**
ЗАКА́ЗЫВА|ТЬ, -ю, -ешь, -ют *imp.*
ч т о? / *p.* заказа́ть, закажу́, зака́-
жешь, зака́жут to book, to order
Заказа́ть биле́ты в теа́тр. *To book
tickets for the theatre.* Зака́зывать
обе́д. *To order dinner.*
ЗАКА́НЧИВА|ТЬ, -ю, -ешь, -ют *imp.*
ч т о? / *p.* зако́нч|ить, -у, -ишь, -ат
to finish
Зако́нчить рабо́ту. *To finish work.*
ЗАКА́НЧИВА|ТЬСЯ, *1st & 2nd pers.
not used, 3rd pers.* -ется, -ются
imp. / p. зако́нч|иться, *1st & 2nd
pers. not used, 3rd pers.* -ится, -атся
to end
Собра́ние зако́нчилось о́чень по́зд-
но. *The meeting ended very late.*
ЗАКА́Т *m.* sunset
Я́ркий зака́т. *A bright sunset.* За-
ка́т со́лнца. *Sunset.*
ЗАКЛЮЧА́|ТЬ, -ю, -ешь, -ют *imp.*
ч т о?/*p.* заключ|и́ть, -у́, -и́шь, -а́т
to conclude
Заключи́ть мир. *To make peace.*
Заключи́ть догово́р. *To conclude
a treaty.*

ЗАКЛЮЧИ́ТЬ *see* **ЗАКЛЮЧА́ТЬ**
ЗАКО́Н *m.* law
Зако́н приро́ды. *A law of nature.*
Зако́ны разви́тия о́бщества. *The
laws of development of society.* При-
ня́ть зако́н. *To adopt a law.*
ЗАКО́НЧИТЬ *see* **ЗАКА́НЧИВАТЬ**
ЗАКО́НЧИТЬСЯ *see* **ЗАКА́НЧИ-
ВАТЬСЯ**
ЗАКРИЧ|А́ТЬ, -у́, -и́шь, -а́т *p.* to
shout
Гро́мко закрича́ть. *To shout loudly.*
ЗАКРЫВА́|ТЬ, -ю, -ешь, -ют *imp.*
ч т о? / *p.* закры́ть, закро́|ю, -ешь,
-ют
1. to close. Закрыва́ть окно́. *To
close a window.* Закры́ть дверь
на ключ. *To lock the door.* За-
крыва́ть тетра́дь, кни́гу, альбо́м.
*To close the copy-book, the book,
the album.* Закры́ть глаза́. *To
close one's eyes.*
2. *fig.* to close. Закры́ть собра́ние.
To close the meeting.
ЗАКРЫ́ТЬ *see* **ЗАКРЫВА́ТЬ**
ЗАКУРИ́ТЬ, закурю́, заку́ришь, за-
ку́рят *p.* ч т о? to light
Закури́ть папиро́су. *To light a
cigarette.*
ЗАЛ *m.* hall
Зри́тельный зал. *An auditorium.*
Спорти́вный зал. *A sports hall.*
А́ктовый зал. *An assembly hall.*
Чита́льный зал. *A reading hall.*
Зал заседа́ний. *Convention hall.*
ЗАМЕНИ́ТЬ *see* **ЗАМЕНЯ́ТЬ**
ЗАМЕНЯ́|ТЬ, -ю, -ешь, -ют *imp.*
ч т о? ч е м? / *p.* замени́ть, заменю́,
заме́нишь, заме́нят to replace
Замени́ть ста́рую дета́ль но́вой.
To replace an old part by a new one.
Замени́ть уро́ки хи́мии уро́ками
ру́сского языка́. *To substitute
Russian lessons for chemistry lessons.*
ЗАМЕРЗА́|ТЬ, -ю, -ешь, -ют *imp./
p.* замёрзн|у, -у, -ешь, -ут, *past*
замёрз, замёрзл|а, -о, -и to freeze
Я замерза́ю от хо́лода. *I am freez-
ing from the cold.* Река́ замёрзла.
The river has frozen.
ЗАМЁРЗНУТЬ *see* **ЗАМЕРЗА́ТЬ &
МЁРЗНУТЬ**
ЗАМЕ́ТИТЬ *see* **ЗАМЕЧА́ТЬ**
ЗАМЕЧА́НИЕ *neut.* remark
Справедли́вое замеча́ние. *A just
remark.* Сде́лать замеча́ние кому́-

-лйбо йли по пóводу чегó-лйбо.
*To make a remark to somebody or
on something.*

ЗАМЕЧА́ТЕЛЬН|ЫЙ, -ая, -ое, -ые
wonderful
Замеча́тельный поэ́т на́шего вре́-
мени. *A wonderful poet of our time.*
Замеча́тельный гóрод. *A wonderful city.*

ЗАМЕЧА́|ТЬ, -ю, -ешь, -ют *imp.* к о-
г ó? ч т о?/*p.* заме́|тить, -чу, -тишь,
-тят
1. to notice. На у́лице я заме́тил
това́рища. *In the street, I noticed a
friend.* Я заме́тил, что он уста́л.
I noticed that he was tired.
2. to remark. «Это непра́вда», —
заме́тил он. *"That's not true,"
he remarked.*

ЗАМ|О́К *m., gen.* -ка́ lock
Запере́ть на замóк. *To lock.*

ЗАМОЛЧ|А́ТЬ, -у́, -и́шь, -а́т *p.* to
become silent
Учени́к замолча́л. *The pupil became silent.*

ЗА́МУЖ *adv.*
Вы́йти за́муж. *To marry (of women
only).* Она́ вы́шла за негó за́муж.
She married him.

ЗА́МУЖЕМ *adv.*
Быть за́мужем. *To be married (of
women only).* Вы за́мужем? — Нет,
я не за́мужем. *„Are you married?"
"No, I am not."* Она́ была́ за́-
мужем. *She was married.*

ЗАНИМА́|ТЬ, -ю, -ешь, -ют *imp.*
ч т о?/*p.* заня́ть, займу́, -ёшь, -у́т
1. to occupy. Стадиóн занима́ет
100 гекта́ров. *The stadium oc-
cupies 100 hectares.*
2. to take. Спортсме́н за́нял пе́р-
вое ме́сто. *The sportsman took
the first place.*
3. to take. Занима́йте места́. *Take
your seats.*
4. to take. Реше́ние зада́чи за́ня-
ло 4 часа́. *The solution of the
problem took 4 hours.*
5. to occupy. Войска́ за́няли гóрод.
The troops occupied the town.

ЗАНИМА́|ТЬСЯ, -юсь, -ешься, -ются
imp. г д е? ч е м?
1. to study. Занима́ться в библио-
те́ке. *To study at a library.*
Мнóго занима́ться. *To study a lot.*

2. to go in for. Занима́ться спóртом. *To go in for sport.*
Занима́ться му́зыкой, литера-
ту́рой. *To go in for music,
literature.*

ЗАНЯ́ТИЕ *neut.*
1. occupation. Поле́зное заня́тие.
A useful occupation.
2. *only pl.* lessons. Быть на заня́-
тиях. *To be at the lessons.*

ЗА́НЯТ|ЫЙ, -ая, -ое, -ые, *short form*
за́нят, занята́, за́нят|о, -ы
1. taken. Это ме́сто за́нято? *Is this
seat taken?*
2. busy. Я сегóдня за́нят. *I am
busy today.*

ЗАНЯ́ТЬ *see* **ЗАНИМА́ТЬ**

ЗАО́ЧН|ЫЙ, -ая, -ое, -ые; *adv.* заóч-
но by correspondence
Заóчное обуче́ние. *Teaching by
correspondence.* Заóчный институ́т.
A correspondence institute. Учи́ть-
ся заóчно. *To study by correspondence.*

ЗА́ПАД *m.*
1. west. С востóка на за́пад. *From
east to west.*
2. west. На за́паде страны́. *In the
west of the country.*

ЗА́ПАДН|ЫЙ, -ая, -ое, -ые west(ern)
За́падный ве́тер. *A west wind.* За́-
падное полуша́рие. *The western
hemisphere.*

ЗА́ПАХ *m.* smell
Прия́тный за́пах. *A pleasant smell.*
За́пах цветóв. *The smell of flow-
ers.*

ЗАПИСА́ТЬ *see* **ЗАПИ́СЫВАТЬ**

ЗАПИ́С|КА *f., gen. pl.* -ок
1. note. Написа́ть запи́ску. *To
write a note.*
2. *only pl.* transactions. Учёные
запи́ски университе́та. *The
transactions of the University.*

ЗАПИ́СЫВА|ТЬ, -ю, -ешь, -ют *imp.*
ч т о? / *p.* записа́ть, запишу́, запи́-
шешь, запи́шут
1. to write down. Запи́сывать ле́к-
цию. *To take down notes of a
lecture.*
2. to record. Запи́сывать гóлос на
плёнку. *To record somebody's
voice.*

ЗАПЛА́КАТЬ *see* **ПЛА́КАТЬ**
ЗАПЛАТИ́ТЬ *see* **ПЛАТИ́ТЬ**

ЗАПОМИНА|ТЬ, -ю, -ешь, -ют *imp.*
кого? что? / *p.* запо́мн|ить, -ю,
-ишь, -ят to remember
Запо́мнить но́мер до́ма. *To remember the number of a house.* Запо́м-
ните э́то сло́во. *Remember this word.*

ЗАПОМНИТЬ *see* **ЗАПОМИНА́ТЬ**

ЗАПРЕТИ́ТЬ *see* **ЗАПРЕЩА́ТЬ**

ЗАПРЕЩА́|ТЬ, -ю, -ешь, -ют *imp.*
что? кому́? + *inf./p.* запре|ти́ть,
-щу́, -ти́шь, -тя́т to forbid, to pro-
hibit
Врач запрети́л ему́ кури́ть. *The
doctor forbade him to smoke.*

ЗАПРЕЩЕ́НИЕ *neut.* prohibition

ЗАРАБА́ТЫВА|ТЬ, -ю, -ешь, -ют
imp. что? / *p.* зарабо́та|ть, -ю,
-ешь, -ют to earn
Зарабо́тать мно́го де́нег. *To earn
a lot of money.*

ЗАРАБО́ТАТЬ¹ *see* **ЗАРАБА́ТЫВАТЬ**

ЗАРАБО́ТАТЬ² to begin working
Маши́на зарабо́тала. *The machine
began working.*

ЗАРПЛА́ТА *f.* (= за́работная пла́та)
salary, wages
Высо́кая зарпла́та. *A high salary
(high wages).* Ни́зкая зарпла́та. *A
low salary (low wages).* Получи́ть
зарпла́ту. *To get one's salary
(wages).*

ЗАСЛУ́ЖИВА|ТЬ, -ю, -ешь, -ют
imp. что? / *p.* заслужи́ть, заслу-
жу́, заслу́жишь, заслу́жат
1. to deserve. Заслужи́ть награ́ду.
To deserve a reward.
2. to win. Учи́тель заслужи́л лю-
бо́вь ученико́в. *The teacher won
the love of his pupils.*

ЗАСЛУЖИ́ТЬ *see* **ЗАСЛУ́ЖИВАТЬ**

ЗАСМЕ|Я́ТЬСЯ, -ю́сь, -ёшься, -ю́тся
p. to begin to laugh
Гро́мко засмея́ться. *To begin to
laugh loudly.*

ЗАСНУ́ТЬ *see* **ЗАСЫПА́ТЬ**

ЗАСТА́ВИТЬ *see* **ЗАСТАВЛЯ́ТЬ**

ЗАСТАВЛЯ́|ТЬ, -ю, -ешь, -ют *imp.*
кого́? что? + *inf.* / *p.* заста́|вить,
-влю, -вишь, -вят to make
Заста́вить рабо́тать. *To make (somebody) work.*

ЗАСЫПА́|ТЬ, -ю, -ешь, -ют *imp.* /
p. засн|у́ть, -у́, -ёшь, -у́т
Он засыпа́ет бы́стро. *He falls asleep
quickly.* Когда́ ты вчера́ засну́л?
When did you fall asleep yesterday?

ЗАТЕ́М *adv.*
1. then. Снача́ла я пойду́ в биб-
лиоте́ку, а зате́м в кино́. *I
shall first go to the library and
then to the cinema.*
2. for (*or* translated by *inf.*). Он
позвони́л зате́м, что́бы узна́ть,
как я себя́ чу́вствую. *He
called up to learn how I felt.*

ЗАТО́ *conj.* but
Это невку́сно, зато́ поле́зно. *It's
not tasty, but it's good (for you).*

ЗАХВАТИ́ТЬ *see* **ЗАХВА́ТЫВАТЬ**

ЗАХВА́ТЫВА|ТЬ, -ю, -ешь, -ют
imp. что? / *p.* захвати́ть, захва-
чу́, захва́тишь, захва́тят to seize
Захвати́ть чужи́е зе́мли. *To seize
somebody else's land.*

ЗАХОДИ́ТЬ, захожу́, захо́дишь, за-
хо́дят *imp.* к кому́? куда́? за
ке́м? за че́м? / *p.* зайти́, зайд|у́,
-ёшь, -у́т, *past* зашёл, зашл|а́, -о́, -и́
1. to call. Зайти́ в го́сти к дру́-
гу. *To call on a friend.* Зайти́ в
магази́н за кни́гами. *To call at
a shop to buy books.*
2. to set. Со́лнце захо́дит. *The
sun is setting.*

ЗАХОТЕ́ТЬ *see* **ХОТЕ́ТЬ**

ЗАЧЕ́М *adv.* what for, why
Заче́м вы прие́хали в Москву́?
What did you come to Moscow for?
Я не зна́ю, заче́м он приходи́л. *I
don't know why he called.*

ЗАЩИ́ТА *f.*, *no pl.*
1. defence. Защи́та го́рода, прав.
The defence of a city, rights.
2. defence. Защи́та диссерта́ции.
The defence of a thesis.

ЗАЩИТИ́ТЬ *see* **ЗАЩИЩА́ТЬ**

ЗАЩИЩА́|ТЬ, -ю, -ешь, -ют *imp.*
кого́? что? от кого́? от че-
го́? / *p.* защи|ти́ть, -щу́, -ти́шь,
-тя́т
1. to defend. Защища́ть го́род от
врага́. *To defend the city from
the enemy.* Защища́ть свои́ пра-
ва́. *To defend one's rights.* За-
щища́ть свою́ то́чку зре́ния.
To defend one's point of view.
2. to defend. Защища́ть диссерта́-
цию. *To defend one's thesis.*

ЗАЯВИ́ТЬ *see* **ЗАЯВЛЯ́ТЬ**

ЗАЯВЛЕ́НИЕ *neut.*
1. declaration. Заявле́ние прави́-
тельства о положе́нии в стране́.

A government declaration on the situation in the country.
2. application. Написа́ть заявле́ние на и́мя дире́ктора. *To write an application to the director.*

ЗАЯВЛЯ|ТЬ, -ю, -ешь, -ют *imp.* ч т о? к о м у́? о ч ём? / *р.* зая́ви́ть, заявлю́, зая́вишь, зая́вят to announce
Прави́тельство заяви́ло об установле́нии дипломати́ческих отноше́ний с э́той страно́й. *The government announced the establishment of diplomatic relations with this country.*

ЗВАТЬ, зов|у́, -ёшь, -у́т, *past* звал, -а́, -о, -и *imp.* / *р.* позва́ть, позов|у́, -ёшь, -у́т, *past* позва́л, позвала́, позва́л|о, -и
1. к о г о́? ч т о? to call. Мать позвала́ ребёнка обе́дать. *The mother called the child to dinner.* Позови́те сестру́ к телефо́ну. *Call your sister to the telephone.*
2. *no р.* to be called. Как вас зову́т? — Меня́ зову́т Бори́с (Бори́сом). *"What is your name?" "My name is Boris."*

ЗВЕЗДА́ *f.*, *pl.* звёзды
1. star. Я́ркая звезда́. *A bright star.* На не́бе одна́ звезда́. *There is one star in the sky.* Зажгли́сь звёзды. *Stars began to show.*
2. *fig.* star. Звезда́ экра́на (кинозвезда́). *A film star.*

ЗВЕН|Е́ТЬ, *1st & 2nd pers. not used,* *3rd pers.* -и́т, -я́т *imp.* to ring
Звени́т звоно́к. *The bell is ringing.* Го́лос её звене́л как колоко́льчик. *Her voice rang like a bell.*

ЗВЕР|Ь *m., gen. pl.* -е́й beast
Хи́щный зверь. *A beast of prey.* Ди́кие зве́ри. *Wild beasts.*

ЗВОН|И́ТЬ, -ю́, -и́шь, -я́т *imp.* к о м у́? / *р.* позвон|и́ть, -ю́, -и́шь, -я́т
1. *no р.* to ring. Звони́т телефо́н. *The telephone is ringing.*
2. к о м у́? to ring up. Я позвони́л ему́ по телефо́ну. *I rang him up.*

ЗВОНК|ИЙ, -ая, -ое, -ие ringing
Зво́нкий го́лос. *A ringing voice.* Зво́нкая пе́сня. *A ringing song.*

ЗВОН|О́К *m., gen.* -ка́
1. bell. Я нажа́л на кно́пку звонка́. *I pressed the button of the bell.*
2. bell. Разда́лся тре́тий звоно́к. *The third bell rang.*

ЗВУК *m.*
1. sound. Стра́нный звук. *A strange sound.* Звук го́лоса. *The sound of a voice.*
2. sound. Согла́сный (гла́сный) звук. *A consonant (vowel) sound.*

ЗДА́НИЕ *neut.* building
Большо́е зда́ние. *A large building.* Ста́рое зда́ние. *An old building.* Зда́ние теа́тра. *The theatre building.*

ЗДЕСЬ *adv.*
1. г д е? here. Мы бу́дем жить здесь. *We shall live here.* Здесь все свои́. *There are no strangers here.*
2. *fig.* Здесь нет ничего́ плохо́го. *There is nothing bad in this.*

ЗДОРО́ВА|ТЬСЯ, -юсь, -ешься, -ются *imp.* с к е м? / *р.* поздоро́ва|ться, -юсь, -ешься, -ются to greet
Он не поздоро́вался с на́ми. *He didn't greet us.*

ЗДОРО́В|ЫЙ, -ая, -ое, -ые, *short form* здоро́в, -а, -о, -ы
1. healthy. Здоро́вый ребёнок. *A healthy child.* Он совсе́м здоро́в. *He is quite healthy.*
2. *only complete form* healthy. Здоро́вый вид. *A healthy look.* Здоро́вый о́тдых. *Healthy rest.*
◇ Бу́дь(те) здоро́в(ы)! *Good-bye!*

ЗДОРО́ВЬЕ *n.* health
Хоро́шее здоро́вье. *Good health.* Кре́пкое здоро́вье. *Strong health.* У него́ сла́бое здоро́вье. *His health is weak.* Как ва́ше здоро́вье? *How are you?* Бере́чь здоро́вье. *To take care of one's health.*
◇ За ва́ше здоро́вье! *To your health!* На здоро́вье! *To your pleasure!*

ЗДРА́ВСТВУЙ(ТЕ) [здра́ствуйте] How do you do. Good morning. Good afternoon. Good evening. Hello!

ЗЕЛЁН|ЫЙ, -ая, -ое, -ые
1. green. Зелёная трава́. *Green grass.* Зелёный цвет. *Green colour.*

2. green. Зелёные óвощи. *Green
vegetables.* Зелёные я́блоки.
Green apples.

ЗЕМЛЯ́ *f., acc.* зе́млю; *pl.* зе́мли,
земе́ль, зе́млям, *etc.*
1. *no pl.* Earth. Земля́ враща́ется
вокру́г свое́й оси́. *The Earth
revolves on its axis.*
2. land. Плодоро́дная земля́. *Fertile land.* Земля́ — со́бствен-
ность наро́да. *The land belongs
to the people.*
3. ground. Упа́сть на зе́млю. *To
fall to the ground.*
4. land. «Земля́!» — закрича́л мат-
ро́с. *"Land!" the sailor shouted.*

ЗЕ́РКАЛО *neut., pl.* зеркала́, зерка́л,
зерка́лам, *etc.* looking-glass
Смотре́ть(ся) в зе́ркало. *To look
(at oneself) in a looking-glass.*

ЗЕРНО́ *neut., pl.* зёрна, зёрен, зёр-
нам, *etc.* grain
Пшени́чное зерно́. *A grain of
wheat.*

ЗИМА́ *f., acc.* зи́му, *pl.* зи́мы winter
Суро́вая, холо́дная зима́. *A hard,
cold winter.* Всю зи́му стоя́ли мо-
ро́зы. *The frosts lasted the whole
winter.*

ЗИ́МН|ИЙ, -яя, -ее, -ие winter
Зи́мний день. *A winter day.* Зи́м-
нее пальто́. *A winter coat.* Зи́м-
ний спорт. *Winter sports.*

ЗИМО́Й *adv.* in winter
Зимо́й в Москве́ хо́лодно. *It is
very cold in Moscow in winter.*

ЗЛ|ОЙ, -а́я, -о́е, -ы́е, *short form* зол,
зла, зло, злы
1. wicked, malicious, vicious.
Злой челове́к. *A wicked man.*
Зло́е лицо́. *A wicked face.*
2. hard. Злой моро́з. *A hard frost.*
3. angry. Как я зол! *How angry I
am!*

ЗМЕЯ́ *f., pl.* зме́и, змей snake
Ядови́тая змея́. *A venomous snake.*

ЗНАКО́М|ИТЬСЯ, -млюсь, -мишься,
-мятся *imp.* с кем? с чем? /
p. познако́|миться, -млюсь, -миш-
ся, -мятся
1. to make acquaintance. Знако́-
миться с но́выми людьми́. *To
meet new people.*
2. to get to know. Знако́миться с
го́родом. *To get to know a
city.*

ЗНАКО́М|ЫЙ, -ая, -ое, -ые, *short
form* знако́м, -а, -о, -ы
1. familiar. Знако́мая кни́га. *A
familiar book.* Я знако́м с ним.
He is an acquaintance of mine.
2. *used as n.* acquaintance. Он мой
знако́мый. *He is an acquaintance
of mine.* Она́ моя́ знако́мая.
She is an acquaintance of mine.
Оди́н мой знако́мый сказа́л
мне, что... *An acquaintance of
mine told me that...*

ЗНАМЕНИ́Т|ЫЙ, -ая, -ое, -ые, *short
form* знамени́т, -а, -о, -ы famous,
celebrated
Знамени́тый компози́тор. *A famous composer.* Знамени́тый ху-
до́жник. *A celebrated artist.*

ЗНА́МЯ *neut., gen., dat., prepos.* зна́-
мени, *acc.* зна́мя, *instr.* зна́менем;
pl. знамёна, знамён banner
Зна́мя свобо́ды. *The banner of
freedom.*

ЗНА́НИЕ *neut.* knowledge
Зна́ние — си́ла. *Knowledge is power.* Глубо́кие зна́ния. *Profound
knowledge.* Про́чные зна́ния. *Solid
knowledge.* Овладева́ть зна́ниями.
To gain knowledge.

ЗНА|ТЬ, -ю, -ешь, -ют *imp.* кого́?
что? о ком? о чём?
1. to know. Я зна́ю э́того челове́-
ка. *I know that man.* Хорошо́
знать страну́. *To have a good
knowledge of a country.*
2. to know. Знать ру́сский язы́к.
To know Russian.
3. to know. Знать об отъе́зде. *To
know about one's departure.* Я
зна́ю, что он бо́лен. *I know that
he is ill.* Я зна́ю, где он живёт. *I know where he lives.* Я
зна́ю, куда́ он пошёл. *I know
where he went.* Я не зна́ю, ког-
да́ он вернётся. *I don't know
when he will come back.* Я не
зна́ю, почему́ его́ нет. *I don't
know why he is not here.*

ЗНАЧЕ́НИЕ *neut.*
1. meaning. Э́то сло́во име́ет мно́-
го значе́ний. *This word has
many meanings.*
2. importance. Спорт име́ет ог-
ро́мное значе́ние для здоро́вья.
*Sport is of great importance for
health.*

ЗНА́Ч|ИТЬ, *1st & 2nd pers. rarely used, 3rd pers.* -ит, -ат *imp.* ч т о? to mean
Что зна́чит э́то сло́во? *What does this word mean?* Э́то ничего́ не зна́чит. *It means nothing.*

ЗНАЧ|О́К *m., gen.* -ка́ badge
Университе́тский значо́к. *A university badge.* Значо́к тури́ста СССР. *The badge of tourist of the USSR.* Обме́ниваться значка́ми. *To exchange badges.*

ЗО́ЛОТО *neut., no pl.* gold
Чи́стое зо́лото. *Pure gold.* Добыва́ть зо́лото. *To mine gold.* Заплати́ть зо́лотом. *To pay in gold.*
◇ **Не всё то зо́лото, что блести́т** (proverb). *All that glitters isn't gold.*

ЗОЛОТ|О́Й, -а́я, -о́е, -ы́е gold
1. gold. Золота́я моне́та. *A gold coin.* Золоты́е часы́. *A gold watch.*
2. *fig.:* Золото́й челове́к. *A wonderful man.*
◇ **Золота́я середи́на.** *The golden mean.*

ЗО́НТИК *m.* umbrella
Раскры́ть зо́нтик. *To open an umbrella.*

ЗРЕ́НИЕ *neut.* eyesight
Хоро́шее зре́ние. *Good eyesight.*
◇ **То́чка зре́ния.** *A point of view.* С то́чки зре́ния кого́-либо. *From somebody's point of view.*

ЗРИ́ТЕЛЬ *m.* spectator
Театра́льный зри́тель. *A theatregoer.* В за́ле мно́го зри́телей. *There are many spectators in the hall.*

ЗРЯ *adv.* for nothing
Зря тра́тить вре́мя. *To waste time.* Зря говори́ть. *To speak to no purpose.* Зря не беспоко́йтесь! *Don't worry unnecessarily!*

ЗУБ *m., pl.* зу́бы, зубо́в tooth
У меня́ боля́т зу́бы. *I've got a toothache.*
◇ **Говори́ть (сказа́ть) сквозь зу́бы.** *To speak through clenched teeth.*

И, и

И *conj.* and
Мать и оте́ц. *Mother and Father.* Мы говори́м по-ру́сски и по-анг-

ли́йски. *We speak Russian and English.* Пошёл дождь, и мы не пое́хали за́ город. *It began to rain and we didn't go to the country.*

ИГО́Л|КА *f., gen. pl.* -ок needle
Дай мне иго́лку с ни́ткой. *Give me a needle and some thread.* Граммофо́нная иго́лка. *A gramophone needle.* Иго́лки на ёлке. *Fir needles.*

ИГРА́ *f., pl.* и́гры game; playing
1. Интере́сная игра́. *An interesting game.* Насто́льная игра́. *A table game.*
2. Игра́ на скри́пке. *Playing the violin.*
3. Игра́ в футбо́л. *Playing football.*

ИГРА́|ТЬ, -ю, -ешь, -ют *imp./p.* сыгра́|ть, -ю, -ешь, -ют
1. to play. Де́ти игра́ют в па́рке. *The children are playing in the park.* Я игра́ю с бра́том. *I play with my brother.*
2. в о что? to play. Игра́ть в баскетбо́л, в футбо́л, в волейбо́л, в ша́хматы. *To play basket-ball, football, volley-ball, chess.*
3. на чём? to play. Игра́ть на пиани́но, на скри́пке, на гита́ре. *To play the piano, the violin, the guitar.*
4. что? to play. Игра́ть вальс. *To play a waltz.* кого́? Игра́ть Бори́са Годуно́ва. *To play Boris Godunov.*
◇ **Это игра́ет большу́ю роль.** *It's of great importance.* Это не игра́ет ро́ли. *It's of no importance.*

ИГРУ́Ш|КА *f., gen. pl.* -ек toy
Де́тские игру́шки. *Children's toys.*

ИДЕ́Я *f.*
1. idea. Передовы́е иде́и на́шего вре́мени. *Advanced ideas of our time.*
2. idea. Иде́я произведе́ния. *The idea of a literary work.*

ИД|ТИ́, -у́, -ёшь, -у́т, *past* шёл, шл|а, -о, -и *imp.*
1. куда́? отку́да? to go. Идти́ в рестора́н. *To go to a restaurant.* Идти́ на по́чту. *To go to the post-office.* Идти́ из теа́тра домо́й. *To go home from the theatre.* Идти́ к бра́ту. *To go to one's brother.* Идти́ бы́стро.

To go quickly. Идти пешком. *To walk.*

2. to go. Идти гулять. *To go for a walk.* Я иду в кино. *I am going to the cinema.*
3. to go. Поезд идёт быстро. *The train is going fast.*
4. to go. Дорога идёт лесом. *The road goes through a forest.*
5.: Часы идут хорошо. *The watch (clock) keeps good time.*
6.: Идёт дождь. *It is raining.* Идёт снег. *It is snowing.* Идёт град. *It is hailing.*
7.: Как идут дела? *How are things?* Жизнь идёт. *Life goes on.* Время идёт. *Time is passing.* Работа идёт. *Work is in progress.*
8. to be on. Сегодня в театре идёт новая пьеса. *There is a new play on at the theatre. today.*
9. to become. Это платье вам идёт. *This dress becomes you.*
10.: Идти к цели. *To try to achieve one's goal.*

◇ **Идти на всё.** *To go to any length.* **Не идёт из ума (что-либо).** *Not to be able to get (something) out of one's head.* **Голова идёт кругом.** *My head is in a whirl.*

ИЗ (ИЗО) *prep.* + *gen.*
1. out of. Выйти из комнаты. *To go (come) out of the room.* Выехать из города. *To drive out of the town.*
2. from. Юноша из Африки. *A youth from Africa.*
3. of. Некоторые из нас. *Some of us.* Один из студентов. *One of the students.*
4. (made) of. Костюм из шерсти. *A woollen costume.*

ИЗВЕСТИЕ *neut.*
1. news. Приятное известие. *Pleasant news.*
2. news. Последние известия. *The latest news.*

ИЗВЕСТН|ЫЙ, -ая, -ое, -ые, *short form* известен, известн|а, -о, -ы; *adv.* известно well-known Известный учёный. *A well-known scientist.* Это всем известно. *Everybody knows that.*

ИЗВИНИТЬ *see* **ИЗВИНЯТЬ**
ИЗВИНИТЬСЯ *see* **ИЗВИНЯТЬСЯ**

ИЗВИНЯ|ТЬ, -ю, -ешь, -ют *imp.* кого? / *p.* извин|ить, -ю, -ишь, -ят to excuse Извините меня, пожалуйста. *Excuse me, please.*

ИЗВИНЯ|ТЬСЯ, -юсь, -ешься, -ются *imp.* / *p.* извин|иться, -юсь, -ишься, -ятся to apologise Он извинился передо мной за долгое молчание. *He apologised to me for his long silence.*

ИЗДАЛЕКА *adv.* from far away Приехать издалека. *To come from far away.*

ИЗ-ЗА *prep.* + *gen.*
1. from behind. Из-за леса показалась луна. *The moon came out from behind the forest.*
2. from. Встать из-за стола. *To get up from the table.*
3. because of. Из-за дождя мы не поехали на прогулку. *Because of the rain we didn't go for a drive.*

ИЗМЕНЕНИЕ *neut.* change Изменения в жизни. *Changes in life.* Изменение в расписании. *A change in the time-table.* В стране произошли большие изменения. *Great changes have taken place in the country.*

ИЗМЕНИТЬ *see* **ИЗМЕНЯТЬ**
ИЗМЕНИТЬСЯ *see* **ИЗМЕНЯТЬСЯ** & **МЕНЯТЬСЯ**
ИЗМЕНЯ|ТЬ, -ю, -ешь, -ют *imp.* / *p.* изменить, изменю, изменишь, изменят
1. что? to alter. Изменить план. *To alter a plan.*
2. кому? чему? to betray, to be unfaithful. Изменить стране. *To betray one's country.* Изменить жене. *To be unfaithful to one's wife.*

ИЗМЕНЯ|ТЬСЯ, -юсь, -ешься, -ются *imp.*/*p.* измениться, изменюсь, изменишься, изменятся to change Изменился вид города. *The appearance of the city has changed.* Вы очень изменились. *You've changed a lot. (cf.* **МЕНЯТЬСЯ**)

ИЗМЕРИТЬ *see* **ИЗМЕРЯТЬ**
ИЗМЕРЯ|ТЬ, -ю, -ешь, -ют *imp.* что? / *p.* измер|ить, -ю, -ишь, -ят to measure Измерить длину комнаты. *To measure the length of a room.*

Измéрить температýру. *To take one's temperature.*

ИЗОБРАЖА́|ТЬ, -ю, -ешь, -ют *imp.* ч т о?/*р.* изобра|зи́ть, -жý, -зи́шь, -зя́т to represent
Чтó вы изобрази́ли на э́той карти́не? *What did you represent in that picture?*

ИЗОБРАЗИ́ТЬ *see* **ИЗОБРАЖА́ТЬ**

ИЗОБРЕСТИ́ *see* **ИЗОБРЕТА́ТЬ**

ИЗОБРЕТА́|ТЬ, -ю, -ешь, -ют *imp.* ч т о? / *р.* изобрести́, изобрет|ý, -ёшь, -ýт, *past* изобрёл, изобрел|á, -ó, -и́ to invent
Изобрести́ нóвую маши́ну. *To invent a new machine.*

ИЗ-ПОД *prep.* + *gen.*
1. from under. Кóшка вы́шла из-под столá. *The cat came from under the table.*
2. from a place near some other place. Приéхать из-под Ленингрáда. *To come from near Leningrad.*

ИЗУЧА́|ТЬ, -ю, -ешь, -ют *imp.* ч т о? к о г ó? / *р.* изучи́ть, изучý, изýчишь, изýчат to study
Изучáть рýсский язы́к. *To study Russian.* Изучáть проблéму. *To study a problem.*

ИЗУЧИ́ТЬ *see* **ИЗУЧА́ТЬ**

И́ЛИ *conj.* or
Заня́тия начнýтся зáвтра и́ли послезáвтра. *The lessons start tomorrow or the day after.* Он дóма и́ли нéт? *Is he at home or not?* Да и́ли нéт? *Yes or no?*

И́МЕННО *particle* precisely, just
И́менно вы́ мне нужны́. *You are just the one I need.*
◇ **Вот и́менно.** *Exactly.*

ИМЕ́|ТЬ, -ю, -ешь, -ют *imp.* к о г ó? ч т о? to have
Имéть мнóго врéмени для заня́тий. *To have a lot of time for one's studies.* Имéть возмóжность посети́ть вы́ставку. *To be able to visit the exhibition.* Имéть значéние. *To be of importance.*

ИМПЕРИАЛИСТИ́ЧЕСК|ИЙ, -ая, -ое, -ие imperialist

И́МЯ *neut.*, *gen.*, *dat.*, *prepos.* и́мени, *acc.* и́мя, *instr.* и́менем; *pl.* именá, имён, именáм, *etc.* name
Моё и́мя — Влади́мир. *My name is*

Vladimir. Как вáше и́мя? *What's your name?*
◇ **Выступáть от и́мени когó-лúбо.** *To speak on somebody's behalf.* **Библиотéка и́мени Лéнина.** *The Lenin library.*

ИНА́ЧЕ
1. *adv.* in a different way. Это нáдо сдéлать инáче. *This should be done in a different way.*
2. *conj.* (or) else. Иди́ быстрéе, инáче ты опоздáешь. *Go faster, or else you'll be late.*

ИНЖЕНЕ́Р *m.* engineer
Гóрный инженéр. *A mining engineer.* Мой отéц — инженéр. *My father is an engineer.* Рабóтать инженéром. *To work as an engineer.*

ИНОГДА́ *adv.* sometimes
Иногдá он приходи́л домóй пóздно. *Sometimes he came home late.*

ИНОСТРА́Н|ЕЦ *m.*, *gen.* -ца foreigner
В гости́нице живёт мнóго инострáнцев. *Many foreigners live in the hotel.*

ИНОСТРА́НН|ЫЙ, -ая, -ое, -ые foreign
Инострáнные языки́. *Foreign languages.* Министéрство инострáнных дел. *The Ministry of Foreign Affairs.*

ИНСТИТУ́Т *m.* institute
Строи́тельный институ́т. *A building institute.* Учи́ться в институ́те. *To study at an institute.* Поступи́ть в институ́т. *To enter an institute.* Наýчно-исслéдовательский институ́т. *A research institute.*

ИНСТРУМЕ́НТ *m.* instrument
Хирурги́ческие инструмéнты. *Surgical instruments.* Музыкáльный инструмéнт. *A musical instrument.*

ИНТЕЛЛИГЕ́НЦИЯ *f.*, *no pl.* intelligentsia
Интеллигéнция страны́. *The country's intelligentsia.*

ИНТЕРÉС *m.*
1. interest. Большóй интерéс. *A great interest.* Слýшать с интерéсом. *To listen with interest.*
2. *usu. pl.* interests. Клáссовые интерéсы. *Class interests.* Защищáть свои́ интерéсы. *To defend one's own interests.*

ИНТЕРЕ́СН|ЫЙ, -ая, -ое, -ые, *short form* интере́сен, интере́сн|а, -о, -ы; *adv.* интере́сно
1. interesting. Интере́сный фильм. *An interesting film.* Интере́сная кни́га. *An interesting book.* Мы интере́сно провели́ вре́мя. *We've had an interesting time.* Это о́чень интере́сно. *It's very interesting.*
2. *adv., predic. impers. often translated by* to wonder. Интере́сно, прие́дет ли он? *I wonder whether he will come.*

ИНТЕРЕС|ОВА́ТЬ, -у́ю, -у́ешь, -у́ют *imp.* к о г о́? ч т о? to interest
Его́ интересу́ет жи́вопись. *He is interested in painting.* Меня́ интересу́ет те́хника. *I am interested in technology.*

ИНТЕРЕС|ОВА́ТЬСЯ, -у́юсь, -у́ешься, -у́ются *imp.* к е м? ч е м? to be interested
Интересова́ться литерату́рой и иску́сством. *To be interested in literature and art.*

ИСКА́ТЬ, ищу́, и́щешь, и́щут *imp.* / *p.* най|ти́, -ду́, -дёшь, -ду́т
1. к о г о́? ч т о? to look for. Иска́ть своего́ дру́га. *To be looking for one's friend.* Иска́ть плато́к. *To look for one's handkerchief.* Кто и́щет, тот всегда́ найдёт. *Seek and you shall find.*
2. *fig.* ч т о? *or* ч е г о? to look for, to seek. Иска́ть рабо́ту. *To look for a job.* Иска́ть пра́вды. *To seek the truth.* Иска́ть сча́стья. *To seek happiness.*

ИСКЛЮЧА́|ТЬ, -ю, -ешь, -ют *imp.* к о г о́? ч т о?/*p.* исключ|и́ть, -у́, -и́шь, -а́т to expel
Исключи́ть студе́нта из институ́та. *To expel a student from the institute.*

ИСКЛЮЧЕ́НИЕ *neut.* exception
Это исключе́ние из пра́вила. *This is an exception to the rule.* Нет пра́вил без исключе́ния. *There are no rules without exceptions.*
◇ За исключе́нием меня́, все бы́ли на стадио́не. *Everybody was at the stadium, except me.*

ИСКЛЮЧИ́ТЬ *see* **ИСКЛЮЧА́ТЬ**

И́СКРЕНН|ИЙ, -яя, -ее, -ие, *short*

form и́скренен, и́скренн|а, -о, -ы; *adv.* и́скренне sincere, frank
Искренний челове́к. *A sincere person.* Искренний отве́т. *A frank answer.* Скажи́те и́скренне. *Tell me frankly.*

ИСКУ́ССТВЕНН|ЫЙ, -ая, -ое, -ые artificial
Иску́сственное волокно́. *Artificial fibre.* Иску́сственный шёлк. *Artificial silk.*

ИСКУ́ССТВО *neut.*
1. art. Изобрази́тельные иску́сства. *Imitative arts.* Иску́сство наро́дных мастеро́в. *The art of folk masters.*
2. art. Иску́сство игры́ на гита́ре. *The art of playing the guitar.* Иску́сство шитья́. *The art of sewing.*

ИСПО́ЛНИТЬ *see* **ИСПОЛНЯ́ТЬ**

ИСПОЛНЯ́|ТЬ, -ю, -ешь, -ют *imp.* ч т о? / *p.* испо́лн|ить, -ю, -ишь, -ят
1. to perform, to play. Исполня́ть музыка́льную пье́су. *To play a musical piece.* Исполня́ть роль. *To play a part.*
2. to fulfil. Вы не могли́ бы испо́лнить мою́ про́сьбу? *Could you comply with my request?*

ИСПО́ЛЬЗ|ОВАТЬ, -ую, -уешь, -уют *imp. & p.* к о г о́? ч т о? to make use of
Испо́льзовать специали́стов. *To make use of specialists.* Испо́льзовать вре́мя. *To make use of one's time.*

ИСПРА́ВИТЬ *see* **ИСПРАВЛЯ́ТЬ**

ИСПРАВЛЯ́|ТЬ, -ю, -ешь, -ют *imp.* ч т о? / *p.* испра́в|ить, -влю, -вишь, -вят to correct
Испра́вить оши́бку. *To correct a mistake.*

ИСПУГА́|ТЬСЯ, -юсь, -ешься, -ются *p.* к о г о́? ч е г о́? to be frightened
Ма́льчик испуга́лся. *The boy got frightened.* Он испуга́лся, что не хва́тит вре́мени. *He was afraid that he would not have enough time.* Он испуга́лся гро́ма. *He was afraid of the thunder.*

ИСПЫТА́НИЕ *neut.* testing
Испыта́ние маши́ны. *The testing of a machine.* Испыта́ния а́томного ору́жия. *The testing of an atomic weapon.*

ИСТОРИЧЕСК|ИЙ, -ая, -ое, -ие
1. history. Истори́ческий факуль-
тéт. *The history department.*
2. historical. Истори́ческие пáмят-
ники. *Historical monuments.*
3. historic. Истори́ческая дáта. *An
historic date.*

ИСТО́РИЯ *f.*
1. *no pl.* history. Истóрия разви-
вáется по свои́м закóнам. *History
develops according to its own laws.*
Истóрия дрéвнего ми́ра. *The
history of antiquity.* Истóрия
языкá. *The history of a language.*
2. story. Он умéет расскáзывать
интерéсные истóрии. *He can
tell interesting stories.*

ИСТРА́ТИТЬ *see* **ТРА́ТИТЬ**

ИСЧЕЗА́|ТЬ, -ю, -ешь, -ют *imp./
p.* исчéзн|уть, -у, -ешь, -ут, *past*
исчéз, -ла, -ло, -ли
1. to disappear. Самолёт исчéз в
облакáх. *The plane disappeared
in the clouds.*
2. to cease. Боль исчéзла. *The
pain has gone.*

ИСЧЕ́ЗН|УТЬ *see* **ИСЧЕЗА́ТЬ**

ИТА́К *conj.* so
Итáк, решéние при́нято. *So the
decision has been taken.*

ИХ *poss. pron.* their, theirs
Их предложéние бы́ло прáвиль-
ным. *Their proposal was right.*Эта
кóмната их. *This room is theirs.*

ИЮЛЬ *m., no pl.* July
В ию́ле у студéнтов кани́кулы.
*The students have their holidays in
July.* Сегóдня 25 ию́ля. *Today is
the 25th of July.* Он приéдет 28-го
ию́ля. *He will come on July 28.*

ИЮНЬ *m., no pl.* June
В ию́не студéнты сдаю́т экзáмены.
Students take their exams in June.

К, к

К (КО) *prep.* + *dat.*
1. to, up to. Подойти́ к дóму. *To
approach the house.* Он подошёл
к товáрищу. *He went up to his
friend.* Иди́те к доскé. *Come
(go) to the blackboard.*
2. to. Он приéхал к дру́гу. *He

came to see his friend.* Приезжáй
к нам! *Come and see us!*
3. by. Нáдо прийти́ к семи́ часáм
вéчера. *You must come by sev-
en o'clock in the evening.*
4. to. Вперёд, к побéде! *Forward,
to victory!*

КАБИНÉТ *m.*
1. study. Рабóчий кабинéт. *A
study.*
2.: Кабинéт врачá. *A doctor's con-
sulting-room, a surgery.*

КА́ДРЫ *no sing.* cadres
Техни́ческие кáдры. *Technical
cadres.*

КА́ЖД|ЫЙ, -ая, -ое, -ые
1. every. Кáждый день. *Every day.*
Кáждую недéлю мы хóдим в
теáтр. *We go to the theatre every
week.* Доводи́ть кáждое дéло до
концá. *To see every job through.*
2. used as n. everyone. Это кáждый знáет. *Everyone knows that.*

КА́ЖЕТСЯ *paren. word* it seems
Он, кáжется, прав. *He seems to
be right.* Кáжется, он был довó-
лен. *He seemed to be pleased.*

КАЗА́ТЬСЯ, кажу́сь, кáжешься, кá-
жутся *imp.* / *p.* показáться, пока-
жу́сь, покáжешься, покáжутся
1. к ем? ч ем? к аки́м? to seem.
Гóрод мне показáлся óчень
краси́вым. *The town seemed very
beautiful to me.*
2. *impers.* to seem. Мне кáжется,
я успéю вы́полнить рабóту. *It
seems to me that I shall manage
to do the work.* Мне показáлось,
что он устáл. *He looked very
tired to me.*

КАЗН|И́ТЬ, -ю́, -и́шь, -я́т *imp.* & *p.*
к ог ó? to execute
Казни́ть престу́пника. *To execute
a criminal.*

КАК
1. *adv.* how. Как живёте? *How
are you getting on?* Как иду́т
делá? *How are things going?* Я
знáю, как проéхать в центр. *I
know how to get to the centre.*
Как вы сказáли? *What did you
say?*
2. *conj.* like. Её глазá бы́ли как
мóре. *Her eyes were like the
sea.*
◇ **Как это ни стрáнно...** *However*

strange it may seem... Я чу́вст-
вую себя́ здесь, как до́ма. *I
feel at home here.*

КА́К-НИБУ́ДЬ *adv.* somehow
На́до ка́к-нибудь помо́чь ему́. *We
must help him somehow.*

КАК|О́Й, -а́я, -о́е, -и́е
1. what. Кака́я сего́дня пого́да?
What is the weather like today?
Каку́ю му́зыку вы лю́бите?
What sort of music do you like?
Како́е сего́дня число́? *What is
the date today?* Како́й сего́дня
день неде́ли? *What day of the
week is today?* Каки́е цветы́ вы
хоти́те купи́ть? *What flowers do
you want to buy?*
2. what (a). Како́й хоро́ший день!
What a fine day! Кака́я красо-
та́! *What beauty!*

КАК|О́Й (-а́я, -о́е, -и́е) **-НИБУ́ДЬ** any
Да́йте мне каку́ю-нибудь кни́гу.
Give me any book.

КАК|О́Й (-а́я, -о́е, -и́е)**-ТО** some
Вас спра́шивает како́й-то мужчи́-
на. *A man is asking for you.*

КА́К-ТО *adv.* somehow, somewhat
То, что ты сказа́л, ка́к-то нея́сно.
*What you said is somehow not
clear.*

КАЛЕНДА́Р|Ь *m., gen.* -я́ calendar
Насто́льный календа́рь. *A desk
calendar.* Отрывно́й календа́рь. *A
tear-off calendar.*

КА́МЕНН|ЫЙ, -ая, -ое, -ые stone
1. Ка́менный дом. *A stone house.*
2. *fig.* Ка́менное се́рдце. *A heart
of stone.*
◇ Ка́менный у́голь. *Coal.*

КА́М|ЕНЬ *m., gen.* -ня stone
Большо́й ка́мень. *A large stone.*
Бро́сить ка́мень. *To throw a stone.*
Драгоце́нные ка́мни. *Precious
stones.*
◇ Нашла́ коса́ на ка́мень (prov-
erb). Cf. *Diamond cut diamond.*

КАНА́Л *m.* canal
Ороси́тельный кана́л. *An irrigation
canal.* Е́хать по кана́лу. *To sail
along a canal.*

КАНДИДА́Т *m.*
1. candidate. Кандида́т в депута́ты
Верхо́вного Сове́та. *A candidate
to the Supreme Soviet.*
2. candidate. Кандида́т нау́к. *Master of science.*

КАНИ́КУЛЫ *no sing.* holidays
Зи́мние кани́кулы. *Winter holidays.*
Ле́тние кани́кулы. *Summer holidays.* Во вре́мя кани́кул. *During the holidays.* В кани́кулы он
отдыха́ет. *He has a rest during his
holidays.*

КАПИТАЛИ́ЗМ *m.* capitalism

КАПИТАЛИСТИ́ЧЕСК|ИЙ, -ая, -ое,
-ие capitalist
Капиталисти́ческий строй. *The
capitalist system.*

КАПИТА́Н *m.* captain
Капита́н да́льнего пла́вания. *A
sea-going captain.* Капита́н фут-
бо́льной кома́нды. *The captain of
a football team.*

КА́П|ЛЯ *f., gen. pl.* -ель
1. drop. Ка́пля жи́дкости. *A drop
of a liquid.* Ка́пля дождя́. *A
raindrop.*
2. *no sing.* drops. Купи́ть ка́пли
в апте́ке. *To buy some drops at
a chemist's.*

КАПУ́СТА *f., no pl.* cabbage
Килогра́мм капу́сты. *A kilogramme
of cabbage.*
◇ Ки́слая капу́ста. *Sauerkraut.*
Цветна́я капу́ста. *Cauliflower.*

КАРАНДА́Ш *m., gen.* -а́ pencil
Цветны́е карандаши́. *Coloured pencils.* Рисова́ть карандашо́м. *To draw
with a pencil.*

КАРМА́Н *m.* pocket
Вы́нуть плато́к из карма́на. *To
take one's handkerchief out of
one's pocket.* Положи́ть де́ньги в
карма́н. *To put money in one's
pocket.*
◇ Он за сло́вом в карма́н не по-
ле́зет. *He has a ready tongue.*

КА́РТА *f.*
1. map. Полити́ческая ка́рта ми́-
ра. *A political map of the world.*
2. card. Игра́ть в ка́рты. *To play
cards.*

КАРТИ́НА *f.*
1. picture. Прекра́сная карти́на.
A beautiful picture. Худо́жник
пи́шет карти́ну. *The artist is
painting a picture.*
2. *fig.* Карти́на приро́ды.
A scene of nature.

КАРТО́ФЕЛЬ *m., no pl.* (*colloq.* кар-
то́шка) potatoes

КАСА|ТЬСЯ, -юсь, -ешься, -ются *imp.* к о г о́? ч е г о́? / *p.* косн|у́ться, -у́сь, -ёшься, -у́тся
1. to touch. Коснуться земли́ руко́й. *To touch the ground with the hand.*
2. *fig.* to touch upon, to concern. Докла́дчик косну́лся вопро́са о положе́нии в стране́. *The speaker touched upon the situation in the country.* Это меня́ не каса́ется. *That doesn't concern me.*

КА́ССА *f.* cash-desk
Плати́ть де́ньги в ка́ссу. *To pay the money at the cash-desk.*
◇ Сберега́тельная ка́сса. *Savings bank.*

КАСТРЮ́ЛЯ *f.* saucepan

КАТА́|ТЬСЯ, -юсь, -ешься, -ются *imp.* н а ч ё м?: Ката́ться на ло́дке. *To go boating.* Ката́ться на лы́жах. *To go skiing.* Ката́ться на конька́х. *To go skating.*
◇ Лю́бишь ката́ться — люби́ и са́ночки вози́ть (proverb). Cf. *No sweet without some sweat.*

КА́ЧЕСТВО *neut.* quality
Ка́чество рабо́ты. *The quality of work.* Проду́кция высо́кого ка́чества. *High-quality output.*

КА́ША *f.* porridge
Ма́нная ка́ша. *Semolina pudding.* Гре́чневая ка́ша. *Buckwheat porridge.*

КА́Ш|ЕЛЬ *m.*, *gen.* -ля cough
У меня́ си́льный ка́шель. *I have a bad cough.*

КА́ШЛЯ|ТЬ, -ю, -ешь, -ют to cough
Больно́й си́льно ка́шляет. *The sick man coughs badly.*

КВАДРА́ТН|ЫЙ, -ая, -ое, -ые square
Квадра́тная ко́мната. *A square room.*

КВАРТА́Л *m.*
1. block, district. Но́вый городско́й кварта́л. *A new city district.*
2. quarter. В тре́тьем кварта́ле э́того го́да брига́да рабо́тала отли́чно. *In the third quarter of this year the brigade worked very well.*

КВАРТИ́РА *f.* flat
Трёхко́мнатная кварти́ра. *A three-room flat.*

КИЛОГРА́ММ *m.* kilogramme
Пять килогра́ммов са́хара. *Five*

kilogrammes of sugar. Килогра́мм мя́са. *A kilogramme of meat.*

КИЛОМЕ́ТР *m.* kilometre
Ско́лько киломе́тров до го́рода? *How many kilometres is it to the town?*

КИНО́ *neut.*, *indecl.*
1. cinema. Успе́хи кино́. *The success of the cinema.*
2. *colloq.* film. Смотре́ть кино́. *To see a film.* Ты смотре́л э́то кино́? *Have you seen this film?*
3. *colloq.* cinema. Идти́ в кино́. *To go to the cinema.*

КИНОТЕА́ТР *m.* picture palace, cinema
В Москве́ мно́го кинотеа́тров? *Are there many cinemas in Moscow?*

КИНОФИ́ЛЬМ *m. see* ФИ́ЛЬМ

КИО́СК *m.* kiosk, news-stand
Газе́тный кио́ск. *A news-stand.* Купи́ть журна́л в кио́ске. *To buy a magazine at a news-stand.*

КИП|Е́ТЬ, 1st & 2nd pers. not used, 3rd pers. -и́т, -я́т *imp.* to boil
Вода́ кипи́т. *The water is boiling.* Молоко́ кипи́т. *The milk is boiling.*

КИРПИ́Ч *m.*, *gen.* -а́ brick

КИ́СЛ|ЫЙ, -ая, -ое, -ые, *short form* ки́сел, кисла́, ки́сл|о, -ы; *adv.* ки́сло sour
Ки́слое я́блоко. *A sour apple.*
◇ Ки́слая капу́ста. *Sauerkraut.*

КЛАСС¹ *m.* class
Рабо́чий класс. *The working class.*

КЛАСС² *m.*
1. grade. Учи́ться в пе́рвом кла́ссе. *To be in (to be a pupil in) the first grade.*
2. classroom. В на́шем кла́ссе о́чень чи́сто. *Our classroom is very clean.*
3. class. Наш класс о́чень дру́жный. *We are all friends in our class.*

КЛА́ССОВ|ЫЙ, -ая, -ое, -ые class
Кла́ссовая борьба́. *The class struggle.* Кла́ссовые противоре́чия. *Class contradictions.*

КЛАСТЬ, клад|у́, -ёшь, -у́т, *past* клал, кла́л|а, -о, -и *imp.* к о г о́? ч т о? н а ч т о?/*p.* положи́ть, поло́жу, поло́жишь, поло́жат to place, to put
Класть кни́гу на сто́л. *To put the*

book on the table. Положи́ть са́хар
в чай. *To put sugar in the tea.*
◇ Положи́ть нача́ло но́вому де́-
лу. *To lay the foundation for something new.*

КЛЕТ|КА *f., gen. pl.* -ок
1. cage. Купи́ть кле́тку для птиц.
To buy a bird cage.
2. squared, check. Тетра́дь в кле́т-
ку. *A squared copy-book.* Мате-
риа́л в кле́тку. *Check material.*
3. cell.
◇ Грудна́я кле́тка. *The thorax.*

КЛИ́МАТ *m.* climate
Морско́й кли́мат. *A maritime climate.* Мя́гкий кли́мат. *A mild
climate.*

КЛУБ *m.* club
Рабо́чий клуб. *A workers' club.* В
клу́бе сего́дня та́нцы. *There is a
dance at the club today.*

КЛЮЧ *m., gen.* -á
1. key. Он потеря́л ключ от кварти́ры. *He has lost the key to his
flat.* Запере́ть дверь на ключ.
To lock the door.
2. *fig.* clue

КНИ́ГА *f.* book
Чита́ть кни́гу. *To read a book.*

КНИ́Ж|КА *f., gen. pl.* -ек *dim. of*
кни́га book.
Де́тская кни́жка. *A children's
book.*
◇ Записна́я кни́жка. *Note-book.*

КНИ́ЖН|ЫЙ, -ая, -ое, -ые book
Кни́жная по́лка. *A bookshelf.*
Кни́жный шкаф. *A bookcase.* Кни́ж-
ный магази́н. *A bookshop.*

КОВ|ЁР *m., gen.* -ра́ carpet
Мя́гкий ковёр. *A soft carpet.*

КОГДА́ *adv.*
1. when. Когда́ ты придёшь до-
мо́й? *When will you come home?*
2. when. Я зна́ю, когда́ он при-
е́дет. *I know when he comes.* Ког-
да́ ко́нчишь рабо́ту, приходи́
ко мне. *Come and see me when
you have finished your work.*

КОГДА́-НИБУ́ДЬ *adv.* some day
Когда́-нибу́дь ты вспо́мнишь об
э́тих слова́х. *Some day you will
remember these words.*

КОГДА́-ТО *adv.* some time ago
Я был там когда́-то. *I was there
some time ago.*

КО́ЖА *f.*
1. skin. Ко́жа лица́. *The skin of the
face.* Цвет ко́жи. *Complexion.*
2. leather. Чемода́н из ко́жи. *A
leather suitcase.*

КО́ЖАН|ЫЙ, -ая, -ое, -ые leather
Ко́жаный чемода́н. *A leather suit-
case.* Ко́жаное кре́сло. *A leather
arm-chair.* Ко́жаные ту́фли. *Leather shoes.*

КОЛБАСА́ *f.* (luncheon) sausage
Копчёная колбаса́. *Smoked sausage.*
Варёная колбаса́. *Boiled sausage.* Бутербро́д с колбасо́й. *A
sausage sandwich.*

КОЛЕБА́ТЬСЯ, колебл|юсь, -ешься,
-ются *imp.*
1. *1st & 2nd pers. not used,* to
tremble. Ли́стья дере́вьев колеб-
лются от ве́тра. *The leaves of
the trees are trembling in the
wind.*
2. *1st & 2nd pers. not used,* to
fluctuate. Це́ны на ры́нке колеб-
лются. *The prices on the market
fluctuate.*
3. to hesitate. Колеба́ться в оце́н-
ке челове́ка. *To hesitate in as-
sessing a person.*

КОЛЕ́Н|О *neut., pl.* -и knees
Посади́ть ребёнка на коле́ни. *To
put a child on one's lap.* Ма́льчик
сиде́л на коле́нях у ма́тери. *The
boy was on his mother's lap.* Стоя́ть
на коле́нях. *To be kneeling*

КОЛЕСО́ *neut., pl.* колёса wheel
Колесо́ маши́ны. *A wheel of a
machine.*

КОЛИ́ЧЕСТВО *neut.* quantity
Коли́чество воды́ в бассе́йне. *The
quantity of water in a swimming-
pool.*

КОЛЛЕКТИ́В *m.* collective body
Дру́жный коллекти́в. *A united
collective.* Коллекти́в фа́брики.
The collective of a factory.

КОЛЛЕКТИ́ВН|ЫЙ, -ая, -ое, -ые
collective
Коллекти́вный догово́р. *A collective agreement.* Коллекти́вное хо-
зя́йство. *A collective farm.*

КОЛОНИА́ЛЬН|ЫЙ, -ая, -ое, -ые
colonial
Колониа́льный режи́м. *A colonial
regime.* Колониа́льная поли́тика.
A colonial policy.

КОЛО́НИЯ *f.* colony
Наро́ды коло́ний. *The peoples of the colonies.*

КОЛО́ННА *f.*
1. column. Зал с бе́лыми коло́ннами. *A hall with white columns.*
2. column. Коло́нна спортсме́нов. *A column of sportsmen.*

КОЛХО́З *m.* collective farm
Передово́й колхо́з. *A foremost collective farm.* Рабо́тать в колхо́зе. *To work on a collective farm.*

КОЛХО́ЗНИК *m.* collective farmer
Колхо́зники убира́ют урожа́й. *The collective farmers are gathering in the harvest.*

КОЛХО́ЗН|ЫЙ, -ая, -ое, -ые of a collective farm
Колхо́зная со́бственность. *Collective-farm property.*

КОЛЬЦО́ *neut.*, *pl.* ко́льца, коле́ц, ко́льцам, *etc.*
1. ring. Золото́е кольцо́. *A gold ring.*
2. circle. Е́хать по кольцу́. *To go on a train servicing the Circle Line (in the Moscow underground railway).*

КОМА́НДА *f.* team
Футбо́льная кома́нда. *A football team.*

КОМАНДИ́Р *m.* commander
Команди́р полка́. *A regiment commander.* Команди́р партиза́нского отря́да. *The commander of a guerrilla detachment.*

КОМА́НД|ОВАТЬ, -ую, -уешь, -уют *imp.* к е м? ч е м? to command
Кома́ндовать а́рмией. *To command an army.*

КОМБА́ЙН *m.* combine
Уго́льный комба́йн. *A coal mining combine.*

КОМБИНА́Т *m.* mill, plant
Он рабо́тает на бума́жном комбина́те. *He works at a paper mill.*
◇ Комбина́т бытово́го обслу́живания. *A personal service establishment.*

КОМИ́ССИЯ *f.* commission
Приёмная коми́ссия. *A selection commission.* Избира́тельная коми́ссия. *An election commission.*

КОМИТЕ́Т *m.* committee
Центра́льный Комите́т Коммунисти́ческой па́ртии Сове́тского Сою-
за. *The Central Committee of the Communist Party of the Soviet Union.* Исполни́тельный комите́т. *An executive committee.*

КОММУНИ́ЗМ *m.*, *no pl.* communism
Стро́ить коммуни́зм. *To build communism.*

КОММУНИ́СТ *m.* Communist
Сою́з коммуни́стов. *The Union of Communists.* Па́ртия коммуни́стов. *A Communist Party.*

КОММУНИСТИ́ЧЕСК|ИЙ, -ая, -ое, -ие
1. communist. Коммунисти́ческая па́ртия Сове́тского Сою́за. *The Communist Party of the Soviet Union.*
2. communist. Брига́да коммунисти́ческого труда́. *A brigade of Communist Labour.*

КО́МНАТА *f.* room
Но́вая ко́мната. *A new room.* Све́тлая ко́мната. *A bright room.* В ко́мнате тепло́. *It is warm in the room.*

КОМПОЗИ́ТОР *m.* composer
Изве́стный компози́тор. *A well-known composer.*

КОМСОМО́Л *m.* the Young Communist League

КОМСОМО́|ЛЕЦ *m.*, *gen.* -льца Young Communist Leaguer
Акти́вный комсомо́лец. *An active Young Communist Leaguer.* На стро́йках рабо́тает мно́го комсомо́льцев. *Many Young Communist Leaguers work at the construction sites.*

КОМСОМО́ЛЬСК|ИЙ, -ая, -ое, -ие Young Communist League
Комсомо́льский биле́т. *A Young Communist League (membership) card.* Комсомо́льское собра́ние. *A Y.C.L. meeting.*

КОНВЕ́РТ *m.* envelope
Купи́ть конве́рт. *To buy an envelope.* Закле́ить конве́рт. *To seal an envelope.*

КОН|Е́Ц *m.*, *gen.* -ца́ end
Коне́ц кни́ги. *The end of the book.*
◇ В конце́ концо́в. *At last, at the end.* Положи́ть коне́ц чему́-либо. *To put an end to something.* Своди́ть концы́ с конца́ми. *To make both ends meet.*

КОНЕ́ЧНО [-шн-]
1. *paren. word* certainly. Ты, коне́чно, зна́ешь об э́том. *You certainly know that.*
2. *particle* of course. Ты пойдёшь в кино́? — Коне́чно! *"Will you go to the cinema?" "Of course!"*

КОНСЕ́РВ|Ы *pl., no sing., gen.* -ов food preserves
Овощны́е консе́рвы. *Canned vegetables.* Мясны́е консе́рвы. *Canned meat.* Ры́бные консе́рвы. *Canned fish.*

КОНСТИТУ́ЦИЯ *f.* constitution

КОНТРО́ЛЬН|ЫЙ, -ая, -ое, -ые control, test
Писа́ть контро́льную рабо́ту. *To write a test-paper.*

КОНФЕ́ТА *f.* sweet
Шокола́дная конфе́та. *A chocolate.* Пятьсо́т гра́ммов конфе́т. *Five hundred grammes of sweets.*

КОНЦЕ́РТ *m.*
1. concert. Конце́рт пе́сни и пля́ски. *A concert of songs and dances.* Конце́рт худо́жественной самоде́ятельности. *An amateur performers' concert.*
2. concerto. Конце́рт для скри́пки с орке́стром. *A concerto for violin and orchestra.*

КОНЧА́|ТЬ, -ю, -ешь, -ют *imp.* ч т о? & + *inf.* / *p.* ко́нч|ить, -у, -ишь, -ат
1. to finish. Ко́нчить бесе́ду. *To finish a conversation.* Певи́ца ко́нчила петь. *The singer finished singing.*
2. to finish, to graduate. Ко́нчить шко́лу. *To finish school.* Ко́нчить университе́т. *To graduate from the University.*

КОНЧА́|ТЬСЯ, *1st & 2nd pers. not used, 3rd pers.* -ется, -ются *imp.* / *p.* ко́нч|иться, *1st & 2nd pers. not used, 3rd pers.* -ится, -атся to end
Конце́рт конча́ется в 10 часо́в ве́чера. *The concert ends at 10 o'clock in the evening.*

КО́НЧИТЬ *see* **КОНЧА́ТЬ**

КО́НЧИТЬСЯ *see* **КОНЧА́ТЬСЯ**

КОНЬ *m., gen.* коня́; *pl.* ко́ни, коне́й, коня́м, *etc.* horse
Е́хать на коне́. *To ride on horseback.*

КОНЬКИ́ *pl., sing.* конёк *m., gen.* конька́ skates
Беговы́е коньки́. *Racing skates.* Ката́ться на конька́х. *To skate.*

КОПЕ́|ЙКА *f., gen. pl.* -ек copeck (*the smallest Russian coin, 1/100 of a rouble*).
Одна́ копе́йка. *One copeck.* Две копе́йки. *Two copecks.* Пять копе́ек. *Five copecks.*

КОРА́БЛ|Ь *m., gen.* -я́ ship
Вое́нный кора́бль. *A warship.*

КО́Р|ЕНЬ *m., gen.* -ня
1. root. Ко́рень расте́ния. *The root of a plant.*
2. root. Ко́рень сло́ва. *The root of a word.*
3. root. Извле́чь квадра́тный ко́рень из числа́. *To extract the square root of a number.*
◇ Смотре́ть в ко́рень. *To get at the root (of something).*

КОРИДО́Р *m.* corridor, passage

КОРИ́ЧНЕВ|ЫЙ, -ая, -ое, -ые brown

КОРМ|И́ТЬ, кормлю́, ко́рмишь, ко́рмят *imp.* к о г о́? ч е м? / *p.* накорми́ть, накормлю́, нако́рмишь, нако́рмят to feed
Мать ко́рмит ребёнка су́пом. *The mother gives soup to her child.*

КОРО́Б|КА *f., gen. pl.* -ок box
Коро́бка спи́чек. *A box of matches.* Коро́бка конфе́т. *A box of sweets.*

КОРО́ВА *f.* cow
В колхо́зе мно́го коро́в. *The collective farm has many cows.*

КОРО́Л|Ь *m., gen.* -я́ king

КОРО́ТК|ИЙ, -ая, -ое, -ие, *short form* ко́роток, коротка́, ко́ротк|о, -и; *adv.* ко́ротко; *comp.* коро́че short
1. short. Коро́ткий пиджа́к. *A short coat.* Коро́ткая ку́ртка. *A short jacket.*
2. short. Коро́ткий срок. *A short time.* Коро́ткий разгово́р. *A short conversation.* Ко́ротко отве́тить. *To answer briefly.*
3. *only short form* too short. Юбка ей коротка́. *The skirt is too short for her.*

КОСМИ́ЧЕСК|ИЙ, -ая, -ое, -ие cosmic, space
Косми́ческое простра́нство. *Space.* Косми́ческий кора́бль. *A spaceship.* Косми́ческие лучи́. *Cosmic rays.*

КОСМОНА́ВТ *m.* cosmonaut

КО́СМОС *m.* cosmos, space
Изуче́ние ко́смоса. *Studying space.* Полёты в ко́смос. *Space flights.*

КОСНУ́ТЬСЯ *see* КАСА́ТЬСЯ

КОСТ|Ь *f., gen. pl.* -е́й bone
Перело́м ко́сти. *A fracture.*

КОСТЮ́М *m.* suit, costume
Спорти́вный костю́м. *A sports costume.* Купи́ть костю́м. *To buy a suit.*

КОТЛЕ́ТА *f.* cutlet, rissole
Мясны́е котле́ты. *Meat cutlets (rissoles).* Жа́рить котле́ты. *To fry cutlets.*

КОТО́Р|ЫЙ, -ая, -ое, -ые
1. who, which. Я зна́ю това́рища, кото́рый прие́хал из Ленингра́да. *I know the comrade who came from Leningrad.*
2. what, which. Кото́рый час? *What time is it?* Где кни́га, кото́рую ты обеща́л? *Where is the book which you promised?*

КО́ФЕ *m., indecl., no pl.*
1. coffee. Планта́ция ко́фе. *A coffee plantation.*
2. coffee. Пить чёрный ко́фе. *To drink black coffee.* Ко́фе с молоко́м. *White coffee.*

КО́Ш|КА *f., gen. pl.* -ек cat
Чёрная ко́шка. *A black cat.*

КРАЙ *m., prepos.* о кра́е & в краю́, на краю́; *pl.* края́
1. edge. На краю́ стола́. *On the edge of the table.*
2. land. Родно́й край. *The native land.* Тёплые края́. *Warm lands.*
3. territory. Ставропо́льский край. *Stavropol territory.*

КРАН *m.*
,1. tap. Водопрово́дный кран. *A water tap.* Откро́й кран. *Turn the tap on.*
2. crane. Подъёмный кран. *A crane.*

КРАСИ́В|ЫЙ, -ая, -ое, -ые, *short form* краси́в, -а, -о, -ы; *adv.* краси́во beautiful; handsome
Краси́вая де́вушка. *A beautiful girl.* Краси́вая ме́стность. *Beautiful country.* Вокру́г о́чень краси́во. *Everything around is very beautiful.*

КРА́|СИТЬ, -шу, -сишь, -сят *imp.* ч т о? / *p.* покра́|сить, -шу, -сишь, -сят to paint
Кра́сить пол. *To paint the floor.*

КРА́С|КА *f., gen. pl.* -ок paint
Голуба́я кра́ска. *Blue paint.*

КРАСНЕ́|ТЬ, -ю, -ешь, -ют *imp.* / *p.* покрасне́|ть, -ю, -ешь, -ют to turn red; to blush, to flush
Я́блоки покрасне́ли. *The apples turned red.* Красне́ть от стыда́. *To blush with shame.*

КРА́СН|ЫЙ, -ая, -ое, -ые, *short form* кра́сен, красна́, кра́сн|о, -ы red
Кра́сный каранда́ш. *A red pencil.*
◇ Кра́сная пло́щадь. *Red Square.*

КРА́|СТЬ, -ду́, -дёшь, -ду́т, *past* крал, -а, -о, -и *imp.* ч т о? у к о г о? / *p.* укра́|сть, -ду́, -дёшь, -ду́т, *past* укра́л, -а, -о, -и to steal
Он укра́л у них де́ньги. *He stole money from them.*

КРА́ТК|ИЙ, -ая, -ое, -ие, *short form* кра́ток, кратка́, кра́тк|о, -и; *adv.* кра́тко short, brief, concise
Кра́ткий докла́д. *A brief report.* Кра́ткий слова́рь. *A concise dictionary.* Я бу́ду кра́ток. *I'll be brief.*

КРЕМЛ|Ь *m., gen.* -я́ the citadel of an old Russian town
Моско́вский Кремль. *The Moscow Kremlin.*

КРЕ́ПК|ИЙ, -ая, -ое, -ие, *short form* кре́пок, крепка́, кре́пк|о, -и; *adv.* кре́пко; *compr.* кре́пче
1. hard. Кре́пкий оре́х. *Hard nut.*
2. strong. Кре́пкий органи́зм. *A strong organism.*
3. strong. Кре́пкое вино́. *Strong wine.* Кре́пкий чай. *Strong tea.*
◇ Кре́пкий сон. *A sound sleep.* Кре́пко спать. *To sleep soundly.*

КРЕ́ПН|УТЬ, -у, -ешь, -ут, *past* креп, -ла, -ло, -ли *imp.*/*p.* окре́пн|уть, -у, -ешь, -ут, *past* окре́п, -ла, -ло, -ли to grow stronger
Ребёнок окре́п. *The child grew stronger.* Кре́пнет дру́жба ме́жду стра́нами. *The friendship between countries grows stronger.*

КРЕ́С|ЛО *neut., gen. pl.* -ел armchair
Мя́гкое кре́сло. *A soft armchair.* Сиде́ть в кре́сле. *To sit in an armchair.*

КРЕСТЬЯ́НИН *m.*, *pl.* крестья́не, крестья́н peasant

КРЕСТЬЯНСК|ИЙ, -ая, -ое, -ие peasant
Крестья́нская семья́. *A peasant family.*

КРИВ|О́Й, -а́я, -о́е, -ы́е crooked
Крива́я ли́ния. *A crooked line.*
Крива́я у́лица. *A crooked street.*

КРИ́КНУТЬ *see* **КРИЧА́ТЬ**

КРИЧ|А́ТЬ, -у́, -и́шь, -а́т *imp.*/ *p.* кри́кн|уть, -у, -ешь, -ут to cry, to shout
Крича́ть от бо́ли. *To cry with pain.* Не кричи́те на меня́! *Don't shout at me!*

КРОВА́ТЬ *f.* bed
Деревя́нная крова́ть. *A wooden bed.* Лежа́ть на крова́ти. *To lie on a bed.*

КРОВЬ *f.*, *no pl.*, *prepos.* в крови́ blood
Он поре́зал па́лец, показа́лась кровь. *He cut his finger and blood appeared.*
◇ Боро́ться до после́дней ка́пли кро́ви. *To fight to one's last drop of blood.*

КРО́МЕ *prep.* + *gen.*
1. except. Пришли́ все, кро́ме одного́ студе́нта. *Everybody came, except one student.*
2. besides. Кро́ме меня́, пришло́ ещё не́сколько челове́к. *A few people came besides myself.*
◇ Он хорошо́ игра́ет в волейбо́л, а кро́ме того́ он неплохо́й шахмати́ст. *He plays volley-ball well, besides he is not a bad chess-player.*

КРУГ *m.*, *pl.* -и́
1. circle. Пло́щадь кру́га. *The area of a circle.*
2. circle. Танцу́ющие образова́ли широ́кий круг. *The dancers formed a large circle.*
◇ В кругу́ друзе́й. *Among friends.* В те́сном кругу́. *Among friends.*

КРУ́ГЛ|ЫЙ, -ая, -ое, -ые, *short form* кругл, кругла́, кру́гл|о, -ы round
Кру́глый стол. *A round table.* Кру́глое лицо́. *A round face.*
◇ Кру́глый год. *The whole year round.* Кру́глые су́тки шёл дождь. *It rained round the clock.*

Кру́глый сирота́. *A complete orphan.* Кру́глый отли́чник. *A pupil with only excellent marks.* Кру́глый дура́к. *An utter fool.*

КРУЖ|О́К *m.*, *gen.* -ка́ circle, society
Литерату́рный кружо́к. *A literary society.* Кружо́к пе́ния. *A singing group.*

КРУ́ПН|ЫЙ, -ая, -ое, -ые large
Кру́пное предприя́тие. *A large enterprise.* Кру́пная промы́шленность. *Large-scale industry.*
◇ Разменя́ть кру́пные де́ньги. *To change large bank-notes.* Кру́пный разгово́р. *A serious conversation.*

КРУТ|О́Й, -а́я, -о́е, -ы́е, *short form* крут, крута́, кру́т|о, -ы; *adv.* кру́то
1. steep. Крута́я гора́. *A steep hill.*
2. sharp. Круто́й поворо́т доро́ги. *A sharp turn of the road.*
3. *fig.* sharp. Круто́й хара́ктер. *A sharp temper.*

КРЫЛО́ *neut.*, *pl.* кры́лья wing
Крыло́ пти́цы. *The wing of a bird.* Крыло́ самолёта. *The wing of a plane.*

КРЫ́ША *f.* roof
Желе́зная кры́ша. *A metal roof.* Кры́ша до́ма. *The roof of a house.*

КРЫ́Ш|КА *f.*, *gen. pl.* -ек lid
Кры́шка ча́йника. *The teapot (tea-kettle) lid.*

КСТА́ТИ *adv.* & *paren.* word by the way, on the way
Когда́ пойдёшь в магази́н, кста́ти зайди́ на по́чту. *When you go to the shop, call at the post-office on the way.* Кста́ти, он уже́ прие́хал? *By the way, has he already come?*

КТО *pron.*, *gen.*, *acc.* кого́ [каво́], *dat.* кому́, *instr.* кем, *prepos.* о ком who
Кто пришёл? *Who has come?* Кого́ нет в кла́ссе? *Who is absent from the class?* Кому́ дать кни́гу? *Whom shall I give the book to?* Кого́ ты там ви́дишь? *Whom do you see there?* Кем ты недово́лен? *Whom are you displeased with?* О ком ты ду́маешь? *Whom are you thinking about?* Я зна́ю, кто взял мой слова́рь. *I know who has taken my dictionary.*

КТО́-НИБУ́ДЬ *pron.*, *gen.*, *acc.* кого́-нибудь [каво́-], *dat.* кому́-нибу̀дь, *instr.* ке́м-нибу̀дь, *prepos.* о ко́м-нибу̀дь somebody, anybody
Кто́-нибу̀дь пришёл? *Has anybody come?* Скажи́ кому́-нибу̀дь об э́том. *Tell somebody about that.*

КТО́-ТО *pron.*, *gen.*, *acc.* кого́-то [каво́-], *dat.* кому́-то, *instr.* ке́м-то, *prepos.* о ко́м-то
Кто́-то вошёл в ко́мнату, но он не ви́дел, кто. *Somebody entered the room but he could not see who it was.*

КУДА́ *adv.* where
Куда́ ты идёшь? *Where are you going?* На́до реши́ть, куда́ мы пое́дем ле́том. *We must decide where we shall go in the summer.*

КУДА́-НИБУ́ДЬ *adv.* somewhere
Положи́ кни́ги куда́-нибудь и пойдём. *Put the books somewhere and let's go.*

КУДА́-ТО *adv.* somewhere
Я куда́-то положи́л свои́ кни́ги. *I put my books somewhere.* Он куда́-то ушёл. *He has gone somewhere.*

КУЛА́К *m.*, *gen.* -а́ fist
Уда́рить кулако́м по́ столу. *To strike the table with one's fist.*

КУЛЬТУ́РА *f.*
1. culture. Исто́рия культу́ры. *The history of culture.* Де́ятель культу́ры. *A cultural worker.*
2. *crop.* Зерновы́е культу́ры. *Cereal crops.* Техни́ческие культу́ры. *Technical crops.*
3. culture. Челове́к большо́й культу́ры. *A man of great culture.*
4.: Культу́ра произво́дства. *Standard of production.*

КУЛЬТУ́РН|ЫЙ, -ая, -ое, -ые, *short form* культу́рен, культу́рн|а, -о, -ы
1. cultured. Культу́рный челове́к. *A cultured man.* Они́ недоста́точно культу́рны. *They are not cultured enough.*
2. *only complete form* cultural. Культу́рные свя́зи. *Cultural relations.*

КУПА́|ТЬСЯ, -юсь, -ешься, -ются *imp.* to bathe
Купа́ться в мо́ре. *To bathe in the sea.*

КУПИ́ТЬ *see* **ПОКУПА́ТЬ**

КУРИ́ТЬ, курю́, ку́ришь, ку́рят *imp.* ч т о?/*p.* покури́ть, покурю́, поку́ришь, покуря́т to smoke
Кури́ть папиро́сы. *To smoke cigarettes.* Вы ку́рите? *Do you smoke?* Кури́те, пожа́луйста. *Have a cigarette, please.*

КУ́РИЦА *f.*, *pl.* ку́ры
1. hen. Бе́лая ку́рица. *A white hen.*
2. chicken. Жа́реная ку́рица. *Roast chicken.* Суп с ку́рицей. *Chicken soup.*

КУРС *m.*
1. course, series. Кра́ткий курс исто́рии. *A short history course.* Прослу́шать курс ле́кций по литерату́ре. *To listen to a series of lectures on literature.*
2. year of study. Студе́нт второ́го ку́рса. *A second-year student.* Он у́чится на тре́тьем ку́рсе. *He is in his third year.* Второ́й курс занима́ется в аудито́рии но́мер 5. *The second year students are in room No. 5.*
◇ **Быть в ку́рсе.** *To be in the know.*

КУС|О́К *m.*, *gen.* -ка́ piece
Большо́й кусо́к сы́ра. *A large piece of cheese.* Кусо́к хле́ба. *A piece of bread.* Кусо́к са́хара. *A lump of sugar.*

КУСТ *m.*, *gen.* -а́ bush
Пря́таться в куста́х. *To hide in the bushes.*

КУ́Х|НЯ *f.*, *gen. pl.* -онь kitchen
Гото́вить обе́д на ку́хне. *To cook dinner in the kitchen.*

КУ́ША|ТЬ, -ю (*1st pers. rarely used*), -ешь, -ют *imp.* ч т о? / *p.* поку́ша|ть, -ю, -ешь, -ют to eat
Ку́шайте, пожа́луйста. *Help yourself.*

Л, л

ЛА́ГЕР|Ь *m.*, *pl.* -я́ camp
Пионе́рский ла́герь. *A Young Pioneers' camp.* Туристи́ческий ла́герь. *A tourist camp.*

ЛА́ДНО *particle colloq.* all right
Мы сего́дня пойдём в кино́? — Ла́дно. *"Shall we go to the pictures today?" "All right."*

ЛА́МПА *f.* lamp; light
Электри́ческая ла́мпа. *An electric lamp.* Насто́льная ла́мпа. *A desk lamp.* Ла́мпа в 40 ватт. *A 40-watt lamp.* Ла́мпа на 127 вольт. *A 127-volt bulb.*

ЛА́СКОВ|ЫЙ, -ая, -ое, -ые, *short form* ла́сков, -а, -о, -ы; *adv.* ла́сково
1. affectionate, kind. Ла́сковая мать. *An affectionate mother.* Ла́сковый взгляд. *A kind look.* Ла́сковое лицо́. *A kind face.* Ла́сково улыба́ться. *To smile affectionately.*
2. *fig.* gentle. Ла́сковый ве́тер. *A gentle wind.* Ла́сковое со́лнце. *A caressing sun.*
◇ Ла́сковое сло́во, что весе́нний день (proverb). *An endearing word is like a spring day.*

ЛЁВ|ЫЙ, -ая, -ое, -ые left
Ле́вая рука́. *The left hand (arm).* Ле́вая нога́. *The left foot (leg).* Мой дом на ле́вой стороне́ у́лицы. *My house is on the left side of the street.*

ЛЁГК|ИЙ, -ая, -ое, -ие [-хк-], *short form* лёгок, легк|а́, -о́, -и́; *adv.* легко́; *compr.* ле́гче
1. light. Лёгкая су́мка. *A light bag.*
2. easy. Лёгкая рабо́та. *Easy work.* Лёгкая зада́ча. *An easy task.* Э́ту зада́чу я легко́ реши́л. *I solved that task easily.*
3. slight. Лёгкий моро́з. *A slight frost.*
4. easy. Лёгкий хара́ктер. *An easy temper.*
◇ Лёгкая промы́шленность. *Light industry.* Лёгкая му́зыка. *Light music.* У него́ легко́ на душе́ (*predic. impers.*). *He feels light-hearted.*

ЛЕГКОМЫ́СЛЕНН|ЫЙ, -ая, -ое, -ые
1. light-headed. Легкомы́сленный челове́к. *A light-headed person.*
2. light-headed. Легкомы́сленный посту́пок. *A light-headed action.*

ЛЁД *m.*, *gen.* льда ice
Хоро́ший лёд на катке́. *Good ice on the skating-rink.* Бале́т на льду́. *Ice-ballet.*

ЛЕДЯН|О́Й, -а́я, -о́е, -ы́е
1. ice. Ледяна́я доро́жка. *An ice track.*
2. *fig.* icy. Ледяно́й взгляд. *An icy look.* Он сказа́л э́то ледяны́м то́ном. *He said that icily.*

ЛЕЖ|А́ТЬ, -у́, -и́шь, -а́т *imp.* где?
1. to lie, to be. Лежа́ть на дива́не. *To lie on a divan.* Кни́ги лежа́т на столе́. *The books are on the table.*
2. to lie, to be ill. Лежа́ть в посте́ли. *To lie in bed.* Мой това́рищ уже́ 2 ме́сяца лежи́т в больни́це. *My friend has already been in hospital for two months.*
◇ У него́ се́рдце не лежи́т к э́той рабо́те. *He has a distaste for this work.*

ЛЕЗ|ТЬ, -у, -ешь, -ут, *past* лез, -ла, -ло, -ли *imp.* куда́?
1. to climb. Лезть на де́рево. *To climb a tree.* Лезть на́ гору. *To climb a mountain.*
2. to get. Лезть в во́ду. *To get into the water.*
3.: Лезть в карма́н. *To put one's hand into one's pocket.*
◇ Лезть не в своё де́ло (*colloq.*). Cf. *To poke one's nose into other people's affairs.* Не ле́зть за сло́вом в карма́н. *To have a ready tongue.*

ЛЕКА́РСТВО *neut.* medicine
Го́рькое лека́рство. *A bitter medicine.* Принима́ть лека́рство. *To take medicine.* Лека́рство от ка́шля. *Cough medicine.*

ЛЕ́КЦИЯ *f.* lecture
Интере́сная ле́кция. *An interesting lecture.* Ле́кция по матема́тике. *A lecture on mathematics.* Чита́ть (слу́шать) ле́кции. *To deliver (to listen to) lectures.* На ле́кции бы́ло мно́го наро́да. *There were many people at the lecture.*

ЛЕНИ́В|ЫЙ, -ая, -ое, -ые, *short form* лени́в, -а, -о, -ы; *adv.* лени́во lazy
Лени́вый студе́нт. *A lazy student.* Лени́во рабо́тать. *To work lazily.*

ЛЕ́НТА *f.* ribbon
Голуба́я ле́нта. *A pale blue ribbon.*

ЛЕС *m.*, *prepos.* о ле́се & в лесу́; *pl.* леса́ wood, forest
Густо́й лес. *A dense forest.* Мы до́лго гуля́ли по осе́ннему лесу́. *We walked in the autumn forest for a long time.* На террито́рии СССР есть и ли́ственные и хво́йные

леса́. *There are deciduous and coniferous forests on the territory of the USSR.*

ЛЕ́СТНИЦА *f.* staircase
Широ́кая ле́стница. *A broad staircase.* Подня́ться по ле́стнице. *To go up the stairs.* Эта ле́стница ведёт на второ́й эта́ж. *This staircase leads to the first floor.*

ЛЕТА|́ТЬ, -ю, -ешь, -ют *imp.* to fly
Пти́цы лета́ют. *Birds fly.* Самолёты из Москвы́ лета́ют в Ленингра́д ка́ждый день. *Planes fly from Moscow to Leningrad every day.*

ЛЕ|ТЕ́ТЬ, -чу́, -ти́шь, -тя́т *imp.* to fly
1. to fly. Этот самолёт лети́т в Москву́. *That plane is flying to Moscow.* Пти́цы летя́т на юг. *The birds are flying to the south.*
2. *fig.* to fly. Бы́стро лети́т вре́мя. *Time flies.*

ЛЕ́ТН|ИЙ, -яя, -ее, -ие
1. summer. Ле́тний день. *A summer day.*
2. summer. Ле́тнее пла́тье, пальто́. *A summer dress, overcoat.*
3. summer. Ле́тние кани́кулы. *Summer holidays.*

ЛЕ́ТО *neut.*, *no pl.* summer
Жа́ркое сухо́е ле́то. *A dry hot summer.* Провести́ ле́то на мо́ре, на да́че. *To spend the summer at the seaside, in the country.*

ЛЕ́ТОМ *adv.* in summer
Ле́том я отдыха́ю на мо́ре. *In summer I rest at the seaside.*

ЛЁТЧИК *m.* flyer
О по́двиге лётчика Маре́сьева зна́ет весь мир. *The whole world knows about the flyer Maresyev's feat.*

ЛЕЧИ́ТЬ, лечу́, ле́чишь, ле́чат *imp.* кого́? что? от чего́? чем? / *p.* вы́леч|ить, -у, ишь, -ат to treat
Врач ле́чит больно́го от гри́ппа. *The doctor is treating the patient for the 'flu.*

ЛЕЧЬ see **ЛОЖИ́ТЬСЯ**

ЛИ *particle* whether
Не хоти́те ли вы пойти́ в теа́тр? *Don't you want to go to the theatre?* Есть ли у ва́с э́та кни́га? *Have you got that book?* Он спроси́л, (не) пойду́ ли я сего́дня в библиоте́ку.

He asked whether I should go to the library today.

ЛИНЕ́|ЙКА *f.*, *gen. pl.* -ек
1. ruler.
2. line. Тетра́дь в лине́йку. *A ruled copy-book.*

ЛИ́НИЯ *f.*
1. line. Пряма́я ли́ния. *A straight line.* Крива́я ли́ния. *A curved line.* Паралле́льные ли́нии. *Parallel lines.*
2. *fig.* policy. Ли́ния па́ртии. *The policy of a party.*

ЛИСТ[1] *m.*, *pl.* ли́стья, ли́стьев leaf
Осе́нние ли́стья. *Autumn leaves.* Ли́стья в саду́ пожелте́ли. *The leaves in the garden have turned yellow.*

ЛИСТ[2] *m.*, *pl.* листы́, листо́в sheet
Лист бума́ги. *A sheet of paper.* Лист желе́за. *A sheet of iron.*

ЛИТЕРАТУ́РА *f.*
1. literature. Сове́тская литерату́ра. *Soviet literature.* Ара́бская литерату́ра. *Arabic literature.* Изуча́ть литерату́ру. *To study literature.*
2. literature. Литерату́ра по э́тому вопро́су. *The literature on this subject.*

ЛИТЕРАТУ́РН|ЫЙ, -ая, -ое, -ые literary
Литерату́рный язы́к. *The literary language.* Литерату́рное произведе́ние. *A work of literature.* Литерату́рный кружо́к. *A literary society.*

ЛИТЬ, лью, -ёшь, -ют; *imper.* лей! ле́йте! *imp.* что? to pour
Лить во́ду в стака́н. *To pour water into the glass.*
◇ Дождь льёт как из ведра́. *It is raining cats and dogs.*

ЛИЦО́ *neut.*, *pl.* ли́ца face
1. face. Бле́дное лицо́. *A pale face.* Румя́ное лицо́. *A rosy face.* По её лицу́ теку́т слёзы. *Tears are streaming down her cheeks.*
2. face. Он стоя́л лицо́м к окну́. *He stood with his face turned to the window.*
◇ Говори́ть в лицо́ что́-либо кому́-либо. *To say something to somebody's face.* Выступа́ть от лица́ кого́-либо. *To speak on*

somebody's behalf. **На нём ли-**
ца́ нет! *He looks awful!*
ЛИ́ЧН|ЫЙ, -ая, -ое, -ые personal,
private
Ли́чная со́бственность. *Personal*
property. Ли́чное де́ло. *One's pri-*
vate business.
ЛИ́ШН|ИЙ, -яя, -ее, -ие
1. extra, spare. Нет ли у вас
ли́шнего биле́та? *Have you got*
a spare ticket?
2. unnecessary. Эти ве́щи ли́шние,
я не возьму́ их с собо́й. *These*
things are unnecessary; I won't
take them with me.
ЛОБ *m., gen.* лба forehead
Высо́кий лоб. *A high forehead.*
Ни́зкий лоб. *A low forehead.*
ЛОВИ́ТЬ, ловлю́, ло́вишь, ло́вят
imp. к о г о́? ч т о? ч е м? / *р.* пой-
ма́|ть, -ю, -ешь, -ют
1. to catch. Пойма́ть мяч. *To catch*
the ball.
2. to catch. Лови́ть ры́бу се́тью,
у́дочкой. *To catch fish with a*
net, fishing-rod. Лови́ть птиц.
To catch birds.
3. *fig.* to catch, to devour. Лови́ть
взгляд. *To catch somebody's eye.*
Лови́ть слова́. *To devour every*
word.
◇ **Лови́ть на́ слове.** *To take some-*
body at his word. **Он пойма́л себя́**
на мы́сли, что ду́мает о ней. *He*
caught himself thinking about
her.
ЛО́ВК|ИЙ, -ая, -ое, -ие, *short form*
ло́вок, ловка́, ло́вк|о, -и; *adv.* ло́вко
1. agile. Ло́вкий спортсме́н. *An*
agile sportsman.
2. adroit. Ло́вкий прыжо́к. *An*
adroit jump. Ма́льчик ло́вко
влез на де́рево. *The boy climbed*
the tree adroitly.
ЛО́Д|КА *f., gen. pl.* -ок boat
В ло́дке бы́ло три челове́ка. *There*
were three people in the boat. Ка-
та́ться на ло́дке. *To go boating.*
ЛОЖ|И́ТЬСЯ, -у́сь, -и́шься, -а́тся
imp. к у д а́? / *р.* лечь, ля́|гу,
-жешь, -гут, *past* лёг, легл|а́, -о́,
-и́; *imper.* ляг! ля́гте! to lie
Я лёг на дива́н. *I lay down on the*
divan. Я ра́но ложу́сь спать. *I go*
to bed early.

ЛО́Ж|КА *f., gen. pl.* -ек spoon
Столо́вые и ча́йные ло́жки. *Ta-*
blespoons and teaspoons. Принима́ть
лека́рство по столо́вой ло́жке три
ра́за в день. *To take a tablespoon*
of medicine three times a day.
ЛОМА́|ТЬ, -ю, -ешь, -ют *imp.* ч т о? /
р. слома́|ть, -ю, -ешь, -ют
1. to break. Слома́ть па́лку. *To*
break a stick. Ребёнок лома́ет
игру́шки. *The child breaks its*
toys.
2. *fig.:* Он до́лго лома́л го́лову
над тру́дной зада́чей. *He cudg-*
elled his brains over the diffi-
cult problem for a long time.
ЛОМА́|ТЬСЯ, *1st & 2nd pers. not*
used, 3rd pers. -ется, -ются *imp.* /
р. слома́|ться, *1st & 2nd pers. not*
used, 3rd pers. -ется, -ются to
break
Мел лома́ется. *The chalk crum-*
bles. Перо́ слома́лось. *The nib has*
broken.
ЛО́ШАДЬ *f., gen. pl.* лошаде́й, *instr.*
лошадьми́ horse
Рабо́чая ло́шадь. *A draught horse.*
Е́здить на ло́шади. *To ride a*
horse.
ЛУК *m., no pl.* onion(s)
Зелёный лук. *Spring onions.* Мя́-
со с лу́ком. *Meat with onions.*
ЛУНА́ *f.* moon
На не́бе подняла́сь молода́я луна́.
A new moon rose in the sky. Со-
ве́тские учёные сфотографи́ровали
обра́тную сто́рону Луны́. *Soviet*
scientists photographed the reverse
side of the Moon.
ЛУЧ *m., gen.* -а́ ray, beam
Лучи́ со́лнца. *Sunbeams.*
ЛУ́ЧШЕ
1. *comp. of adj.* **хоро́ший** better.
Твой рису́нок лу́чше, чем мой.
Your drawing is better than mine.
2. *comp. of adv.* **хорошо́** better.
Пиши́те лу́чше! *Write more*
carefully!
predic. impers. Больно́му ста́ло
лу́чше. *The sick man felt better.*
3. *particle* rather. Мне не хо́чется
идти́ в теа́тр, пойдём лу́чше
в кино́. *I don't want to go to*
the theatre, let's rather go to the
cinema.

◇ Ста́рый друг лу́чше но́вых двух (proverb). *An old friend is better than two new ones.* Лу́чше по́здно, чем никогда́. *Better late than never.* Лу́чше всего́. *Best of all.* Как мо́жно лу́чше. *As best as one can.*

ЛУ́ЧШ|ИЙ, -ая, -ее, -ие *superl. of* хоро́ший the best
Это лу́чшее зда́ние в го́роде. *This is the best building in the city.* Это лу́чший студе́нт на́шей гру́ппы. *He is the best student in our group.* Эта кни́га — лу́чшее произведе́ние э́того писа́теля. *This book is the best work of this writer.*

ЛЫ́ЖИ *pl., sing.* лы́жа skis
Слома́ть лы́жи. *To break one's skis.* Они́ лю́бят ходи́ть на лы́жах. *They like to go skiing.* Ка́ждое воскресе́нье мы ката́емся на лы́жах. *Every Sunday we go skiing.*

ЛЮБИ́М|ЫЙ, -ая, -ое, -ые
1. beloved, favourite. Люби́мая де́вушка. *One's beloved girl.* Люби́мый сын. *One's favourite son.*
2. beloved, favourite. Люби́мый го́род. *One's beloved city.* Люби́мый писа́тель. *One's favourite writer.* Люби́мая кни́га. *One's favourite book.* Люби́мое блю́до. *One's favourite dish.*

ЛЮБИ́ТЬ, люблю́, лю́бишь, лю́бят *imp.* кого́? что? *or* + *inf.* / *p.* полюби́ть, полюблю́, полю́бишь, полю́бят
1. to love. Люби́ть ро́дину. *To love one's country.* Люби́ть мать. *To love one's mother.* Полюби́ть де́вушку. *To fall in love with a girl.* Люби́ть литерату́ру, рабо́ту. *To love literature, work.*
2. to like. Я люблю́ игра́ть на роя́ле. *I like to play the piano.*

ЛЮБ|ОВА́ТЬСЯ, -у́юсь, -у́ешься, -у́ются *imp.* кем? чем? / *p.* полюб|ова́ться, -у́юсь, -у́ешься, -у́ются to admire
Любова́ться восхо́дом со́лнца. *To admire the sunrise.* Любова́ться ребёнком. *To admire a child.*

ЛЮБО́ВЬ *f., gen.* любви́, *instr.* любо́вью к кому́? к чему́? love
Пе́рвая любо́вь. *One's first love.* Счастли́вая любо́вь. *A happy love.* Несча́стная любо́вь. *An unhappy*

love. Любо́вь к ро́дине, к лю́дям, к де́тям, к рабо́те, к нау́ке. *Love of one's country, of people, of children, of work, of science.* Он с любо́вью сде́лал э́ту вещь. *He made this thing with enthusiasm.*

ЛЮБ|О́Й, -а́я, -о́е, -ы́е
1. any. Приходи́те ко мне в любо́е вре́мя. *Come to see me at any time.* Он был гото́в выполня́ть любу́ю рабо́ту. *He was ready to do any work.*
2. *used as n.* anyone. Любо́й вам ска́жет, где нахо́дится метро́. *Anyone will tell you where the underground station is.*

ЛЮБОПЫ́ТН|ЫЙ, -ая, -ое, -ые
1. curious. Любопы́тный челове́к. *A curious person.*
2. *fig.* inquisitive. Любопы́тный взгляд. *An inquisitive eye.*

ЛЮ́ДИ *pl., gen., acc.* люде́й, *dat.* лю́дям, *instr.* людьми́, *prepos.* о лю́дях; *sing.* челове́к *m.* people

М, м

МАГАЗИ́Н *m.* shop
Продово́льственный магази́н. *A food shop.* Конди́терский магази́н. *A confectionery.* Универса́льный магази́н. *A department store.* Купи́ть проду́кты в магази́не. *To buy foodstuffs at a shop.*

МАЙ *m.* May
Тёплый май. *A warm May.* Я роди́лся в ма́е. *I was born in May.*

МАЛ, -а́, -о́, -ы́ *short adj.* (*cf.* **МА́ЛЕНЬКИЙ**) too small
Э́ти боти́нки ста́ли малы́ ма́льчику. *These boots have become too small for the boy.*

МА́ЛЕНЬК|ИЙ, -ая, -ое, -ие, *short form* мал, мала́, ма́ло, малы́; *comp.* ме́ньше (q. v.)
1. small. Ма́ленькая ко́мната. *A small room.* Челове́к ма́ленького ро́ста. *A short man.*
2. little. Ма́ленькие де́ти. *Little children.* Ты ещё мал. *You are too young yet.*

МА́ЛО *adv.*, *comp.* ме́ньше (q. v.) little
Он ма́ло говори́т, но мно́го де́лает. *He says little, but he does a lot.* Он ел ма́ло мя́са. *He ate little*

meat. На стена́х висе́ло ма́ло карти́н. *There were few pictures on the walls.*

МА́ЛЬЧИК *m.* boy
Воспи́танный ма́льчик. *A well-bred boy.* Ма́льчик семи́ лет. *A seven-year-old boy.*

МА́МА *f.* mummy

МА́Р|КА *f., gen. pl.* -ок postage stamp
Почто́вая ма́рка. *A postage stamp.* Колле́кция ма́рок. *A collection of stamps.* Накле́ить ма́рку. *To stick a stamp.*

МАРТ *m.* March
В ма́рте начина́ет та́ять снег. *In March the snow begins to thaw.*

МА́СЛО *neut., no pl.*
1. butter. Сли́вочное ма́сло. *Butter.* Хлеб с ма́слом. *Bread and butter.*
2. oil. Подсо́лнечное ма́сло. *Sunflower-seed oil.*

МА́СТЕР *m., pl.* -а́
1.: Часово́й ма́стер. *A watchmaker.*
2.: Турге́нев — замеча́тельный ма́стер пейза́жа. *Turgenev is extremely skilful in portraying nature.*
3. foreman. Ма́стер в це́хе. *The foreman in a shop.*
4. master. Ма́стер спо́рта. *A master of sport.*
◇ **Ма́стер на все ру́ки.** *Jack-of-all-trades.*

МАСТЕРСК|А́Я *f., gen.* -о́й
1. repair shop. Мастерска́я по ремо́нту часо́в. *A watch repair shop.* Рабо́тать в механи́ческой мастерско́й. *To work at a machine shop.*
2. studio. Мастерска́я худо́жника. *An artist's studio.*

МАТЕМА́ТИКА *f., no pl.* mathematics
Вы́сшая матема́тика. *Higher mathematics.* Экза́мен по матема́тике. *An examination in mathematics.* Изуча́ть матема́тику. *To study mathematics.*

МАТЕРИА́Л *m.*
1. material. Материа́л для диссерта́ции. *Material for one's thesis.* Собира́ть материа́лы о жи́зни изве́стного писа́теля. *To col-*

lect material on the life of a well-known writer.
2. material. Материа́л на костю́м. *Material for a suit.* Шёлковый материа́л. *Silk material.*

МАТРО́С *m.* deckhand, sailor, seaman
Сме́лый матро́с. *A brave seaman.* Служи́ть матро́сом на корабле́. *To serve as a deckhand on a ship.*

МАТЬ *f., gen., dat., prepos.* ма́тери, *instr.* ма́терью; *pl.* ма́тери, матере́й, *etc.* mother
Люби́мая мать. *One's beloved mother.* У ма́тери дво́е дете́й. *The mother has two children.*
◇ **Ро́дина-мать.** *Mother country.*

МАХА́ТЬ, машу́, ма́шешь, ма́шут *or colloq.* маха́ю, -ешь, -ют *imp.* к ому́? ч ем?/*p.* махн|у́ть, -у́, -ёшь, -у́т to wave, to flap
Маха́ть платко́м на проща́нье. *To wave good-bye with one's handkerchief.* Маха́ть руко́й това́рищу. *To wave one's hand to a friend.* Пти́ца ма́шет кры́льями. *The bird is flapping its wings.*

МАХНУ́ТЬ *see* **МАХА́ТЬ**

МАШИ́НА *f.*
1. machine, engine. Парова́я маши́на. *A steam engine.* Сельско-хозя́йственная маши́на. *An agricultural machine.* Швейная маши́на. *A sewing machine.*
2. motor-car. Легкова́я маши́на. *A passenger-car.* Грузова́я маши́на. *A lorry.* Ехать на маши́не. *To ride in a car.*

МЕ́БЕЛЬ *f., no pl.* furniture
Мя́гкая ме́бель. *Upholstered furniture.* Купи́ть но́вую ме́бель. *To buy new furniture.*

МЕДА́ЛЬ *f.* medal
Награжда́ть меда́лью. *To award a medal.* Око́нчить шко́лу с золото́й меда́лью. *To get a gold medal on leaving school.* Спортсме́н завоева́л меда́ль. *The sportsman won a medal.*

МЕДВЕ́ДЬ *m.* bear
Бе́лый медве́дь. *A polar bear.*

МЕДИЦИ́НА *f., no pl.* medicine (science)

МЕДИЦИ́НСК|ИЙ, -ая, -ое, -ие medical
Медици́нский институ́т. *A medical institute.*

МЕ́ДЛЕНН|ЫЙ, -ая, -ое, -ые; *adv.* ме́дленно slow
Ме́дленный вальс. *A slow waltz.* Говори́ть ме́дленно. *To speak slowly.* Рабо́тать ме́дленно. *To work slowly.*

МЕ́ЖДУ *prep.* + *instr.* between
Ме́жду шка́фом и пи́сьменным столо́м стоя́ло кре́сло. *There was an armchair between the bookcase and the desk.* Это произошло́ ме́жду 1942 и 1945 го́дом. *That happened between 1942 and 1945.* Да здра́вствует мир и дру́жба ме́жду наро́дами! *Long live peace and friendship between peoples!*
◇ Ме́жду про́чим. *By the way.* Ме́жду на́ми. *Between ourselves.* Ме́жду на́ми говоря́. *Strictly between you and me.*

МЕЖДУНАРО́ДН|ЫЙ, -ая, -ое, -ые international
Междунаро́дные отноше́ния. *International relations.* Междунаро́дная обстано́вка. *The international situation.*

МЕ́ЛК|ИЙ, -ая, -ое, -ие; *adv.* ме́лко; *comp.* ме́льче
1. small. Ме́лкая ры́ба. *Small fish.*
2. small. Ме́лкая моне́та. *Small change.*
3. flat. Ме́лкая таре́лка. *A flat plate.*
4. petty. Ме́лкая буржуази́я. *Petty bourgeoisie.*
5. narrow. Ме́лкие интере́сы. *Narrow interests.*
6. shallow. Здесь ме́лко. *It's shallow here.*

МЕ́ЛОЧ|Ь *f., gen. pl.* -е́й
1. *no pl.* change. В магази́не мне да́ли сда́чу ме́лочью. *They gave me the change in small coins in the shop.*
2. trifle. Он занима́ется каки́ми-то мелоча́ми. *He is busy with some trifles.* Ме́лочи жи́зни. *The trifles of life.* Это ме́лочи. *These are trifles.*

МЕ́НЕЕ *adv.* less
Ката́ться на лы́жах не ме́нее интере́сно, чем ката́ться на конька́х. *Skiing is no less interesting than skating.*
◇ Тем не ме́нее. *Nevertheless.*

МЕ́НЬШЕ
1. *comp. of adj.* ма́ленький smaller. Твоя́ ко́мната ме́ньше мое́й. *Your room is smaller than mine.*
2. *comp. of adv.* ма́ло less. Ты занима́ешься ме́ньше, чем на́до. *You spend less time on your studies than you ought to.*

МЕНЬШИНСТВО́ *neut.* minority
Большинство́ на собра́нии голосова́ло «за», меньшинство́ — «про́тив». *The majority at the meeting voted for, and the minority voted against.*

МЕНЯ́|ТЬСЯ, -ю́сь, -ешься, -ются *imp.*
1. ч е м? с к е м? *p.* обменя́|ться, -ю́сь, -ешься, -ются to exchange. Меня́ться ма́рками с това́рищем. *To exchange postage stamps with a friend.* Обменя́ться мне́ниями. *To exchange opinions.*
2. *p.* измени́ться, изменю́сь, изме́нишься, изме́нятся to change. Пого́да меня́ется. *The weather is changing.* Настрое́ние меня́ется. *The mood is changing.* Пого́да ре́зко измени́лась. *The weather has changed sharply.*

МЕ́РА *f.*
1. measure. Ме́ры длины́. *Measures of length.* Ме́ры ве́са. *Measures of weight.*
2. *usu. pl.* measures. Реши́тельные ме́ры. *Decisive measures.* Приня́ть ме́ры. *To take measures.* Эта ме́ра не помогла́. *This measure didn't help.*
◇ Это неинтере́сно, но по кра́йней ме́ре поле́зно. *This is not interesting but at least it is useful.*

МЕ́РЗН|УТЬ, -у, -ешь, -ут, *past* мёрз, -ла, -ло, -ли *imp./p.* замёрзн|уть, -у, -ешь, -ут, *past* замёрз, -ла, -ло, -ли to freeze
У меня́ замёрзли ру́ки. *My hands are frozen.* Зимо́й я всегда́ мёрзну. *I always feel cold in winter.*

МЕ́Р|ИТЬ, -ю, -ишь, -ят *imp.* ч т о?/ *p.* поме́р|ить, -ю, -ишь, -ят (*or* приме́рить) to try on
Ме́рить костю́м. *To try on a suit.* Поме́рить ту́фли. *To try on shoes.*

МЁРТВ|ЫЙ, -ая, -ое, -ые dead
Мёртвое те́ло. *A dead body.*
◊ **Мёртвая тишина́.** *Dead silence.*
Спать мёртвым сном. *To sleep like a log.*

МЕ́СТН|ЫЙ, -ая, -ое, -ые local
Ме́стные обы́чаи. *Local customs.*
Ме́стные жи́тели показа́ли тури́стам доро́гу. *The local inhabitants showed the tourists the way.*

МЕ́СТ|О neut., *pl.* -а́, мест, -а́м, *etc.*
1. seat. Это ме́сто свобо́дно? *Is this seat vacant?* Это ме́сто за́нято. *This seat is taken.* Уступи́ть ме́сто же́нщине. *To offer one's seat to a woman.* Встать с ме́ста. *To stand up.*
2. place, spot. Живопи́сное ме́сто. *A picturesque spot.*
◊ **Это его́ больно́е ме́сто.** *This is his sore spot.*

МЕ́СЯЦ *m.* month
Зи́мние ме́сяцы. *Winter months.*
5 ме́сяцев наза́д. *5 months ago.*
В како́м ме́сяце вы родили́сь? *In which month were you born?*

МЕТА́ЛЛ *m.* metal
Чёрные мета́ллы. *Ferrous metals.*
Цветны́е мета́ллы. *Non-ferrous metals.*

МЕТАЛЛИ́ЧЕСК|ИЙ, -ая, -ое, -ие metal

МЕТАЛЛУРГИ́ЧЕСК|ИЙ, -ая, -ое, -ие metallurgical
Металлурги́ческий заво́д. *A metallurgical plant.* Металлурги́ческая промы́шленность. *The metallurgical industry.*

МЕ́ТОД *m.* method
Диалекти́ческий ме́тод. *The dialectical method.* Пра́вильный ме́тод. *The correct method.* Применя́ть но́вые ме́тоды. *To use new methods.* По́льзоваться ме́тодом. *To employ a method.*

МЕТР *m.* metre
Квадра́тный метр. *A square metre.*
Куби́ческий метр. *A cubic metre.*
5 ме́тров материа́ла. *5 metres of material.*

МЕТРО́ neut., indecl. underground railway
Ста́нция метро́. *An underground station.* Ехать на метро́. *To go by the underground.* Как пройти́ к метро́? *What's the way to the underground station?*

МЕХ *m.*, *prepos.* о ме́хе & на меху́; *pl.* -а́ fur
Ли́сий мех. *Fox fur.* Пуши́стый мех. *Soft fur.*

МЕХАНИЗА́ЦИЯ *f.*, *no pl.* mechanisation
Механиза́ция труда́. *The mechanisation of labour.* Механиза́ция проце́ссов произво́дства. *The mechanisation of the production processes*

МЕХАНИЗИ́Р|ОВАТЬ, -ую, -уешь, -уют *imp. & p.* ч т о? to mechanise
Механизи́ровать труд. *To mechanise labour.* Механизи́ровать се́льское хозя́йство. *To mechanise agriculture.*

МЕХА́НИК *m.* mechanic
В це́хе рабо́тал ста́рый меха́ник. *An old mechanic worked in the shop.* Лётчик о́чень дружи́л со свои́м меха́ником. *The flyer was on very friendly terms with his mechanic.*

МЕХАНИ́ЧЕСК|ИЙ, -ая, -ое, -ие
1. of mechanics. Механи́ческие зако́ны. *Laws of mechanics.*
2. mechanics. Механи́ческий факульте́т. *The mechanics department.*
3. mechanical. Механи́ческая си́ла. *Mechanical strength.*

МЕХОВ|О́Й, -а́я, -о́е, -ы́е fur
Мехово́е пальто́. *A fur coat.* Мехова́я ша́пка. *A fur cap.*

МЕЧТА́ *f.*, *gen. pl. not used* dream
Мечты́ о бу́дущем. *Dreams of the future.* Мечты́ о сча́стье. *Dreams of happiness.* Мечта́ всей жи́зни. *The dream of one's whole life.* Осуществи́ть свою́ мечту́. *To accomplish one's dream.* Мечты́ сбыли́сь. *One's dreams have come true.*

МЕЧТА́|ТЬ, -ю, -ешь, -ют *imp.* о к о́ м? о ч ё м? to dream
Мечта́ть о сча́стье. *To dream of happiness.* Мечта́ть о путеше́ствиях. *To dream about travelling.*

МЕША́|ТЬ, -ю, -ешь, -ют *imp.* к о м у́? ч е м у? + *inf. / p.* помеша́|ть, -ю, -ешь, -ют to prevent, to hinder
Ра́дио меша́ло студе́нту занима́ться. *The radio prevented the student from studying.*

МЕШ|О́К *m.*, *gen.* -ка́ sack
Мешо́к муки́. *A sack of flour.*

◇ Купи́ть кота́ в мешке́ (proverb). Cf. *To buy a pig in a poke.*
МИЛИЦИОНЕ́Р *m.* militiaman
Обрати́ться к милиционе́ру. *To ask a militiaman.*
МИ́Л|ЫЙ, -ая, -ое, -ые, *short form* мил, мила́, ми́л|о, -ы nice
Ми́лая де́вушка. *A nice girl.* Ми́лое лицо́. *A nice face.*
◇ С ми́лым рай и в шалаше́ (proverb). Cf. *Love in a cottage.*
МИ́МО
1. *adv.* by. Пройти́ ми́мо. *To pass by.*
2. *prep.* + *gen.* past. По́езд прое́хал ми́мо ста́нции и не останови́лся. *The train went past the station without stopping.*
МИНИСТЕ́РСТВО *neut.* ministry
Министе́рство фина́нсов. *The Ministry of Finance.* Министе́рство иностра́нных дел. *The Ministry of Foreign Affairs.*
МИНИ́СТР *m.* minister
Вое́нный мини́стр. *The War Minister.* Мини́стр фина́нсов. *The Minister for Finance.* Мини́стр вы́сшего образова́ния. *The Minister of Higher Education.* Премье́р-мини́стр. *The Prime Minister.* Сове́т мини́стров. *The Council of Ministers.* Председа́тель сове́та мини́стров. *The Chairman of the Council of Ministers.*
МИНУ́ТА *f.* minute
Шестьдеся́т мину́т. *Sixty minutes.* Сейча́с четы́ре мину́ты второ́го. *It is four minutes past one.* Сейча́с без десяти́ мину́т два. *It is ten minutes to two.*
◇ Приходи́те к нам в свобо́дную мину́ту. *Come and see us any time you can.* Сию́ мину́ту. *Just a minute.*
МИР¹ *m.*
1. *no pl.* universe. Тео́рия о происхожде́нии ми́ра. *A theory on the origin of the universe.*
2. world. Други́е миры́. *Other worlds.*
3. *no pl.* world. Он объе́здил весь мир. *He travelled all over the world.* Пе́рвый в ми́ре. *The first in the world.* Весь мир. *The whole world.*
МИР² *m., no pl.* peace
Война́ и мир. *War and peace.*

Атом для ми́ра. *Atom for peace.* Ми́ру мир! *Peace to the world!* Заключи́ть мир. *To conclude peace.* Подписа́ть мир. *To sign a peace treaty.*
МИ́РНЫЙ, -ая, -ое, -ые *adj. of* **МИР²**
1. peace. Ми́рные отноше́ния. *Peaceful relations.*
2. peace, peaceful. Ми́рное вре́мя. *Peace time.* Ми́рный труд. *Peaceful labour.* Ми́рное строи́тельство. *Peaceful construction.*
3.: Ми́рный догово́р. *A peace treaty.* Ми́рные перегово́ры. *Peace talks.*
МИРОВ|О́Й, -а́я, -о́е, -ы́е *adj. of* **МИР¹**
Мирова́я война́. *World War.* Мирово́й ры́нок. *World market.* Мирова́я сла́ва. *World fame.* Писа́тель с мировы́м и́менем. *A world-famous writer.*
МИРОЛЮБИ́В|ЫЙ, -ая, -ое, -ые peaceful
Миролюби́вая поли́тика. *Peaceful policy.* Миролюби́вые наро́ды. *Peace-loving nations.*
МИ́ТИНГ *m.* meeting, rally
Ми́тинг проте́ста. *A meeting of protest.* Ми́тинг в подде́ржку… *A rally in support of…* Ми́тинг в защи́ту кого́/чего́-либо. *A meeting in defence of somebody/something.* Вы́ступить на ми́тинге с ре́чью. *To make a speech at a meeting.*
МЛА́ДШ|ИЙ, -ая, -ее, -ие younger
Мла́дший брат. *A younger (the youngest) brother.* Мла́дшая сестра́. *A younger sister.*
МНЕ́НИЕ *neut.* opinion
Самостоя́тельное мне́ние *An independent opinion.* По моему́ мне́нию. *In my opinion.* Вы́сказать мне́ние. *To give an opinion.* Разделя́ть чье-либо мне́ние. *To share somebody's opinion.* Обменя́ться мне́ниями. *To exchange opinions.* Быть высо́кого (невысо́кого, хоро́шего, плохо́го) мне́ния о челове́ке (о кни́ге). *To think highly (not much, much, bad) of a man (of a book).*
МНО́ГИЕ
1. *followed by n. in pl.* many. Мно́гие стра́ны. *Many countries.*
2. *used as n.* many. Мно́гие занима́-

ются спо́ртом. *Many people go in for sport.*

МНО́ГО *adv.*, *comp.* бо́льше (q. v.)
1. a lot. Мно́го рабо́тать. *To work a lot.*
2. many, much, a lot. Мно́го люде́й. *Many people.* Мно́го де́нег. *Much money.* Мно́го де́ла *A lot of things to do.* Мно́го наро́да. *A lot of people.*

МНО́ГОЕ a lot
Мне ещё мно́гое на́до сде́лать. *I've still got a lot of things to do.*

МОГИ́ЛА *f.* grave

МОГУ́Ч|ИЙ, -ая, -ее, -ие mighty, powerful
Могу́чая страна́. *A mighty country.* Могу́чая река́. *A mighty river.* Могу́чая а́рмия. *A mighty army.* Могу́чий го́лос. *A powerful voice.*

МО́ЖЕТ БЫТЬ maybe, perhaps
Мо́жет быть, я прие́ду сего́дня. *I may come today.* Мо́жет быть, э́то и та́к. *Perhaps, that is so.*

МО́ЖНО к о м у́? + *inf.*
1. it is possible, can. Э́то мо́жно сде́лать за́ три дня. *This can be done in three days.*
2. may. Мо́жно взять кни́гу? *May I take the book?* Мо́жно войти́? *May I come in?* Больно́му мо́жно гуля́ть то́лько два часа́. *The sick man is allowed to walk only two hours.*

МОЗГ *m.*, *no pl.*
Головно́й мозг. *The brain.* Спинно́й мозг. *The spinal cord.*

МОЙ, моя́, моё, мои́ *pron.* my mine
Мой дом. *My house.* Моя́ семья́. *My family.* Моё пальто́. *My coat.* Мои́ друзья́. *My friends.* Э́то моё. *It's mine.*

МО́КР|ЫЙ, -ая, -ое, ые, *short form* мокр, мокра́, мо́кр|о, -ы; *adv.* мо́кро wet
Мо́края оде́жда. *Wet clothes.* Мо́крые кры́ши. *Wet roofs.* Вы́тереть мо́крые ру́ки. *To dry one's wet hands.* / *predic. impers.* На у́лице мо́кро. *It is wet outside.*

МО́ЛНИЯ *f.* lightning
Я́ркая мо́лния. *A bright lightning.* Сверкну́ла мо́лния. *Lightning flashed.* Мо́лния уда́рила в дом. *The house was struck by lightning.*

МОЛОДЁЖН|ЫЙ, -ая, -ое, -ые youth
Молодёжный ве́чер *An evening-party for young people.* Молодёжная брига́да. *Youth team.*

МОЛОДЁЖЬ *f.*, *no pl.* youth

МОЛОД|Е́Ц, *pl.* -цы́ used as pred. fine boy/girl
Она́ у нас молоде́ц! *She is a fine girl!*

МОЛОД|О́Й, -а́я, -о́е, -ы́е, *short form* мо́лод, молода́, мо́лод|о, -ы
1. young. Молодо́й челове́к. *A young man.* Он о́чень мо́лод. *He is very young.*
2. young, new. Молодо́е де́рево. *A young tree.* Молодо́й карто́фель. *New potatoes.*

МО́ЛОДОСТЬ *f.*, *no pl.* youth
Счастли́вая мо́лодость. *A happy youth.* В мо́лодости он хорошо́ пел. *He sang well in his youth.*

МОЛОКО́ *neut.*, *no pl.* milk
Све́жее молоко́. *Fresh milk.* Кипячёное молоко́. *Boiled milk.* Сгущённое молоко́. *Condensed milk.* Ко́фе с молоко́м. *Coffee and milk.* Ка́ша на молоке́. *Milk cereal pudding.* Стака́н молока́. *A glass of milk.*

МОЛО́ЧН|ЫЙ [-шн-], -ая, -ое, -ые milk
Моло́чный суп. *Milk soup.* Моло́чная ка́ша. *Milk cereal pudding.* Моло́чные проду́кты. *Dairy produce.*

МО́ЛЧА *adv.* in silence
Он до́лго мо́лча смотре́л на него́. *He looked at him for a long time in silence.*

МОЛЧ|А́ТЬ, -у́, -и́шь, -а́т *imp.* to keep silent
Он молча́л всю доро́гу. *He kept silent all the way.*

МОМЕ́НТ *m.* moment
Удо́бный моме́нт. *A convenient moment.* В э́тот моме́нт. *At that moment.*

МОНЕ́ТА *f.* coin
Золота́я моне́та. *A gold coin.* Стари́нная моне́та. *An old coin.*
◇ Ме́лкая моне́та. *Small change.*

МО́Р|Е *neut.*, *pl.* -я́ sea
Е́хать мо́рем. *To go by sea.* Отдыха́ть на мо́ре. *To rest at the seaside.* Чёрное мо́ре. *The Black Sea.* Средизе́мное мо́ре. *The Mediterranean Sea.* / *fig.* Мо́ре голо́в. *A sea of heads.*

МОРО́ЖЕНОЕ *neut.*, *no pl.* ice-cream
Сли́вочное, шокола́дное, оре́ховое, фрукто́вое моро́женое. *Cream, chocolate, nut, fruit ice-cream.*

МОРО́З *m.* frost
Всю зи́му стоя́ли си́льные моро́зы. *There were severe frosts the whole winter.* Сего́дня 10 гра́дусов моро́за. *It is 10 degrees below zero today.*

МОРСК|О́Й, -а́я, -о́е, -и́е
1. sea. Морска́я вода́. *Sea water.* Морско́й бе́рег. *Seashore.* Морско́й во́здух. *Sea air.* Морско́й ве́тер. *Sea breeze.*
2. sea, marine. Морско́й флот. *The Marine.* Морско́е путеше́ствие. *A voyage.*
◇ Морска́я боле́знь. *Sea-sickness.*

МОРЯ́К *m.*, *gen.* -а́ sailor
Молодо́й моря́к. *A young sailor.*

МОСТ *m.*, *prepos.* о мо́сте & на мосту́; *pl.* мосты́ bridge
Мост че́рез ре́ку. *A bridge across a river.* Железнодоро́жный мост. *A railway bridge.* Стоя́ть на мосту́. *To stand on the bridge.*

МОТО́Р *m.* engine
Мото́р рабо́тает хорошо́. *The engine works well.*

МОТОЦИ́КЛ *m.* motor-cycle
Е́хать на мотоци́кле. *To ride on a motor-cycle.*

МОЧЬ, могу́, мо́жешь, мо́гут, *past* мог, -ла́, -ло́, -ли́, *no imper.*; *imp.* + *inf.* / *p.* смочь, смогу́, смо́жешь, смо́гут, *past* смог, -ла́, -ло́, -ли́
1. to be able, can. Ты смо́жешь прийти́ сего́дня ко мне? *Can you come and see me today?*
2. to be allowed, may. Больно́й уже́ мо́жет ходи́ть. *The patient is already allowed to walk.*

МО́ЩН|ЫЙ, -ая, -ое, -ые powerful
Мо́щный мото́р. *A powerful engine.* Мо́щная демонстра́ция. *A powerful demonstration.*

МРА́ЧН|ЫЙ, -ая, -ое, -ые gloomy
Мра́чный челове́к. *A gloomy man.* Мра́чное лицо́. *A gloomy face.* Мра́чное настрое́ние. *A dismal mood.* Мра́чные мы́сли. *Sombre thoughts.*

МУ́ДР|ЫЙ, -ая, -ое, -ые, *short form* мудр, мудра́, му́др|о, -ы; *adv.* му́дро wise

Му́дрый челове́к. *A wise man.* Му́дрое реше́ние. *A wise decision.* Он поступи́л му́дро. *He acted wisely.*

МУЖ *m.*, *pl.* мужья́, муже́й, мужья́м husband
Внима́тельный муж. *An attentive husband.* Забо́тливый муж. *A solicitous husband.* Лю́бящий муж. *A loving husband.*

МУ́ЖЕСТВЕНН|ЫЙ, -ая, -ое, -ые, *short form* му́жествен, му́жественн|а, -о, -ы; *adv.* му́жественно courageous
Му́жественный челове́к. *A courageous man.* Му́жественный посту́пок. *A courageous action.*

МУ́ЖЕСТВО *neut.*, *no pl.* courage
Прояви́ть му́жество. *To show courage.* Име́ть му́жество говори́ть пра́вду. *To have the courage to speak the truth.*

МУЖСК|О́Й, -а́я, -о́е, -и́е men's
Мужска́я оде́жда. *Men's clothes.* Мужска́я о́бувь. *Men's footwear.*

МУЖЧИ́НА *m.* man
Пожило́й мужчи́на. *An elderly man.*

МУЗЕ́Й *m.* museum
Осма́тривать музе́й. *To see a museum.*

МУ́ЗЫКА *f.*, *no pl.* music
Симфони́ческая му́зыка. *Symphonic music.* Лёгкая му́зыка. *Light music.* Му́зыка к кинофи́льму. *Music to a film.* Сочиня́ть (писа́ть) му́зыку. *To compose (write) music.*

МУЗЫКА́ЛЬН|ЫЙ, -ая, -ое, -ые, *short form* музыка́лен, музыка́льн|а, -о, -ы
1. music(al). Музыка́льная шко́ла. *A music school.* Музыка́льные инструме́нты. *Musical instruments.* Музыка́льный ве́чер. *A musical evening.*
2. musical. Музыка́льный ребёнок. *A musical child.*

МУ́ХА *f.* fly

МЧ|А́ТЬСЯ, -усь, -и́шься, -а́тся *imp.* to rush, to dash
Ло́шадь мчи́тся. *The horse is rushing.* /*fig.* Вре́мя мчи́тся *Time flies.*

МЫ *pron.*, *gen.*, *acc.* нас, *dat.* нам, *instr.* на́ми, *prepos.* о нас we

МЫ́ЛО *neut.*, *no pl.* soap

МЫСЛЬ *f.* thought, idea
Интере́сная мысль. *An interesting idea.* Глубо́кая мысль. *A profound thought.* Оригина́льная мысль. *An original idea.* Мне в го́лову пришла́ мысль. *An idea occurred to me.* У него́ мелькну́ла мысль. *An idea flashed across his mind.*

МЫТЬ, мо́|ю, -ешь, -ют; *imper.* мой! *imp.* к о г о́? ч т о? ч е м? / *p.* вы́мыть, вы́мо|ю, -ешь, -ют to wash
Мыть ру́ки. *To wash one's hands.* Мыть пол. *To wash the floor.* Мыть ребёнка тёплой водо́й. *To wash a child with warm water.* Мыть посу́ду щёткой. *To wash the dishes with a brush.*

МЫ́ТЬСЯ, мо́|юсь, -ешься, -ются *imp./p.* вы́мыться, вы́мо|юсь, -ешься, -ются to wash
Мы́ться в ва́нне. *To have a bath.* Мы́ться под ду́шем. *To take a shower.* Мы́ться мы́лом. *To wash with soap.*

МЯ́ГК|ИЙ, -ая, -ое, -ие [-хк-], *short form* мя́гок, мягка́, мя́гк|о, -и; *adv.* мя́гко; *comp.* мя́гче
1. soft. Мя́гкая поду́шка. *A soft pillow.* Мя́гкие во́лосы. *Soft hair.* Мя́гкий хлеб. *Soft bread.* | *predic. impers.* На дива́не бы́ло мя́гко спать. *The divan was soft to sleep on.*
2. *fig.* mild. Мя́гкий кли́мат. *A mild climate.* Мя́гкий хара́ктер. *A mild temper.*
◇ **Мя́гкая ме́бель.** *Soft (upholstered) furniture.* **Мя́гкий ваго́н.** *A soft-seated railway carriage.*

МЯСН|О́Й, -а́я, -о́е, -ы́е meat
Мясны́е проду́кты. *Meat products.* Мясно́й суп. *Meat soup.*

МЯ́СО *neut., no pl.* meat
Пирожки́ с мя́сом. *Meat pies.*

МЯЧ *m., gen.* -а́ ball
Футбо́льный мяч. *A football.* Волейбо́льный мяч. *A volleyball.*

Н, н

НА *prep.*
I. + *prepos.*
  1. on
     лежа́ть на столе́ to lie (to be) on the table; висе́ть на стене́ to hang on the wall; писа́ть на бума́ге to write on paper;
  2. in, at
     на заво́де *at the works;* на рабо́те *at work;* на уро́ке *at the lesson;* на Кавка́зе *in the Caucasus;* на Се́вере *in the North;* на собра́нии *at a meeting;*
  3. by
     е́хать на авто́бусе, на парохо́де *to go by bus, by ship;*
  4.: на про́шлой неде́ле, на э́той неде́ле *last week, this week*
  ◇ **Кни́га на францу́зском языке́.** *A book in French.*
II. + *acc.*
  1. on
     положи́ть на стол *to put on the table;* пове́сить на́ стену *to hang on the wall;*
  2. to
     на заво́д *to the works;* на рабо́ту *to work;* на уро́к *to the lesson;* на Кавка́з *to the Caucasus;* на Се́вер *to the North;* на собра́ние *to a meeting;*
  3. on
     сади́ться на авто́бус, на парохо́д *to get on a bus, to board a ship;*
  4.: на тре́тий день *on the third day,* на друго́й день *the next day,* на Но́вый год *on the New Year's Day;*
  5. for
     Он уе́хал на неде́лю. *He left for a week.*
  6. *not translated.* Он ста́рше меня́ на́ 5 лет. *He is 5 years older than I.* Этот костю́м доро́же на 10 рубле́й. *This suit is 10 roubles dearer.*
  ◇ **Перевести́ на францу́зский язы́к.** *To translate into French.*

НАБЛЮДА́|ТЬ, -ю, -ешь, -ют *imp.* ч т о? з а ч е́ м? to observe, to watch
Наблюда́ть за движе́нием плане́т. *To observe the movement of planets.* Мы наблюда́ли, как заходи́ло со́лнце. *We watched the sun setting.*

НАВЕ́РНО(Е) *paren. word* probably
Наве́рное, он сего́дня не придёт. *He will probably not come today.* Ты пойдёшь в музе́й? — Я не зна́ю то́чно, но, наве́рно, пойду́. *"Will you go to the museum?"*

"I don't know for sure, but probably I shall."

НАВЕ́РХ *adv.* к у д а́? upward, upstairs
Мы подняли́сь наве́рх, на пя́тый эта́ж. *We went up to the fourth floor.*

НАВЕРХУ́ *adv.* г д е? above, upstairs
Мы слы́шали, как в ко́мнате наверху́ гро́мко пе́ли, а пото́м на́чали танцева́ть. *We heard people in the room upstairs sing loudly and then begin dancing.*

НАВЕСТИ́ТЬ *see* **НАВЕЩА́ТЬ**

НАВЕЩА́|ТЬ, -ю, -ешь, -ют *imp.* к о г о́? ч т о? / *p.* наве|сти́ть, -щу́, -сти́шь, -стя́т to visit
Навести́ть больно́го това́рища. *To visit a sick friend.*

НАВСЕГДА́ *adv.* for ever
Я уезжа́ю из э́того го́рода навсегда́. *I am leaving this city for good.*

НАВСТРЕ́ЧУ *adv.* & *prep.*+ *dat.* to meet one, in the opposite direction
Ве́тер дул навстре́чу. *The wind blew in our faces.* Навстре́чу нам шёл челове́к. *A man was approaching us.*

НАГРА́ДА *f.* award
Высо́кая награ́да. *A high award.* Получи́ть награ́ду. *To receive an award.*

НАГРАДИ́ТЬ *see* **НАГРАЖДА́ТЬ**

НАГРАЖДА́|ТЬ, -ю, -ешь, -ют *imp.* к о г о́? ч т о? чем? з а ч т о?/*p.* награ|ди́ть, -жу́, -ди́шь, -дя́т to award
Награди́ть о́рденом за по́двиг. *To award an order for a feat.*

НАГРЕ́ТЬ *see* **ГРЕТЬ,** 4

НАД (НАДО) *prep.* + *instr.*
1. over. Над столо́м виси́т ла́мпа. *A light hangs over the table.* Пти́цы лета́ют над мо́рем. *The birds are flying over the sea.*
2. above, over. Надо мной шуми́т де́рево. *A tree is rustling above me.* Мы стоя́ли на высо́ком берегу́, над реко́й. *We were standing on the high bank, over the river.*
3. at. Рабо́тать над докла́дом. *To work at a report.*

НАДЕВА́|ТЬ, -ю, -ешь, -ют *imp.* ч т о? н а к о г о? н а ч т о?/ *p.* наде́|ть, -ну, -нешь, -нут

1. to put on. Надева́ть пальто́, шля́пу, перча́тки, шарф. *To put on an overcoat, a hat, gloves, a scarf.* Наде́ть пальто́ на ребёнка. *To put a coat on a child.*
2. to put on. Наде́ть очки́. *To put on one's spectacles.*

НАДЕ́ЖДА *f.* hope
Больши́е наде́жды. *Great expectations.*

НАДЕ́ТЬ *see* **НАДЕВА́ТЬ**

НАДЕ́|ЯТЬСЯ, -юсь, -ешься, -ются *imp.*

1. н а ч т о́? *or* + *inf.* to hope. Наде́яться на успе́х, на побе́ду. *To hope for success, for victory.* Я наде́юсь уви́деть тебя́ за́втра. *I hope to see you tomorrow.*
2. to hope. Я наде́юсь на то́, что за́втра пого́да бу́дет лу́чше. *I hope the weather will be better tomorrow.*
3. н а к о г о́? н а ч т о́? to rely. Наде́яться на дру́га. *To rely on one's friend.* Наде́яться на коллекти́в. *To rely on the collective.*

НА́ДО к о м у́? ч е м у́? + *inf.* it is necessary, must
Тебе́ на́до мно́го занима́ться. *You must study a lot.* Мне на́до бы́ло вчера́ встать в 7 часо́в. *I had to get up at 7 o'clock yesterday.*

НАДОЕДА́|ТЬ, -ю, -ешь, -ют *imp.* к о м у́? ч е м у́? & + *inf.*/*p.* надое́сть, надое́м, надое́шь, надое́ст, надоеди́м, надоеди́те, надоедя́т, *past* надое́л, -а, -о, -и to be bored, to be tired (of)
Э́то мне надое́ло. *I am tired of this.* Нам надое́ла плоха́я пого́да. *We are tired of the bad weather.* Мне надое́ло говори́ть об э́том. *I am tired of speaking about that.* Мне надое́ло ничего́ не де́лать. *I am bored with doing nothing.*

НАДОЕ́СТЬ *see* **НАДОЕДА́ТЬ**

НАЗА́Д *adv.*
1. к у д а́? back. Иди́те наза́д. *Go back.* Я посмотре́л наза́д. *I looked back.*
2. ago. Мы прие́хали 3 ме́сяца наза́д. *We arrived 3 months ago.*

Это было много лет тому назад. *That was many years ago.*

НАЗВА́НИЕ neut. name, title
Назва́ние рома́на, кни́ги, кинофи́льма. *The name of a novel, book, film.*

НАЗВА́ТЬ see **НАЗЫВА́ТЬ**

НАЗНАЧА́|ТЬ, -ю, -ешь, -ют imp. ч т о? к о м у́? ч е м у? ‖ к о г о́? ч т о? к е м? ч е м? / p. назна́ч|ить, -у, -ишь, -ат
1. to fix. Назнача́ть свида́ние. *To make an appointment.* Назна́чить собра́ние на 6 часо́в. *To fix the meeting for 6 o'clock.*
2. to appoint. Назна́чить кого́-либо дире́ктором. *To appoint somebody director.*
3. to prescribe. Назна́чить больно́му лека́рство. *To prescribe medicine for a patient.*

НАЗНА́ЧИТЬ see **НАЗНАЧА́ТЬ**

НАЗЫВА́|ТЬ, -ю, -ешь, -ют imp. к о г о́? ч т о? / p. назва́ть, назов|у́, -ёшь, -у́т
1. to name. Назови́те ру́сских писа́телей, кото́рых вы зна́ете. *Name the Russian writers you know.* Назови́те больши́е города́ ва́шей страны́. *Name the large cities of your country.*
2. to name. Её назва́ли Ка́тя (Ка́тей). *She was named Katya.*

НАЗЫВА́|ТЬСЯ, *1st & 2nd pers. rarely used, 3rd pers.* -ется, -ются to be called
Как называ́ется э́та у́лица? *What is the name of this street?* Как называ́ется э́тот кинотеа́тр? *What is the name of this cinema?*

НАИЗУ́СТЬ adv. by heart
Знать наизу́сть. *To know by heart.* Учи́ть наизу́сть. *To learn by heart.*

НАЙТИ́ see **НАХОДИ́ТЬ** & **ИСКА́ТЬ**

НАКАЗА́ТЬ see **НАКА́ЗЫВАТЬ**

НАКА́ЗЫВА|ТЬ, -ю, -ешь, -ют imp. к о г о́? ч т о? з а ч т о?/p. наказа́ть, накажу́, нака́жешь, нака́жут to punish
Наказа́ть ребёнка за плохо́й посту́пок. *To punish a child for misbehaviour.* Наказа́ть челове́ка за преступле́ние. *To punish a person for committing a crime.*

НАКАНУ́НЕ
1. adv. the day before. Накану́не мы бы́ли в кино́. *We were at the cinema the day before.*
2. prep. + gen. on the eve. Накану́не Но́вого го́да. *On New Year's eve.* Накану́не пра́здника, дня рожде́ния. *On the eve of the holiday, on the eve of one's birthday.*

НАКЛОНИ́ТЬСЯ see **НАКЛОНЯ́ТЬСЯ**

НАКЛОНЯ́|ТЬСЯ, -юсь, -ешься, -ются imp. / p. наклони́ться, наклоню́сь, накло́нишься, накло́нятся to bend
Мать наклони́лась над ребёнком. *The mother bent over her child.*

НАКОНЕ́Ц adv. at last
Наконе́ц он пришёл. *At last he has come.*

НАКОРМИ́ТЬ see **КОРМИ́ТЬ**

НАКРЫВА́|ТЬ, -ю, -ешь, -ют imp. ч т о? ч е м? / p. накры́ть, накро́|ю, -ешь, -ют to cover
Накры́ть стол ска́тертью. *To cover the table with a table-cloth.*

НАКРЫВА́|ТЬСЯ, -юсь, -ешься, -ются imp. ч е м? / p. накры́ться, накро́|юсь, -ешься, -ются to cover oneself
Накрыва́ться одея́лом. *To cover oneself with a blanket.* Накрыва́ться плащо́м. *To cover oneself with a raincoat.*

НАКРЫ́ТЬ see **НАКРЫВА́ТЬ**
НАКРЫ́ТЬСЯ see **НАКРЫВА́ТЬСЯ**

НАЛЕ́ВО adv.
1. к у д а́? to the left. Пойти́, пое́хать, поверну́ть нале́во. *To go, to drive, to turn to the left.*
2. г д е? on, at, to the left (cf. СЛЕ́ВА). Нале́во от на́шего до́ма нахо́дится магази́н. *To the left of our house is a shop.*

НАЛИВА́|ТЬ, -ю, -ешь, -ют ч т о? (ч е г о́?) к о м у́? к у д а́? imp./ p. нали́ть, наль|ю́, -ёшь, -ют; imper. нале́й, past на́лил, налила́, на́лил|о, -и to pour out
Налива́ть го́стю ча́ю. *To pour out tea for the guest.* Нали́ть воды́ в графи́н. *To fill a carafe with water.*

НАЛИ́ТЬ see **НАЛИВА́ТЬ**
НАЛО́Г m. tax
Высо́кие нало́ги. *High taxes.*

Подохо́дный нало́г. *Income tax.*
Плати́ть нало́г. *To pay a tax.*

НАОБОРО́Т *adv.*
1. the other way round. Он всегда́ всё де́лал наоборо́т. *He always did everything the other way round.*
2. on the contrary. Она́ не засмея́лась, а, наоборо́т, запла́кала. *She did not laugh, on the contrary, she began crying.*

НАПАДА́|ТЬ, -ю, -ешь, -ют *imp.* н а к о г о? н а ч т о?/*р.* напа́сть, напад|у́, -ёшь, -у́т, *past* напа́л, -а, -о, -и to attack
Ти́гры напада́ют на челове́ка. *Tigers attack people.*

НАПА́СТЬ *see* **НАПАДА́ТЬ**
НАПЕЧА́ТАТЬ *see* **ПЕЧА́ТАТЬ**
НАПИСА́ТЬ *see* **ПИСА́ТЬ**
НАПОМИНА́|ТЬ, -ю, -ешь, -ют *imp.* к о м у́? ч т о? *or* о к о́м? о ч ё м? / *р.* напо́мн|ить, -ю, -ишь, -ят
1. to remind. Он напо́мнил мне о на́ших пре́жних встре́чах. *He reminded me of our past meetings.*
2. к о г о? to remind. Он напо́мнил мне одного́ челове́ка. *He reminded me of a certain person.*

НАПО́МНИТЬ *see* **НАПОМИНА́ТЬ**
НАПРА́ВИТЬ *see* **НАПРАВЛЯ́ТЬ**
НАПРА́ВИТЬСЯ *see* **НАПРАВЛЯ́ТЬСЯ**
НАПРАВЛЕ́НИЕ *neut.*
1. direction. Направле́ние движе́ния. *The direction of a movement.* Поезда́ иду́т в ра́зных направле́ниях. *The trains are going in different directions.*
2. school. Литерату́рное направле́ние. *A literary school.* Направле́ние в му́зыке, в жи́вописи. *A school of music, painting.*
◇ По направле́нию к... *In the direction of...*

НАПРАВЛЯ́|ТЬ, -ю, -ешь, -ют *imp.* к о г о? ч т о? к к о м у́? к у д а́? / *р.* напра́в|ить, -влю, -вишь, -вят to send
До́ктор напра́вил меня́ в санато́рий. *The doctor sent me to a sanatorium.* Меня́ напра́вили к врачу́. *I was sent to a doctor.* Напра́вить на рабо́ту. *To send to work.*

НАПРАВЛЯ́|ТЬСЯ, -юсь, -ешься, -ются *imp.* к к о м у́? к у д а́? / *р.* напра́|виться, -влюсь, -вишься, -вятся to go
Направля́ться на юг. *To go to the south.* Напра́виться к друзья́м, знако́мым. *To go to see one's friends, acquaintances.* Он напра́вился к две́ри. *He made for the door.*

НАПРА́ВО *adv.*
1. к у д а́? to the right. Авто́бус поверну́л напра́во. *The bus turned to the right.*
2. г д е? on, at, to the right (*cf.* **СПРА́ВА**). Напра́во — мост, нале́во — сад. *On the right there is a bridge, on the left, a garden.* Напра́во от вокза́ла — больша́я гости́ница. *There is a large hotel to the right of the railway station.*

НАПРА́СНО *adv.* wrongly, in vain
Ты напра́сно так поступа́ешь. *You are wrong in doing that.* Он напра́сно объясня́л ей обстано́вку: она́ ничего́ не хоте́ла понима́ть. *He tried in vain to explain the situation to her: she would not listen to anything.*

НАПРИМЕ́Р *paren.* word for example
Слова́ сре́днего ро́да в ру́сском языке́ име́ют оконча́ния -о и -е. Наприме́р, окно́ и мо́ре. *Russian words of the neuter gender have the ending -o or -e. For example: окно́ and мо́ре.*

НАПРО́ТИВ
1. *adv.* opposite. Магази́н нахо́дится напро́тив. *The shop is opposite.*
2. *prep.* + *gen.* opposite. Напро́тив общежи́тия нахо́дится большо́й магази́н. *Opposite the hostel is a large shop.*

НАПРЯЖЕ́НИЕ *neut., no pl.*
1. straining. Напряже́ние всех сил. *A straining of all one's efforts.*
2. tension. Ток высо́кого напряже́ния. *High tension current.* *fig.* Междунаро́дное напряже́ние. *International tension.*

НАРИСОВА́ТЬ *see* **РИСОВА́ТЬ**
НАРО́Д *m.*
1. people, nation. Ру́сский наро́д. *The Russian people.* Наро́ды ми́ра. *The peoples of the world.*

2. *only sing.* people. Мно́го наро́да
(наро́ду). *A lot of people.*
Интере́сы наро́да. *The interests
of the people.* Просто́й наро́д.
Ordinary people.

НАРО́ДН|ЫЙ, -ая, -ое, -ые
  1. folk. Наро́дное иску́сство. *Folk
  art.* Наро́дные пе́сни. *Folk songs.*
  2. national. Наро́дное хозя́йство.
  National economy. Наро́дное об-
  разова́ние. *Public education.*
  3. people's. Наро́дный арти́ст
  СССР. *A People's Artist of the
  USSR.* Наро́дный худо́жник
  СССР. *A People's Artist of the
  USSR (graphic art).* Наро́дный
  суд. *People's court.*

НАРО́ЧНО *adv.* on purpose
Ты сде́лал э́то наро́чно и́ли слу-
ча́йно? *Did you do it on purpose
or by accident?*

НАРУША́|ТЬ, -ю, -ешь, -ют *imp.*
ч т о?/*p.* нару́ш|ить, -у, -ишь, -ат
  1. to break, to violate. Нару́шить
  поко́й. *To break the peace.* На-
  ру́шить тишину́. *To break the
  silence.* Нару́шить поря́док. *To
  break the peace.* Нару́шить гра-
  ни́цу. *To violate the border.* На-
  ру́шить догово́р. *To violate a
  treaty.*
  2. to break. Нару́шить сло́во. *To
  break one's word.*

НАРУ́ШИТЬ *see* **НАРУША́ТЬ**

НАРЯ́ДН|ЫЙ, -ая, -ое, -ые
  1. well-dressed. Наря́дная де́вуш-
  ка. *A well-dressed girl.*
  2. smart. Наря́дное пла́тье. *A
  smart dress.*

НАСЕЛЕ́НИЕ *neut., no pl.* population
Населе́ние страны́. *The population
of a country.* Населе́ние го́рода.
The population of a city. Ми́рное
населе́ние. *Civilian population.*

НАСКВО́ЗЬ *adv.* through
Промо́кнуть наскво́зь. *To get wet
through.*

НАСКО́ЛЬКО *adv.* how much
Наско́лько э́то реше́ние лу́чше
пре́жнего! *How much better this
decision is than the old one!*

НА́СМОРК *m., no pl.* a cold in the
head
Си́льный на́сморк. *A bad cold in
the head.* Лёгкий на́сморк. *A
slight cold in the head.* У меня́

на́сморк. *I have a cold in the head.*
Лека́рство от на́сморка. *A medicine for a cold in the head.*

НАСТО́ЙЧИВ|ЫЙ, -ая, -ое, -ые, *short
form* насто́йчив, -а, -о, -ы; *adv.*
насто́йчиво persistent
Насто́йчивый челове́к. *A persistent person.* Насто́йчивый хара́к-
тер. *A persistent character.* Насто́й-
чивая про́сьба. *A pressing request.*
Студе́нт насто́йчиво занима́лся.
The student studied persistently.

НАСТО́ЛЬКО *adv.* so
Он насто́лько глуп, что ничего́
не мо́жет поня́ть. *He is so stupid
that he doesn't understand anything.*

НАСТО́ЛЬН|ЫЙ, -ая, -ое, -ые
  1. table, desk. Насто́льная ла́мпа.
  A desk lamp. Насто́льный ка-
  ленда́рь. *A desk calendar.* На-
  сто́льные и́гры. *Table games.*
  2. *fig.:* Насто́льная кни́га. *A handbook.*

НАСТОЯ́Щ|ИЙ, -ая, -ее, -ие real
Настоя́щее зо́лото. *Real gold.* На-
стоя́щая любо́вь. *True love.*
  ◇ В настоя́щее вре́мя. *At present.*

НАСТРОЕ́НИЕ *neut.*
  1. mood. У меня́ сего́дня плохо́е
  настрое́ние. *I am in a bad mood
  today.*
  2. + *inf., usu. in negative sentences.*
  У меня́ нет настрое́ния рас-
  ска́зывать. *I am not in a
  talking mood.*

НАСТУПА́|ТЬ¹, *1st & 2nd pers. not
used,* 3rd pers. -ет, -ют *imp./
p.* наступи́ть, *1st & 2nd pers. not
used,* 3rd pers. насту́пит, насту́-
пят to come
Наступи́ло у́тро. *Morning came.*

НАСТУПА́|ТЬ², -ю, -ешь, -ют *imp.*
на кого́? на что? / *p.* насту-
пи́ть, наступлю́, насту́пишь, на-
сту́пят
  1. to tread. Наступи́ть челове́ку
  на́ ногу. *To tread on a person's
  foot.*
  2. *imp. only* to be on the offensive.
  А́рмия наступа́ет. *The army is
  on the offensive.*

НАСТУПИ́ТЬ *see* **НАСТУПА́ТЬ¹** &
НАСТУПА́ТЬ², 1.

НАУ́КА *f.* science
Занима́ться нау́кой. *To be a*

scientist. Естéственные наýки. *Natural sciences.* Гуманитáрные наýки. *Humanities.*

НАУЧИТЬ see **УЧИТЬ**, 2
НАУЧИТЬСЯ see **УЧИТЬСЯ**
НАУ́ЧН|ЫЙ, -ая, -ое, -ые scientific
Наýчная рабóта. *Scientific work.* Наýчный рабóтник. *A research worker.* Наýчные трудьí. *Scientific works.* Наýчная библиотéка. *A scientific library.* Наýчное студéнческое óбщество. *A students' scientific society.*

НАХОДИ́ТЬ, нахожý, нахóдишь, нахóдят *imp.* к о г ó? ч т о?/*p.* найти́, найд|ý, -ёшь, -ýт, *past* нашёл, нашл|á, -ó, -и́ to find
Найти́ нýжную вещь. *To find the thing needed.* Найти́ нóвый мéтод рабóты. *To find a new method of work.* Находи́ть рáдость в мýзыке. *To find pleasure in music.*
◊ Мéста себé не находи́ть. *To fret.* Не находи́ть слов. *Words fail one.*

НАХОДИ́ТЬСЯ, нахожýсь, нахóдишься, нахóдятся *imp.* to be (situated)
Большóй теáтр нахóдится в цéнтре Москвьí. *The Bolshoi Theatre is in the centre of Moscow.*

НАЦИОНА́ЛЬНОСТЬ *f.* nationality
Ктó вы по национáльности? *What is your nationality?* В Совéтском Союзе мнóго национáльностей. *There are many nationalities in the Soviet Union.*

НАЦИОНА́ЛЬН|ЫЙ, -ая, -ое, -ые
1. national. Национáльная культýра. *National culture.*
2. national. Национáльный костю́м. *National dress.*

НАЧА́ЛО *neut.*
1. beginning. Дóм нахóдится в начáле ýлицы. *The house is at the beginning of the street.*
2. beginning. Начáло учéбного гóда. *The beginning of the school year.* Начáло занятий в 10 часóв. *Lessons start at 10 o'clock.*

НАЧА́ЛЬНИК *m,* chief
НАЧА́ТЬ see **НАЧИНА́ТЬ**
НАЧА́ТЬСЯ see **НАЧИНА́ТЬСЯ**
НАЧИНА́|ТЬ, -ю, -ешь, -ют *imp.* ч т о? & + *inf.* / *p.* начáть, начн|ý,

-ёшь, -ýт, *past* нáчал, началá, нáчал|о, -и
Начинáть урóк. *To begin a lesson.* Начáть речь. *To begin a speech.* Начáть рабóтать. *To begin working.* Начинáть учи́ться. *To begin going to school, to begin studying.*

НАЧИНА́|ТЬСЯ, *1st & 2nd pers. not used, 3rd pers.* -ется, -ются *imp./ p.* начáться, *1st & 2nd pers. not used, 3rd pers.* начнётся, начнýтся, *past* начался́, начал|áсь, -óсь, -и́сь to begin
Зáвтра начинáется нóвый учéбный гóд. *The new school (academic) year begins tomorrow.*

НАШ, -а, -е, -и *pron.* our, ours
НЕ *particle* not
Он не умéет говори́ть по-рýсски. *He cannot speak Russian.* Э́то не стóл. *This is not a table.* Э́то не óчень интерéсный фильм. *This is not a very interesting film.* Э́то не плóхо, а хорошó. *This is not bad, it is good.* Егó нé было дóма. *He was not at home.*

НÉБО *neut., pl.* небесá, небéс, небесáм, *etc.* sky
Голубóе нéбо. *A blue sky.* Весéннее нéбо. *A spring sky.*
◊ Попáсть пáльцем в нéбо *Cf. To find a mare's nest.*

НЕВÉСТА *f.* fiancée
НÉГДЕ *adv.* nowhere
Все местá зáняты, нéгде сесть. *All the seats are taken, there is nowhere to sit.*

НЕДА́ВНО *adv.* recently
Мы приéхали в Москвý недáвно. *We have come to Moscow recently.*

НЕДАЛЕКÓ *adv.* г д е? not far
Товáрищ живёт недалекó от меня́. *My friend lives not far from me.*

НЕДÉЛЯ *f.* week
Дни недéли. *The days of the week.* На э́той недéле. *This week.* Чéрез недéлю. *In a week.* Три рáза в недéлю. *Three times a week.* Мы сдéлаем э́ту рабóту за недéлю. *We shall do this work in a week.*
◊ У негó семь пя́тниц на недéле. *He does not know his own mind.*

НЕДОСТА́Т|ОК *m., gen.* -ка drawback, shortcoming, defect
Недостáтки в рабóте. *Shortcomings*

in work. У него много недостатков. *He has many defects.*

НЕЖН|ЫЙ, -ая, -ое, -ые, *short form* нежен, нежна, нежн|о, -ы; *adv.* нежно

1. tender, affectionate. Нежное чувство. *A tender feeling.* Нежный взгляд. *An affectionate look.*
2. tender. Нежная кожа. *Tender skin.*
3. tender. Нежный цвет. *A tender colour.*

НЕЗАВИСИМОСТЬ *f., no pl.* independence
Свобода и независимость страны. *The freedom and independence of a country.*

НЕЗАВИСИМ|ЫЙ, -ая, -ое, -ые, *short form* независим, -а, -о, -ы; *adv.* независимо independent
Независимый характер. *An independent character.* Независимое государство. *An independent state.*

НЕКОГДА *adv.* no time
Он очень много работает, ему некогда гулять. *He works a lot, he has no time to go for walks.* Мне сегодня некогда. *I've no time today.*

НЕКОТОР|ЫЙ, -ая, -ое, -ые *pron.* some

1. В некоторых районах страны прошли дожди. *It rained in some parts of the country.*
2. *only pl.* Все слушали с интересом, некоторые смеялись. *Everybody listened with interest, some people laughed.*

НЕКУДА *adv.* nowhere
У меня нет здесь знакомых, мне некуда идти. *I've no friends here, I've nowhere to go to*

НЕЛЬЗЯ + *inf.* кому?

1. it is impossible. Эту задачу решить нельзя. *This problem cannot be solved.*
2. one must not. Нельзя шуметь в комнате больного. *You must not make a noise in the sickroom.* Здесь курить нельзя. *Smoking is prohibited here.* Мне нельзя много бегать. *I am not allowed to run for a long time.*

НЕМНОГО *adv.* (a) little
Я занимался сегодня немного. *I studied for a short time today.*

Немного погуляй и приходи домой. *Go for a short walk and then come home.* У нас немного времени. *We have little time left.*

НЕНАВИ|ДЕТЬ, -жу, -дишь, -дят *imp.* кого? что? to hate
Я ненавижу этого человека. *I hate that man.*

НЕНАВИСТЬ *f., no pl.* к кому? к чему? hatred

НЕОБХОДИМ|ЫЙ, -ая, -ое, -ые, *short form* необходим, необходим|а, -о, -ы; *adv.* необходимо necessary
Необходимые вещи. *Necessary things.* Необходимые книги. *The books one needs.* Необходимо сделать операцию. *An operation is necessary.*

НЕОБЫКНОВЕНН|ЫЙ, -ая, -ое, -ые; *adv.* необыкновенно unusual
Необыкновенное путешествие. *An unusual journey.*

НЕОЖИДАНН|ЫЙ, -ая, -ое, -ые; *adv.* неожиданно unexpected
Неожиданное событие. *An unexpected event.* Неожиданный приезд. *An unexpected arrival* Отец вернулся неожиданно. *The father returned unexpectedly.*

НЕРВН|ЫЙ, -ая, -ое, -ые

1. nervous. Нервная система *The nervous system.*
2. nervous. Нервный человек. *A nervous person.*
3. nervous. Нервные болезни. *Nervous diseases.*

НЕСКОЛЬК|О *num.*, *gen.* -их several
На собрании выступило несколько человек. *Several people spoke at the meeting.* На экскурсии не было нескольких студентов. *Several students were absent from the excursion.*

НЕСМОТРЯ НА *prep.* + *acc.* in spite of
Несмотря на плохую погоду, мы ходили гулять. *In spite of the bad weather we went out for a walk.*
◇ **Несмотря ни на что.** *In spite of everything.*

НЕС|ТИ, -у, -ёшь, -ут, *past* нёс, нес|ла, -ло, -ли, *imp.* что? куда?

1. to carry. Нести чемодан. *To carry a suit-case.* Нести ребёнка на руках. *To carry a child in one's arms.* Нести книги в

библиотéку. *To carry the books to the library.*
2. *fig.* to bear. Нестú отвéтственность. *To bear the responsibility.* Нестú наказáние. *To bear the punishment.* Нестú потéри. *To suffer losses.*

НЕСЧÁСТН|ЫЙ, -ая, -ое, -ые unlucky, unfortunate
Несчáстный человéк. *An unlucky person.*
◇ Несчáстный слýчай. *An accident.*

НЕСЧÁСТЬЕ *neut.* misfortune
Случúлось несчáстье. *A misfortune has happened.*

НЕТ *particle*
1. no. Вы идёте в кинó? — Нет. *"Are you going to the cinema?" "No, I am not."*
2. not, no. У меня нет этой кнúги. *I haven't got that book.* На этой ýлице нет магазúнов. *There are no shops in this street.* Егó нет домá. *He is not at home.*

НЕУЖÉЛИ *emphatic particle* really
Неужéли вы не читáли этого ромáна? *Haven't you read this novel?*

НЕФТЬ *f., no pl.* oil
Месторождéние нéфти. *An oil deposit.* Добывáть нефть. *To extract oil.*

НЕЧÁЯННО *adv.* by accident
Я нечáянно разбúл стакáн. *I broke the glass by accident.*

НÉЧЕГО *pron., dat.* нéчему, *instr.* нéчем, *prepos.* нé о чем + *inf.* nothing
Мне нéчего дéлать. *I've got nothing to do.* Так дýшно, что нéчем дышáть. *It's so stuffy: one can hardly breathe.* Мне нé о чем бóльше говорúть. *I've nothing else to say.* Нéчему рáдоваться. *There's nothing to be happy about.*

НИ *particle* not a
На нéбе ни óблачка. *There is not a single cloud in the sky.*

НИ ... НИ *conj.* neither... nor
Ни днём, ни нóчью не прекращáлась рабóта. *Work went on day and night without stopping.* Ни я, ни мой брат никогдá нé были в Москвé. *Neither my brother nor myself has ever been to Moscow.*

НИГДÉ *adv.* nowhere
Бýло ужé пóздно, нигдé нé было вúдно людéй. *It was already late, no people could be seen anywhere.* Нигдé не могý купúть этого учéбника. *I can't buy this text-book anywhere.* Нигдé нет свобóдных мест. *There are no vacant seats anywhere.*

НЍЖН|ИЙ, -яя, -ее, -ие
1. lower. Нúжняя пóлка. *The lower berth.*
2.: Нúжнее бельё. *Underwear.*

НИЗК|ИЙ, -ая, -ое, -ие, *short form* нúзок, низкá, нúзк|о, -и; *adv.* нúзко; *comp.* нúже
1. low. Нúзкий дом. *A low house.*
2. low. Нúзкий ýровень жúзни. *A low living standard.* Нúзкая температýра. *A low temperature.* Температýра нúже нуля. *A temperature below zero.* Нúзкие цéны. *Low prices.* Нúзкое давлéние. *Low pressure.*
3. low. Нúзкий гóлос. *A low voice.*

НИКОГДÁ *adv.* never
Он никогдá не опáздывал. *He never came late.*

НИКТÓ *pron., gen., acc.* никогó [-во], *dat.* никомý, *instr.* никéм, *prepos.* ни о кóм nobody
Никтó не знáет, как решúть эту задáчу. *Nobody knows how to solve this problem.* Я давнó ужé никогó не вúдел. *I haven't seen anybody for a long time.* Никомý не говорú об этом. *Don't tell anyone about it.* Он ни о кóм не хóчет дýмать. *He doesn't want to think about anyone.*

НИКУДÁ *adv.* nowhere
У меня плохóе настроéние, и я никудá не хожý. *I am in a bad mood and I don't go anywhere.*

НЍТ|КА *f., gen. pl.* -ок thread
Катýшка нúток. *A reel of thread.* Вдеть нúтку в иголку. *To thread a needle.*

НИЧЕГÓ [-во]
1. *adv.* not bad. Как я написáл контрóльную рабóту? — Ничегó. *"How did I write my test-paper?" "Not bad."*
2. *particle* that's all right. Извинúте, пожáлуйста. — Ничегó. *"Excuse me." "That's all right."*

НИЧТО [-што] *pron., gen.* ничего́[-во], *dat.* ничему́, *instr.* ниче́м, *prepos.* ни о чём nothing

Он ничего́ не зна́ет. *He does not know anything.* Он ничему́ не научи́лся. *He didn't learn anything.* Он ниче́м не интересу́ется. *He is not interested in anything.* Я не мог ни о чём ду́мать. *I couldn't think of anything.*

НО *conj.* but

Со́лнце све́тит, но не гре́ет. *The sun is shining, but it is not giving any warmth.* Я вчера́ звони́л тебе́, но тебя́ не́ было до́ма. *I rang you up yesterday, but you were not at home.*

НОВОГО́ДН|ИЙ, -яя, -ее, -ие New-Year

Нового́дняя ночь. *New-Year night.* Нового́дние поздравле́ния. *New-Year messages.* Нового́дние пожела́ния. *New-Year wishes.* Нового́дний бал. *A New-Year ball.*

НО́ВОСТ|Ь *f., gen. pl.* -е́й
1. news. Сообща́ть но́вость. *To tell the news.* Хоро́шие но́вости. *Good news.*
2. *only pl.:* Но́вости дня. *Newsreel.* Но́вости нау́ки и те́хники. *The latest developments in science and technology.*

НО́В|ЫЙ, -ая, -ое, -ые, *short form* нов, нова́, но́в|о, -ы
1. new. Но́вый дом. *A new house.* Но́вое пла́тье. *A new dress.*
2. new. Но́вая кни́га. *A new book.* Но́вый челове́к. *A new man.*
3. modern. Но́вая исто́рия. *Modern history.*
4. new. Но́вый год. *New Year.*

НОГА́ *f., acc.* но́гу; *pl.* но́ги, ног, нога́м, *etc.* foot, leg

Вы́мыть но́ги. *To wash one's feet.* Вытира́йте но́ги. *Wipe your feet.* ◊ Идти́ в но́гу с ве́ком. *To keep abreast of time.*

НО́Г|ОТЬ *m., gen.* -тя; *gen. pl.* -те́й (finger) nail

Куса́ть но́гти. *To bite one's nails.*

НОЖ *m., gen.* -а́ knife

Острый нож. *A sharp knife.* Тупо́й нож. *A blunt knife.* Ре́зать хлеб ножо́м. *To cut bread with a knife.* Перочи́нный нож. *A pen-knife.*

НО́Ж|КА *f., gen. pl.* -ек leg

Но́жка стола́, сту́ла. *The leg of a table, chair.*

НО́ЖНИЦЫ *no sing., gen.* но́жниц scissors

Острые но́жницы. *Sharp scissors.*

НОЛ|Ь *m., gen.* -я́ zero
◊ По́езд пришёл в двена́дцать ноль-ноль. *The train arrived at twelve sharp.*

НО́МЕР *m., pl.* -а́
1. number. Но́мер до́ма. *The number of a house.* Но́мер трамва́я. *The number of a tram.* Но́мер телефо́на. *A telephone number.*
2. issue. Апре́льский но́мер журна́ла. *The April issue of the magazine.*
3. room. Но́мер в гости́нице. *A hotel room.*
4. size. Но́мер боти́нок, перча́ток. *The size of shoes, gloves.*
5. item. Но́мер в конце́ртной програ́мме. *An item on the concert programme.* Цирково́й но́мер. *A turn in the circus.* Исполня́ть но́мер. *To perform an item.*

НО́РМА *f.* norm, standard, quota

Но́рма вы́работки. *An output standard.* Выполня́ть но́рму. *To carry out the quota.* Перевыполня́ть но́рму. *To exceed the quota.*

НОРМА́ЛЬН|ЫЙ, -ая, -ое, -ые, *short form* норма́лен, норма́льн|а, -о, -ы; *adv.* норма́льно normal

Норма́льная температу́ра. *Normal temperature.* Норма́льное давле́ние. *Normal pressure.* Норма́льные усло́вия труда́. *Normal conditions for work.*

НОС *m., prepos.* о но́се & на (в) носу́; *pl.* -ы́
1. nose. Прямо́й нос. *A straight nose.*
2. bow. Мы сиде́ли на носу́ ло́дки. *We were sitting in the bow of the boat.*
◊ Пове́сить нос. *To be crestfallen.* Води́ть кого́-нибудь за́ нос. *To lead somebody by the nose.* Не ви́деть да́льше со́бственного но́са. *Not to see further than one's nose.*

НОСИ́ТЬ, ношу́, но́сишь, но́сят *imp.* к о г о ? ч т о ? к у д а́?
1. to carry. Ка́ждый день почтальо́н но́сит нам по́чту. *Every day the postman brings us our post.* Он но́сит кни́ги в портфе́ле. *He carries his books in his bag.*
2. to wear. Носи́ть мя́гкую шля́пу. *To wear a soft hat.* Носи́ть бу́сы, се́рьги. *To wear beads, ear-rings.*

НОСКИ́ *pl., gen.* носко́в, *sing.* носо́к, *m., gen.* носка́ socks
Шерстяны́е носки́. *Woollen socks.* Па́ра носко́в. *A pair of socks.*

НО́ТА[1] *f.*
1. note. Взять высо́кую (ни́зкую) но́ту. *To sing a high (low) note.*
2. *no sing.* music. Игра́ть по но́там. *To play from music.* Игра́ть без нот. *To play without music.*

НО́ТА[2] *f.* note
Но́та проте́ста. *A note of protest.* Но́та сове́тского прави́тельства. *A note of the Soviet Government.*

НОЧН|О́Й, -а́я, -о́е, -ы́е night
Ночна́я тишина́. *The silence of the night.* Ночна́я сме́на. *The night shift.* Ночна́я руба́шка. *A night-gown, a night-shirt.*

НОЧ|Ь *f., gen. pl.* -е́й night
Ти́хая ночь. *A quiet night.* Лу́нная ночь. *A moonlit night.* Звёздная ночь. *A starlit night.* В ночь под Но́вый год. *On New-Year's night.*
◇ Споко́йной (до́брой) но́чи. *Good-night!*

НО́ЧЬЮ *adv.* at night
Но́чью он спал неспоко́йно. *He spent a restless night.* Вчера́ но́чью кто́-то постуча́л к нам в окно́. *Last night somebody was knocking at our window.*

НОЯБР|Ь *m., gen.* -я́, *no pl.* November

НРА́|ВИТЬСЯ, -влюсь, -вишься, -вятся *imp.* к о м у́? ч е м у́? & + *inf.*/ *p.* понра́|виться, -влюсь, -вишься, -вятся to like
Мне о́чень нра́вится э́та де́вушка. *I like that girl very much.* Кинофи́льм нам понра́вился. *We didn't like the film.* Вам нра́вится гуля́ть здесь? *Do you like taking walks here?*

НУЖДА́|ТЬСЯ, -юсь, -ешься, -ются *imp.* в к о м? в ч ё м? to need
Больно́й нужда́ется в све́жем во́здухе. *The patient needs fresh air.*

НУ́ЖНО к о м у́? ч е м у́? + *inf.* & + *conj.* ч т о́ б ы it is necessary, must
Нам ну́жно мно́го занима́ться. *We must study a lot.* Ну́жно, что́бы в ко́мнате бы́ло чи́сто. *The room must be clean.*

НУ́ЖН|ЫЙ, -ая, -ое, -ые, *short form* ну́жен, нужна́, ну́жно, нужны́ к о м у́? ч е м у́? necessary, that is needed
Ну́жный челове́к. *A man who is needed.* Ну́жный уче́бник. *A necessary text-book.* Эта кни́га нужна́ мне сего́дня. *I need this book today.* Мне нужны́ ту́фли. *I need shoes.* Этот уче́бник мне не ну́жен. *I don't need this text-book.*

О, о

О (ОБ, ОБО) *prep.* + *prepos.* & *acc.*
1. + *prepos.* about, of. Забо́титься о здоро́вье. *To take care of one's health.* Ду́мать о ро́дине. *To think about one's country.* Мечта́ть о бу́дущем. *To dream of the future.* Чита́ть кни́гу о жи́зни сове́тской молодёжи. *To read a book about the life of Soviet youth.* Воспомина́ния об отце́. *Reminiscences (memories) of one's father.*
2. + *acc.* on. Во́лны би́лись о бе́рег. *The waves beat on the shore.*

О́БА *m. & neut., gen.* обо́их; о́бе *f., gen.* обе́их *num.* both
Оба дру́га у́чатся в институ́те. *Both friends study at the institute.* Обе де́вушки хорошо́ танцева́ли. *Both the girls danced well.*

ОБЕ́Д *m.* dinner
Вку́сный обе́д. *A tasty dinner.* Обе́д из трёх блюд. *A three-course dinner.*
◇ За обе́дом. *At dinner.* Пригласи́ть на обе́д. *To invite to dinner.*

ОБЕ́ДА|ТЬ, -ю, -ешь, -ют *imp.*/ *p.* пообе́да|ть, -ю, -ешь, -ют to have dinner
Обе́дать в столо́вой. *To have dinner at a dining-hall.* Бы́стро пообе́дать. *To have a quick dinner.*

ОБЕСПÉЧИВА|ТЬ, -ю, -ешь, -ют *imp.* к о г ó? ч е м? *or* к о м ý? ч т о?/*p.* обеспéч|ить, -у, -ишь, -ат **to provide**
Обеспéчить строительство машинами. *To provide machinery for a construction project.*

ОБЕСПÉЧИТЬ *see* **ОБЕСПÉЧИВАТЬ**

ОБЕЩÁ|ТЬ, -ю, -ешь, -ют *imp. & p.* к о м ý? ч т о? + *inf.* / *p. also* пообещá|ть, -ю, -ешь, -ют **to promise**
Я обещáю вы́полнить вáшу прóсьбу. *I promise to fulfil your request.* Я обещáю, что придý к вам сегóдня вéчером. *I promise to come and see you this evening.* Он (по)обещáл узнáть о врéмени собрáния. *He promised to find out the time of the meeting.*

ОБИ́ДЕТЬ *see* **ОБИЖÁТЬ**
ОБИ́ДЕТЬСЯ *see* **ОБИЖÁТЬСЯ**
ОБИ́ДНО *predic. impers.* **(to be) sorry; (to be) offended**
Мне обидно, что я не попáл в теáтр. *I am sorry I didn't get to the theatre.*

ОБИЖÁ|ТЬ, -ю, -ешь, -ют *imp.* к о г ó? / *p.* оби́|деть, -жу, -дишь, -дят **to offend, to ill-treat**
Обидеть дрýга. *To offend a friend.* Нельзя́ обижáть мáленьких. *You mustn't ill-treat the little ones.*

ОБИЖÁ|ТЬСЯ, -юсь, -ешься, -ются *imp.* н а к о г ó? н а ч т ó?/ *p.* оби́|деться, -жусь, -дишься, -дятся **to take offence, to be offended**
Обидеться на брáта. *To take offence at one's brother.* Не обижáйся на мои словá! *Don't be offended at my words!*

ÓБЛАК|О *neut., pl.* -á
1. **cloud.** Дождевóе óблако. *A raincloud.* Грозовы́е облакá. *Thunderclouds.*
2. *fig.* **cloud.** Облако пы́ли. *A dust cloud.*

ÓБЛАСТ|Ь *f., gen. pl.* -éй
1. **region.** Область лесóв. *The forest region.*
2. **region.** Архáнгельская óбласть. *The Arkhangelsk region.*
3. **field.** Нóвая óбласть наýки. *A new field of science.*
4. **region.** Область сéрдца. *The region of the heart.*

ОБМАНУ́ТЬ *see* **ОБМÁНЫВАТЬ**

ОБМÁНЫВА|ТЬ, -ю, -ешь, -ют *imp.* к о г ó?/*p.* обманýть, обманý, обмáнешь, обмáнут **to deceive**
Товáрищ говорил, что придёт, но обманýл: не пришёл. *The friend said he would come, but he didn't keep his word.*
◊ Обманýть надéжды. *To disappoint somebody's hopes.* Обманýть довéрие. *To betray somebody's trust.*

ОБМЕНЯ́ТЬСЯ *see* **МЕНЯ́ТЬСЯ, 1**

ОБНИМÁ|ТЬ, -ю, -ешь, -ют *imp.* к о г ó?/*p.* обня́ть, обнимý, обни́мешь, обни́мут, *past* óбнял, -á, óбняли **to embrace**
Обня́ть дрýга. *To embrace one's friend.* Обня́ть стáрую мать. *To embrace one's old mother.*

ОБНИМÁ|ТЬСЯ, -юсь, -ешься, -ются *imp.* с к е м?/*p.* обня́ться, обнимýсь, обни́мешься, обни́мутся, *past* обня́|лся, -лáсь, -ли́сь **to embrace**
Крéпко обня́ться с товáрищем. *To embrace one's friend heartily.*

ОБНЯ́ТЬ *see* **ОБНИМÁТЬ**
ОБНЯ́ТЬСЯ *see* **ОБНИМÁТЬСЯ**
ОБОЙТИ́ *see* **ОБХОДИ́ТЬ**
ОБОРÓНА *f., no pl.* **defence**
ОБОРУ́ДОВАНИЕ *neut., no pl.* **equipment**
Новéйшее оборýдование. *The most up-to-date equipment.*

ОБРÁДОВАТЬ *see* **РÁДОВАТЬ**
ОБРÁДОВАТЬСЯ *see* **РÁДОВАТЬСЯ**
ÓБРАЗ *m.*
1. **character.** Литератýрный óбраз. *A literary character.*
2. **way.** Образ жи́зни, мы́сли. *A way of life, of thinking.*
◊ Таким óбразом. *So; thus.* Глáвным óбразом. *Mainly.*

ОБРАЗОВÁНИЕ *neut., no pl.* **education**
Прáво на образовáние. *The right to education.* Вы́сшее образовáние. *Higher education.* Получи́ть образовáние. *To be educated.* Какóе у вáс образовáние? *What education have you?*

ОБРАЗ|ОВÁТЬ, -ýю, -ýешь, -ýют *imp. & p.* ч т о?
1. **to set up.** Образовáть комиссию. *To set up a commission.*

2. to form, to make up. Два áтома
водорóда и áтом кислорóда образýют молéкулу водьı. *Two
atoms of hydrogen and one atom
of oxygen make up a molecule of
water.*

ОБРАЗ|ОВА́ТЬСЯ, *1st & 2nd pers.
not used, 3rd pers.* ýется, -ýются
imp. & p. to be formed
Образовáлось нóвое госудáрство.
A new state was formed. В результáте хими́ческой реáкции образýется нóвое веществó. *As a result of a chemical reaction a new
substance is formed.*

ОБРАТИ́ТЬ *see* **ОБРАЩА́ТЬ**

ОБРАТИ́ТЬСЯ *see* **ОБРАЩА́ТЬСЯ**

ОБРА́ТН|ЫЙ, -ая, -ое, -ые; *adv.* обрáтно return
Обрáтный билéт. *A return ticket.*
На обрáтном пути́. *On one's return
journey.* Тудá он éхал на пóезде,
а обрáтно летéл самолётом. *He
went there by train and came back
by plane.*

ОБРАЩА́|ТЬ, -ю, -ешь, -ют *imp.*
ч т о?/*p.* обрати́ть, -щý, -ти́шь,
-тя́т
Обрати́ть внимáние. *To pay attention.* Обрати́те внимáние на э́того
человéка! *Look at that man!*

ОБРАЩА́|ТЬСЯ, -юсь, -ешься, -ются
imp. к кому́? к чему́?/*p.* обра|
ти́ться, -щýсь, -ти́шься, -тя́тся to
turn (to), to address, to apply
Обрати́ться к собрáвшимся. *To
address a meeting.* Обрати́ться с
прóсьбой к дирéктору. *To address
a request to the director.* Обрати́ться к врачý за совéтом. *To turn to
a doctor for advice.*

ОБСТАНÓВКА *f., no pl.*
1. furniture. Обстанóвка кóмнаты.
The furniture of the room.
2. situation, atmosphere. Междунарóдная обстанóвка. *The international situation* Бесéда
прошлá в дрýжественной обстанóвке. *The conversation took
place in a friendly atmosphere.*

ОБСУДИ́ТЬ *see* **ОБСУЖДА́ТЬ**

ОБСУЖДА́|ТЬ, -ю, -ешь, -ют *imp.*
ч т о?/*p.* обсуди́ть, обсужý, обсýдишь, обсýдят to discuss
Обсуди́ть вáжный вопрóс. *To
discuss an important question.* Обсу

ди́ть нóвый кинофи́льм, доклáд.
To discuss a new film, a report.

ÓБУВЬ *f., no pl.* footwear

ОБХОДИ́ТЬ, обхожý, обхóдишь, обхóдят *imp.* к о г о? ч т о?/*p.* обой|
ти́, -дý, -дёшь, -дýт, *past* обошёл,
обошл|á, -ó, -и́
1. to go round. Обойти́ вокрýг дóма. *To go round the house.*
2. to go round. Обойти́ лýжу. *To
go round a puddle.* Обойти́ гóру.
To go round a hill.
3. to visit. Обойти́ все магази́ны.
To visit all the shops.

ОБЩЕЖИ́ТИЕ *neut.* hostel
Студéнческое общежи́тие. *A students' hostel.* Жить в общежи́тии.
To live at a hostel.

ОБЩÉСТВЕНН|ЫЙ, -ая, -ое, -ые
1. social. Обще́ственный строй.
Social system.
2. social, public. Обще́ственная рабóта. *Social work.* Обще́ственные
организáции. *Public organisations.*
◇ Обще́ственный дéятель. *A
public figure.*

ÓБЩЕСТВО *neut.*
1. society. Коммунисти́ческое óбщество. *Communist society.* Буржуáзное óбщество. *Bourgeois
society.*
2. society. Наýчное óбщество. *A
scientific society.* Спорти́вное
óбщество. *A sports society.* Общество дрýжбы с зарубéжными
стрáнами. *A society of friendship with foreign countries.*

ÓБЩ|ИЙ, -ая, -ее, -ие
1. common. Общие интерéсы. *Common interests.* Общее имýщество. *Common property.* У них всё
óбщее. *They have everything in
common.*
2. general. Общие вопрóсы. *General questions.*
◇ Нет (*or* не имéть) ничегó óбщего с кéм-/чéм-либо. *To have
nothing to do with somebody/something.* В óбщем. *In general.*

ОБЪЕДИНИ́ТЬ *see* **ОБЪЕДИНЯ́ТЬ**

ОБЪЕДИНИ́ТЬСЯ *see* **ОБЪЕДИ
НЯ́ТЬСЯ**

ОБЪЕДИНЯ́|ТЬ, -ю, -ешь, -ют *imp.*
к о г о? ч т о?/*p.* объедин|и́ть, -ю́,
-и́шь, -я́т to unite

Объедини́ть си́лы борцо́в за ми́р. *To unite the efforts of the champions of peace.*

ОБЪЕДИНЯ|ТЬСЯ, -ю́сь, -е́шься, -ю́тся *imp.* с ке́м? с чем?/ *p.* объедин|и́ться, -ю́сь, -и́шься, -я́тся to unite

Они́ объедини́лись с други́м колхо́зом для постро́йки о́бщей электроста́нции. *They pooled together resources with another collective farm to build a common electric power station.*

ОБЪЁМ *m.* volume

Объём те́ла. *The volume of a body.*

ОБЪЯВИ́ТЬ *see* **ОБЪЯВЛЯ́ТЬ**

ОБЪЯВЛЕ́НИЕ *neut.*

1. announcement. Объявле́ние о собра́нии: *Announcement of a meeting.*
2. advertisement, notice. Доска́ объявле́ний. *A notice board.* Дать объявле́ние в газе́ту. *To put an advertisement in a newspaper.*

ОБЪЯВЛЯ́|ТЬ, -ю, -ешь, -ют *imp.* что? о чём?/*p.* объяви́ть, объявлю́, объя́вишь, объя́вят to announce, to declare

Объяви́ть о реше́нии. *To announce a decision.* Объяви́ть войну́. *To declare war.*

◇ **Объяви́ть благода́рность.** *To express one's gratitude.*

ОБЪЯСНИ́ТЬ *see* **ОБЪЯСНЯ́ТЬ**

ОБЪЯСНЯ́|ТЬ, -ю, -ешь, -ют *imp.* что? кому́? / *p.* объясн|и́ть, -ю́, -и́шь, -я́т to explain

Объясни́ть уро́к. *To explain a lesson.* Объясни́ть зада́чу. *To explain a task.* Объясни́ть свою́ мысль. *To explain one's idea.* Преподава́тель объясня́л студе́нтам тру́дное пра́вило. *The teacher was explaining a difficult rule to the students.*

ОБЫКНОВЕ́НН|ЫЙ, -ая, -ое, -ые ordinary

Обыкнове́нный челове́к. *An ordinary man.* Обыкнове́нная рабо́та. *Ordinary work.*

ОБЫ́ЧАЙ *m.* custom

Национа́льные обы́чаи. *National customs.*

ОБЫ́ЧНО *adv.* usually

Обы́чно я встаю́ в 7 часо́в утра́. *I usually get up at 7 o'clock in the morning.*

ОБЫ́ЧН|ЫЙ, -ая, -ое, -ые ordinary

Обы́чный день. *An ordinary day.*

ОБЯ́ЗАННОСТЬ *f.* duty, obligation

Права́ и обя́занности. *Rights and obligations.*

ОБЯЗА́ТЕЛЬНО *adv.* by all means, certainly, without fail

Эту рабо́ту на́до обяза́тельно сде́лать сего́дня. *This work must be done today without fail.* Обяза́тельно посмотри́те э́ту кинокарти́ну. *Make sure you see this film.* Я приду́ к вам обяза́тельно. *I'll certainly come to see you.*

ОВЛАДЕВА́|ТЬ, -ю, -ешь, -ют *imp.* кем? чем? / *p.* овладе́|ть, -ю, -ешь, -ют to seize, to master

Овладе́ть кре́постью. *To seize a fortress.* Овладе́ть языко́м. *To master a language.* Овладева́ть зна́ниями. *To get knowledge.* Овладе́ть но́вой специа́льностью. *To master a new speciality.*

ОВЛАДЕ́ТЬ *see* **ОВЛАДЕВА́ТЬ**

О́ВОЩ|И *pl.*, *gen. pl.* -е́й vegetables

Све́жие о́вощи. *Fresh vegetables.* Ра́нние о́вощи. *Early vegetables.*

ОГЛЯ́ДЫВА|ТЬСЯ, -юсь, -ешься, -ются *imp.* / *p.* огляну́ться, огляну́сь, огля́нешься, огля́нутся to glance back

Огляну́ться наза́д. *To glance back.* Я бы́стро огляну́лся. *I glanced back quickly.*

ОГЛЯНУ́ТЬСЯ *see* **ОГЛЯ́ДЫВАТЬСЯ**

ОГО́НЬ *m.*, *gen.* огня́; *pl.* огни́

1. *no pl.* fire. Я́ркий ого́нь в печи́. *A bright fire in the stove.*
2. light. Заже́чь ого́нь. *To switch on the light.* Погаси́ть ого́нь. *To switch off the light.* Огни́ го́рода. *The lights of the city.*

◇ **Боя́ться как огня́.** Cf. *To fear like death.* **Идти́ в ого́нь и во́ду за ке́м-либо, за кого́-либо.** Cf. *To go through thick and thin after, for somebody.* **Нет ды́ма без огня́** (proverb). *There is no smoke without a fire.*

ОГОРО́Д *m.* kitchen-garden

Большо́й огоро́д. *A large kitchen-garden.* Рабо́тать на огоро́де. *To work in the kitchen-garden.* В огоро́де растёт картофель. *Potatoes grow in the kitchen-garden.*

ОГРО́МН|ЫЙ, -ая, -ое, -ые, *short form* огро́мен, огро́мн|а, -о, -ы huge, great
Огро́мный го́род. *A huge city.* Огро́мные возмо́жности. *Great possibilities.* Огро́мный успе́х. *Great success.*

ОГУР|Е́Ц *m.*, *gen.* -ца́ cucumber
Ра́нние огурцы́. *Early cucumbers.* Солёные огурцы́. *Salted cucumbers.*

ОДЕВА́|ТЬ, -ю, -ешь, -ют *imp.* кого́? в о что́?/*p.* оде́|ть, -ну, -нешь, -нут to dress
Одева́ть ребёнка. *To dress the child.* Оде́ть ребёнка в но́вое пла́тье. *To dress the child in a new dress.*

ОДЕВА́|ТЬСЯ, -юсь, -ешься, -ются *imp.* в о что́?/*p.* оде́|ться, -нусь, -нешься, -нутся to dress
Зимо́й на́до тепло́ одева́ться. *You must dress in warm clothes in winter.* Хорошо́ одева́ться. *To dress well.* Оде́ться во всё но́вое. *To be dressed in new clothes.* Одева́тьс со вку́сом. *To dress taste fully.*

ОДЕ́ЖДА *f.*, *no pl.* clothes
Рабо́чая оде́жда. *Working clothes.* Ве́рхняя оде́жда. *Outdoor clothes.*

ОДЕ́ТЬ *see* **ОДЕВА́ТЬ**
ОДЕ́ТЬСЯ *see* **ОДЕВА́ТЬСЯ**

ОДЕЯ́ЛО *neut.* blanket; quilt
Ва́тное одея́ло. *A quilt.* Накрыва́ться одея́лом. *To cover oneself with a blanket.*

ОДИ́Н, одна́, одно́, одни́ *pron.*
1. alone. Я живу́ оди́н. *I live alone.* Я не люблю́ гуля́ть одна́. *I don't like walking alone.*
2. alone, only. Я оди́н могу́ э́то сде́лать. *I alone can do this.*
3. one Оди́н мой друг (оди́н из мои́х друзе́й) рассказа́л мне интере́сную исто́рию. *A friend of mine told me an interesting story.*
4. the same. Мы у́чимся на одно́м ку́рсе. *We are in the same course.*
5. *used as n.* one. Оди́н пошёл нале́во, друго́й — напра́во. *One went to the left; the other, to the right.*

ОДИНА́КОВ|ЫЙ, -ая, -ое, -ые, *short form* одина́ков, -а, -о, -ы; *adv.* одина́ково same, identical
Эти пла́тья совсе́м одина́ковые. *These dresses are quite identical.* У ни́х одина́ковые взгля́ды на литерату́ру. *They have the same ideas on literature.*

ОДИНО́К|ИЙ, -ая, -ое, -ие, *short form* одино́к, -а, -о, -и; *adv.* одино́ко
1. lonely. Одино́кий челове́к. *A lonely man.*
2. solitary. Одино́кое де́рево. *A solitary tree.*
3. lonely. Одино́кая жизнь. *A lonely life.*

ОДНА́ЖДЫ *adv.* once, one day

ОДНА́КО *conj.* however
Дождь лил как из ведра́, одна́ко рабо́та не прекраща́лась. *The rain fell in torrents, but the work never stopped.*

ОДНОВРЕМЕ́ННЫЙ, -ая, -ое, -ые; *adv.* одновреме́нно simultaneous
Мы одновреме́нно прие́хали на вокза́л. *We arrived at the station at the same time.*

О́ЗЕРО *neut.*, *pl.* озёра lake
Озеро Байка́л. *Lake Baikal.* Жене́вское о́зеро. *The Lake of Geneva.*

ОКАЗА́ТЬ *see* **ОКА́ЗЫВАТЬ**
ОКАЗА́ТЬСЯ *see* **ОКА́ЗЫВАТЬСЯ**

ОКА́ЗЫВА|ТЬ, -ю, -ешь, -ют *imp.* что? кому́? на кого́?/*p.* оказа́ть, окажу́, ока́жешь, ока́жут to render, to offer, to exert
Ока́зывать по́мощь. *To render assistance.* Ока́зывать сопротивле́ние. *To offer resistance.* Ока́зывать влия́ние (на кого, что). *To influence (somebody).*

ОКА́ЗЫВА|ТЬСЯ, -юсь, -ешься, -ются *imp.* / *p.* оказа́ться, окажу́сь, ока́жешься, ока́жутся
1. кем? каки́м? to turn out to be. Он оказа́лся о́чень интере́сным челове́ком. *He turned out to be a very interesting man.*
2. to find oneself. Неожи́данно мы оказа́лись на незнако́мой у́лице. *Suddenly we found ourselves in an unfamiliar street.* Оказа́ться в тру́дном положе́нии. *To find oneself in a difficult situation.*

3. *paren. word* Оказывается, вечер будет не в субботу, а в воскресенье. *The evening-party is in fact to take place on Sunday and not on Saturday.*

ОКÁНЧИВА|ТЬ, -ю, -ешь, -ют *imp.* ч т о?/*p.* оконч|ить, -у, -ишь, -ат to finish
Окончить работу. *To finish work.* Окончить школу. *To finish school.* Окончить институт. *To graduate from the institute.*

ОКÁНЧИВА|ТЬСЯ, *1st & 2nd pers. not used, 3rd pers.* -ется, -ются, *imp.* ч е м? /*p.* оконч|иться, *1st & 2nd pers. not used, 3rd pers.* -ится, -атся to end
Спектакль окончился поздно. *The performance ended late.*

ОКЕÁН *m.* ocean
Тихий океан. *The Pacific Ocean.* Атлантический океан. *Atlantic Ocean.* Пароход находится сейчас в океане. *The ship is now at sea.*

ОКНÓ *neut., pl.* окна, окон, окнам, *etc.* window
Окна выходят на улицу. *The windows overlook the street.* Смотреть в окно. *To look through the window.* Смотреть из окна. *To look out of the window.*

ÓКОЛО *prep. + gen.*
1. *near.* Около магазина стояло много народа. *There were many people near the shop.* Он сел около меня. *He sat down beside me.*
2. *about.* Мы гуляли около двух часов. *We walked for about two hours.*

ОКОНЧÁНИЕ *neut.* completion, end(ing)
Окончание строительства. *The completion of the construction.* Окончание сеанса. *The end of a performance.*
◇ Окончание следует. *To be continued.*

ОКÓНЧИТЬ *see* **ОКÁНЧИВАТЬ**
ОКÓНЧИТЬСЯ *see* **ОКÁНЧИВАТЬСЯ**
ОКРÉПНУТЬ *see* **КРÉПНУТЬ**
ОКРУЖÁ|ТЬ, -ю, -ешь, -ют *imp.* к о г о? ч т о? ч е м?/*p.* окруж|ить, -у, -ишь, -ат
1. to surround. Дети окружили мать. *The children surrounded their mother.*

2. *usu. no p.* to surround. Деревню со всех сторон окружали леса. *The village was completely surrounded by woods.*
3. *fig.* to surround. Окружить заботой. *To surround with solicitude.*

ОКРУЖИТЬ *see* **ОКРУЖÁТЬ**
ОКТЯБР|Ь *m., gen.* -я October
ОН *pron., m., gen., acc.* его [-во], *dat.* ему, *instr.* им, *prepos.* о нём he, it
Он приехал из Франции. *He came from France.* Столица Франции — Париж. Он стоит на Сене. *The capital of France is Paris. It is situated on the Seine.*

ОНÁ *pron., f., gen., acc.* её, *dat.* ей, *instr.* ею, *prepos.* о ней she, it
Она отдыхала на Чёрном море. *She spent her holidays at the Black Sea.* Откуда у вас эта книга? — Я купил её в книжном магазине. *"Where did you get that book?" "I bought it at a bookshop."*

ОНИ *pron., pl., gen., acc.* их, *dat.* им, *instr.* ими, *prepos.* о них they
Они много спорили о литературе. *They argued a lot about literature.* В нашем саду растут цветы. Они очень красивы. *There are flowers in our garden. They are very beautiful.*

ОНÓ *pron., neut., gen., acc.* его [-во], *dat.* ему, *instr.* им, *prepos.* о нём it
Яблоко упало. Оно лежит на земле. *The apple has dropped. It is on the ground.*

ОПÁЗДЫВА|ТЬ, -ю, -ешь, -ют *imp.* к у д а? н а с к о л ь к о? & + *inf.* / *p.* опозда|ть, -ю, -ешь, -ют to be late
Студент опоздал на урок. *The student was late for his lesson.* Вы опоздали на 15 минут. *You are 15 minutes late.* Мы опоздали к началу спектакля. *We were too late for the beginning of the performance.* Я опоздал посмотреть эту картину. *I missed that film.*

ОПÁСНОСТЬ *f.* danger
Подвергаться опасности. *To be exposed to danger.* Быть в опасности. *To be in danger.* Нам грозит опасность. *We are in danger.* Избежать опасности. *To escape danger.*

ОПА́СН|ЫЙ, -ая, -ое, -ые; *adv.* опа́сно dangerous
Опа́сный слу́чай. *A dangerous case.* Опа́сная рабо́та. *Dangerous work.* По э́той доро́ге идти́ опа́сно. *It's dangerous to go along that road.*

О́ПЕРА *f.*
1. opera. Слу́шать о́перу. *To listen to an opera.* Купи́ть биле́ты на о́перу. *To buy tickets for the opera.*
2. opera. Теа́тр о́перы и бале́та. *A theatre of opera and ballet.*

ОПЕРА́ЦИЯ *f.* operation
Хиру́рг сде́лал сло́жную опера́цию. *The surgeon performed a difficult operation.* Опера́ция на се́рдце. *A heart operation.*

ОПОЗДА́ТЬ *see* **ОПА́ЗДЫВАТЬ**
ОПРАВДА́ТЬ *see* **ОПРА́ВДЫВАТЬ**
ОПРА́ВДЫВА|ТЬ, -ю, -ешь, -ют *imp.* кого́? что? чем?/*p.* оправда́|ть, -ю, -ешь, -ют
1. to acquit. Суд его́ оправда́л. *He was acquitted by the court.*
2. to justify. Он опра́вдывал своё отсу́тствие на заня́тиях боле́знью. *He tried to justify his absence from the lessons by his illness.*
◇ Опра́вдывать дове́рие (кого́-ли́бо). *To justify (somebody's) confidence.*

ОПРЕДЕЛЕ́НИЕ *neut.* definition
То́чное определе́ние. *An exact definition.* Ме́ткое определе́ние. *A precise definition.* Дать определе́ние. *To give a definition.*

ОПРЕДЕЛЁНН|ЫЙ, -ая, -ое, -ые
1. definite. Определённый отве́т. *A definite answer.*
2. certain. Определённый поря́док. *A certain order.*

ОПРЕДЕЛИ́ТЬ *see* **ОПРЕДЕЛЯ́ТЬ**
ОПРЕДЕЛЯ́|ТЬ, -ю, -ешь, -ют *imp.* что? / *p.* определ|и́ть, -ю́, -и́шь, -я́т
1. to define. Определи́ть своё отноше́ние к собы́тиям. *To define one's attitude towards events.*
2. to determine. Определи́ть величину́. *To determine a quantity.* Определи́ть у́гол. *To determine an angle.*

ОПУСКА́|ТЬ, -ю, -ешь, -ют *imp.* кого́? что?/*p.* опусти́ть, опущу́, опу́стишь, опу́стят
1. to lower. Опусти́ть ребёнка на́ пол. *To put the child on the floor.* Опусти́ть го́лову. *To hang one's head.* Опусти́ть глаза́. *To lower one's eyes.* Опусти́ть воротни́к. *To lower the collar.*
2. to drop. Опусти́ть письмо́ в я́щик. *To drop a letter into a post-box.*

ОПУСТИ́ТЬ *see* **ОПУСКА́ТЬ**
О́ПЫТ *m.*
1. *no pl.* experience. Жи́зненный о́пыт. *Life's experience.* Опыт рабо́ты. *Experience of work.* Име́ть большо́й о́пыт. *To have great experience.* Испо́льзовать свой о́пыт. *To utilise one's experience.*
2. experiment. Хими́ческие о́пыты. *Chemical experiments.* Проводи́ть о́пыты. *To make experiments.* В лаборато́рии идёт о́пыт. *An experiment is in progress in the laboratory.*

О́ПЫТН|ЫЙ, -ая, -ое, -ые, *short form* о́пытен, о́пытн|а, -о, -ы
1. experienced. Опытный рабо́чий. *An experienced worker.* Опытный руководи́тель. *An experienced leader.* Опытный преподава́тель. *An experienced teacher.*
2. *only complete form* experimental. Опытная рабо́та. *Experimental work.* Опытная сельскохозя́йственная ста́нция. *An experimental agricultural station.*

ОПЯ́ТЬ *adv.* again
Сего́дня опя́ть плоха́я пого́да. *We are having bad weather again today.*

О́РГАН *m.*
1. organ. Органы ре́чи. *The organs of speech.* Орган слу́ха. *The organ of hearing.* Органы дыха́ния. *Respiratory organs.*
2. organ. Госуда́рственный о́рган. *An organ of government.* Парти́йные о́рганы. *Party organs.* Органы мили́ции. *Militia organs.*
3. organ. Газе́та «Изве́стия» — о́рган Прези́диума Верхо́вного Сове́та СССР. *The newspaper Izvestia is the organ of the*

Presidium of the Supreme Soviet of the USSR.

ОРГАНИЗА́ЦИЯ *f.*
1. *no pl.* organisation.Организа́ция ве́чера. *Organisation of an enening-party.* Организа́ция рабо́ты. *Organisation of work.* Организа́ция экспеди́ции. *Organisation of an expedition.*
2. organisation. Парти́йная организа́ция. *A party organisation.* Профсою́зная организа́ция. *A trade-union organisation.*

ОРГАНИЗ|ОВА́ТЬ, -у́ю, -у́ешь, -у́ют *imp. & p.* к о г о? ч т о?
1. to organise. Организова́ть экску́рсию. *To organise an excursion.* Организова́ть ве́чер самоде́ятельности. *To organise an amateur concert.*
2. to plan. Организова́ть рабо́ту. *To plan work.* Организова́ть своё вре́мя. *To plan one's time.*

О́РД|ЕН *m., pl.* -á order
Награди́ть о́рденом. *To award an order.* Получи́ть о́рден. *To receive an order.*

ОРЁЛ *m., gen.* орла́ eagle

ОРЕ́Х *m.* nut
Кру́пные оре́хи. *Large nuts.* Ме́лкие оре́хи. *Small nuts.* Лесны́е оре́хи. *Hazel nuts.* Коко́совые оре́хи. *Coco-nuts.* Гре́цкие оре́хи. *Walnuts.* Коло́ть оре́хи. *To crack nuts.*

ОРКЕ́СТР *m.* orchestra
Симфони́ческий орке́стр. *A symphony orchestra.* Орке́стр под управле́нием дирижёра Мрави́нского. *An orchestra conducted by Mravin sky.* Орке́стр исполня́ет 5-ую симфо́нию Чайко́вского. *The orchestra is playing Tchaikovsky's 5th symphony.* Конце́рт для фортепиа́но с орке́стром. *A concerto for piano and orchestra.*

ОРОСИ́ТЬ *see* **ОРОША́ТЬ**

ОРОША́|ТЬ, -ю, -ешь, -ют *imp.* ч т о?/*p.* оро|си́ть, -шу́, -си́шь, -ся́т to irrigate
Ороша́ть сте́пи. *To irrigate the steppes.*

ОРУ́ДИЕ *neut.*
1. implement. Ору́дия произво́дства. *Implements of production.*

Сельскохозя́йственные ору́дия. *Agricultural implements.*
2. gun. Артиллери́йское ору́дие. *Piece of ordnance.*

ОРУ́ЖИЕ *neut., no pl.*
1. weapon. Совреме́нное ору́жие. *A modern weapon.*
2. *fig.* weapon. Печа́ть — могу́чее ору́жие. *The press is a mighty weapon.*

ОСВА́ИВА|ТЬ, -ю, -ешь, -ют *imp.* ч т о?/*p.* осво́|ить, -ю, -ишь, -ят to master
Осво́ить но́вые ме́тоды рабо́ты. *To master new methods of work.* Осва́ивать но́вые зе́мли. *To bring new land under cultivation.* Осво́ить но́вый стано́к. *To learn to use a new machine-tool.*

ОСВЕТИ́ТЬ *see* **ОСВЕЩА́ТЬ**

ОСВЕЩА́|ТЬ, -ю, -ешь, -ют *imp.* к о г о? ч т о? / *p.* осве|ти́ть, -щу́, -ти́шь, -тя́т to light
Насто́льная ла́мпа хорошо́ освеща́ет стол. *A desk-lamp lights the desk well.*

ОСВОБОДИ́ТЬ *see* **ОСВОБОЖДА́ТЬ**
ОСВОБОДИ́ТЬСЯ *see* **ОСВОБОЖДА́ТЬСЯ**

ОСВОБОЖДА́|ТЬ, -ю, -ешь, -ют *imp.* к о г о? ч т о? о т к о г о? о т ч е г о? / *p.* освобо|ди́ть, -жу́, -ди́шь, -ди́т
1. to free. Освободи́ть наро́ды от ра́бства и угнете́ния. *To free the peoples from slavery and oppression.*
2. to vacate. Освободи́ть ме́сто. *To vacate a place.*

ОСВОБОЖДА́|ТЬСЯ, -юсь, -ешься, -ются *imp.* о т к о г о? о т ч е г о? & *without an object* / *p.* освобо|ди́ться, -жу́сь, -ди́шься, -дя́тся
1. to free oneself. Освободи́ться от гнёта, от ра́бства. *To free oneself from oppression, from slavery.*
2. to get free. Я освободи́лся сего́дня в 6 часо́в. *I was free at 6 o'clock today.*
3. to become vacant. Ме́сто за столо́м освободи́лось. *The seat at the table became vacant.*

ОСВО́ИТЬ *see* **ОСВА́ИВАТЬ**

ОСЕ́НН|ИЙ, -яя, -ее, -ие autumn
Осе́нний день. *An autumn day.* Осе́ннее пальто́. *An autumn coat.*

ÓСЕНЬ *f., no pl.* autumn
Золотáя óсень. *A golden autumn.*
Поздняя óсень. *Late autumn.*
ÓСЕНЬЮ *adv.* к о г д á? in autumn
Óсенью здесь чáсто идýт дожди.
It often rains here in autumn.
ОСКОРБИ́ТЬ *see* **ОСКОРБЛЯ́ТЬ**
ОСКОРБЛЯ|ТЬ, -ю, -ешь, -ют *imp.*
к о г ó? ч т о? ч е м?/*р.* оскор|би́ть,
-блю́, -би́шь, -би́т to insult
Оскорби́ть человéка. *To insult a
person.* Вáши словá меня́ глубокó
оскорби́ли. *Your words were a grave
insult to me.*
ОСЛА́БИТЬ *see* **ОСЛАБЛЯ́ТЬ**
ОСЛАБЛЯ|ТЬ, -ю, -ешь, -ют *imp.*
к о г ó? ч т о?/*р.* ослá|бить, -блю,
-бишь, -бят
1. to weaken. Болéзнь ослáбила
егó органи́зм. *The illness had
weakened his organism.*
2. *fig.* to relax Ослáбить внимáние.
To relax attention.
ОСМА́ТРИВА|ТЬ, -ю, -ешь, -ют *imp.*
к о г ó? ч т о?/*р.* осмотрéть, осмот-
рю́, осмóтришь, осмóтрят
1. to see. Осмáтривать музéи,
вы́ставки, картины. *To see mu-
seums, exhibitions, pictures.*
2. to examine. Врач осмотрéл больнóго. *The doctor examined the
patient.*
ОСМОТРÉТЬ *see* **ОСМА́ТРИВАТЬ**
ОСНÓВА *f.*
1. basis. Оснóвой доклáда бы́ли
сóбственные впечатлéния áвто-
ра. *The report was based on the
author's own impressions.*
2. *only pl.* fundamentals. Оснóвы
геолóгии. *Foundations of geology.*
◇ **На оснóве óпыта.** *On the basis
of experience.*
ОСНОВÁТЕЛЬ *m.* founder
Основáтель учéния, теóрии, наýки. *The founder of a teaching, theory, science.* Основáтель гóрода.
The founder of the city.
ОСНОВÁТЬ *see* **ОСНÓВЫВАТЬ**
ОСНОВН|ÓЙ, -áя, -óе, -ы́е cardinal,
basic
Основнóй вопрóс международной
обстанóвки. *The main problem of
the international situation.* В основ-
нóм вы прáвы. *On the whole you
are right.*

ОСНÓВЫВА|ТЬ, -ю, -ешь, -ют *imp.*
ч т о? / *р.* осн|овáть, -ую, -уёшь,
-уют
1. to found. Основáть гóрод. *To
found a city.* Основáть универ-
ситéт. *To found a university.*
2. to base. На чём вы оснóвывае-
те вáше мнéние? *What do you
base your opinion on?*
ОСÓБЕННОСТЬ *f.* peculiarity
Осóбенности рабóты. *Peculiarities
of a work.* Худóжественные осóбенности ромáна. *The artistic peculiarities of a novel.* Осóбенности
харáктера э́того человéка. *The
peculiar features of that man's
character.*
◇ **В осóбенности.** *In particular.*
ОСÓБЕНН|ЫЙ, -ая, -ое, -ые; *adv.*
осóбенно
1. particular, especial. Осóбенный
успéх имéло выступлéние мо-
лодóй певи́цы. *The performance of the young singer was particularly successful.*
2. peculiar. У неё какóй-то осóбенный костю́м. *She wears a
somewhat unusual costume.*
ОСТА|ВÁТЬСЯ, -ю́сь, -ёшься, -ю́тся
imp./р. остá|ться, -нусь, -нешься,
-нутся
1. to remain. Пóсле окончáния
институ́та я остáлся в роднóм
гóроде. *On graduating from the
institute I remained in my native town.*
2. to remain. Он óчень измени́л-
ся, тóлько глазá остáлись
прéжними. *He has changed a lot,
only his eyes are still the same.*
3. to be left. Он остáлся сиротóй.
He was left an orphan. У меня́
остáлось 10 рублéй. *I have
10 roubles left.* Дéти остáлись без роди́телей. *The children were left without parents.*
◇ **Остáться в живы́х.** *To remain
alive.* **Оставáться при своём мнé-
нии.** *To remain of the same opinion.*
ОСТА́ВИТЬ *see* **ОСТАВЛЯ́ТЬ**
ОСТАВЛЯ|ТЬ, -ю, -ешь, -ют *imp.*
к о г ó? ч т о? / *р.* остá|вить, -влю,
-вишь, -вят
1. to leave. Остáвить тетрáдь дóма. *To leave a copy-book at home.*

2. to leave. Он оста́вил дру́гу запи́ску. *He left a note for his friend.*

3. to leave. Мать оста́вила я́блоки для дете́й. *The mother left the apples for her children.*

4. to leave. Оста́вить родно́й дом. *To leave one's home.*

5. to leave alone (*only imper.*). Оста́вь ребёнка, не тро́гай его́! *Leave the child alone, don't touch him!*

ОСТАЛЬН|О́Й, -а́я, -о́е, -ы́е

1. (the) rest. В ию́ле студе́нты бы́ли в до́ме о́тдыха, остальну́ю часть кани́кул они́ провели́ в тури́стском похо́де. *In July the students were at a rest-home, the rest of their holidays they spent hiking.* Э́то я́блоко оста́вь мне, а остальны́е возьми́ себе́. *Leave that apple for me, and take the rest.*

2. used as n., pl. the rest. Мы с Па́влом пришли́ в 6 часо́в, остальны́е поздне́е. *Pavel and I came at 6 o'clock; the rest came later.*

ОСТАНА́ВЛИВА|ТЬ, -ю, -ешь, -ют *imp.* к о г о? ч т о?/*p.* оста|нови́ть, -новлю́, -но́вишь, -но́вят

1. to stop. Останови́ть бегу́щего челове́ка. *To stop a running man.* Останови́ть по́езд стоп-кра́ном. *To stop the train with the emergency brake.* Останови́ть рабо́ты. *To cease work.*

2. to rest. Останови́ть взгляд на карти́не. *To rest one's gaze on a picture.*

3.: Он не зна́л, на чём останови́ть свой вы́бор. *He didn't know what to fix his choice on.*

ОСТАНА́ВЛИВА|ТЬСЯ, -юсь, -ешься, -ются *imp.* г д е?/*p.* оста|нови́ться, -новлю́сь, -но́вишься, -но́вятся

1. to stop. Вдруг по́езд останови́лся. *The train suddenly stopped.*

2. to stop working. Стано́к останови́лся из-за того́, что не́ бы́ло электроэне́ргии. *The machine-tool stopped working because of a power failure.*

3. *fig.* to deal. Профе́ссор в свое́й ле́кции останови́лся на пробле́мах совреме́нной те́хники.

In his lecture the professor dealt with the problems of modern technology.

4. to put up. Останови́ться в гости́нице. *To put up at a hotel.*

ОСТАНОВИ́ТЬ *see* **ОСТАНА́ВЛИВАТЬ**

ОСТАНОВИ́ТЬСЯ *see* **ОСТАНА́ВЛИВАТЬСЯ**

ОСТАНО́В|КА *f., gen. pl.* -ок

1. stop. Сде́л ть остано́вку. *To stop.*

2. pause. Говори́ть без остано́вки. *To speak without stopping.*

3. stop. Авто́бусная остано́вка. *A bus stop.* На остано́вке стоя́ла гру́ппа студе́нтов. *There was a group of students at the stop.* Коне́чная остано́вка. *A terminal.* Вам на́до е́хать 5 остано́вок. *You must get off at the sixth stop.* Нам сходи́ть на сле́дующей остано́вке. *We get off at the next stop.*

ОСТА́ТЬСЯ *see* **ОСТАВА́ТЬСЯ**

ОСТОРО́ЖН|ЫЙ, -ая, -ое, -ые, *short form* осторо́жен, осторо́жн|а, -о, -ы; *adv.* осторо́жно careful Осторо́жный челове́к. *A careful person.* Он осторо́жно поста́вил на стол ва́зу с цвета́ми. *He put the vase of flowers on the table carefully.* Осторо́жно! *Take care! Be careful!*

О́СТРОВ *m., pl* -а́ island

ОСТРОУ́МН|ЫЙ, -ая, -ое, -ые, *short form* остроу́мен, остроу́мн|а, -о, -ы; *adv.* остроу́мно witty Остроу́мный челове́к. *A witty person.* Остроу́мный отве́т. *A witty answer.*

О́СТР|ЫЙ, -ая, -ое, -ые, *short form* остёр, остра́, о́стр|о, -ы

1. sharp. О́стрый нож. *A sharp knife.*

2. *fig.* keen, sharp. О́строе зре́ние. *Keen eyesight.* О́стрый ум. *A sharp wit.*

3. *fig.* sharp. О́страя боль. *A sharp pain.*

4. *fig.* pungent. О́стрый со́ус. *A pungent sauce.*

◇ Обходи́ть о́стрые углы́. *To avoid all controversial subjects.*

ОСУЩЕСТВИ́ТЬ *see* **ОСУЩЕСТВЛЯ́ТЬ**

ОСУЩЕСТВИ́ТЬСЯ *see* **ОСУЩЕСТВ-ЛЯ́ТЬСЯ**

ОСУЩЕСТВЛЯ́|ТЬ, -ю, -ешь, -ют *imp.* ч т о?/*p.* осуществ|и́ть, -влю́, -ви́шь, -вя́т to realise
Осуществи́ть план, мечту́, жела́ние. *To realise a plan, one's dream, one's wish.* Осуществи́ть электрифика́цию наро́дного хозя́йства. *To electrify the national economy.*

•**ОСУЩЕСТВЛЯ́|ТЬСЯ**, *1st & 2nd pers. not used, 3rd pers.* -ется, -ются *imp.*/*p.* осуществ|и́ться, *1st & 2nd pers. not used, 3rd pers.* -и́тся, -я́тся to realise
Наш план осуществи́лся. *Our plan has been realised.*

ОТ (ОТО) *prep.* + *gen.*
  1. from. Отъе́хать от го́рода. *To go a certain distance from the city.* Уе́хать от родны́х. *To go away from one's relatives.* От Москвы́ до Ленингра́да. *From Moscow to Leningrad.* От трёх до пяти́. *From three to five.*
  2. from. Получи́ть письмо́ от отца́. *To get a letter from one's father.* Узна́ть но́вости от това́рища. *To learn the news from one's friend.*
  3. for. От волне́ния он не мо́г сказа́ть ни сло́ва. *He couldn't utter a word for excitement.* От ра́дости. *For joy.* От стра́ха. *For fear.*
  4. to. Ключ от ко́мнаты. *A key to a room.*
  5. from, against. Защи́та от врага́. *Defence against the enemy.* Лека́рство от гри́ппа. *A medicine for the 'flu.*
  ◇ От души́. *Sincerely.* От всего́ се́рдца. *With all one's heart.* От и́мени кого́-либо. *On somebody's behalf.*

ОТВЕ́Т *m.*
  1. answer. Написа́ть отве́т. *To write an answer.* Дать отве́т. *To give an answer.* Отве́т на письмо́. *An answer to a letter.*
  2. answer. Хоро́ший отве́т ученика́ на уро́ке. *The pupil's good answer at a lesson.*
  3. solution. Отве́т зада́чи. *The solution of a problem.* Пра́вильный отве́т. *A correct solution.*

ОТВЕ́ТИТЬ *see* **ОТВЕЧА́ТЬ**

ОТВЕ́ТСТВЕНН|ЫЙ, -ая, -ое, -ые *adv.* отве́тственно responsible
Отве́тственный рабо́тник. *A responsible worker.* Отве́тственный реда́ктор. *The editor-in-chief.* Отве́тственный за рабо́ту. *Responsible for the work.*

ОТВЕЧА́|ТЬ, -ю, -ешь, -ют *imp.*/*p.* отве́|тить, -чу, -тишь, -тят
  1. ч т о? к о м у? н а ч т о? to answer. Отве́тить дру́гу. *To answer one's friend.* Отве́тить на вопро́с. *To answer a question.* Отве́тить на письмо́. *To answer a letter.* Отвеча́ть уро́к. *To say one's lesson.*
  2. ч е м? н а ч т о? to return. Отвеча́ть дру́жбой на дру́жбу. *To return somebody's friendship.* Отве́тить уда́ром на уда́р. *To return blow for blow.*
  3. ч е м у? *no p.* to meet, to satisfy. Э́та рабо́та отвеча́ет мои́м интере́сам и жела́ниям. *This work satisfies my interests and wishes.*
  4. з а ч т о? *no p.* to be responsible. Отвеча́ть за рабо́ту. *To be responsible for the work.*

ОТДА|ВА́ТЬ, -ю́, -ёшь, -ю́т *imp.* к о г о? ч т о? к о м у? ч е м у? /*p.* отда́ть, отда́м, отда́шь, отда́ст, отдади́м, отдади́те, отдаду́т, *past* о́тдал, отдала́, о́тдал|о, -и
  1. to return. Отда́ть кни́гу в библиоте́ку. *To return a book to the library.*
  2. *fig.* to devote. Отдава́ть все си́лы люби́мой рабо́те. *To devote all one's strength to the work one likes.* Отда́ть жизнь за ро́дину. *To give up one's life for one's country.*

ОТДА́ТЬ *see* **ОТДАВА́ТЬ**

ОТДЕ́ЛЬН|ЫЙ, -ая, -ое, -ые separate
Отде́льная кварти́ра. *A separate flat.* Отде́льная ко́мната. *A separate room.*

ОТДОХНУ́ТЬ *see* **ОТДЫХА́ТЬ**

О́ТДЫХ *m.*, *no pl.* rest
Пра́во на о́тдых. *The right to rest.* Ле́тний о́тдых. *Summer holidays.*
  ◇ Дом о́тдыха. *A rest-home.*

ОТДЫХА́|ТЬ, -ю, -ешь, -ют *imp.* г д е?/*p.* отдохн|у́ть, -у́, -ёшь, -у́т to rest

Лётом мы отдыха́ли на берегу́ мо́ря (в санато́рии, в до́ме о́тдыха). *In summer we rested at the seaside (in a sanatorium, in a rest-home)*. По́сле обе́да мы отдыха́ем. *We have a rest after dinner.*

ОТ|Е́Ц *m.*, *gen.* -ца́ father

ОТЕ́ЧЕСТВЕНН|ЫЙ, -ая, -ое, -ые home
Това́ры оте́чественного произво́дства. *Home-made goods.*
◇ Оте́чественная война́. *A patriotic war.*

ОТЕ́ЧЕСТВО *neut.* fatherland

ОТКАЗА́ТЬСЯ *see* **ОТКА́ЗЫВАТЬСЯ**

ОТКА́ЗЫВА|ТЬСЯ, -юсь, -ешься, -ются *imp.* от кого́? от чего́? & + *inf.*/*p.* отказа́ться, откажу́сь, отка́жешься, отка́жутся
1. to refuse. Он отказа́лся вы́полнить прика́з. *He refused to carry out the order.*
2. to refuse, to decline, to give up. Он отказа́лся от де́нег. *He refused to take the money.* Отказа́ться от свои́х слов. *To go back on one's words.* Отказа́ться от приглаше́ния. *To decline an invitation.* Отказа́ться от свои́х прав. *To give up one's rights.*

ОТКРОВЕ́НН|ЫЙ, -ая, -ое, -ые, *short form* открове́нен, открове́нн|а, -о, -ы; *adv.* открове́нно frank
Открове́нный разгово́р. *A frank conversation.* Говори́ть открове́нно. *To speak frankly.*

ОТКРЫВА́|ТЬ, -ю, -ешь, -ют *imp.* что о?/*p.* откры́ть, откро́|ю, -ешь, -ют
1. to open. Откры́ть дверь. *To open a door.* Откры́ть чемода́н. *To open a suit-case.* Откры́ть кни́гу. *To open a book.* Откры́ть глаза́. *To open one's eyes.*
2. to open. Откры́ть но́вый магази́н, но́вую столо́вую. *To open a new shop, a new dining-hall.*
3. to open. Откры́ть вы́ставку, собра́ние. *To open an exhibition, a meeting.*
4. to discover. Откры́ть месторожде́ние, но́вую плане́ту, но́вый элеме́нт. *To discover a mineral deposit, a new planet, a new element.*

◇ Откры́ть Аме́рику. *To say something which everyone already knows.* Cf. *Queen Ann is dead.*

ОТКРЫВА́|ТЬСЯ, *1st and 2nd pers. not used*, *3rd pers.* -ется, -ются *imp.*/*p.* откры́ться, *1st and 2nd pers. not used*, *3rd pers.* откро́|ется, -ются
1. to open. Откры́лось окно́. *The window opened.*
2. to open. Столо́вая открыва́ется в 8 часо́в. *The dining-hall opens at 8 o'clock.*

ОТКРЫ́ТИЕ *neut.*
1. *no pl.* inauguration, opening. Откры́тие но́вого институ́та. *The inauguration of a new institute.* Откры́тие вы́ставки. *The opening of an exhibition.*
2. discovery. Нау́чное откры́тие. *A scientific discovery.* Откры́тия в о́бласти фи́зики. *Discoveries in the field of physics.* Сде́лать откры́тие. *To make a discovery.*

ОТКРЫ́Т|КА *f.*, *gen. pl.* -ок postcard
Почто́вая откры́тка. *A postcard.* Посла́ть откры́тку. *To send a postcard.* Получи́ть откры́тку. *To receive a postcard.* Поздрави́тельная откры́тка. *A postcard of congratulation.*

ОТКРЫ́Т|ЫЙ, -ая, -ое, -ые
1. open. Откры́тая ме́стность. *Open country.*
2. *fig.* frank. Откры́тое лицо́. *A frank face.*
◇ Откры́тое мо́ре. *The open sea.* Откры́тое письмо́. *An open letter.* Под откры́тым не́бом. *In the open air.*

ОТКРЫ́ТЬ *see* **ОТКРЫВА́ТЬ**

ОТКРЫ́ТЬСЯ *see* **ОТКРЫВА́ТЬСЯ**

ОТКУ́ДА *adv.* where from
Отку́да вы прие́хали? *Where did you come from?* Отку́да вы э́то зна́ете? *How do you know that?* Я зна́ю, отку́да ты идёшь. *I know where you are coming from.*

ОТЛИЧА́|ТЬСЯ, -юсь, -ешься, -ются *imp.* от кого́? от чего́? to be different
Ваш план отлича́ется от други́х глубино́й. *Your plan differs from the others by its profundity.*

ОТЛИ́ЧНО *adv.*
1. excellently, very well. Вы отли́чно э́то зна́ете. *You know it very well.*
2. *used as n.* Учи́ться на «отли́чно». *To get only excellent marks.* Получи́ть «отли́чно» по ру́сскому языку́. *To get an excellent mark in Russian.* Поста́вить ученику́ «отли́чно». *To give a pupil an excellent mark.*

ОТМЕ́Т|КА *f.*, *gen. pl.* -ок mark Я получи́л хоро́шую отме́тку по ру́сскому языку́. *I got a good mark in Russian.*

ОТНЕСТИ́ *see* **ОТНОСИ́ТЬ**

ОТНЕСТИ́СЬ *see* **ОТНОСИ́ТЬСЯ**

ОТНИМА́|ТЬ, -ю, -ешь, -ют *imp.* кого́? что? у кого́? у чего́?/*p.* отня́ть, отниму́, отни́мешь, отни́мут, *past* о́тнял, отня́л|а́, о́тнял|о, -и
1. to take away. У ма́льчика о́тняли мяч. *They took the ball away from the boy.*
2. to take. Разгово́р о́тнял у меня́ мно́го вре́мени. *The conversation took away a lot of my time.*
3. to subtract. От десяти́ отня́ть три бу́дет семь. *If 3 is subtracted from 10 the answer is 7.*

ОТНОСИ́ТЬ, отношу́, отно́сишь, отно́сят *imp.* куда́? кому́?/*p.* отнес|ти́, -у́, -ёшь, -у́т, *past* отнёс, отнесл|а́, -о́, -и́ to take (to some place) Я отнёс кни́ги в библиоте́ку. *I took the books back to the library.* Мы отнесли́ цветы́ преподава́телю. *We took the flowers to the teacher.*

ОТНОСИ́ТЬСЯ, отношу́сь, отно́сишься, отно́сятся *imp.* как? к кому́? к чему́?/*p.* отнес|ти́сь, -у́сь, -ёшься, -у́тся, *past* отнёсся, отнесл|а́сь, -о́сь, -и́сь
1. to treat. Хорошо́ (пло́хо) относи́ться к кому́-либо. *To treat somebody well (badly).*
2. *no p.* to concern. Мои́ слова́ не отно́сятся к вам. *My words do not concern you.* Э́то не отно́сится к де́лу. *It's beside the point.*

ОТНОШЕ́НИЕ *neut.*
1. *no pl.* attitude. Хоро́шее отноше́ние к лю́дям. *A kind attitude to people.*
2. *no pl.* relation. Э́то не име́ет ко мне отноше́ния. *It has nothing to do with me.*
3. *only pl.* relations. Дру́жеские отноше́ния. *Friendly relations.* Дипломати́ческие отноше́ния ме́жду стра́нами. *Diplomatic relations between countries.* Установи́ть (разорва́ть) дипломати́ческие отноше́ния. *To establish (to break off) diplomatic relations.*
◇ Быть с ке́м-либо в каки́х-либо отноше́ниях. *To be on (some sort of) terms with somebody.*

ОТНЯ́ТЬ *see* **ОТНИМА́ТЬ**

ОТОЙТИ́ *see* **ОТХОДИ́ТЬ**

ОТПРА́ВИТЬ *see* **ОТПРАВЛЯ́ТЬ**

ОТПРА́ВИТЬСЯ *see* **ОТПРАВЛЯ́ТЬСЯ**

ОТПРАВЛЯ́|ТЬ, -ю, -ешь, -ют *imp.* кого́? что? куда́?/*p.* отпра́|вить, -влю, -вишь, -вят to send Мать отправля́ет сы́на в шко́лу. *The mother sends her son to school.* Я отпра́вил домо́й письмо́ (телегра́мму, посы́лку). *I sent a letter (a wire, a parcel) home.*

ОТПРАВЛЯ́|ТЬСЯ, -юсь, -ешься, -ются *imp.* куда́? *without an obj.* & + *inf.*/*p.* отпра́|виться, -влюсь, -вишься, -вятся
1. to go. По́сле заня́тий мы отпра́вились гуля́ть. *After the lessons we went for a walk.* Мы отпра́вились в парк. *We went to the park.* Отпра́виться в путь. *To set out.*
2. to leave. По́езд отправля́ется че́рез 10 мину́т от 5-й платфо́рмы. *The train leaves in 10 minutes from platform 5.*

О́ТПУСК *m.* holidays Ле́тний о́тпуск. *Summer holidays.* Ме́сячный о́тпуск. *A month's holiday.* Пойти́ в о́тпуск. *To go on one's holidays.* Верну́ться из о́тпуска. *To return after one's holidays.* Быть в о́тпуске (в отпуску́). *To be on one's holidays.* Проводи́ть о́тпуск на ю́ге. *To spend one's holidays in the South.*

ОТПУСКА́|ТЬ, -ю, -ешь, -ют *imp.* кого́? что?/*p.* отпусти́ть, отпущу́, отпу́стишь, отпу́стят
1. to let go. Мать не отпуска́ла ребёнка от себя́. *The mother*

*did not let her child go away
from her.*
2. to let go. Он отпусти́л мою́ ру́-
ку. *He let go of my hand.*
ОТПУСТИ́ТЬ *see* **ОТПУСКА́ТЬ**
ОТРАЖЕ́НИЕ *neut.*
   1. *no pl.* reflection. Отраже́ние
   све́та. *The reflection of light.*
   2. reflection. Уви́деть своё отра-
   же́ние в зе́ркале, гла́дкой по-
   ве́рхности воды́. *To see one's
   reflection in a mirror, on the
   smooth surface of the water.*
   3. *fig. no pl.* reflection. Всё э́то
   нашло́ отраже́ние в его́ кни́ге.
   All this was reflected in his book.
   4. *philos. no pl.* reflection. Тео́рия
   отраже́ния. *The theory of reflection.*
ОТРЕ́ЗАТЬ *see* **РЕ́ЗАТЬ, 2**
ОТРЯ́Д *m.* detachment
   Пионе́рский отря́д. *A Young Pioneer detachment.* Партиза́нский от-
   ря́д. *A guerrilla detachment.*
ОТСТА|ВА́ТЬ, -ю́, -ёшь, -ю́т *imp.*
   от кого́? от чего́? *or without
   an obj./p.* отста́|ть, -ну, -нешь, -нут
   1. to lag behind. Он шёл ме́длен-
   но и ско́ро отста́л от това́ри-
   щей. *He walked slowly and soon
   he fell behind his friends.*
   2. *colloq.* to miss. На одно́й оста-
   но́вке я отста́л от по́езда. *At
   one stop I missed my train.*
   3. to fall behind. Я мно́го боле́л
   и отста́л от гру́ппы. *I was ill
   for a long time and I fell behind my group.* Отста́ть от жи́з-
   ни. *To lag behind life.*
   4. to be slow. Часы́ отстаю́т на
   10 мину́т. *The watch (clock) is
   10 minutes slow.*
ОТСТА́Л|ЫЙ, -ая, -ое, -ые backward
   Отста́лая страна́. *A backward country.* Отста́лые взгля́ды. *Backward
   views.*
ОТСТА́ТЬ *see* **ОТСТАВА́ТЬ**
ОТСТУПА́|ТЬ, -ю, -ешь, -ют *imp.*
   /р. отступи́ть, отступлю́, отсту́-
   пишь, отсту́пят
   1. to retreat. Войска́ отступи́ли.
   The troops have retreated. | *fig.*
   Не отступа́йте пе́ред тру́днос-
   тями. *Don't give in in the face
   of difficulties.*

2. от чего́? to deviate. Отсту-
па́ть от пра́вил, от но́рмы. *To
deviate from the rules, the norm.*
ОТСТУПИ́ТЬ *see* **ОТСТУПА́ТЬ**
ОТСУ́ТСТВ|ОВАТЬ, -ую, -уешь, -уют
   imp. to be absent
   Отсу́тствовать на уро́ке по бо-
   ле́зни, по уважи́тельной причи́-
   не. *To be absent from the lesson
   owing to illness, for good reasons.*
   Он отсу́тствовал 3 ме́сяца. *He
   was absent for 3 months.*
ОТСЮ́ДА *adv.* from here
   Отсю́да видна́ вся Москва́. *One
   can see the whole of Moscow from
   here.* Отсю́да хорошо́ слы́шно. *You
   can hear well from here.* Не уходи́
   отсю́да. *Don't go away from here.*
ОТТУ́ДА *adv.* from there
   В за́ле игра́л орке́стр, отту́да
   слы́шался смех, зву́ки пе́сен. *An
   orchestra was playing in the hall,
   from which came laughter and
   songs.* Вы бы́ли в кино́? — Да, мы
   идём отту́да. *"Have you been to
   the cinema?" 'Yes, we are coming
   from there."*
ОТХОДИ́ТЬ, отхожу́, отхо́дишь, от-
   хо́дят *imp.* от кого́? от че-
   го́?/р. отой|ти́, -ду́, -дёшь, -ду́т,
   past отошёл, отошл|а́, -о́, -и́
   1. to go away. Мы отошли́ от ма-
   гази́на на не́сколько шаго́в.
   *We went a few steps away from
   the shop.*
   2. to leave. По́езд отхо́дит в 6 ча-
   со́в. *The train leaves at 6
   o'clock.*
О́ТЧЕСТВО *neut.* patronymic
   Назови́те ва́ше и́мя, о́тчество и
   фами́лию. *Give your name, patronymic and surname.*
ОТЪЕ́ЗД *m., no pl.* departure
   Отъе́зд назна́чен на 6 часо́в. *The
   departure is fixed for 6 o'clock.* В
   день отъе́зда. *On the day of departure.*
ОТЪЕЗЖА́|ТЬ, -ю, -ешь, -ют *imp./*
   р. отъе́хать, отъе́д|у, -ешь, -ут to
   drive off
   Маши́на отъе́хала от до́ма и сверну́-
   ла на шоссе́. *The car drove away
   from the house and turned on to the
   highway.*
ОТЪЕ́ХАТЬ *see* **ОТЪЕЗЖА́ТЬ**
ОФИЦЕ́Р *m.* officer

ОФИЦИА́ЛЬН|ЫЙ, -ая, -ое, -ые; *adv.* официа́льно
1. official. Официа́льное заявле́ние. *An official statement.* Официа́льный визи́т. *An official visit.* Официа́льное лицо́. *An official.*
2. official, formal. Официа́льный язы́к. *An official language.* Официа́льное приглаше́ние. *A formal invitation.* Говори́ть официа́льным то́ном. *To speak in an official manner.*

ОХО́ТА *f., no pl.* hunting
Быть на охо́те. *To hunt.* Уча́ствовать в охо́те. *To take part in a hunt.* Идти́ на охо́ту. *To go hunting.* Охо́та на волко́в. *Wolf-shooting.* Охо́та с соба́ками. *A chase.*

ОХО́ТНИК *m.* hunter

ОХО́ТНО *adv.* readily, willingly
Я охо́тно соглаша́юсь с ва́ми. *I readily agree with you.*

ОХРАНЯ́|ТЬ, -ю, -ешь, -ют *imp.* кого́? что? от кого́? от чего́? to guard
Охраня́ть зда́ние. *To guard a building.* Охраня́ть грани́цу. *To guard the frontier.*

О́ЧЕНЬ *adv.* very; very much
Очень краси́вый парк. *A very beautiful park.* Я о́чень пло́хо понима́ю по-ру́сски. *I understand Russian very badly.* На ве́чер пришло́ о́чень мно́го наро́ду. *There were very many people at the evening-party.* Мне о́чень нра́вится э́тот фильм. *I like this film very much.*

О́ЧЕРЕД|Ь *f., gen. pl.* -ей
1. queue. Стоя́ть в о́череди. *To stand in a queue.* Очередь за биле́тами. *A queue for tickets.*
2. turn.
◇ Сде́лать в пе́рвую о́чередь. *To do in the first place.* В свою́ о́чередь. *In its turn.*

ОЧИ́СТИТЬ *see* **ЧИ́СТИТЬ**, 2

ОЧК|И́ *no sing., gen.* -о́в spectacles
Носи́ть очки. *To wear spectacles.* Челове́к в очка́х. *A man in spectacles.* Тёмные очки́. *Sun-glasses.* Я пло́хо ви́жу без очко́в. *I see badly without spectacles.*

ОШИБА́|ТЬСЯ, -юсь, -ешься, -ются *imp.* в ком? в чём? *or without*
an obj./p. ошиб|и́ться, -у́сь, -ёшься, -у́тся, *past* ошибся, ошибла|сь -ось, -ись to make a mistake
Студе́нт ошибся при реше́нии зада́чи. *The student made a mistake in solving the problem.* Констру́ктор ошибся в расчётах. *The designer made a mistake in his calculations.* Я ошибся в моём това́рище. *I was disappointed in my friend.* Я ошиба́лся, когда́ ду́мал о тебе́ пло́хо. *I was wrong when I thought badly of you.* Глубоко́ ошиба́ться. *To be greatly mistaken.*

ОШИБИ́ТЬСЯ *see* **ОШИБА́ТЬСЯ**

ОШИ́Б|КА *f., gen. pl.* -ок mistake
Гру́бая оши́бка. *A gross mistake.* Сде́лать оши́бку. *To make a mistake.* Писа́ть с оши́бками. *To make mistakes in writing.* Исправля́ть оши́бки. *To correct mistakes.* Сде́лать что́-нибудь по оши́бке. *To do something by mistake.* Призна́ть свою́ оши́бку. *To admit one's mistake.* Созна́ться в свое́й оши́бке. *To confess one's mistake.*

П, п

ПА́ДА|ТЬ, -ю, -ешь, -ют *imp.* куда́?/p. упа́|сть, -ду́, -дёшь, -ду́т, *past* упа́л, -а, -о, -и
1. to fall. Осенью ли́стья па́дают с дере́вьев на зе́млю. *In autumn leaves fall from the trees to the ground.*
2. *fig.* to drop. К утру́ температу́ра у больно́го упа́ла. *By the morning the patient's temperature had dropped.*

ПА́ЛЕЦ *m., gen.* па́льца finger, toe
Дли́нные па́льцы. *Long fingers.* Большо́й па́лец. *The thumb.* Ука́зательный па́лец. *The forefinger.* Пока́зывать па́льцем. *To point with the finger.*
◇ Смотре́ть на что́-либо сквозь па́льцы. *To close one's eyes to something.* Знать что́-либо как свои́ пять па́льцев. *To have something at one's finger-tips.*

ПА́Л|КА *f., gen. pl.* -ок stick
Опира́ться на па́лку. *To lean on a stick.* Лы́жные па́лки. *Ski sticks.*
◇ Де́лать что́-либо из-под па́лки. *To do something under the lash.*

ПАЛЬТО *neut., indecl.* overcoat
Зимнее пальто. *A winter overcoat.*
Надевать пальто. *To put on an overcoat.* Снимать пальто. *To take off an overcoat.* Гулять без пальто. *To take a walk without an overcoat on.*

ПАМЯТНИК *m.*
1. к о м у́? ч е м у́? monument. Памятник Пушкину. *A monument to Pushkin.*
2. ч е г о́? monument. Памятник архитектуры. *A monument of architecture.*

ПАМЯТЬ *f., no pl.*
1. memory. У неё плохая память. *She has a poor memory.*
2. memory. Память о тех днях никогда не исчезнет. *The memories of those days will live for ever.*
◇ Подарить что-либо кому-либо на память. *To give something to somebody as a keepsake.* Получить что-либо от кого-либо на память. *To get something from somebody as a keepsake.* Учить на память. *To learn by heart.*

ПАПА *m.* daddy

ПАПИРОСА *f.* cigarette
Крепкие папиросы. *Strong cigarettes.* Курить папиросу. *To smoke a cigarette.*

ПАР *m., pl.* -ы́ vapour
Водяной пар. *Water vapour.* При температуре 100 градусов Цельсия вода превращается в пар. *At a temperature of 100° C. water turns into vapour.*

ПАРА *f.*
1. pair. Пара туфель. *A pair of shoes.*
2. couple. В зале танцевало несколько пар. *Several couples were dancing in the hall.* Молодая пара. *A young couple.*

ПАРАД *m.* parade
Военный парад. *A military parade.* Физкультурный парад. *A sports parade.* Быть на параде. *To be on parade.*

ПАР|ЕНЬ *m., gen.* -ня lad
Ты хороший парень! — сказал он. *"You are a fine lad!" he said.*

ПАРИКМАХЕР *m.* barber, hairdresser
Работать парикмахером. *To work as a barber (hairdresser).*

ПАРИКМАХЕРСК|АЯ *f., gen.* -ой, *pl.* -ие
Мужская парикмахерская. *Barber's shop.* Женская парикмахерская. *Hairdressing saloon.*

ПАРК *m.* park
Городской парк. *A city park.* Гулять в парке. *To take a walk in the park.* Ходить по парку. *To walk about in the park.*

ПАРОХОД *m.* steamship
Пассажирский пароход. *A passenger steamer.* Речной пароход. *A river steamer.* Плыть (ехать) на пароходе. *To sail on a ship.*

ПАРТЕР [-тэ-] *m.* the stalls and the pit (in a theatre, *etc.*)
Место в партере. *A place in the stalls.* Сидеть в партере. *To sit in the stalls.* Купить билет в партер. *To buy a ticket for the stalls.*

ПАРТИЗАН *m., gen. pl.* партизан guerrilla
Во время войны мой брат был партизаном. *During the war my brother was a guerrilla.*

ПАРТИЗАНСК|ИЙ, -ая, -ое, -ие guerrilla
Партизанское движение. *The guerrilla movement.* Партизанский отряд. *A guerrilla detachment.*

ПАРТИЙН|ЫЙ, -ая, -ое, -ые party
Партийное собрание. *A party meeting.* Партийный билет. *A party membership card.*

ПАРТИЯ *f.* party
Член партии. *A member of the party.* Вступить в партию. *To join the party.*

ПАСМУРН|ЫЙ, -ая, -ое, -ые dull, gloomy
Пасмурный день. *A dull (gloomy) day.*

ПАССАЖИР *m.* passenger
В купе было четыре пассажира. *There were four passengers in the compartment.*

ПАТРИОТ *m.*
1. patriot. Борьба патриотов за освобождение своей страны. *The struggle of the patriots for the liberation of their country.*
2. enthusiast. Патриот своего дела. *An enthusiast for a cause.*

ПАХАТЬ, пашу, пашешь, пашут *imp.* ч т о? ч е м?/*p.* вспахать,

вспашу́, вспа́шешь, вспа́шут
to plough
Паха́ть зе́млю. *To plough the
land.*

ПА́ХН|УТЬ, -у, -ешь, -ут, *past* пах,
-ла, -ло, -ли *imp.* ч е м? to smell
Духи́ прия́тно па́хнут. *The per-
fume smells pleasant.* | *impers.* На
лугу́ прия́тно па́хнет се́ном.
*There is a pleasant smell of hay in
the meadow.*

ПА́Ч|КА *f., gen. pl.* -ек packet
Па́чка са́хара. *A packet of sugar.*
Па́чка папиро́с. *A packet of ciga-
rettes.*

ПЕ́НСИЯ *f.* pension
Пе́нсия по ста́рости. *An old-age
pension.* Получа́ть пе́нсию. *To get
a pension.* Вы́йти на пе́нсию. *To
retire on a pension.* Быть на пе́н-
сии. *To be on pension.*

ПЕ́ПЕЛЬНИЦА *f.* ash-tray
ПЕРЕВЕСТИ́ *see* **ПЕРЕВОДИ́ТЬ**
ПЕРЕВО́Д *m.*
1. translation. То́чный перево́д.
An exact translation. Сде́лать
перево́д. *To make a translation.*
2. transfer. Перево́д де́нег по по́ч-
те. *A postal order.*

ПЕРЕВОДИ́ТЬ, перевожу́, перево́-
дишь, перево́дят *imp.* ч т о?/
p. переве|сти́, -ду́, -дёшь, -ду́т, *past*
перевёл, перевел|а́, -о́, -и́
1. to take. Перевести́ ребёнка
че́рез у́лицу. *To take a child
across the street.*
2. to transfer. Перевести́ де́ньги по
телегра́фу. *To send money by
telegraph.*
3. to translate. Перевести́ кни́гу с
францу́зского языка́ на ру́с-
ский. *To translate a book from
French into Russian.*

ПЕРЕВО́ДЧИК *m.* translator, interpreter
Перево́дчик с англи́йского языка́.
An English translator (interpreter).
У́стный перево́дчик. *An interpreter.* Рабо́тать перево́дчиком. *To
work as a translator (interpreter).*

ПЕРЕВЫ́ПОЛНИТЬ *see* **ПЕРЕВЫ́-
ПОЛНЯ́ТЬ**
ПЕРЕВЫПОЛНЯ́|ТЬ, -ю, -ешь, -ют
imp. ч т о/*p.* перевы́полн|ить, -ю,
-ишь, -ят to overfulfil

Перевы́полнить план. *To overfulfil a plan.* Перевы́полнить но́рму.
To overfulfil the quota.

ПЕРЕГНА́ТЬ *see* **ПЕРЕГОНЯ́ТЬ**
ПЕРЕГОВО́РЫ *no sing.* о чём?
talks, negotiations
Перегово́ры о ми́ре. *Peace talks.*
Перегово́ры ме́жду стра́нами.
Negotiations between countries. Вес-
ти́ перегово́ры с ке́м-либо о чём-
либо. *To conduct negotiations with
somebody about something.* Перего-
во́ры состоя́лись в Москве́. *The
negotiations took place in Moscow.*

ПЕРЕГОНЯ́|ТЬ, -ю, -ешь, -ют *imp.*
к о г о? ч т о? в чём?/*p.* пере-
гна́ть, перегоню́, перего́нишь, пе-
рего́нят, *past* перегна́л, -гнала́,
-гна́л|о, -и to overtake
Э́тот спортсме́н перегна́л всех во
вре́мя соревнова́ний. *This sportsman overtook everyone in the competition.*

ПЕ́РЕД *prep.* + *instr.*
1. in front of. Пе́ред окно́м. *In
front of the window.*
2. before. Пе́ред уро́ком. *Before
the lesson.*
3.: Мне сты́дно пе́ред ва́ми. *I feel
guilty towards you.*

ПЕРЕДА|ВА́ТЬ, -ю́, -ёшь, -ю́т *imp.*
ч т о? к о м у́?/*p.* переда́ть, пере-
да́м, переда́шь, переда́ст, переда-
ди́м, передади́те, передаду́т, *past*
пе́редал, -а́, пе́редал|о, -и
1. to give. Переда́ть письмо́ дру́-
гу. *To give a letter to a friend.*
2. to tell. Переда́йте приве́т род-
ны́м. *Give my regards to your
relatives.* Переда́й ему́, что я
ско́ро приду́. *Tell him that I'll
come soon.*
3. to broadcast. Передава́ть кон-
це́рт по ра́дио. *To broadcast a
concert.* Передава́ть после́дние
изве́стия. *To broadcast the news.*

ПЕРЕДА́ТЬ *see* **ПЕРЕДАВА́ТЬ**
ПЕРЕДА́ЧА *f.* broadcast
Переда́ча по ра́дио. *Radio broadcast.* Слу́шать переда́чу. *To listen to a broadcast.*

ПЕРЕДОВ|О́Й, -а́я, -о́е, -ы́е
1. foremost. Передово́й рабо́чий.
A foremost worker.
2. advanced. Передова́я те́хника.
Advanced technique.

ПЕРЕЕЗЖА|ТЬ, -ю, -ешь, -ют *imp./p.* перее́хать, перее́д|у, -ешь, -ут
1. чѐ р е з ч т о́? *or* чт о́? to cross. Перее́хать (чѐрез) грани́цу. *To cross the border.* Перее́хать (чѐрез) ре́ку. *To cross the river.*
2. о т к у́ д а? к у д а́? to move. Перее́хать на но́вую кварти́ру. *To move to a new place (of residence).* Перее́хать из Москвы́ в Ленингра́д. *To move from Moscow to Leningrad.* Перее́зжа́ть с ме́ста на ме́сто. *To keep moving from one place to another.*

ПЕРЕЕ́ХАТЬ *see* **ПЕРЕЕЗЖА́ТЬ**

ПЕРЕЙТИ́ *see* **ПЕРЕХОДИ́ТЬ**

ПЕРЕМЕ́НА *f.*
1. change. Переме́на кли́мата. *A change of climate.*
2. change. В его́ жи́зни произошли́ больши́е переме́ны. *Great changes took place in his life.*

ПЕРЕНЕСТИ́ *see* **ПЕРЕНОСИ́ТЬ**

ПЕРЕНОСИ́ТЬ, переношу́, перено́сишь, перено́сят *imp.* к о г о́? ч т о?/*p.* перенес|ти́, -у́, -ёшь, -у́т, *past* перенёс, перенесл|а́, -о́, -и́
1. to carry. Перенести́ ребёнка чѐрез доро́гу. *To carry the child across the road.* Перенести́ ве́щи из одно́й ко́мнаты в другу́ю. *To carry the things from one room to another.*
2. to endure. Перенести́ тяжёлую боле́знь. *To suffer a serious illness.*
3. to put off. Перенести́ собра́ние на друго́е вре́мя. *To put off a meeting to another time.*

ПЕРЕПИСА́ТЬ *see* **ПЕРЕПИ́СЫВАТЬ**

ПЕРЕПИ́СЫВА|ТЬ, -ю, -ешь, -ют *imp.* ч т о? /*p.* переписа́ть, перепишу́, перепи́шешь, перепи́шут to copy
Переписа́ть текст. *To copy a text.*

ПЕРЕРЫ́В *m.*
1. interval, break. Переры́в в рабо́те. *A break in work.* По́сле трёхле́тнего переры́ва она́ сно́ва пошла́ рабо́тать. *After a three years' interval she went to work again.*
2. interval. Переры́в ме́жду ле́кциями. *An interval between*

lectures. Сде́лать переры́в. *To have a break.*
◇ **Обе́денный переры́в.** *A break for lunch. The dinner hour.*

ПЕРЕСА́Д|КА *f.*, *gen. pl.* -ок change
Сде́лать переса́дку. *To change.* Е́хать с переса́дками, без переса́дки. *To have to change (trains, etc.), not to have to change (trains, etc.).*

ПЕРЕСТА|ВА́ТЬ, -ю́, -ёшь, -ю́т *imp.* + *inf./p.* переста́|ть, -ну, -нешь, -нут to cease, to stop
Дождь переста́л. *The rain has stopped.* Ребёнок переста́л пла́кать. *The child stopped crying.* Переста́ньте разгова́ривать! *Stop talking!*

ПЕРЕСТА́ТЬ *see* **ПЕРЕСТАВА́ТЬ**

ПЕРЕУ́Л|ОК *m.*, *gen.* -ка lane, street
У́зкий переу́лок. *A narrow street.*

ПЕРЕХО́Д *m.* passage, crossing
Подзе́мный перехо́д. *An underground passage.* Перехо́д чѐрез у́лицу. *A street crossing.*

ПЕРЕХОДИ́ТЬ, перехожу́, перехо́дишь, перехо́дят *imp./p.* перей|ти́, -ду́, -дёшь, -ду́т, *past* перешёл, перешл|а́, -о́, -и́
1. чѐ р е з ч т о́? *or* ч т о? to cross. Переходи́ть чѐрез у́лицу. *To cross the street.* Переходи́ть грани́цу. *To cross the border.* Переходи́ть чѐрез мо́ст. *To cross a bridge.*
2. to change. Перейти́ на другу́ю рабо́ту. *To change one's job.*
3. to pass. Власть перешла́ в ру́ки наро́да. *The power passed into the hands of the people.*

ПЕ́Р|ЕЦ *m.*, *gen.* -ца pepper
Чёрный пе́рец. *Black pepper.* Кра́сный пе́рец. *Cayenne pepper.* Го́рький пе́рец. *Hot pepper.* Мя́со с пе́рцем. *Meat with pepper.*

ПЕРО́ *neut.*, *pl.* пе́рья
1. feather. Перо́ пти́цы. *A bird's feather.*
2. nib. Золото́е перо́. *A gold nib.*

ПЕРЧА́Т|КИ *pl.*, *gen. pl.* -ок; *sing.* перча́тка *f.* gloves
Ко́жаные перча́тки. *Leather gloves.* Ле́тние перча́тки. *Summer gloves.* Наде́ть перча́тки. *To put on one's gloves.*

ПЕ́С|НЯ *f.*, *gen. pl.* -ен о к о́м? о чё м? song

Наро́дная пе́сня. *A folk song.* Петь пе́сню о любви́. *To sing a love song.*

ПЕС|О́К *m.*, *gen.* -ка́ sand
Морско́й песо́к. *Sea bottom sand.* Ме́лкий песо́к. *Fine sand.* Лежа́ть на песке́. *To lie on the sand.*
◇ **Са́харный песо́к.** *Granulated sugar.*

ПЕТЬ, по|ю́, -ёшь, -ю́т *imp.* ч т о? о к о́ м? о ч ё м? к о м у́?/*p.* спеть, спо|ю́, -ёшь, -ю́т to sing
Петь пе́сню друзья́м. *To sing a song to one's friends.* Петь с чу́вством. *To sing with feeling.* Петь хо́ром. *To sing in chorus.*

ПЕЧА́ЛЬН|ЫЙ, -ая, -ое, -ые sad, melancholy
Печа́льная му́зыка. *Sad music.* Печа́льное настрое́ние. *A melancholy mood.* Печа́льные глаза́. *Sad eyes.*

ПЕЧА́ТА|ТЬ, -ю, -ешь, -ют *imp.* ч т о? / *p.* напеча́та|ть, -ю, -ешь, -ют
1. to publish, to print. Напеча́тать статью́ в журна́ле. *To publish an article in a magazine.*
2. to type. Печа́тать на маши́нке. *To type on a typewriter.*

ПЕЧА́ТЬ *f.*
1. *lit. & fig.* seal, stamp.
2. press.

ПЕЧЕ́НЬЕ *neut.*, *no pl.* pastry, biscuits
Сла́дкое пече́нье. *Sweet pastry.* Чай с пече́ньем. *Tea and biscuits.* Пече́нье к ча́ю. *Tea biscuits.*

ПЕШКО́М *adv.* on foot
Идти́ пешко́м. *To go on foot.*

ПИАНИ́НО *neut.*, *indecl.* upright piano
Игра́ть на пиани́но. *To play the piano.*

ПИ́ВО *neut.*, *no pl.* beer
Холо́дное пи́во. *Cold beer.* Пить пи́во. *To drink beer.* Кру́жка пи́ва. *A mug of beer.*

ПИДЖА́К *m.*, *gen.* -а́ jacket
Ле́тний пиджа́к. *A summer jacket.* Носи́ть пиджа́к. *To wear a jacket.*

ПИЖА́МА *f.* pyjamas
Тёплая пижа́ма. *Warm pyjamas.* Спать в пижа́ме. *To sleep in one's pyjamas.*

ПИОНЕ́Р *m.*
1. a Young Pioneer. Мой брат — пионе́р. *My brother is a Young Pioneer.*

2. pioneer. Пионе́ры ко́смоса. *The pioneers of Space.*

ПИРО́ЖН|ОЕ *neut.*, *gen.* -ого fancy cake
Песо́чное пиро́жное. *A shortcake.* Пиро́жное с кре́мом. *A cream cake.* Чай с пиро́жным. *Tea and cakes.* Купи́ть не́сколько пиро́жных. *To buy some cakes.*

ПИРОЖ|О́К *m.*, *gen.* -ка́ small pie

ПИСА́ТЕЛЬ *m.* writer

ПИСА́ТЬ, пишу́, пи́шешь, пи́шут *imp.* ч т о? к о м у́? о к о́ м? о ч ё м?/*p.* написа́ть, напишу́, напи́шешь, напи́шут to write
a) Он пи́шет письмо́ роди́телям. *He is writing a letter to his parents.*
b) Писа́ть стихи́. *To write poetry.* Написа́ть кни́гу о жи́зни учёных. *To write a book on the life of scientists.* Он написа́л о то́м, что ви́дел во вре́мя путеше́ствия. *He wrote about what he saw on his journey.*

ПИСЬМО́ *neut.*, *pl.* пи́сьма, *gen. pl.* пи́сем к о м у́? letter
Подро́бное письмо́. *A detailed letter.* Заказно́е письмо́. *A registered letter.* Посыла́ть письмо́. *To send a letter.* Получи́ть письмо́. *To receive a letter.* Письмо́ дру́гу. *A letter to one's friend.*

ПИТЬ, пь|ю, -ёшь, -ют, *past* пил, пила́, пи́л|о, -и *imp.* ч т о? / *p.* вы́пить, вы́пь|ю, -ешь, -ют, *past* вы́пил, -а, -о, -и to drink
Пить во́ду. *To drink water.* Вы́пить ча́шку ко́фе. *To have a cup of coffee.*

ПЛА́ВА|ТЬ, -ю, -ешь, -ют *imp.* г д е? к у д а́? to swim, to sail
Я люблю́ пла́вать. *I like to swim.* Ка́ждый день он пла́вал на о́стров. *Every day he swam to the island.* Почти́ год он пла́вал матро́сом на большо́м парохо́де. *For almost a year he sailed on a large ship as a deckhand.*

ПЛА́|КАТЬ, -чу, -чешь, -чут *imp.*/ *p.* запла́|кать, -чу, -чешь, -чут (*p. verb shows beginning of action*) to cry
Го́рько пла́кать. *To cry bitterly.* Пла́кать от бо́ли. *To cry with pain.*

ПЛАН *m.* plan
План рабо́ты. *A plan of work.* План

развития народного хозяйства. *A plan of national economic development.* Вы́полнить план. *To fulfil a plan.* Перевы́полнить план на 50% (проце́нтов). *To overfulfil the plan by 50%.*

ПЛАНЕ́ТА *f.* planet
Далёкая плане́та. *A distant planet.*

ПЛАНИ́Р|ОВАТЬ, -ую, -уешь, -уют *imp.* ч т о? to plan
Плани́ровать рабо́ту. *To plan one's work.* Плани́ровать своё вре́мя. *To plan one's time.*

ПЛАСТИ́Н|КА *f., gen. pl.* -ок record
Поста́вьте но́вую пласти́нку! *Put a new record on!* Граммпласти́нки. *Gramophone records.*

ПЛАСТМА́ССА *f.* plastics
Изде́лия из пластма́ссы. *Plastic articles.*

ПЛА́ТА *f.* payment
За́работная пла́та. *A salary, a wage.* Пла́та за вход. *Admission fee.* Пла́та за прое́зд. *Fare.*

ПЛАТИ́ТЬ, плачу́, пла́тишь, пла́тят *imp.* ч т о? з а ч т о? з а к о г о? ч е м?/*p.* заплати́ть, заплачу́, запла́тишь, запла́тят
1. to pay. Плати́ть (де́ньги) за поку́пку. *To pay (money) for a purchase.* Заплати́ть за това́рища. *To pay for one's friend.*
2. *fig.* to return. Плати́ть любо́вью за забо́ту. *To return love for solicitude.*

ПЛАТ|О́К *m., gen.* -ка́
1. scarf. Я́ркий плато́к. *A bright scarf.*
2.: Носово́й плато́к. *A handkerchief.*

ПЛАТФО́РМА *f.* truck, platform
Железнодоро́жная платфо́рма. *A railway truck.* Ждать на платфо́рме. *To be waiting on the platform.*

ПЛА́ТЬЕ *neut., gen. pl.* пла́тьев
1. dress. Шёлковое пла́тье. *A silk dress.* На ней бы́ло о́чень краси́вое пла́тье. *She had a beautiful dress on.*
2. *no pl.* clothes. Магази́н ве́рхнего пла́тья. *A clothes shop.*

ПЛАЩ *m., gen.* -а́ raincoat
Непромока́емый плащ. *A waterproof coat.*

ПЛЕМЯ́ННИК *m.* nephew
ПЛЕМЯ́ННИЦА *f.* niece

ПЛЁН|КА *f., gen. pl.* -ок film
Прояви́ть плёнку. *To develop a film.*

ПЛЕЧО́ *neut., pl.* пле́чи shoulder
Широ́кие пле́чи. *Broad shoulders.* Положи́ть ру́ку кому́-либо на плечо́. *To put one's hand on somebody's shoulder.*
◇ Ему́ э́то не по плечу́. *This is beyond his capacity (power, etc.)* Рабо́тать плечо́м к плечу́ с ке́м-либо. *To work hand-in-hand with somebody.*

ПЛОТИ́НА *f.* dam

ПЛОХ|О́Й, -а́я, -о́е, -и́е. *short form* плох, плоха́, пло́хо, пло́хи; *adv.* пло́хо; *comp.* ху́же (q.v.) bad
Плоха́я пого́да. *Bad weather.* Плохо́е настрое́ние. *A bad mood.* Его́ дела́ пло́хи. *He is in a bad way.* Ему́ пло́хо. *He feels bad.* Пло́хо рабо́тать. *To work badly.*

ПЛОЩА́Д|КА *f., gen. pl.* -ок ground, pitch
Спорти́вная площа́дка. *A sports ground.*

ПЛО́ЩАД|Ь *f., gen. pl.* -ей
1. square. Центра́льная пло́щадь. *A central square.* Фонта́н на пло́щади. *A fountain in a square.*
2. area. Пло́щадь треуго́льника. *The area of a triangle.*

ПЛЫ|ТЬ, -ву́, -вёшь, -ву́т *imp.* к у д а́? н а чём? to swim, to sail
Спортсме́н плывёт к бе́регу. *The sportsman is swimming towards the shore.* Ло́дка плывёт по реке́. *The boat is sailing on the river.* Де́ти плыву́т на ло́дке. *The children are sailing in a boat.*

ПЛЯЖ *m.* beach
Песча́ный пляж. *A sandy beach.* Лежа́ть (загора́ть) на пля́же. *To lie (to sunbathe) on the beach.*

ПО *prep.*
I. + *dat.*
1. along. Идти́ по доро́ге. *To go along the road.* Ходи́ть по ко́мнате. *To walk about in the room.*
2. on, according to. Прие́хать по приглаше́нию. *To come on somebody's invitation.* Сде́лать по сове́ту кого́-либо. *To do something on somebody's advice.* Рабо́тать по пла́ну. *To work according to plan.*

3. over. Говори́ть по телефо́ну. *To speak over the telephone.* Переда́ча по ра́дио. *A radio broadcast.*
4.: Тетра́дь по фи́зике. *A physics copy-book.* Чемпио́н по гимна́стике. *A gymnastics champion.*
5. in + *n. in pl.* Занима́ться по вечера́м. *To study in the evenings.*
6. on. Пое́хать по дела́м. *To go on business.*
II. + *acc.*
1. to. С пя́того по восьмо́е число́. *From the fifth to the eighth (included).*

ПОБЕ́ДА *f.* над кем? над чем? victory
По́лная побе́да. *A complete victory.* Одержа́ть побе́ду над враго́м. *To win a victory over the enemy.* Верну́ться с побе́дой. *To return victorious.*

ПОБЕДИ́ТЬ *see* **ПОБЕЖДА́ТЬ**
ПОБЕЖДА́|ТЬ, -ю, -ешь, -ют *imp.* кого? что? / *p.* побед|и́ть, *1st pers. sing. not used,* -и́шь, -я́т to win, to conquer, to defeat, to overcome
Победи́ть врага́. *To defeat the enemy.* Победи́ть в войне́. *To win a victory in a war.* Побежда́ть страх. *To conquer fear.* Победи́ть боле́знь. *To overcome an illness.*

ПОБЛАГОДАРИ́ТЬ *see* **БЛАГОДАРИ́ТЬ**
ПОБЛЕДНЕ́ТЬ *see* **БЛЕДНЕ́ТЬ**
ПОБРИ́ТЬСЯ *see* **БРИ́ТЬСЯ**
ПО-ВА́ШЕМУ
1. *adv.* as you want. Мы сде́лали по-ва́шему. *We did as you wanted us to.*
2. *paren. word* in your opinion. По-ва́шему, э́то пра́вильно? *Do you think it is right?*

ПОВЕДЕ́НИЕ *neut.* behaviour
Скро́мное поведе́ние. *Modest behaviour.* Стра́нное поведе́ние. *Strange behaviour.*

ПОВЕ́РИТЬ *see* **ВЕ́РИТЬ**
ПОВЕРНУ́ТЬСЯ *see* **ПОВОРА́ЧИВАТЬСЯ**
ПОВЕ́РХНОСТЬ *f.* surface
На пове́рхности земли́. *On the earth's surface.* Движе́ние по пове́рхности. *Movement along a surface.*

ПОВЕ́СИТЬ *see* **ВЕ́ШАТЬ**

ПОВОРА́ЧИВА|ТЬСЯ, -юсь, -ешься, -ются *imp.* куда?/*p.* поверн|у́ться, -у́сь, -ёшься, -у́тся to turn
Повора́чиваться на́ спину. *To turn on to one's back.* Верну́ться спино́й к окну́. *To turn one's back to the window.* Верну́ться нале́во. *To turn to the left.*

ПОВТОРЕ́НИЕ *neut.* review, recapitulation
Повторе́ние материа́ла. *Recapitulation of the material.*
◇ **Повторе́нье — мать уче́нья** (proverb). *Repetition is the mother of learning.*

ПОВТОРИ́ТЬ *see* **ПОВТОРЯ́ТЬ**
ПОВТОРИ́ТЬСЯ *see* **ПОВТОРЯ́ТЬСЯ**
ПОВТОРЯ́|ТЬ, -ю, -ешь, -ют *imp.* что?/*p.* повтор|и́ть, -ю́, -и́шь, -я́т
1. to repeat. Повтори́те, пожа́луйста. *Repeat that, please.*
2. to review. Повтори́ть уро́к. *To review one's lesson.*

ПОВТОРЯ́|ТЬСЯ, -юсь, -ешься, -ются *imp./p.* повтор|и́ться, -ю́сь, -и́шься, -я́тся
1. to recur. Э́то сло́во ча́сто повторя́ется в те́ксте. *This word often recurs in the text.*
2. to repeat oneself. Докла́дчик ча́сто повторя́лся. *The speaker often repeated himself.*

ПОГАСИ́ТЬ *see* **ГАСИ́ТЬ**
ПОГИБА́|ТЬ, -ю, -ешь, -ют *imp.* от чего́?/*p.* поги́бн|уть, -у, -ешь, -ут, *past* поги́б, -ла, -ло, -ли to perish
Поги́бнуть от пу́ли. *To perish from a bullet.*

ПОГИ́БНУТЬ *see* **ПОГИБА́ТЬ**
ПОГЛА́ДИТЬ *see* **ГЛА́ДИТЬ**
ПОГЛЯДЕ́ТЬ *see* **ГЛЯДЕ́ТЬ**
ПОГОВОР|И́ТЬ, -ю́, -и́шь, -я́т *p.* о ком? о чём? с кем? to talk
Поговори́ть о пого́де. *To talk about the weather.* Мне на́до поговори́ть с ва́ми. *I must speak to you.*

ПОГО́ДА *f., no pl.* weather
Кака́я сего́дня пого́да? *What is the weather like today?* Всё ле́то стоя́ла плоха́я пого́да. *The whole summer the weather was bad.*

ПОГУЛЯ́ТЬ *see* **ГУЛЯ́ТЬ**

ПОД (ПОДО) *prep.* + *acc.* & *instr.*

I. + *instr.*

1. under. Он сидел под деревом. *He was sitting under a tree.*
2. *fig.* under. Работать под руководством... *To work under...* Больной был под наблюдением врача. *The patient was under medical observation.*
3. near. Жить под Москвой. *To live near Moscow.*
4. in. Идти под дождём. *To walk in the rain.*

II. + *acc.*

1. under. Он сел под дерево. *He sat down under a tree.*
2. to. Танцевать под музыку. *To dance to music.*

ПОДА|ВА́ТЬ, -ю, -ёшь, -ют *imp.* что? кому?/*р.* подать, подам, подашь, подаст, подадим, подадите, подадут, *past* подал, подала, подал|о, -и

1. to help on. Подавать пальто девушке. *To help the girl on with her coat.*
2. to serve. Подавать чай на стол. *To serve tea.*
3. to extend. Подавать руку. *To extend one's hand.*

◇ Рукой подать! *A stone's throw (from).*

ПОДАРИ́ТЬ *see* ДАРИ́ТЬ

ПОДА́Р|ОК *m.*, *gen.* -ка present Дорогой подарок. *An expensive present.* Сделать подарок другу. *To give a present to one's friend.* Получить подарок от друга. *To receive a present from one's friend.*

ПОДА́ТЬ *see* ПОДАВА́ТЬ

ПО́ДВИГ *m.* feat Трудовой подвиг. *A feat of labour.* Совершить подвиг. *To accomplish a feat.*

ПОДВО́ДН|ЫЙ, -ая, -ое, -ые underwater Подводный мир. *The underwater world.* Подводная охота. *Underwater hunting.* Подводная лодка. *A submarine.*

ПОДГОТО́ВИТЬ *see* ГОТО́ВИТЬ, 2

ПОДГОТО́ВКА *f.* к чему?

1. preparation. Подготовка к экзаменам. *Preparation for examinations.*
2. grounding. У него хорошая

подготовка по математике. *He is well grounded in mathematics.*

ПОДДЕРЖА́ТЬ *see* ПОДДЕ́РЖИВАТЬ

ПОДДЕ́РЖИВА|ТЬ, -ю, -ешь, -ют *imp.* кого? что? чем? в чём?/ *р.* поддержать, поддержу, поддержишь, поддержат

1. to support. Поддержать друга советом в трудную минуту. *To help a friend with one's advice at a difficult time.*
2. to second. Поддержать предложение на собрании. *To second a move at a meeting.*

ПОДЖА́РИТЬ *see* ЖА́РИТЬ

ПОДМЕСТИ́ *see* ПОДМЕТА́ТЬ

ПОДМЕТА́|ТЬ, -ю, -ешь, -ют *imp.* что? чем?/*р.* подмести, -ту, -тёшь, -тут, *past* подмёл, подмел|а́, -о́, -и́ to sweep Подметать пол. *To sweep the floor.*

ПОДНИМА́|ТЬ, -ю, -ешь, -ют *imp.* кого? что?/*р.* поднять, подниму, поднимешь, поднимут, *past* поднял, подняла, поднял|о, -и

1. to pick up, to lift. Поднять тетрадь с пола. *To pick up a copy-book from the floor.* Поднять ребёнка. *To lift a child.* Поднять руку. *To raise one's hand.* Поднять воротник. *To raise one's collar.*
2. to rouse. Поднять с постели. *To rouse.*

◇ Поднять шум, крик. *To make a noise, to start shouting.*

ПОДНИМА́|ТЬСЯ, -юсь, -ешься, -ются *imp.*/*р.* подняться, поднимусь, поднимешься, поднимутся, *past* подня|лся (& поднялся), -лась, -лось, -лись

1. to get up. Подниматься утром с постели. *To get up in the morning.*
2. to ascend. Подниматься на гору. *To ascend a mountain.* Подниматься по лестнице. *To go up the stairs.*
3. to rise. Подниматься на борьбу с врагом. *To rise to the struggle against the enemy.*
4. *fig.* to go up. Цены на продукты поднялись. *The prices of food-stuffs have gone up.*
5. *fig.* to begin. Поднялся шум. *A noise began.* Поднялся сильный ветер. *A strong wind has risen.*

ПОДНО́С *m.* tray

ПОДНЯ́ТЬ *see* ПОДНИМА́ТЬ

ПОДНЯ́ТЬСЯ *see* ПОДНИМА́ТЬСЯ

ПОДОЖД|А́ТЬ, -у́, -ёшь, -у́т, *past* подожда́л, подождала́, подожда́л|о, -и *р.* кого́? что? *or* чего́? to wait
Подождём ещё немно́го! *Let's wait a bit longer!*

ПОДОЙТИ́ *see* ПОДХОДИ́ТЬ

ПОДПИСА́ТЬ *see* ПОДПИ́СЫВАТЬ

ПОДПИ́СЫВА|ТЬ, -ю, -ешь, -ют *imp.* что? / *р.* подписа́ть, подпишу́, подпи́шешь, подпи́шут to sign
Подписа́ть докуме́нт. *To sign a document.* Подписа́ть догово́р. *To sign a treaty.* Подписа́ть соглаше́ние. *To sign an agreement.*

ПОДРО́БН|ЫЙ, -ая, -ое, -ые; *adv.* подро́бно detailed
Подро́бное письмо́. *A detailed letter.* Он подро́бно рассказа́л о свое́й пое́здке. *He described his trip in detail.*

ПОДРУ́ГА *f.* (*female*) friend
Шко́льная подру́га. *A school friend.* Подру́га де́тства. *One's playmate.*

ПОДРУЖИ́ТЬСЯ, подружу́сь, подру́жишься, подру́жатся *р.* с кем? to become friends
Подружи́ться с но́выми това́рищами. *To make new friends.* Бы́стро подружи́ться. *To become friends quickly.*

ПОДТВЕРДИ́ТЬ *see* ПОДТВЕРЖДА́ТЬ

ПОДТВЕРЖДА́|ТЬ, -ю, -ешь, -ют *imp.* что?/*р.* подтвер|ди́ть, -жу́, -ди́шь, -дя́т to confirm
Он подтверди́л, что придёт за́втра. *He confirmed that he would come the next day.*

ПОДУ́МАТЬ *see* ДУ́МАТЬ

ПОДУ́Ш|КА *f.*, *gen. pl.* -ек pillow, cushion

ПОДХОДИ́ТЬ, подхожу́, подхо́дишь, подхо́дят *imp.* к кому́? к чему́?/*р.* подой|ти́, -ду́, -дёшь, -ду́т, *past* подошёл, подошл|а́, -о́, -и́
1. to approach. Подходи́ть к окну́. *To approach the window.*
2. кому́? to fit. Эти ту́фли мне подхо́дят. *These shoes fit me.*

ПОДЧЁРКИВА|ТЬ, -ю, -ешь, -ют *imp.* что?/*р.* подчеркн|у́ть, -у́, -ёшь, -у́т

1. to underline. Подчеркну́ть слова́ карандашо́м. *To underline words in pencil.*
2. *fig.* to emphasise. В докла́де я подчеркну́л значе́ние э́того изобрете́ния. *In my report I emphasised the importance of this invention.*

ПОДЧЕРКНУ́ТЬ *see* ПОДЧЁРКИВАТЬ

ПОДЪЕЗЖА́|ТЬ, -ю, -ешь, -ют *imp.* к кому́? к чему́? / *р.* подъе́хать, подъе́д|у, -ешь, -ут to approach, to drive up to
Подъезжа́ть к го́роду. *To approach the town.* Авто́бус подъе́хал к остано́вке. *The bus drove up to the stop.*

ПОДЪЁМ *m.*
1. ascent. Подъём в го́ру был тру́ден. *Climbing the mountain was difficult.*
2. enthusiasm. Арти́сты игра́ли с больши́м подъёмом. *The actors performed with great enthusiasm.*

ПОДЪЕ́ХАТЬ *see* ПОДЪЕЗЖА́ТЬ

ПО́ЕЗД *m.*, *pl.* -а́ train
Ско́рый по́езд. *A fast train.* Е́хать на по́езде. *To go by train.* Пересе́сть на по́езд. *To change for a train.*

ПОЕ́ЗД|КА *f.*, *gen. pl.* -ок trip, tour
Интере́сная пое́здка. *An interesting trip.* Пое́здка по стране́. *A tour of the country.*

ПОЕ́СТЬ, пое́м, пое́шь, пое́ст, поеди́м, поеди́те, поедя́т, *past* пое́л, -а, -о, -и to eat
Пойдём поеди́м! *Let's go and get something to eat!*

ПОЕ́ХАТЬ, пое́д|у, -ешь, -ут *р.* куда́? to go, to drive
Пое́хать на экску́рсию. *To go on an excursion.* Авто́бус останови́лся о́коло до́ма, а пото́м пое́хал да́льше. *The bus stopped near the house and then drove on.* Ле́том мы пое́дем на юг. *In summer we shall go to the south.*
◇ Пое́хали на метро́! (*colloq.*) *Let's go by the underground!*

ПОЖАЛЕ́ТЬ *see* ЖАЛЕ́ТЬ

ПОЖА́ЛОВАТЬСЯ *see* ЖА́ЛОВАТЬСЯ

ПОЖА́ЛУЙСТА *particle* please
Извини́те, пожа́луйста. *Excuse me please.* Да́йте мне, пожа́луйста, кни́гу. *Will you give me the book,*

please? Скажи́те, пожа́луйста, где метро́? *Could you tell me where the underground station is, please?* Спаси́бо. — Пожа́луйста. *"Thank you." "Don't mention it."*

ПОЖА́ТЬ *see* **ПОЖИМА́ТЬ** & **ЖАТЬ**

ПОЖЕЛА́НИЕ *neut.* wish
Нового́дние пожела́ния. *New Year's wishes.*

ПОЖЕЛА́ТЬ *see* **ЖЕЛА́ТЬ**

ПОЖИЛ|О́Й, -а́я, -о́е, -ы́е elderly

ПОЖИМА́|ТЬ, -ю, -ешь, -ют *imp.* ч т о? / *p.* пожа́ть, пожм|у́, -ёшь, -у́т to press
1.: Они́ кре́пко пожа́ли друг дру́гу ру́ки. *They shook hands heartily.*
2.: Пожима́ть плеча́ми. *To shrug one's shoulders.*

ПОЗАБО́ТИТЬСЯ *see* **ЗАБО́ТИТЬСЯ**

ПОЗАВИ́ДОВАТЬ *see* **ЗАВИ́ДОВАТЬ**

ПОЗА́ВТРАКАТЬ *see* **ЗА́ВТРАКАТЬ**

ПОЗАВЧЕРА́ *adv.* the day before yesterday
Это случи́лось позавчера́. *It happened the day before yesterday.*

ПОЗВА́ТЬ *see* **ЗВАТЬ**

ПОЗВОНИ́ТЬ *see* **ЗВОНИ́ТЬ**

ПО́ЗДН|ИЙ, -яя, -ее, -ие late
По́здний ве́чер. *A late evening.*
По́здние цветы́. *Late flowers.*

ПО́ЗДНО *adv.*, *comp.* по́зже & поздне́е late
1. late. По́здно но́чью. *Late at night.* По́здно лечь спать. *To go to bed late.* Он пришёл по́зже вас. *He came later than you.* Ребёнок по́здно на́чал говори́ть. *The child began to speak late.*
2. *predic. impers.* (it is) late. Сейча́с по́здно. *It's late now.* По́здно говори́ть об э́том. *It's too late to speak about that.*
◇ Лу́чше по́здно, чем никогда́. *Better late than never.* Ра́но и́ли по́здно. *Sooner or later.*

ПОЗДОРО́ВАТЬСЯ *see* **ЗДОРО́ВАТЬСЯ**

ПОЗДРА́ВИТЬ *see* **ПОЗДРАВЛЯ́ТЬ**

ПОЗДРАВЛЯ́|ТЬ, -ю, -ешь, -ют *imp.* кого́? что? с чем?/*p.* поздра́|вить, -влю, -вишь, -вят to congratulate
Поздра́вить друзе́й с пра́здником. *To congratulate friends on a festive occasion.* Поздра́вить с днём рожде́ния. *To congratulate somebody on*

his birthday. Поздравля́ю с Но́вым го́дом! *I wish you a Happy New Year!*

ПОЗНАКО́МИТЬСЯ *see* **ЗНАКО́МИТЬСЯ**

ПОЙМА́ТЬ *see* **ЛОВИ́ТЬ**

ПОЙ|ТИ́, -ду́, -дёшь, -ду́т, *past* пошёл, пошл|а́, -о́, -и́ *p.* к у д а́? + *inf.* to go
Пойти́ в теа́тр, на конце́рт. *To go to the theatre, to a concert.* Мы пойдём сего́дня ве́чером в го́сти. *Tonight we shall go visiting.* Он ме́дленно пошёл к две́ри. *He slowly went towards the door.* Пойдём гуля́ть! *Let's go for a walk!*
◇ Пошли́ в кино́! *(colloq.)* *Let's go to the cinema!*

ПОКА́
1. *adv.* yet. Он пока́ не у́чится. *He doesn't go to school yet.*
2. *conj.* while. Пока́ мы занима́лись, пошёл дождь. *While we were studying it began raining.* Пока́ шёл дождь, мы сиде́ли до́ма. *We stayed at home as long as it rained.* Пока́ не ко́нчу письмо́, не пойду́ гуля́ть. *I won't go out before I have finished the letter.*

ПОКАЗА́ТЬ *see* **ПОКА́ЗЫВАТЬ**

ПОКАЗА́ТЬСЯ *see* **КАЗА́ТЬСЯ** & **ПОКА́ЗЫВАТЬСЯ**

ПОКА́ЗЫВА|ТЬ, -ю, -ешь, -ют *imp.* кому́? чему́? кого́? что? *or* на кого́? и а что́?/*p.* показа́ть, покажу́, пока́жешь, пока́жут
1. to show. Показа́ть дру́гу фотогра́фию. *To show one's friend a photograph.*
2. to point (at, to). Пока́зывать руко́й на о́блако. *To point at a cloud with one's hand.*

ПОКА́ЗЫВА|ТЬСЯ, -юсь, -ешься, -ются *imp./p.* показа́ться, покажу́сь, пока́жешься, пока́жутся to show
Из-за ту́ч показа́лось со́лнце. *The sun showed from behind the clouds.* Луна́ то пока́зывалась, то исчеза́ла за облака́ми. *The moon was now visible, now hidden behind the clouds.*

ПОКОЛЕ́НИЕ *neut.* generation
Молодо́е поколе́ние. *The young generation.* Поколе́ние отцо́в. *The older generation.*

ПОКРАСНЕ́ТЬ see **КРАСНЕ́ТЬ**

ПОКУПА́|ТЬ, -ю, -ешь, -ют *imp.* к о-
г о́? ч т о? к о м у́?/*p.* купи́ть, куп-
лю́, ку́пишь, ку́пят to buy
Покупа́ть хлеб в магази́не. *To buy
bread in a shop.* Купи́ мне сего́-
дняшнюю газе́ту! *Buy me today's
paper!*

ПОКУРИ́ТЬ see **КУРИ́ТЬ**

ПОКУ́ШАТЬ see **КУ́ШАТЬ**

ПОЛ *m., prepos.* на -у́; *pl.* -ы́ floor
Чи́стый пол. *A clean floor.* Подме-
та́ть пол. *To sweep the floor.* Де́ти
игра́ли на полу́. *The children were
playing on the floor.*

ПО́Л|Е *neut., pl.* -я́
1. field. Широ́кое по́ле. *A large
field.* Расти́ на по́ле. *To grow
in a field.* Рабо́тать в по́ле. *To
work in the field.*
2. *fig.* field. Широ́кое по́ле дея́-
тельности. *A wide field of activity.*
3. field. Магни́тное по́ле. *A magnet-
ic field.*
4. *pl.* brim. Шля́па с поля́ми. *A
hat with a brim.*

ПОЛЕ́ЗНО *adv., predic. impers.* (it is)
useful
Ему́ поле́зно мно́го гуля́ть. *It is
useful for him to walk a lot.* Больно́-
му поле́зно пить фрукто́вый сок. *It
is good for the sick man to drink
fruit juice.*

ПОЛЕ́ЗН|ЫЙ, -ая, -ое, -ые, *short
form* поле́зен, поле́зн|а, -о, -ы
useful
Поле́зная кни́га. *A useful book.*
Поле́зный сове́т. *Useful advice.*

ПОЛЁТ *m.* flight
Опа́сный полёт. *A dangerous flight.*
Соверши́ть полёт. *To make a flight.*

ПОЛЕ́|ТЕ́ТЬ, -чу́, -ти́шь, -тя́т *p.* to fly
Полете́ть в ко́смос. *To fly to outer
space.*

ПОЛИ́ТИКА *f., no pl.* policy, politics
Вне́шняя поли́тика. *Foreign policy.* Вну́тренняя поли́тика. *Home
policy.* Занима́ться поли́тикой. *To
go in for politics.*

ПОЛИТИ́ЧЕСК|ИЙ, -ая, -ое, -ие
1. political. Полити́ческая обста-
но́вка. *The political situation.*
Полити́ческая борьба́. *A political struggle.* Полити́ческий дея́-
тель. *A politician.*

2. political. Полити́ческая эконо́-
мия. *Political economy.*

ПО́Л|КА *f., gen. pl.* -ок
1. shelf. Кни́жная по́лка. *A bookshelf.* Кни́ги стоя́т на по́лке.
The books are on the shelf.
2. berth. Ве́рхняя (ни́жняя) по́л-
ка в ваго́не. *An upper (lower)
berth in a railway carriage.* Ле-
жа́ть на ве́рхней по́лке. *To lie
on an upper berth.*
◇ **Положи́ть зу́бы на по́лку.** *To
starve.*

ПО́ЛН|ЫЙ, -ая, -ое, -ые, *short form*
по́лон, полн|а́, -о́, -ы́
1. full. По́лный стака́н воды́. *A
glass full of water.* Зал по́лон
зри́телей. *The hall is full of
spectators.* Ко́мната, по́лная
све́та. *A room full of light.*
2. complete. По́лная свобо́да. *Complete freedom.* По́лный о́тдых.
Complete rest.
3. stout. По́лный челове́к. *A stout
man.*

ПО́ЛНОСТЬЮ *adv.* completely
Я по́лностью согла́сен с ва́ми. *I
am in complete agreement with you.*

ПОЛОВИ́НА *f.* half
Полови́на пути́. *Half the way.* По-
лови́на го́да. *Half a year.* Пе́рвая
полови́на игры́. *The first half of
a match.* Втора́я полови́на XIX ве́-
ка. *The second half of the 19th
century.* Сейча́с полови́на шесто́го.
It is half past five. Приходи́-
те в полови́не шесто́го. *Come at
half past five.*

ПОЛОЖЕ́НИЕ *neut.* situation
Экономи́ческое положе́ние. *The
economic situation.* Тяжёлое поло-
же́ние. *A difficult situation.* Ока-
за́ться в тру́дном положе́нии. *To
find oneself in a difficult situation.*
Найти́ вы́ход из любо́го положе́-
ния. *To find a way out of any
situation.*

ПОЛОЖИ́ТЬ see **КЛАСТЬ**

ПОЛОТЕ́Н|ЦЕ *neut., gen. pl.* -ец tow-
el
Мохна́тое полоте́нце. *A Turkish
towel.* Вытира́ть ру́ки полоте́нцем.
To dry one's hands with a towel.

ПОЛТОРА́ *m. & neut., gen.* полу́тора;
полторы́ *f., num.* one and a half

ПОЛУО́СТРОВ *m., pl.* -а́ peninsula

ПОЛУЧА|ТЬ, -ю, -ешь, -ют *imp.* ч т о? о т к о г о? о т к у́ д а?/ *p.* получи́ть, получу́, полу́чишь, полу́чат

1. to receive. Получа́ть пи́сьма из до́ма. *To receive letters from home.* Получи́ть де́ньги за рабо́ту. *To get money for one's work.* Получи́ть пода́рок от отца́. *To get a present from one's father.* Получи́ть приглаше́ние. *To receive an invitation.*
2. to get. Получи́ть ну́жный результа́т. *To get the necessary result.* Получа́ть са́хар из свёклы. *To obtain sugar from beetroot.*
3. to receive. Получи́ть зва́ние профе́ссора. *To receive the title of professor.* Получи́ть отме́тку. *To get a mark.* Получи́ть благода́рность. *To be thanked.*

ПОЛУЧА|ТЬСЯ, *1st & 2nd pers. not used, 3rd pers.* -ется, -ются *imp.*/*p.* получи́ться, *1st & 2nd pers. not used, 3rd pers.* полу́чится, полу́чатся

1.: У меня́ не получа́ется зада́ча. *I can't manage the problem.* Фотогра́фии получи́лись хорошо́. *The photographs proved to be good.* Зада́ча не получа́ется. *The problem won't work out.*
2.: *impers.* Получа́ется, что я винова́т. *It looks as if I am to blame.*

ПОЛУЧИ́ТЬ *see* **ПОЛУЧА́ТЬ**
ПОЛУЧИ́ТЬСЯ *see* **ПОЛУЧА́ТЬСЯ**
ПОЛЧАСА́ *m., gen.* получа́са half an hour
Я ждал его́ це́лых полчаса́. *I waited for him for a whole half-hour.* Он писа́л в тече́ние получа́са. *He wrote for half an hour.*

ПО́ЛЬЗА *f.* use
Лека́рство принесло́ большу́ю по́льзу больно́му. *The medicine helped the sick man very much.*

ПО́ЛЬЗ|ОВАТЬСЯ, -уюсь, -уешься, -уются *imp.* чем? / *p.* воспо́льз|оваться, -уюсь, -уешься, -уются

1. to use. По́льзоваться библиоте́кой. *To use a library.* По́льзоваться ну́жной кни́гой. *To use the book one needs.* По́льзоваться услу́гами. *To avail oneself of services.* Воспо́льзоваться сове́том. *To make use of advice.*

Воспо́льзоваться слу́чаем. *To avail oneself of an occasion.* По́льзоваться возмо́жностью. *To avail oneself of an opportunity.* По́льзоваться пра́вом. *To exercise the right.*
2. *no p.* to enjoy. По́льзоваться изве́стностью. *To be well known.*

ПОЛЮБИ́ТЬ *see* **ЛЮБИ́ТЬ**
ПОЛЮБОВА́ТЬСЯ *see* **ЛЮБОВА́ТЬСЯ**
ПО́ЛЮС *m.* pole
Се́верный по́люс. *The North Pole.* Нау́чная экспеди́ция на Ю́жный по́люс. *A scientific expedition to the South Pole.*

ПОМЕША́ТЬ *see* **МЕША́ТЬ**
ПОМЕЩЕ́НИЕ *neut.* room, premises
Жило́е помеще́ние. *Living premises.*
ПОМЕ́ЩИК *m.* landowner
Кру́пный поме́щик. *A big landowner.* Бога́тый поме́щик. *A rich landowner.*
ПОМИДО́Р *m.* tomato
Спе́лые помидо́ры. *Ripe tomatoes.* Сала́т из помидо́ров. *Tomato salad.*
ПО́МН|ИТЬ, -ю, -ишь, -ят *imp.* к о г о? *or* ч т о? о к о́м? о чём? to remember
По́мнить родно́й дом. *To remember the house where one was born.* По́мнить отца́. *To remember one's father.* По́мнить о дру́ге. *To remember one's friend.* По́мнить о свое́й це́ли. *To bear in mind one's aim.*
◇ Не по́мнить себя́ (от гне́ва). *To be beside oneself (with wrath).*
ПОМОГА́|ТЬ, -ю, -ешь, -ют *imp.* к о м у́? ч е м у́? ч е м? & + *inf.*/*p.* помо́чь, помогу́, помо́жешь, помо́гут, *past* помо́г, -ла́, -ло́, -ли́ to help
Помога́ть ста́рой ма́тери. *To help one's old mother.* Помо́чь дру́гу до́брым сове́том. *To help one's friend with good advice.* Помо́чь бра́ту реши́ть зада́чу. *To help one's brother to solve a problem.*
ПО-МО́ЕМУ
1. *adv.* my way. Он сде́лал э́то по-мо́ему. *He did it my way.*
2. *paren.* word in my opinion. По-мо́ему, он хоро́ший челове́к. *In my opinion, he is a good man.*
ПОМО́ЧЬ *see* **ПОМОГА́ТЬ**

ПОМО́ЩНИК *m.* help
Сын был хоро́шим помо́щником отцу́. *The son was a good help to his father.*

ПО́МОЩЬ *f., no pl.* help
Оказа́ть по́мощь ра́неному. *To give help to a wounded man.* Проси́ть по́мощи у друзе́й. *To ask one's friends for help.* Проси́ть о по́мощи. *To ask for help.* Прийти́ на по́мощь. *To come to the aid.* Отказа́ть в по́мощи. *To refuse to give help.*

ПОНЕДЕ́ЛЬНИК *m.* Monday
В понеде́льник мы уезжа́ем. *We leave on Monday.* Ка́ждый понеде́льник (по понеде́льникам) у нас быва́ют ле́кции по литерату́ре. *Every Monday we have lectures on literature.*

ПОНИМА́|ТЬ, -ю. -ешь, -ют *imp.* к о г о́? ч т о?/*р.* поня́ть, пойм|у́, -ёшь, -у́т, *past* по́нял, поняла́, по́нял|о, -и
1. to understand. Я вас по́нял. *I understood you.* Вы всё понима́ете? *Do you understand everything?* Пойми́те меня́ пра́вильно! *Don't misunderstand me.*
2. to understand. Он ма́ло понима́ет в му́зыке. *He does not understand much about music.*

ПОНРА́ВИТЬСЯ *see* **НРА́ВИТЬСЯ**

ПОНЯ́ТИЕ *neut.* notion
Сло́во и поня́тие — ра́зные ве́щи. *The word and the notion are different things.*
◇ Я не име́ю поня́тия о твое́й рабо́те. *I've no idea of your work.*

ПОНЯ́ТН|ЫЙ, -ая, -ое, -ые, *short form* поня́тен, поня́тн|а, -о, -ы understandable, clear

ПОНЯ́ТНО
1. *adv.* clear(ly). Это сло́во вам поня́тно? *Is this word clear to you?* Он говори́л поня́тно. *He spoke clearly.* Мне всё поня́тно. *Everything is clear to me.*
2. *predic. impers.* (it is) clear. Поня́тно, что в тако́й дождь он не придёт. *It's clear that he won't come in such a rain.*

ПОНЯ́ТЬ *see* **ПОНИМА́ТЬ**
ПООБЕ́ДАТЬ *see* **ОБЕ́ДАТЬ**
ПООБЕЩА́ТЬ *see* **ОБЕЩА́ТЬ**

ПОПАДА́|ТЬ, -ю, -ешь, -ют *imp.* / *p.* попа́сть, попад|у́, -ёшь, -у́т, *past* попа́л, -а, -о, -и
1. to hit. Попа́сть в цель. *To hit the mark.*
2. to get. Попа́сть в теа́тр. *To get to the theatre.*
3. to get. Как вы сюда́ попа́ли? *How did you get here?*
4. *impers., colloq.* to catch it. Мне попа́ло от ма́тери. *I caught it hot from Mother.*
◇ Как попа́ло. *Anyhow.* Попа́сть не в бро́вь, а в глаз. *Cf. To hit the nail on the head.*

ПО-ПРЕ́ЖНЕМУ *adv.* still, as before
Он по-пре́жнему живёт здесь. *He still lives here.*

ПОПРО́БОВАТЬ *see* **ПРО́БОВАТЬ**
ПОПРОСИ́ТЬ *see* **ПРОСИ́ТЬ**
ПОПРОЩА́ТЬСЯ *see* **ПРОЩА́ТЬСЯ**

ПОРА́[1] *f.* time
Я зна́ю его́ с да́вних пор. *I've known him for a long time.* С тех пор прошло́ мно́го лет. *Many years have passed since then.* До сих пор мы ничего́ не зна́ем о нём. *We still don't know anything about him.*

ПОРА́[2] *predic. impers.* it is time
Пора́ встава́ть — уже́ по́здно. *It's time to get up: it's already late.* Пора́ идти́ домо́й. *It's time to go home.* Нам пора́ обе́дать. *It's time for us to have dinner.*

ПОРАЖЕ́НИЕ *neut.* defeat
Тяжёлое пораже́ние. *A heavy defeat.* Потерпе́ть пораже́ние в войне́. *To be defeated in a war.* Нанести́ пораже́ние. *To defeat.*

ПОРОШО́К *m., gen.* -ка́ powder
1. *only sing.* powder. Зубно́й порошо́к. *Tooth-powder.*
2. powder. Лека́рство в порошка́х. *Medicine in the form of powder.* Принима́ть по одному́ порошку́ 3 ра́за в день. *To take one powder 3 times a day.*

ПОРТ *m., prepos.* в порту́ & о по́рте port
Морско́й порт. *A seaport.* Речно́й порт. *A river port.* Рабо́тать в порту́. *To work at the port.*

ПОРТРЕ́Т *m.* portrait
ПОРТФЕ́ЛЬ *m.* brief-case
ПО-РУ́ССКИ *adv.* (in) Russian
Говори́ть по-ру́сски. *To speak*

Russian. Они пéли эту пéсню по-рýсски. *They sang this song in Russian.*

ПОРЯД|ОК *m., gen.* -ка
1. order. У меня в кóмнате всегда порядок. *My room is always in order.* Держать вéщи в порядке. *To keep things in order.* Привести всё в порядок. *To put everything in order.* Привести себя в порядок. *To tidy oneself up.*
2. succession. Рассказать всё по порядку. *To tell everything in the same order as it happened.*
◇ **Всё в порядке.** *Everything is all right.*

ПОСАДИТЬ *see* **САЖÁТЬ**
ПОСВЯТИТЬ *see* **ПОСВЯЩÁТЬ**
ПОСВЯЩÁ|ТЬ, -ю, -ешь, -ют *imp.* что? комý? чемý? / *p.* посвя|тить, -щý, -тишь, -тят
1. to devote. Посвятить жизнь наýке. *To devote one's life to science.*
2. to dedicate. Посвящáть кнúгу дрýгу. *To dedicate a book to one's friend.*

ПОСЕТИТЬ *see* **ПОСЕЩÁТЬ**
ПОСЕЩÁ|ТЬ, -ю, -ешь, -ют *imp.* когó? что? / *p.* посе|тить, -щý, -тишь, -тят
1. to visit. Посещáть больнóго товáрища. *To visit a sick friend.* Посетить музéй. *To visit a museum.*
2. *no p.* to attend. Посещáть лéкции. *To attend lectures.*

ПОСЛÁТЬ *see* **ПОСЫЛÁТЬ**
ПÓСЛЕ
1. *adv.* later. Мóжно прийти сейчáс? — Нет, приходи пóсле. *"May I come now?" "No, come later."*
2. *prep.* + *gen.* after. Пóсле обéда. *After dinner.* Пóсле рабóты. *After work.* Мóжно мне взять эту кнúгу пóсле неё? *May I have the book after her?*

ПОСЛÉДН|ИЙ, -яя, -ее, -ие last
Послéдний день мéсяца. *The last day of the month.* Кто послéдний? *Who is the last?*
◇ **Борóться до послéдней кáпли крóви.** *To fight to the last drop of blood.* Создавáть нóвые машúны по послéднему слóву тéхники.

To build new machines according to the last word in technology. Послéдние извéстия. *The latest news.*

ПОСЛЕЗÁВТРА *adv.* the day after tomorrow
ПОСЛÓВИЦА *f.* proverb
ПОСЛÝША|ТЬ, -ю, -ешь, -ют *p.* когó? что?
1. to listen (for a while). Он постоял, послýшал немнóго и ушёл. *He stood and listened for a while, then he went away.*
2.: Послýшай(те), рáзве это прáвильно? *Look here, is that right?*

ПОСЛÝШАТЬСЯ *see* **СЛÝШАТЬСЯ**
ПОСМОТРÉТЬ *see* **СМОТРÉТЬ**
ПОСОВÉТОВАТЬ *see* **СОВÉТОВАТЬ**
ПОСОВÉТОВАТЬСЯ *see* **СОВÉТОВАТЬСЯ**
ПОСПÓРИТЬ *see* **СПÓРИТЬ**
ПОСРЕДИ
1. *adv.* amid, among. На ýлице собралáсь толпá нарóда. Посреди стоя́л ребёнок и плáкал. *A crowd of people had gathered in the street. Among the crowd stood a child, crying.*
2. *prep.* + *gen.* in the middle of. Посреди плóщади — красúвый фонтáн. *In the middle of the square there is a beautiful fountain.*

ПОССÓРИТЬСЯ *see* **ССÓРИТЬСЯ**
ПОСТÁВИТЬ *see* **СТÁВИТЬ**
ПОСТАРÁТЬСЯ *see* **СТАРÁТЬСЯ**
ПОСТÉЛЬ *f.* bed
Больнóй дóлжен лежáть в постéли. *The patient must remain in bed.* Емý нельзя́ вставáть с постéли. *He is not allowed to get up.*

ПОСТЕПÉННО *adv.* gradually
Он постепéнно привыкáл к климату. *He gradually got accustomed to the climate.*

ПОСТОЯ́НН|ЫЙ, -ая, -ое, -ые constant; *adv.* постоя́нно constantly, always
Постоя́нная температýра. *A constant temperature.* Ребёнок постоя́нно болéет. *The child is always ill.*

ПОСТО|Я́ТЬ, -ю́, -úшь, -я́т *p.*
1. to stand (for a while). Сидúте, не беспокóйтесь, я постою́. *Keep your seat, and don't worry; I'll stand.* Он постоя́л немнóго

и ушёл. *He stood for a while and then went away.*
2.: Посто́й(те)! *Wait!*
ПОСТРИ́ЧЬСЯ *see* **СТРИ́ЧЬСЯ**
ПОСТРО́ИТЬ *see* **СТРО́ИТЬ**
ПОСТУПА́|ТЬ, -ю, -ешь, -ют *imp./ p.* поступи́ть, поступлю́, посту́пишь, посту́пят
1. to act. Че́стно поступа́ть. *To act honestly.* Пло́хо поступи́ть. *To act badly.*
2. к у д а́? to enter. Поступи́ть в институ́т, на истори́ческий факульте́т. *To enter an institute, the history department.* Поступи́ть на рабо́ту. *To take up work.*
3.: Поступи́ло предложе́ние. *There is a proposal.*
ПОСТУПИ́ТЬ *see* **ПОСТУПА́ТЬ**
ПОСТУ́П|ОК *m., gen.* -ка action
Че́стный посту́пок. *An honest action.* Соверши́ть герои́ческий посту́пок. *To accomplish a feat.*
ПОСТУЧА́ТЬ *see* **СТУЧА́ТЬ**
ПОСУ́ДА *f.* crockery
Ча́йная посу́да. *Tea-things.* Мыть посу́ду. *To wash up.*
ПОСЫЛА́|ТЬ, -ю, -ешь, -ют *imp.* к о г о́? ч т о? к о м у́? ч е м у́? *or* к к о м у́? / *p.* посла́ть, пошл|ю́, -ёшь, -ю́т
1. to send. Мать посла́ла ребёнка в магази́н за хле́бом. *The mother sent her child to the shop for some bread.* Его́ посла́ли на рабо́ту в Сара́тов. *He was sent to work in Saratov.*
2. to send. Посла́ть письмо́ роди́телям. *To send a letter to one's parents.*
ПОСЫ́Л|КА *f., gen. pl.* -ок parcel
Почто́вая посы́лка. *A parcel sent by post.* Отпра́вить посы́лку. *To send a parcel.* Получи́ть посы́лку от роди́телей. *To receive a parcel from one's parents.*
ПО-ТВО́ЕМУ
1. *adv.* as you wish. Всё бу́дет по-тво́ему. *Everything will be done as you wish.*
2. *paren. word* in your opinion. По-тво́ему, э́то пра́вильно? *Do you think it's right?*
ПОТЕРЯ́ТЬ *see* **ТЕРЯ́ТЬ**
ПОТОЛ|О́К *m., gen.* -ка́ ceiling
Высо́кий потоло́к. *A high ceiling.*

Ни́зкий потоло́к. *A low ceiling.* На потолке́ виси́т ла́мпа. *A lamp is hanging from the ceiling.*
ПОТО́М *adv.* then
Снача́ла мы пообе́дали, а пото́м пошли́ гуля́ть. *We first had dinner and then went for a walk.*
ПОТОМУ́ ЧТО [што] *conj.* because
Он не писа́л пи́сем, потому́ что был за́нят. *He didn't write letters because he was busy.*
ПОТОНУ́ТЬ *see* **ТОНУ́ТЬ**
ПОТРЕ́БОВАТЬ *see* **ТРЕ́БОВАТЬ**
ПОТРО́ГАТЬ *see* **ТРО́ГАТЬ**
ПОТЯНУ́ТЬ *see* **ТЯНУ́ТЬ**
ПОУ́ЖИНАТЬ *see* **У́ЖИНАТЬ**
ПОХВАЛИ́ТЬ *see* **ХВАЛИ́ТЬ**
ПОХО́Д *m.* hike
Туристи́ческий похо́д. *A walking-tour.* Ходи́ть в похо́д. *To hike, to go on a walking-tour.*
ПОХО́Ж|ИЙ, -ая, -ее, -ие, *short form* похо́ж, -а, -е, -и resembling
На кого́ он похо́ж? *Whom does he look like?* Он похо́ж на моего́ бра́та. *He looks like my brother.*
ПОЦЕЛОВА́ТЬ *see* **ЦЕЛОВА́ТЬ**
ПОЦЕЛОВА́ТЬСЯ *see* **ЦЕЛОВА́ТЬСЯ**
ПО́ЧВА *f.* soil
ПОЧЕМУ́ *adv.* why
Почему́ вы опозда́ли? *Why are you late?*
ПОЧЕМУ́-ТО *adv.* for some reason
Почему́-то он не пришёл. *For some reason he has not come.*
ПОЧЁТН|ЫЙ, -ая, -ое, -ые honorary
Почётное зва́ние. *An honorary title.* Почётный гость. *A guest of honour.*
ПОЧИНИ́ТЬ *see* **ЧИНИ́ТЬ**
ПОЧИ́СТИТЬ *see* **ЧИ́СТИТЬ**, 1
ПО́ЧТА *f.*
1. post. Посыла́ть что́-либо по́чтой (по по́чте). *To send something by post.*
2. post-office. Рабо́тать на по́чте. *To work at a post-office.* По́чта рабо́тает с 7 утра́ до 12 но́чи. *The post-office is open from 7 in the morning to 12 at night.*
ПОЧТИ́ *adv.* almost
Он отдыха́л почти́ два ме́сяца. *He rested for almost two months.*
ПОЧУ́ВСТВОВАТЬ *see* **ЧУ́ВСТВОВАТЬ**
ПОШУТИ́ТЬ *see* **ШУТИ́ТЬ**
ПОЭ́Т *m.* poet

ПОЭТОМУ *adv.* that is why
Пошёл дождь, поэтому мы оста́лись до́ма. *It began raining, that's why we stayed at home.*

ПОЯВИ́ТЬСЯ *see* **ПОЯВЛЯ́ТЬСЯ**

ПОЯВЛЯ́|ТЬСЯ, -юсь, -ешься, -ются *imp.* г д е? / *p.* появи́ться, появлю́сь, поя́вишься, поя́вятся to appear, to come out
На не́бе появи́лись звёзды. *Stars came out in the sky.*

ПО́ЯС *m.*, *pl.* -а́
1. belt. По́яс пальто́. *A coat belt.* Широ́кий по́яс. *A wide belt.* Застегну́ть по́яс. *To fasten the belt.*
2. waist. Стоя́ть в воде́ по по́яс. *To stand waist-deep in water.*

ПРА́ВДА *f.*
1. truth. Это пра́вда. *This is the truth.* Говори́ть пра́вду в глаза́. *To speak the truth to somebody's face.*
2. *used as pred.* it is true. Пра́вда, что он уе́хал?—Пра́вда. "*Is it true that he has left?*" — "*Yes, it is.*"
◇ По пра́вде говоря́... *To tell the truth...*

ПРАВДИ́В|ЫЙ, -ая, -ое, -ые truthful
Правди́вый челове́к. *A truthful man.* Правди́вые глаза́. *Truthful eyes.* Правди́вая исто́рия. *A true story.*

ПРА́ВИЛО *neut.*
1. rule. Пра́вило грамма́тики. *A grammar rule.* Тру́дное пра́вило. *A hard rule.*
2. *only pl.* rules. Соблюда́ть пра́вила. *To observe the rules.*
◇ Как пра́вило. *As a rule.*

ПРА́ВИЛЬН|ЫЙ, -ая, -ое, -ые; *adv.* пра́вильно correct; right
Пра́вильный отве́т. *A correct answer.* Он пра́вильно реши́л зада́чу. *He solved the problem correctly.* Пра́вильно! *That's right!*

ПРАВИ́ТЕЛЬСТВО *neut.* government

ПРА́В|О *neut.*, *pl.* -а́
1. right. Избира́тельное пра́во. *Suffrage.* Гражда́нские права́. *Civil rights.* Пра́во на труд. *The right to work.* Пра́во на о́тдых. *The right to rest.* По́льзоваться права́ми. *To exercise one's rights.*
2. law. Изуча́ть пра́во. *To study law.*

ПРА́В|ЫЙ¹, -ая, -ое, -ые right
Пра́вая рука́. *The right hand (arm).*

ПРА́В|ЫЙ², -ая, -ое, -ые, short form прав, права́, пра́в|о, -ы
1. *only short form* right. Он прав в э́том вопро́се. *He is right in this question.* Вы не пра́вы. *You are not right.*
2. *only complete form* right. Боро́ться за пра́вое де́ло. *To fight for the right cause.*

ПРА́ЗДНИК *m.* holiday, festive occasion
Национа́льный пра́здник. *A national holiday.* Пра́здник Пе́рвого Ма́я. *The First of May holiday.* Поздравля́ть с пра́здником. *To congratulate on a holiday.*

ПРА́ЗДНИЧН|ЫЙ, -ая, -ое, -ые festive, holiday-like
Пра́здничный го́род. *A holiday-like city.* Пра́здничный ве́чер. *A festive evening-party.* Пра́здничный костю́м. *One's best clothes.* Пра́здничное настрое́ние. *A holiday mood.*

ПРА́ЗДН|ОВАТЬ, -ую, -уешь, -уют *imp.* ч т о? to celebrate
Пра́здновать побе́ду. *To celebrate a victory.* Пра́здновать день рожде́ния. *To celebrate one's birthday.*

ПРА́КТИКА *f.*
1. practical work. Пое́хать на пра́ктику. *To go to practical work.* Проходи́ть пра́ктику на заво́де. *To do one's practical work at a plant.*
2. practice. Связа́ть тео́рию с пра́ктикой. *To link theory with practice.*

ПРАКТИ́ЧЕСК|ИЙ, -ая, -ое, -ие
1. practical. Практи́ческие заня́тия. *Practical studies.*
2. practical. Практи́ческий сове́т. *Practical advice.*

ПРА́ЧЕЧН|АЯ *f.*, *gen.* -ой laundry
Сдава́ть бельё в пра́чечную. *To send one's washing to the laundry.*

ПРЕВРАТИ́ТЬ *see* **ПРЕВРАЩА́ТЬ**

ПРЕВРАТИ́ТЬСЯ *see* **ПРЕВРАЩА́ТЬСЯ**

ПРЕВРАЩА́|ТЬ, -ю, -ешь, -ют *imp.* к о г о? ч т о? в к о г о? в о ч т о?/ *p.* превра|ти́ть, -щу́, -ти́шь, -тя́т to turn (into)
Преврати́ть пусты́ню в сад. *To turn a desert into an orchard.*

ПРЕВРАЩА|ТЬСЯ, -юсь, -ешься, -ются *imp.* в к о г о? во ч т о?/ *р.* превра|ти́ться, -щу́сь, -ти́шься, -тя́тся to turn (into) Вода́ преврати́лась в пар. *The water turned into vapour.*

ПРЕДЛАГА|ТЬ, -ю, -ешь, -ют *imp.* к о м у́? ч е м у́? ч т о? & + *inf.* / *р.* предложи́ть, предложу́, предло́жишь, предло́жат
1. to offer. Он предложи́л нам ко́фе. *He offered us coffee.*
2. to suggest. Он предложи́л пойти́ в кино́. *He suggested that we should go to the cinema.*

ПРЕДЛОЖЕ́НИЕ¹ *neut.*
1. proposal, suggestion. Внести́ предложе́ние на собра́нии. *To make a proposal at a meeting.* Воспо́льзоваться предложе́нием. *To avail oneself of a suggestion.* Поле́зное предложе́ние. *A useful suggestion.*
2. proposal. Сде́лать предложе́ние люби́мой де́вушке. *To propose to the girl one loves.*

ПРЕДЛОЖЕ́НИЕ² *neut.* sentence; clause

ПРЕДЛОЖИ́ТЬ *see* **ПРЕДЛАГА́ТЬ**

ПРЕДМЕ́Т *m.*
1. object. Тяжёлый предме́т. *A heavy object.*
2. subject. Я изуча́л э́ти предме́ты в шко́ле. *I studied these subjects at school.*

ПРЕДПРИЯ́ТИЕ *neut.* enterprise Рабо́тать на предприя́тии. *To work at an enterprise.* Совреме́нное предприя́тие. *A modern enterprise.*

ПРЕДСЕДА́ТЕЛЬ *m.* chairman Председа́тель собра́ния. *The chairman at a meeting.* Председа́тель колхо́за. *A collective-farm chairman.*

ПРЕДСТАВИ́ТЕЛЬ *m.* representative Представи́тели наро́да. *Representatives of the people.* Представи́тели заво́да. *Representatives from a plant.*

ПРЕДСТА́ВИТЬ *see* **ПРЕДСТАВЛЯ́ТЬ**

ПРЕДСТАВЛЯ́|ТЬ, -ю, -ешь, -ют *imp./р.* предста́|вить, -влю, -вишь, -вят
1. ч т о? to imagine. Представля́ть себе́ карти́ну бу́дущего. *To imagine the future.*
2. к о г о? к о м у́? to introduce. Позво́льте предста́вить вам това́рища Н. *Let me introduce Comrade N.*

ПРЕДСТО|Я́ТЬ, *1st & 2nd pers. not used, 3rd pers.* -и́т, -я́т *imp.* к о м у́? ч е м у́? to be ahead Нам предстои́т интере́сная пое́здка. *We are faced with an interesting journey.* Мне предстои́т пое́хать на се́вер. *I am to go to the north.*

ПРЕДУПРЕДИ́ТЬ *see* **ПРЕДУПРЕЖДА́ТЬ**

ПРЕДУПРЕЖДА́|ТЬ, -ю, -ешь, -ют *imp.* к о г о? ч т о? о ч ём?/ *р.* предупре|ди́ть, -жу́, -ди́шь, -дя́т
1. to warn. Предупреди́ть челове́ка об опа́сности. *To warn a person of danger.* Предупреди́ть отря́д о приближе́нии врага́. *To warn a detachment of the approach of the enemy.*
2. to prevent. Предупрежда́ть боле́знь. *To prevent a disease.*

ПРЕ́ЖДЕ
1. *adv.* before, first of all. Пре́жде мы встреча́лись ча́сто. *We used often to meet before.* Пре́жде всего́, скажи́те гла́вное. *First of all, tell me the main thing.*
2. *conj.* before. Пре́жде чем говори́ть, поду́май. *Think before you speak.*

ПРЕ́ЖН|ИЙ, -яя, -ее, -ие former В пре́жнее вре́мя. *In former times; in the old days.* Пре́жний нача́льник. *The former chief.*

ПРЕКРА́СН|ЫЙ, -ая, -ое, -ые, *short form* прекра́сен, прекра́сн|а, -о, -ы; *adv.* прекра́сно
1. beautiful. Она́ была́ прекра́сна. *She was beautiful.*
2. fine, wonderful, beautiful. Прекра́сная пого́да. *Fine weather.* Прекра́сный спекта́кль. *A wonderful performance.* Он прекра́сно танцу́ет. *He dances beautifully.*
3. *used as particle* very good, fine. Прекра́сно, я за́втра приду́. *Very good, I'll come tomorrow.*
◇ В оди́н прекра́сный день. *One fine day.*

ПРЕКРАТИ́ТЬ *see* **ПРЕКРАЩА́ТЬ**
ПРЕКРАТИ́ТЬСЯ *see* **ПРЕКРАЩА́ТЬСЯ**

ПРЕКРАЩА|ТЬ, -ю, -ешь, -ют *imp.*
ч т о? & + *inf.* / *p.* прекра|тить,
-щу́, -тишь, -тя́т to stop
Прекрати́ть разгово́р. *To drop a
conversation.* Прекрати́те разгова́-
ривать! *Stop talking!*

ПРЕКРАЩА|ТЬСЯ, *1st & 2nd pers.
not used, 3rd pers.* -ется, -ются *imp.*/
p. прекрат|и́ться, *1st & 2nd pers. not
used, 3rd pers.* -и́тся, -я́тся to stop
Дождь не прекраща́лся. *The rain
didn't stop.* Ве́тер прекрати́лся.
The wind has abated.

ПРЕ́МИЯ *f.* bonus
Получи́ть пре́мию. *To get a bonus.*

ПРЕОДОЛЕВА́|ТЬ, -ю, -ешь, -ют
imp. ч т о?/*p.* преодоле́|ть, -ю,
-ешь, -ют to overcome
Преодолева́ть препя́тствия. *To
overcome obstacles.* Преодоле́ть ус-
та́лость. *To overcome fatigue.* Пре-
одоле́ть страх. *To overcome fear.*

ПРЕОДОЛЕ́ТЬ *see* **ПРЕОДОЛЕВА́ТЬ**

ПРЕПОДАВА́ТЕЛЬ *m.* teacher
Опытный преподава́тель. *An experienced teacher.* Преподава́тель
ру́сского языка́. *A Russian teacher.*

ПРЕПЯ́ТСТВИЕ *neut.* obstacle
Серьёзное препя́тствие. *A serious
obstacle.* Встре́тить препя́тствие
на пути́. *To meet with an obstacle.*
Преодоле́ть все препя́тствия. *To
overcome all obstacles.*

ПРЕСТУПЛЕ́НИЕ *neut.* crime
Соверши́ть преступле́ние. *To commit a crime.*

ПРЕСТУ́ПНИК *m.* criminal
Опа́сный престу́пник. *A dangerous
criminal.* Арестова́ть престу́пника.
To arrest a criminal.

ПРИ *prep.* + *prepos.*
1. in one's presence. Не говори́те
так при мне. *Don't speak so in
my presence.*
2. under. При Петре́ I. *Under
Peter I.*
3. at. При температу́ре в 100 гра́ду-
сов Це́льсия вода́ превраща́ется
в пар. *At a temperature of 100°C
water turns into vapour.* При серь-
ёзном отноше́нии к де́лу вы до-
бьётесь больши́х успе́хов. *If you
adopt a serious attitude towards
what you do, you'll make great
progress.*

4. on, with. Име́ть что́-либо при
себе́. *To have something with one.*
5. in. При све́те луны́. *In the moon-
light.*

ПРИБЛИЖА́|ТЬСЯ, -юсь, -ешься,
-ются *imp.* к кому́? к чему́?/
p. прибли́|зиться, -жусь, -зишься,
-зятся
1. to approach. По́езд приближа́ет-
ся к го́роду. *The train is ap-
proaching the town.* | *fig.* Прибли́-
зиться к це́ли. *To get nearer to
one's aim.*
2. *fig. no p.* to draw nearer. Прибли-
жа́ется пра́здник. *The holiday
is drawing near.*

ПРИБЛИ́ЗИТЬСЯ *see* **ПРИБЛИ-
ЖА́ТЬСЯ**

ПРИБО́Р *m.*
1. device, instrument. То́чные
прибо́ры. *Precision instruments.*
2. set. Обе́денный прибо́р. *Cover.*
Бри́твенный прибо́р. *Shaving
requisites.*

ПРИБЫВА́|ТЬ, -ю, -ешь, -ют *imp.*
к у д а? / *p.* прибы́ть, прибу́д|у,
-ешь, -ут, *past* при́был, прибыла́,
при́был|о, -и to arrive
Глава́ прави́тельства при́был с ви-
зи́том в сосе́днюю страну́. *The
head of the government arrived in
the neighbouring country on a visit.*
Самолёт при́был то́чно. *The plane
has arrived on time.*

ПРИБЫ́ТЬ *see* **ПРИБЫВА́ТЬ**
ПРИВЕСТИ́ *see* **ПРИВОДИ́ТЬ**
ПРИВЕ́Т *m.* regards
Горя́чий приве́т. *Warmest regards.*
Переда́ть приве́т дру́гу. *To send
a friend one's regards.*

ПРИВЕ́ТСТВ|ОВАТЬ, -ую, -ешь,
-уют *imp.* к о г о? ч т о? to welcome
Все приве́тствовали высо́кого го́-
стя. *Everyone welcomed the guest
of honour.* Приве́тствовать реше́ние
прави́тельства. *To welcome the decision of the government.*

ПРИВОДИ́ТЬ, привожу́, приво́дишь,
приво́дят *imp.* к о г о? ч т о?/
p. привести́, привед|у́, -ёшь, -у́т,
past привёл, привела́, -о́, -и́
1. to bring. Привести́ ребёнка в
де́тский сад. *To bring a child
to the kindergarten.*

2. to lead. Доро́га привела́ в лес. *The road led to the forest.*
3. *fig.* to lead. Это привело́ к тому́, что... *This led to...*
4. to quote, to cite. Приводи́ть приме́ры. *To quote examples.* Привести́ цита́ту. *To cite a quotation.*

ПРИВЫКА́|ТЬ, -ю, -ешь, -ют *imp.* к кому́? к чему́? & + *inf./p.* привы́кн|уть, -у, -ешь, -ут, *past* привы́к, -ла, -ло, -ли
1. to get accustomed. Привыка́ть к но́вому кли́мату. *To get accustomed to a new climate.* Привыка́ть к но́вым това́рищам. *To get accustomed to new friends.*
2. to get into the habit (of). Привы́кнуть кури́ть. *To get into the habit of smoking.*

ПРИВЫ́КНУТЬ *see* **ПРИВЫКА́ТЬ**
ПРИВЫ́Ч|КА *f., gen. pl.* -ек habit
Хоро́шая привы́чка. *A good habit.* Вре́дная привы́чка. *A dangerous habit.*

ПРИГЛАСИ́ТЬ *see* **ПРИГЛАША́ТЬ**
ПРИГЛАША́|ТЬ, -ю, -ешь, -ют *imp.* кого́? что? & + *inf.* / *p.* пригла|си́ть, -шу́, -си́шь, -ся́т to invite
Пригласи́ть де́вушку в теа́тр. *To invite a girl to the theatre.* Приглаша́ть в го́сти. *To invite somebody to one's house.* Он пригласи́л де́вушку танцева́ть. *He asked the girl to dance with him.*

ПРИГЛАШЕ́НИЕ *neut.* invitation
Получи́ть приглаше́ние на ве́чер. *To get an invitation for an evening-party.* Приня́ть приглаше́ние посети́ть страну́. *To accept the invitation to visit a country.*

ПРИГОВО́Р *m.* sentence
Справедли́вый пригово́р. *A just sentence.* Выноси́ть пригово́р. *To pass sentence.* Приводи́ть пригово́р в исполне́ние. *To execute] a sentence.*

ПРИГО|ДИ́ТЬСЯ, -жу́сь, -ди́шься, -дя́тся *p.* кому́? чему́? to prove useful
Мне пригоди́лся твой сове́т. *Your advice proved useful to me.*

ПРИГОТО́ВИТЬ *see* **ГОТО́ВИТЬ**, 1
ПРИГОТО́ВИТЬСЯ *see* **ГОТО́ВИТЬСЯ**
ПРИДУ́МАТЬ *see* **ПРИДУ́МЫВАТЬ**

ПРИДУ́МЫВА|ТЬ, -ю, -ешь, -ют *imp.* что? / *p.* приду́ма|ть, -ю, -ешь, -ют to make up, to think of, to invent
Приду́мать предложе́ние. *To make up a sentence.* Приду́мать исто́рию. *To invent a story.* Приду́майте что́-нибудь! *Think of something!*

ПРИЕЗЖА́|ТЬ, -ю, -ешь, -ют *imp.* куда́?/*p.* прие́хать, прие́д|у, -ешь, -ут to come
Прие́хать в чужо́й го́род. *To come to a strange city.* Прие́хать к роди́телям. *To come to one's parents.* Прие́хать на трамва́е. *To come by tram.*

ПРИЕ́ХАТЬ *see* **ПРИЕЗЖА́ТЬ**
ПРИЗНА|ВА́ТЬ, -ю́, -ёшь, -ю́т *imp.* кого́? что? / *p.* призна́|ть, -ю, -ешь, -ют
1. to recognise. Признава́ть но́вое прави́тельство. *To recognise a new government.*
2. to admit. Призна́ть свои́ оши́бки. *To admit one's mistakes.*

ПРИЗНА|ВА́ТЬСЯ, -ю́сь, -ёшься, -ю́тся *imp.* кому́? чему́? в чём?/*p.* призна́|ться, -юсь, -ешься, -ются
1. to declare. Призна́ться де́вушке в любви́. *To declare one's love to a girl.*
2. to admit. Призна́ться в свои́х оши́бках. *To admit one's mistakes.*

ПРИЗНА́ТЬ *see* **ПРИЗНАВА́ТЬ**
ПРИЗНА́ТЬСЯ *see* **ПРИЗНАВА́ТЬСЯ**
ПРИЙТИ́ *see* **ПРИХОДИ́ТЬ**
ПРИЙТИ́СЬ *see* **ПРИХОДИ́ТЬСЯ**
ПРИКА́З *m.* order
Стро́гий прика́з. *A strict order.* Вы́полнить прика́з команди́ра. *To carry out the commander's order.* Отда́ть прика́з солда́там. *To give an order to the soldiers.*

ПРИКАЗА́ТЬ *see* **ПРИКА́ЗЫВАТЬ**
ПРИКА́ЗЫВА|ТЬ, -ю, -ешь, -ют *imp.* кому́? чему́? + *inf.* / *p.* прика|за́ть, прикажу́, прика́жешь, прика́жут to order
Приказа́ть войска́м нача́ть наступле́ние. *To order the troops to commence an offensive.*

ПРИМЕ́Р *m.*
1. example. Быть приме́ром для други́х. *To set an example for*

others. Следовать приме́ру бра́та. *To follow one's brother's example.* 2. example. Привести́ приме́р. *To quote an example.*

ПРИНАДЛЕЖ|А́ТЬ, -у́, -и́шь, -а́т *imp.* кому́? чему́? to belong Земля́ принадлежи́т наро́ду. *The land belongs to the people.*

ПРИНЕСТИ́ *see* **ПРИНОСИ́ТЬ**

ПРИНИМА́|ТЬ, -ю, -ешь, -ют *imp.* кого́? что?/*p.* приня́ть, приму́, при́мешь, при́мут, *past* при́нял, приняла́, при́нял|о, -и
1. to receive. Принима́ть госте́й. *To receive guests.*
2. to take. Принима́ть лека́рство. *To take medicine.*
3. to take. Приня́ть реше́ние. *To take a decision.*
4. to adopt. Приня́ть но́вый зако́н. *To adopt a new law.* Приня́ть резолю́цию. *To adopt a resolution.*
5. to accept. Принима́ть предложе́ние. *To accept an offer.* Приня́ть приглаше́ние. *To accept an invitation.*
6. to admit. Моего́ сы́на при́няли в институ́т. *My son has been admitted to the institute.*
7.: Приня́ть уча́стие (в чём-ли́бо). *To take part (in something).*

ПРИНОСИ́ТЬ, приношу́, прино́сишь, прино́сят *imp.* кого́? что?/*p.* принес|ти́, -у́, -ёшь, -у́т, *past* принёс, принесл|а́, -о́, -и́
1. to bring. Принести́ чемода́н. *To bring a suit-case.*
2.: Приноси́ть по́льзу (вред). *To prove useful (harmful).*

ПРИ́НЦИП *m.* principle Име́ть твёрдые при́нципы. *To have firm principles.* Основны́е при́нципы иссле́дования. *The basic principles of investigation.*

ПРИНЯ́ТЬ *see* **ПРИНИМА́ТЬ**

ПРИРО́ДА *f.* nature Бога́тая приро́да. *Rich plant and animal life.* Изуча́ть приро́ду. *To study nature.*

ПРИСЛА́ТЬ *see* **ПРИСЫЛА́ТЬ**

ПРИСУ́ТСТВ|ОВАТЬ, -ую, -уешь, -уют *imp.* где? to be present Прису́тствовать на собра́нии. *To be present at a meeting.* Он прису́тствовал при э́том разгово́ре.

He was present when this conversation took place.

ПРИСЫЛА́|ТЬ, -ю, -ешь, -ют *imp.* кого́? что? кому́? / *p.* при|сла́ть, -шлю́, -шлёшь, -шлю́т
1. что? кому́? to send. Присыла́ть пи́сьма ма́тери. *To send letters to one's mother.* Присла́ть письмо́ по по́чте. *To send a letter by post.*
2. кого́? за чём? to send. Присла́ть бра́та за кни́гой. *To send one's brother for a book.*

ПРИХОДИ́ТЬ, прихожу́, прихо́дишь, прихо́дят *imp./p.* прийти́, прид|у́, -ёшь, -у́т, *past* пришёл, пришл|а́, -о́, -и́
1. to come. Прийти́ домо́й. *To come home.* Приходи́ть на ле́кцию. *To come to a lecture.* Приходи́ть к больно́му това́рищу. *To come and see a sick friend.* Прийти́ в го́сти. *To come on a visit.*
2. to set in. Пришла́ весна́. *Spring has set in.*
3. to come. Прийти́ к вы́воду (реше́нию). *To come to a conclusion (a decision).* Прийти́ к соглаше́нию. *To come to an agreement.*
4.: Прийти́ в восто́рг. *To be enraptured.*
◇ Мне в го́лову пришла́ мысль. *An idea occurred to me.* Прийти́ в себя́. *To come to one's senses.* Прийти́ в созна́ние. *To regain consciousness.*

ПРИХОДИ́ТЬСЯ *impers.* прихо́дится *imp.* кому́? / *p.* прийти́сь, придётся, *past* пришло́сь to have (to) Мне придётся вам всё рассказа́ть. *I'll have to tell you everything.* Нам пришло́сь прочита́ть большо́й материа́л. *We had to read much material.*

ПРИЧЕСА́ТЬСЯ *see* **ПРИЧЁСЫВАТЬСЯ**

ПРИЧЁСЫВА|ТЬСЯ, -юсь, -ешься, -ются *imp.* чем?/*p.* причеса́ться, причешу́сь, приче́шешься, приче́шутся to comb one's hair

ПРИЧИ́НА *f.* cause, reason Смея́ться без причи́ны. *To laugh without any reason.*

ПРИЯТН|ЫЙ, -ая, -ое, -ые, *short form* прия́тен, прия́тн|а, -о, -ы; *adv.* прия́тно pleasant, nice
Прия́тный челове́к. *A nice person.*
Прия́тный цвет. *A nice colour.*
Прия́тная но́вость. *Pleasant news.*
|*predic. impers.* Мне бы́ло прия́тно слу́шать его́. *It was pleasant to me to listen to him.*

ПРО *prep.* + *acc.*, *colloq.* about
Расскажи́ про себя́. *Tell about yourself.* Он рассказа́л нам ска́зку про во́лка. *He told us a tale about a wolf.*
◇ **Чита́ть про себя́.** *To read to oneself.*

ПРО́Б|ОВАТЬ, -ую, -уешь, -уют *imp.* ч т о? *or* + *inf.* /*р.* попро́б|овать, -ую, -уешь, -уют
1. to try. Попро́бовать реши́ть зада́чу. *To try to solve the problem.*
2. to taste. Попро́бовать суп. *To taste the soup.*
3.: Он попро́бовал свои́ си́лы в футбо́ле. *He tried his skill at football.*

ПРОВЕ́РИТЬ *see* **ПРОВЕРЯ́ТЬ**

ПРОВЕРЯ́|ТЬ, -ю, -ешь, -ют *imp.* ч т о? / *р.* прове́р|ить, -ю, -ишь, -ят to check, to try
Прове́рить упражне́ние. *To check an exercise.* Прове́рить о́пыт. *To check an experiment.*

ПРОВЕСТИ́ *see* **ПРОВОДИ́ТЬ¹**

ПРОВОДИ́ТЬ¹, провожу́, прово́дишь, прово́дят *imp.*/*р.* провести́, прове́д|у́, -ёшь, -у́т, *past* провёл, провел|а́, -о́, -и́
1. к о г о? ч т о? к у д а́? to lead. Он провёл го́стя в ко́мнату. *He led the guest into the room.* Провести́ парохо́д по кана́лу. *To navigate a ship through a canal.*
2. to run over. Провести́ руко́й по волоса́м. *To run one's hand over one's hair.*
3. to draw. Провести́ ли́нию. *To draw a line.*
4. to put. Провести́ кана́л в пусты́не. *To cut a canal through the desert.* Провести́ ра́дио, газ. *To put radio, gas (in the house).*
5.: Провести́ экску́рсию. *To conduct an excursion.*

6. to spend. Провести́ кани́кулы в дере́вне. *To spend one's holidays in the country.*

ПРОВОДИ́ТЬ² *see* **ПРОВОЖА́ТЬ**

ПРОВОЖА́|ТЬ, -ю, -ешь, -ют *imp.* к о г о? / *р.* проводи́ть, провожу́, прово́дишь, прово́дят
1. to see (somebody home). Он проводи́л де́вушку домо́й. *He saw the girl home.*
2. to see off. Провожа́ть дру́га на вокза́л. *To see one's friend to the railway station.* Вчера́ мы провожа́ли профсою́зную делега́цию. *Yesterday we saw off a trade-union delegation.*

ПРОГРА́ММА *f.*
1. programme. Програ́мма на́ пять лет. *A five-year programme.* Програ́мма па́ртии. *A party programme.*
2. programme. Програ́мма конце́рта. *The programme of the concert.* Театра́льная програ́мма. *A theatre programme.*
3. syllabus. Програ́мма по математике. *A syllabus in mathematics.*

ПРОДА|ВА́ТЬ, -ю́, -ёшь, -ю́т *imp.* ч т о? к о г о? к о м у́?/*р.* прода́ть, прода́м, прода́шь, прода́ст, продади́м, продади́те, продаду́т, *past* про́дал, продала́, про́дал|о, -и to sell
На ры́нке продаю́т фру́кты и о́вощи. *They sell fruit and vegetables at the market.*

ПРОДАВ|Е́Ц *m.*, *gen.* -ца́ shop-assistant, salesman
Рабо́тать продавцо́м. *To work as a shop-assistant (salesman).*

ПРОДА́ТЬ *see* **ПРОДАВА́ТЬ**

ПРОДОЛЖА́|ТЬ, -ю, -ешь, -ют *imp.* ч т о? & + *inf.* to continue
Продолжа́ть разгово́р. *To continue the conversation.* Продолжа́ть петь. *To continue singing.*

ПРОДОЛЖА́|ТЬСЯ, *1st* & *2nd pers. not used, 3rd pers.* -ется, -ются *imp.* to last
Собра́ние продолжа́лось до ве́чера. *The meeting lasted till the evening.*

ПРОДОЛЖЕ́НИЕ *neut.* continuation
Продолже́ние разгово́ра. *The continuation of a conversation.* Продол-

жёние рома́на. *The continuation of a novel.*

◇ Продолжёние слёдует. *To be continued.*

ПРОДУ́КТЫ *pl.* provisions
Продукты пита́ния. *Food-stuffs.* Моло́чные проду́кты. *Dairy products.* Покупа́ть проду́кты в магази́не. *To buy provisions at a shop.*

ПРОЕЗЖА́|ТЬ, -ю, -ешь, -ют *imp.* ч т о? ми́мо чего? / *p.* прое́хать, прое́д|у, -ешь, -ут
1. to drive past. Проезжа́ть го́род. *To drive past a town.* Проезжа́ть ми́мо до́ма. *To drive past a house.*
2. to cover (a distance). Прое́хать сто киломе́тров. *To cover 100 kilometres.* В день мы проезжа́ли 50 км. *We covered 50 kilometres a day.*
3. to miss. Я не знал, где нужно выходи́ть, и прое́хал остано́вку. *I didn't know where to get off and missed my stop.* Я ча́сто проезжа́ю свою́ остано́вку. *I often miss my stop.*

ПРОЕ́ХАТЬ *see* **ПРОЕЗЖА́ТЬ**

ПРО|ЖИ́ТЬ, -живу́, -живёшь, -живу́т, *past* про́жил, прожила́, про́жил|о, -и *p.* to live
Он про́жил 75 лет. *He lived 75 years.* Я про́жил в э́том го́роде 10 лет. *I lived 10 years in that town.*

ПРОЗРА́ЧН|ЫЙ, -ая, -ое, -ые transparent

ПРОИГРА́ТЬ *see* **ПРОИ́ГРЫВАТЬ**

ПРОИ́ГРЫВА|ТЬ, -ю, -ешь, -ют *imp.* ч т о? кому́? чему́?/*p.* проигра́|ть, -ю, -ешь, -ют to lose (a game, etc.), to be defeated
На́ша кома́нда проигра́ла. *Our team lost.* Проигра́ть войну́. *To be defeated in the war.*

ПРОИЗВЕДЕ́НИЕ *neut.* work
Произведе́ние иску́сства. *A work of art.* Произведе́ния Пу́шкина. *The works of Pushkin.*

ПРОИЗВЕСТИ́ *see* **ПРОИЗВОДИ́ТЬ**

ПРОИЗВОДИ́ТЬ, произвожу́, произво́дишь, произво́дят *imp.* ч т о?/ *p.* произвести́, произвед|у́, -ёшь, -у́т, *past* произвёл, произвел|а́, -о́, -и́
1. to produce. Производи́ть станки́. *To produce machine-tools.*
2. *fig.* to make. Произвести́ глубо́кое впечатле́ние. *To make a profound impression.*

ПРОИЗВО́ДСТВО *neut.*
1. output. Произво́дство ста́ли. *Steel output.*
2. production. Ору́дия произво́дства. *Implements of production.*

ПРОИЗНОШЕ́НИЕ *neut.* pronunciation
Пра́вильное произноше́ние. *The correct pronunciation.*

ПРОИЗОЙТИ́ *see* **ПРОИСХОДИ́ТЬ**

ПРОИСХОДИ́ТЬ, *1st & 2nd pers. not used, 3rd pers.* происхо́дит, происхо́дят *imp.* / *p.* произойти́, *1st & 2nd pers. not used, 3rd pers.* произойд|ёт, -у́т, *past* произошёл, произошл|а́, -о́, -и́ to happen
Со мной произошёл интере́сный слу́чай. *An interesting thing happened to me.* Что здесь происхо́дит? *What's happening here?* Этого бы не произошло́, е́сли бы вы бы́ли осторо́жны с огнём. *This would not happened had you been careful with fire.*

ПРОЙТИ́ *see* **ПРОХОДИ́ТЬ**

ПРОМЫ́ШЛЕННОСТЬ *f.* industry
Тяжёлая промы́шленность. *The heavy industry.* Лёгкая промы́шленность. *The light industry.* Развива́ть промы́шленность. *To develop industry.*

ПРОМЫ́ШЛЕНН|ЫЙ, -ая, -ое, -ые industrial
Промы́шленный го́род. *An industrial town.* Промы́шленный центр, райо́н. *An industrial centre, region*

ПРОПАДА́|ТЬ, -ю, -ешь, -ют *imp./p.* пропа́сть, пропад|у́, -ёшь, -у́т, *past* пропа́л, -а, -о, -и
1. to be lost. У меня́ пропа́л носово́й плато́к. *I lost my handkerchief.*
2. to disappear. Он ушёл вчера́ ве́чером и пропа́л. *He went away yesterday evening and disappeared.*
3. to be wasted. Вре́мя пропа́ло зря. *The time has been wasted.*

◇ Всё пропа́ло! *All is lost!* Я пропа́л. *I am a lost man!*

ПРОПА́СТЬ *see* **ПРОПАДА́ТЬ**

ПРОПУСКА́|ТЬ, -ю, -ешь, -ют *imp.* кого́? ч т о? / *p.* пропусти́ть, пропущу́, пропу́стишь, пропу́стят

1. to let through. Гря́зное стекло́ пло́хо пропуска́ет свет. *A dirty glass lets the light through badly.*
2. to let go before. Пропуска́ть де́вушку вперёд. *To let a girl go before one.*
3. to omit. Пропусти́ть сло́во в дикта́нте. *To omit a word in the dictation.*
4. to miss. Пропуска́ть ле́кции. *To miss lectures.*

ПРОПУСТИ́ТЬ *see* **ПРОПУСКА́ТЬ**

ПРОСИ́ТЬ, прошу́, про́сишь, про́сят *imp.* к о г о́? ч т о? о ч ём? & + *p. inf.* / *p.* попроси́ть, попрошу́, попро́сишь, попро́сят to ask Проси́ть това́рища о по́мощи. *To ask one's friend for help.* Попроси́ть но́вый журна́л у дру́га. *To ask a friend for a new magazine.* Он проси́л нас прочита́ть расска́з ещё раз. *He asked us to read the story once more.* Мы попроси́ли, что́бы он пошёл с на́ми. *We asked him to go with us.*

ПРОСНУ́ТЬСЯ *see* **ПРОСЫПА́ТЬСЯ**

ПРОСПЕ́КТ *m.* avenue

ПРОСТИ́ТЬ *see* **ПРОЩА́ТЬ**

ПРОСТИ́ТЬСЯ *see* **ПРОЩА́ТЬСЯ**

ПРОСТ|О́Й, -а́я, -о́е, -ы́е, *short form* прост, проста́, про́ст|о, -ы́; *adv.* про́сто; *comp.* про́ще
1. simple. Просто́й прибо́р. *A simple device.* Проста́я зада́ча. *A simple problem.* Это о́чень про́сто сде́лать. *It is very simple to do.*
2. ordinary. Просто́й челове́к. *An ordinary man.*
3. про́сто *particle* simply, merely. Я сказа́л э́то про́сто так. *I said this for no special reason.* Это про́сто нехорошо́. *It is simply not nice.*

ПРОСТРА́НСТВО *neut.* space Простра́нство и вре́мя. *Space and time.* Безвозду́шное простра́нство. *A vacuum.*

ПРОСТУДИ́ТЬСЯ *see* **ПРОСТУ́ЖИВАТЬСЯ**

ПРОСТУ́ЖИВА|ТЬСЯ, -юсь, -ешься, -ются *imp.* / *p.* простуди́ться, простужу́сь, просту́дишься, просту́дятся to catch cold Осенью легко́ мо́жно простуди́ться. *In autumn people catch colds*

easily. Он си́льно простуди́лся. *He caught a bad cold.*

ПРОСТЫНЯ́ *f.*, *pl.* про́стыни, простыня́м, простыня́м, *etc.* bedsheet

ПРОСЫПА́|ТЬСЯ, -юсь, -ешься, -ются *imp.* / *p.* просн|у́ться, -у́сь, -ёшься, -у́тся to awake Просну́ться ра́но у́тром. *To awake early in the morning.*

ПРО́СЬБА *f.* request Обрати́ться с про́сьбой. *To make a request.* Вы́полнить про́сьбу. *To comply with one's request.* У меня́ к вам больша́я про́сьба. *I have a great favour to ask of you.*

ПРО́ТИВ *prep.* + *gen.*
1. opposite. Стоя́ть про́тив окна́. *To stand opposite the window.*
2. against. Боро́ться про́тив врага́. *To fight against the enemy.*
3. against, in the opposite direction. Идти́ про́тив ве́тра. *To go against the wind.*

ПРОХЛА́ДН|ЫЙ, -ая, -ое, -ые, *short form* прохла́ден, прохла́дн|а, -о, -ы; *adv.* прохла́дно cool Прохла́дный ве́чер. *A cool evening.* |*predic.* *impers.* Сего́дня на у́лице прохла́дно. *It is cool outside today.*

ПРОХОДИ́ТЬ, прохожу́, прохо́дишь, прохо́дят *imp.* / *p.* пройти́, пройд|у́, -ёшь, -у́т, *past* прошёл, прошл|а́, -о́, -и́
1. to move. Пройти́ вперёд. *To move to the front.* Пройти́ по у́лице. *To go along the street.*
2. to go through. Пройти́ че́рез лес. *To go through the forest.* Лучи́ со́лнца не мо́гут пройти́ сквозь густу́ю листву́. *The sun's rays cannot penetrate the thick foliage.* Разреши́те пройти́. *Will you let me pass, please?*
3. to go past. Проходи́ть ми́мо зда́ния. *To go past a building.*
4. to cover. Пройти́ за́ день бо́лее 20 киломе́тров. *To cover over 20 kilometres a day.*
5. to be over. Зима́ прошла́. *The winter is over.* Прошло́ три часа́. *Three hours went by.*
6. to cease. Головна́я боль прошла́. *The headache has ceased.* Дождь прошёл бы́стро. *It soon stopped raining.*

7. to study. Проходи́ть курс фи́-
зики. *To study a course of physics.* Проходи́ть курс лече́ния.
To undergo treatment.
ПРОЧИТА́ТЬ *see* **ЧИТА́ТЬ**
ПРО́ЧН|ЫЙ, -ая, -ое, -ые, *short form*
про́чен, прочна́, про́чн|о, -ы; *adv.*
про́чно
1. durable. Про́чный материа́л. *A
durable material.*
2. *fig.* strong, lasting. Про́чный
мир. *A lasting peace.* На́ша
дру́жба прочна́. *Our friendship
is strong.*
ПРО́ШЛ|ЫЙ, -ая, -ое, -ые last
В про́шлом году́. *Last year.* На
про́шлой неде́ле. *Last week.*
ПРОЩА́|ТЬ, -ю, -ешь, -ют *imp.* к о-
г о́? ч т о? / *р.* про|сти́ть, -щу́,
-сти́шь, -стя́т
1. to forgive. Прости́ть челове́ка.
To forgive a person. Проща́ть
оши́бки. *To forgive one's mistakes.* Прости́те меня́! *Excuse me!*
2. sorry. Прости́те, вы не зна́ете,
где Ивано́в? *Sorry, do you know
where Ivanov is?* Прости́те, вы
не ска́жете, как прое́хать в
Соко́льники? *Excuse me, can
you tell me how to get to So-
kolniki?*
ПРОЩА́|ТЬСЯ, -юсь, -ешься, -ются
imp. с к е м? с ч е м? / *р.* про|-
сти́ться, -щу́сь, -сти́шься, -стя́тся,
or попроща́|ться, -юсь, -ешься,
-ются
1. to take leave. Попроща́ться с род-
ны́ми пе́ред отъе́здом. *To say
good-bye to one's relatives before
one's departure.*
2. *fig.:* Прости́ться с мечто́й. *To
give up one's dream.*
◇ **Проща́й(те)!** *Good-bye!*
ПРОЯВИ́ТЬ *see* **ПРОЯВЛЯ́ТЬ**
ПРОЯВЛЯ́|ТЬ, -ю, -ешь, -ют *imp.*
ч т о? / *р.* прояви́ть, проявлю́, про-
я́вишь, проя́вят
1. to display. Прояви́ть интере́с
к те́ме. *To display an interest
in a subject.* Прояви́ть внима́-
ние к успе́хам дру́га. *To show
interest in one's friend's success.*
Прояви́ть забо́ту. *To show solicitude.* Прояви́ть сме́лость,
геройзм. *To display courage,
heroism.*

2. to develop. Прояви́ть плёнку.
To develop a film.
ПРЫ́ГА|ТЬ, -ю, -ешь, -ют *imp./
р.* пры́гн|уть, -у, -ешь, -ут to jump
Пры́гнуть че́рез сту́л. *To jump
over a chair.* Пры́гать с бе́рега в
во́ду. *To jump from the shore into
the water.* Пры́гать в длину́. *To
do a long jump.* Пры́гать в высо-
ту́. *To do a high jump.* Пры́гать
с парашю́том. *To parachute.*
ПРЫ́ГНУТЬ *see* **ПРЫ́ГАТЬ**
ПРЯМ|О́Й, -а́я, -о́е, -ы́е, *short form*
прям, пряма́, пря́м|о, -ы; *adv.*
пря́мо
1. straight. Пряма́я ли́ния. *A
straight line.* Пряма́я доро́га.
A straight road. Иди́те всё вре́мя
пря́мо. *Go straight on all the time.*
2. *only complete form* through.
Прямо́е сообще́ние ме́жду горо-
да́ми. *A through service between
towns.*
3. *fig.* frank. Прямо́й отве́т. *A frank
answer.* Прямо́й хара́ктер. *A
sincere character.* Сказа́ть пра́в-
ду пря́мо в лицо́. *To speak the
truth to one's face.*
ПРЯ́|ТАТЬ, -чу, -чешь, -чут *imp.*
к о г о́? ч т о? о т к о г о? о т ч е-
г о́?/*р.* спря́|тать, -чу, -чешь, -чут
to hide
Пря́тать спи́чки от ребёнка. *To
hide the matches from the child.*
ПРЯ́|ТАТЬСЯ, -чусь, -чешься, -чутся
imp. о т к о г о́? о т ч е г о́?/
р. спря́|таться, -чусь, -чешься,
-чутся to hide
Пря́таться от враго́в в лесу́. *To
hide from the enemies in the woods.*
ПТИ́ЦА *f.* bird
Пти́цы лете́ли к ю́гу. *The birds
were flying to the south.*
◇ **Дома́шняя пти́ца.** *(no pl.)*
Poultry.
ПУ́ГОВИЦА *f.* button
Застегну́ть пальто́ на все пу́го-
вицы. *To button up one's coat.*
ПУСКА́|ТЬ, -ю, -ешь, -ют *imp./
р.* пусти́ть, пущу́, пу́стишь, пу́с-
тят
1. to let go. Я никуда́ тебя́ не
пущу́! — сказа́ла мать. *"I won't
let you go anywhere!" said the
mother.* Мать не пуска́ла его́
гуля́ть. *The mother would not*

let him go for a walk. Их пус-
ти́ли в дом. *They were let into
the house.*
2. to put into operation. Пусти́ть
электроста́нцию. *To put an
electric power station into operation.* Пусти́ть по́езд. *To start
a train service.*
◇ Пусти́ть ко́рни. *To take root.*
Пусти́ть в ход. *To set in motion.*
Пуска́ть пыль в глаза́. *To show
off.*
ПУСТИ́ТЬ *see* ПУСКА́ТЬ
ПУСТ|О́Й, -а́я, -о́е, -ы́е, *short form*
пуст, пуста́, пу́ст|о, -ы; *adv.* пу́сто
1. empty. Пусто́й стака́н. *An
empty glass.* Зал был пуст. *The
hall was empty.* На у́лице бы́ло
пу́сто. *The street was deserted.*
2. *fig.* shallow. Пусто́й челове́к.
A shallow person. Пусто́й спор.
A pointless argument.
ПУСТЫ́НЯ *f.* desert
ПУСТЬ *particle* let
Пусть он придёт за́втра. *Let him
come tomorrow.* Пусть всегда́ бу́-
дет со́лнце! *May there always be
sunshine!*
ПУТЕШЕ́СТВИЕ *neut.* journey, voyage, trip
Кругосве́тное путеше́ствие. *A
round-the-world journey.* Путеше́ст-
вие по мо́рю. *A voyage.* Путеше́ст-
вие в Евро́пу. *A journey to Europe.*
Соверши́ть путеше́ствие по
стране́. *To travel in a country.*
ПУТЕШЕ́СТВ|ОВАТЬ, -ую, -уешь,
-уют *imp.* to travel
Путеше́ствовать по стране́. *To
travel in a country.* Путеше́ство-
вать по мо́рю. *To travel by sea.*
Я люблю́ путеше́ствовать. *I like
travelling.*
ПУТЬ *m.*, *gen.*, *dat.*, *prepos.* пути́,
instr. путём; *pl.* пути́, путе́й,
путя́м *etc.*
1. way. Этот путь са́мый коро́т-
кий. *This way is the shortest.*
2. journey. Вам предстои́т тру́дный
и опа́сный путь. *There is a
difficult and dangerous journey
ahead of you.*
3. *fig.* way. Каки́м путём вы доби́-
лись таки́х результа́тов? *How
(in what way) did you achieve
such results?*

◇ Вы стои́те на ве́рном пути́.
You are on the right track. Идти́
по ве́рному пути́. *To go along
the right road.* Счастли́вого пу-
ти́! *A happy journey!* Он зашёл
ко мне́ по пути́. *He dropped
in at my place on the way.* По
пути́ домо́й я купи́л газе́ту.
*On my way home I bought a
newspaper.* На обра́тном пути́.
On one's way back.
ПЫЛЬ *f.*, *prepos.* в пыли́ dust
Стира́ть пыль. *To dust.*
ПЬЕ́СА *f.* play
• Эта пье́са идёт в теа́тре Маяко́в-
ского. *This play is on at the Mayakovsky Theatre.* Эту пье́су по-
ста́вил Охло́пков. *This play was
staged by Okhlopkov.* Пье́сы Ибсе-
на. *Plays by Ibsen.*
ПЬЯН|ЫЙ, -ая, -ое, -ые
1. drunk.
2. *used as n.* a drunken man.
ПЯ́ТЕРО *num.* five
Пя́теро друзе́й. *Five friends.*
ПЯТНО́ *neut.*, *pl.* пя́тна, пя́тен stain
Черни́льное пятно́. *An ink-stain.*

Р, р

РАБО́ТА *f.*
1. *no pl.* work. Тяжёлая рабо́та.
Hard work. Рабо́та электро-
ста́нции. *The work of the electric power station.*
2. *no pl.* work, job. Поступи́ть на
рабо́ту. *To go to work.* Поте-
ря́ть рабо́ту. *To lose one's job.*
Найти́ рабо́ту. *To find a job.*
Идти́ на рабо́ту. *To go to work.*
3. work. Вы́ставка рабо́т худо́ж-
ника. *Exhibition of an artist's
works.*
РАБО́ТА|ТЬ, -ю, -ешь, -ют *imp.*
1. to work. Он рабо́тает хорошо́.
He works well. Рабо́тать инже-
не́ром. *To work as an engineer.*
Рабо́тать в институ́те. *To work
at an institute.* Рабо́тать с ин-
тере́сом. *To work with interest.*
2. to work. Рабо́тать над статьёй,
над кни́гой. *To work at an
article, at a book.*
3. to work. Маши́на рабо́тает
отли́чно. *The machine works per-
fectly well.*

◇ Кто не рабо́тает, тот не ест. *He who does not work, neither shall he eat.*

РАБО́Ч|ИЙ *m*, *gen.* -его worker

РАБО́Ч|ИЙ, -ая, -ее, -ие
1. working. Рабо́чий класс. *The working-class.* Рабо́чее движе́ние. *The working-class movement.*
2. working. Рабо́чее вре́мя. *Working hours.* Рабо́чий костю́м. *Working clothes.*

◇ Рабо́чий день. *Working day.* Рабо́чая си́ла. *Manpower.*

РАВНОДУ́ШН|ЫЙ, -ая, -ое, -ые, *short form* равноду́шен, равноду́шн|а, -о, -ы; *adv.* равноду́шно indifferent
Он равноду́шен к приро́де. *He is indifferent to nature.*

РА́ВН|ЫЙ, -ая, -ое, -ые, *short form* ра́вен, равн|а́, -о́, -ы́
1. equal. Ра́вные си́лы. *Equal forces.*
2. equal. Мы все здесь равны́. *We are all equal here.*
3. equal. Два плюс два равно́ четырём. *Two plus two is four.*

◇ Мне всё равно́. *It's all the same to me.*

РАД, -а, -о, -ы *short adj.* к о м у́? ч е м у́? & + *inf* (to be) glad
Я вам о́чень рад. *I am very glad to see you.* Мы ра́ды ва́шим успе́хам. *We rejoice at your success.* Рад вас ви́деть. *I'm glad to see you.* Я ра́да, что вы пришли́. *I'm glad you have come.*

РА́ДИО *neut.*, *indecl.*, *no pl.*
1. radio. Изобрете́ние ра́дио. *The invention of the radio.* Передава́ть по ра́дио. *To broadcast.*
2. radio. Провести́ ра́дио. *To put radio (in a house).* Включи́ть ра́дио. *To turn on the radio.* Вы́ключить ра́дио. *To turn off the radio.* Слу́шать ра́дио. *To listen to the radio.*

РА́Д|ОВАТЬ, -ую, -уешь, -уют *imp.* к о г о? ч т о?/*p.* обра́д|овать, -ую, -уешь, -уют to make glad
Нас ра́дуют ва́ши успе́хи. *We rejoice at your success.* Меня́ обра́довало твоё письмо́. *I was glad to receive your letter.*

РА́Д|ОВАТЬСЯ, -уюсь, -уешься, -уются *imp.* к о м у́? ч е м у́?/ *p.* обра́д|оваться, -уюсь, -уешься, -уются to rejoice
Ра́доваться весне́. *To rejoice at spring.* Мы ра́дуемся ва́шим успе́хам. *We rejoice at your success.*

РА́ДОСТЬ *f.* joy, happiness
У меня́ больша́я ра́дость. *I have great joy.* Он сказа́л мне об э́том с ра́достью. *He told me about it with joy.*

РАЗ *m.*
1. time. Жизнь даётся то́лько оди́н раз. *Life is given to man only once.* Не́сколько раз. *Several times.*
2. time. В пе́рвый раз. *For the first time.* На э́тот раз. *This time* Оди́н раз иду́ я по у́лице... *One day I was going along the street ...*

◇ Как раз. *Just.* Не раз. *More than once.* Ни ра́зу. *Not once, never.* Семь раз отме́рь, оди́н раз отре́жь. Cf. *Measure thy cloth ten times; thou canst cut it but once.*

РАЗБИВА́|ТЬСЯ -юсь, -ешься, -ются *imp.* / *p.* разби́ться, разобью́сь, -ёшься, -ются
1. to break. Стака́н разби́лся. *The glass has broken.* Стекло́ разби́лось. *The glass has broken.*
2. to crash. Самолёт разби́лся. *The plane has crashed.*

РАЗБИ́ТЬ *see* **БИТЬ**

РАЗБИ́ТЬСЯ *see* **РАЗБИВА́ТЬСЯ**

РАЗБУДИ́ТЬ *see* **БУДИ́ТЬ**

РА́ЗВЕ *emphatic particle* really
Ра́зве ле́кция ко́нчилась? *Has the lecture ended?* Ра́зве ты не зна́ешь? *Don't you know?*

РАЗВЕ́Д|КА *f.*, *gen. pl.* -ок
1. prospecting. Разве́дка поле́зных ископа́емых. *Prospecting for mineral deposits.*
2.: Возду́шная разве́дка. *Air reconnaissance.*
3.: Вое́нная разве́дка. *Intelligence.*
4. intelligence service. Рабо́та разве́дки. *The work of the intelligence service.*

РАЗВИВА́|ТЬ, -ю, -ешь, -ют *imp.* ч т о?/*p.* разви́ть, разовью́|ю, -ёшь, -ют to develop

Развива́ть па́мять. *To develop one's memory.* Развива́ть промы́шленность. *To develop industry.* Развива́ть мысль. *To develop one's idea.* Развива́ть ско́рость. *To develop speed.*

РАЗВИВА́|ТЬСЯ, *1st & 2nd pers. not used, 3rd pers.* -ется, -ются *imp.* to develop
Ребёнок бы́стро развива́ется. *The child develops quickly.* Промы́шленность развива́ется успе́шно. *The industry is developing successfully.*

РАЗВИ́ТИЕ *neut., no pl.* development
Разви́тие промы́шленности, нау́ки. *The development of industry, of science.*

РАЗВИ́ТЬ *see* **РАЗВИВА́ТЬ**

РАЗВИ́ТЬСЯ *see* **РАЗВИВА́ТЬСЯ**

РАЗГОВА́РИВА|ТЬ, -ю, -ешь, -ют *imp.* о ко́м? о чём? с кем? to speak
Разгова́ривать с дру́гом по-ру́сски. *To speak to a friend in Russian.* Разгова́ривать о заня́тиях, о знако́мых. *To speak about one's lessons, about one's acquaintances.*

РАЗГОВО́Р *m.* conversation
Интере́сный разгово́р. *An interesting conversation.* Разгово́р по телефо́ну. *A telephone conversation.*

РАЗДА|ВА́ТЬСЯ, *1st & 2nd pers. not used, 3rd pers.* -ётся, -ю́тся *imp./ p.* разда́ться, *1st & 2nd pers. not used, 3rd pers.* разда́стся, разда-ду́тся, *past* разд|а́лся, -ала́сь, -о́сь, -и́сь to be heard
Разда́лся звоно́к. *A bell was heard.* Вдали́ раздаю́тся голоса́. *Voices are heard in the distance.* Разда́лся уда́р гро́ма. *A thunderclap was heard.*

РАЗДА́ТЬСЯ *see* **РАЗДАВА́ТЬСЯ**

РАЗДЕВА́|ТЬСЯ, -ю́сь, -ешься, -ются *imp./p.* разде́|ться, -нусь, -нешься, -нутся to undress
Раздева́ться пе́ред сном. *To undress before going to bed.* Раздева́йтесь, пожа́луйста! *Take off your coat, please!*

РАЗДЕЛИ́ТЬ *see* **ДЕЛИ́ТЬ**

РАЗДЕ́ТЬСЯ *see* **РАЗДЕВА́ТЬСЯ**

РАЗМЕ́Р *m.* size
Разме́р о́буви. *The size of footwear.* Покажи́те, пожа́луйста, костю́м 50-го разме́ра. *Show me a size 50 suit, please.*

РА́ЗН|ЫЙ, -ая, -ое, -ые (*sing. used rarely*)
1. different. У них ра́зные хара́ктеры. *Their characters are quite different.*
2. different. Жить в ра́зных города́х. *To live in different cities.*
3. various. Студе́нты ра́зных национа́льностей. *Students of various nationalities.* Делега́ты из ра́зных стран. *Delegates from various countries.*

РАЗОЙТИ́СЬ *see* **РАСХОДИ́ТЬСЯ**

РАЗОРВА́ТЬ *see* **РВАТЬ**

РАЗРЕ́ЗАТЬ *see* **РЕ́ЗАТЬ**

РАЗРЕША́|ТЬ, -ю, -ешь, -ют *imp.* что? кому́? & + *inf./p.* разре-ш|и́ть, -у́, -и́шь, -а́т to allow
Разреши́ть больно́му встава́ть. *To allow the patient to get up.* Разреши́те пройти́! *May I get past, please?* Разреши́те войти́! *May I come in?*

РАЗРЕШИ́ТЬ *see* **РАЗРЕША́ТЬ**

РАЗРУША́|ТЬ, -ю, -ешь, -ют *imp.* что?/*p.* разру́ш|ить, -у, -ишь, -ат to destroy
Разру́шить дом. *To destroy a house.* Разру́шить го́род. *To destroy a city.*

РАЗРУ́ШИТЬ *see* **РАЗРУША́ТЬ**

РАЗЪЕЗЖА́|ТЬСЯ, *1st & 2nd pers. not used, 3rd pers.* -ется, -ются *imp.* куда́? отку́да? /*p.* разъе́-хаться, *1st & 2nd pers. not used, 3rd pers.* разъе́д|ется, -утся to go away in different directions
Ка́ждый год студе́нты разъезжа́-ются на кани́кулы. *Each year the students disperse for the holidays.*

РАЗЪЕ́ХАТЬСЯ *see* **РАЗЪЕЗЖА́ТЬ-СЯ**

РАЙО́Н *m.*
1. region, area. Это обши́рный промы́шленный райо́н. *It is a vast industrial area.*
2. district (*an administrative division*). Я живу́ в Ле́нинском райо́не Москвы́. *I live in the Lenin district in Moscow.*

РАКЕ́ТА *f.* rocket
Запусти́ть раке́ту в ко́смос. *To launch a rocket into outer space.*

РА́Н|ИТЬ, -ю, -ишь, -ят кого́? во что? чем? *imp. & p.* to wound

Ра́нить пу́лей. *To wound with a bullet.* | *impers.* Бойца́ ра́нило в ру́ку. *The soldier was wounded in the arm.*

РА́НН|ИЙ, -яя, -ее, -ие early
Ра́ннее у́тро. *An early morning.* Ра́нние фру́кты. *Early fruit.*

РА́НО *adv., comp.* ра́ньше
1. early. Ра́но у́тром. *Early in the morning.* Встать ра́но. *To get up early.* Ра́но лечь спать. *To go to bed early.* Зима́ наступи́ла ра́но. *Winter came early.* Я пришёл ра́но, а он ещё ра́ньше. *I came early, but he had come still earlier.* Я ра́но научи́лся чита́ть. *I learned to read early.*
2. *predic. impers.* (it is) early. Обе́дать ещё ра́но. *It is too early to dine yet.* Сейча́с ра́но. *It is early now.*
◇ Чем ра́ньше, тем лу́чше. *The earlier, the better.*

РА́НЬШЕ *adv.* before
Ра́ньше он был други́м. *He was different before.*

РАССЕРДИ́ТЬСЯ *see* **СЕРДИ́ТЬСЯ**

РАССКА́З *m.*
1. story. Расска́з ма́льчика меня́ взволнова́л. *The boy's story moved me.*
2. story. Интере́сный расска́з. *An interesting story.* Сбо́рник расска́зов. *A collection of stories.*

РАССКАЗА́ТЬ *see* **РАССКА́ЗЫВАТЬ**

РАССКА́ЗЫВА|ТЬ, -ю, -ешь, -ют что? о ком? о чём? *imp./ p.* рассказа́ть, расскажу́, расска́жешь, расска́жут to tell
Рассказа́ть исто́рию. *To tell a story.* Рассказа́ть о дру́ге, о жи́зни. *To tell about one's friend, life.* Расска́зывать ска́зки де́тям. *To tell fairytales to children.*

РАССТОЯ́НИЕ *neut.* distance
Расстоя́ние ме́жду двумя́ то́чками. *The distance between two points.* Расстоя́ние от Москвы́ до Ленингра́да. *The distance between Moscow and Leningrad.* Прое́хать большо́е расстоя́ние. *To cover a long distance.*

РАСТА́ЯТЬ *see* **ТА́ЯТЬ**
РАСТЕ́НИЕ *neut.* plant

РАСТ|И́, -у́, -ёшь, -у́т, *past* рос, -ла́, -ло́, -ли́ *imp./p.* вы́раст|и, -у, -ешь, -ут, *past* вы́рос, -ла, -ло, -ли
1. to grow. Дере́вья расту́т ме́дленно. *Trees grow slowly.*
2. to grow up. Ма́льчик рос в дере́вне. *The boy grew up in the countryside.*
3. to grow, to increase, to rise. Наш го́род растёт. *Our town is growing.* У́ровень жи́зни растёт. *The living standard is rising.*
4. *to grow.* Бана́ны расту́т на ю́ге. *Bananas grow in the south.*

РАСХОДИ́ТЬСЯ, расхожу́сь, расхо́дишься, расхо́дятся *imp./p.* разойти́сь, разойд|у́сь, -ёшься, -у́тся
1. *1st and 2nd pers. sing not used* to disperse. Разойти́сь с собра́ния. *To disperse after the meeting.* Наро́д ме́дленно расходи́лся. *The people were slowly dispersing.*
2. to differ. Разойти́сь во взгля́дах. *To differ in opinion, to disagree.* У него́ слова́ не расхо́дятся с де́лом. *His words and deeds are never at variance.*
3. to divorce. Разойти́сь с му́жем (с жено́й). *To divorce one's husband (one's wife).*

РВ|АТЬ, -у, -ёшь, -ут, *past* рвал, рвала́, рва́л|о, -и *imp.* что?
1. *p.* сорв|а́ть, -у́, -ёшь, -у́т to pick. Рвать цветы́. *To pick flowers.*
2. *p.* разорв|а́ть, -у́, -ёшь, -у́т to tear (up). Рвать бума́гу, газе́ту. *To tear paper, a newspaper.* || *fig.* to break off. Разорва́ть отноше́ния. *To break off relations.*

РЕБЁН|ОК *m., gen.* -ка; *pl.* ребя́та & де́ти; *gen.* ребя́т & дете́й child
Здоро́вый ребёнок. *A healthy child.*

РЕВОЛЮЦИО́НН|ЫЙ, -ая, -ое, -ые
1. revolutionary. Революцио́нное рабо́чее движе́ние. *The revolutionary working-class movement.* Революцио́нная тео́рия. *A revolutionary theory.*
2. revolutionary. Революцио́нное разви́тие. *The revolutionary development.*

РЕВОЛЮ́ЦИЯ *f.* revolution

РЕ́ДК|ИЙ, -ая, -ое, -ие; *adv.* ре́дко; *comp.* ре́же
1. (*ant.* густо́й) thin. Ре́дкие во́лосы. *Thin hair.* Ре́дкий лес. *A thin wood.*
2. (*ant.* ча́сто) rare, seldom. Ре́дко боле́ть. *To be seldom ill.*
3. rare. Ре́дкие мета́ллы. *Rare metals.* Ре́дкая кни́га. *A rare book.* Ре́дкий слу́чай. *A rare case.*

РЕ́ЗАТЬ, ре́ж|у, -ешь, -ут *imp.* ч т о? ч е м?
1. *only imp.* to cut. Нож пло́хо ре́жет. *The knife cuts badly.*
2. *р.* отре́зать, отре́ж|у, -ешь, -ут to cut. Ре́зать хлеб ножо́м. *To cut bread with a knife.* Отре́зать кусо́к хле́ба. *To cut off a slice of bread.*
3. *р.* разре́зать, разре́ж|у, -ешь, -ут to cut, to carve. Разре́зать ку́рицу. *To carve the chicken.*

РЕ́ЗК|ИЙ, -ая, -ое, -ие, *short form* ре́зок, резка́, ре́зк|о, -и
1. shrill. Ре́зкий звук. *A shrill sound.* Ре́зкий го́лос. *A shrill voice.*
2. harsh. Ре́зкий челове́к. *A harsh person.* Он был ре́зок со все́ми. *He was harsh to everybody.*
3. *adv.* abruptly, suddenly. По́езд ре́зко останови́лся. *The train stopped suddenly.*

РЕЗУЛЬТА́Т *m.* result
Результа́ты о́пытов. *The results of experiments.* Получи́ть хоро́шие результа́ты. *To get good results.* Дости́чь хоро́ших результа́тов. *To achieve good results.*
◇ В результа́те. *As a result.*

РЕКА́ *f., acc.* ре́ку, *pl.* ре́ки, рек, река́м, *etc.* river
Широ́кая река́. *A wide river.* Плыть по реке́. *To sail along the river.* На берегу́ реки́. *On the river bank.*

РЕМО́НТ *m., no pl.* repair
Ремо́нт о́буви. *Shoe repairs.* Отда́ть в ремо́нт. *To have (something) repaired.* Сде́лать ремо́нт кварти́ры. *To redecorate one's flat.*

РЕСНИ́ЦА *f.* eyelash
Дли́нные ресни́цы. *Long eyelashes.*

РЕСПУ́БЛИКА *f.* republic

РЕСТОРА́Н *m.* restaurant
Обе́дать в рестора́не. *To have dinner at a restaurant.*

РЕЦЕ́ПТ *m.* prescription
Написа́ть реце́пт. *To write out a prescription.* Получи́ть лека́рство по реце́пту. *To have a prescription made up.*

РЕЧ|Ь *f., gen. pl.* -е́й
1. speech. Жива́я речь. *Living speech.*
2. speech. Вы́ступить с ре́чью. *To make a speech.*
◇ Речь идёт о том, (что́бы)... *The point is...* Об э́том не мо́жет быть и ре́чи. *It is out of the question.*

РЕША́|ТЬ, -ю, -ешь, -ют *imp.* ч т о? & + *inf./p.* реш|и́ть, -у́, -и́шь, -а́т
1. to decide. Мы реши́ли пойти́ в кино́ *We decided to go to the cinema.* Он реши́л е́хать. *He decided to go.*
2. to solve. Реша́ть зада́чу. *To solve a problem.* Реша́ть ва́жные вопро́сы. *To solve important questions.*

РЕШЕ́НИЕ *neut.*
1. decision. Пра́вильное реше́ние. *The right decision.* Приня́ть реше́ние. *To take a decision.*
2. solution. Реше́ние ва́жной пробле́мы. *The solution of an important problem.*

РЕШИ́ТЬ *see* **РЕША́ТЬ**

РИС *m., no pl.* rice
Урожа́й ри́са. *Rice crops.* Мя́со с ри́сом. *Meat and rice.*

РИС|ОВА́ТЬ, -у́ю, -у́ешь, -у́ют *imp.* кого́? что? чем? / *р.* нарис|ова́ть, -у́ю, -у́ешь, -у́ют to draw
Рисова́ть карандашо́м на бума́ге. *To draw with a pencil on paper.* Рисова́ть дом. *To draw a house.*

РО́ВН|ЫЙ, -ая, -ое, -ые; *adv.* ро́вно
1. smooth. Ро́вная доро́га. *A level road.* Писа́ть ро́вно. *To write a smooth hand.*
2. *fig.* smooth, equable. Ро́вный го́лос. *A smooth voice.* Ро́вный хара́ктер. *An equable temper.*
3. *adv.*, *used as particle* sharp. Я приду́ ро́вно в три. *I'll come at three sharp.*

РОД *m., pl.* роды́, родо́в
1. *prepos.* в роду́ family, kin
2. *prepos.* в роду́ birth, stock, origin; generation
3. sort, kind. Вся́кого ро́да. *All kinds of.*

◇ **В своём ро́де.** *In its (his, her, etc.) way.* **Что́-то в э́том ро́де.** *Something of the sort.*

РО́ДИНА *f., no pl.* mother country
Защи́та ро́дины. *The defence of one's mother country.* Жить на ро́дине. *To live in one's country.* Письмо́ с ро́дины. *A letter from one's mother country.*

РОДИ́ТЕЛ|И *no sing., gen.* -ей parents
Помога́ть роди́телям. *To help one's parents.* Жить с роди́телями. *To live with one's parents.*

РОД|И́ТЬСЯ, *1st & 2nd pers. not used, 3rd pers.* -и́тся, -я́тся *imp. & p., past* -и́лся, -и́л|ась, -ось, -ись & -ил|а́сь, -о́сь, -и́сь *(only p.)*
1. to be born. Я роди́лся в 1930 году́. *I was born in 1930.*
2. *fig.* to occur. У меня́ родила́сь иде́я. *An idea occurred to me.*

РОДН|О́Й, -а́я, -о́е, -ы́е
1. related by blood or affinity. Родно́й брат. *A brother.* Родна́я тётка. *An aunt.*
2. native. Родно́й край. *Native land.* Родно́й язы́к. *Mother tongue.*
3. *used as n., pl.* Родны́е. *Relatives.*

РО́ДСТВЕННИК *m.* relation
Да́льний ро́дственник. *A distant relation.* Бли́зкий ро́дственник. *A near relation.*

РОЖДЕ́НИЕ *neut.* birth
День рожде́ния. *One's birthday.* Поздравля́ю вас с днём рожде́ния. *Many happy returns of the day.*

РО́ЗА *f.* rose
Кра́сная ро́за. *A red rose.* Буке́т роз. *A bunch of roses.*

РО́ЗОВ|ЫЙ, -ая, -ое, -ые pink
Ро́зовое пла́тье. *A pink dress.*

РОЛЬ *f., pl.* ро́ли, роле́й part
Вы́учить роль. *To learn one's part.* Игра́ть роль Га́млета. *To play the part of Hamlet.*
◇ **Игра́ть ва́жную роль (в чём-либо).** *To play an important part (in something).* **Это не игра́ет ро́ли.** *This is of no consequence.*

РОМА́Н *m.* novel
Истори́ческий рома́н. *An historical novel.* Опубликова́ть рома́н. *To publish a novel.* Автор рома́на. *The author of a novel.*

РОСТ *m.*
1. growth. Рост расте́ний. *The growth of plants*
2. growth. Рост городо́в. *The growth of cities.* Рост промы́шленности. *The growth of industry.*
3. stature. Челове́к высо́кого ро́ста, сре́днего ро́ста, ни́зкого ро́ста. *A person of large stature, of medium stature, of small stature.*

РОТ *m., gen.* рта, *prepos.* во рту́ mouth
Во рту́ он держа́л папиро́су *He had a cigarette in his mouth.*

РОЯ́ЛЬ *m.* (grand) piano
Игра́ть на роя́ле. *To play the piano.*

РУБА́Ш|КА *f., gen. pl.* -ек shirt; chemise
Бе́лая руба́шка. *A white shirt.* Ночна́я руба́шка. *A nightgown, a night shirt.*

РУБЛ|Ь *m., gen.* -я́ rouble
Два рубля́. *Two roubles.* Пять рубле́й. *Five roubles.* В рубле́ сто копе́ек. *A rouble contains one hundred copecks.*
◇ **Не име́й сто рубле́й, а име́й сто друзе́й** (proverb). *It's better to have a hundred friends than a hundred roubles.*

РУГА́|ТЬ, -ю, -ешь, -ют *imp.* кого́? за что́? / *p.* обруга́|ть, -ю, -ешь, -ют to scold
Ма́льчика руга́ли за плохо́е поведе́ние. *The boy was scolded for bad behaviour.*

РУКА́ *f., acc.* ру́ку; *pl.* ру́ки рук, рука́м, *etc.* hand, arm
Ле́вая рука́. *The left hand (arm).* Пра́вая рука́. *The right hand (arm).* Держа́ть в руке́. *To hold in one's hand.* Он пожа́л ей ру́ку и ушёл. *He shook hands with her and left.*
◇ **Име́ть золоты́е ру́ки.** *To be master of one's work.* **Ма́стер на все ру́ки.** *Jack-of-all-trades.* **Держа́ть себя́ в рука́х.** *To control oneself.* **Брать себя́ в ру́ки.** *To pull oneself together.* **Идти́ под руку.** *To walk arm-in-arm.* **Брать под руку.** *To take somebody's arm.* **Руко́й пода́ть.** *It's a stone's throw (from here)*

Махну́ть руко́й на кого́-либо, что́-либо. *To give up somebody, something.* Это в на́ших рука́х. *It is in our hands.* Брать в свои́ ру́ки. *To take into one's hands.* Быть без кого́-либо, чего́-либо как без рук. *To be quite helpless without somebody, something.*

РУКА́В *m.*, *gen.* -а́ sleeve
Коро́ткие рукава́. *Short sleeves.*

РУКОВОДИ́ТЕЛЬ *m.* leader

РУКОВО|ДИ́ТЬ, -жу́, -ди́шь, -дя́т *imp.* кем? чем? to direct, to run, to lead
Руководи́ть рабо́той. *To direct the work.* Руководи́ть людьми́. *To lead people.* Руководи́ть заво́дом. *To run a plant.*

РУ́ССК|ИЙ, -ая, -ое, -ие
1. Russian. Ру́сский наро́д. *The Russian people.* Ру́сская приро́да. *The Russian countryside.* Ру́сский язы́к. *The Russian language.*
2. *used as n.* Russian. Мы ру́сские. *We are Russians.*

РУ́Ч|КА *f.*, *gen. pl.* -ек
1. handle. Ру́чка две́ри. *A door-handle.*
2. pen. Писа́ть ру́чкой. *To write with a pen.*

РЫ́БА *f.*
1. fish. В аква́риуме пла́вали ра́зные ры́бы. *Various fishes were swimming in the aquarium.*
2. *collective* fish. Лови́ть ры́бу. *To catch fish.*
3. *collective* fish. Жа́реная ры́ба. *Fried fish.*
◇ Ни ры́ба ни мя́со. *Neither fish nor flesh.*

РЫ́Н|ОК *m.*, *gen.* -ка
1. market. Колхо́зный ры́нок. *A collective-farm market.* Продава́ть фру́кты на ры́нке. *To sell fruit in a market.*
2. market. Мирово́й ры́нок. *The world market.*

РЯД *m.*, *prepos.* о (в) ря́де & в ряду́; *pl.* ряды́
1. row. Ряд домо́в. *A row of houses.* Ряд люде́й. *A line of people.* Пе́рвый ряд парте́ра. *The first row of the stalls.* Сиде́ть в пе́рвом ряду́. *To sit in the first row.*

2. a number (of). Он привёл це́лый ряд приме́ров. *He gave quite a number of examples.* В ря́де слу́чаев э́то так. *In a number of cases it is so.*
◇ Быть в пе́рвых ряда́х. *To be in the forefront.*

РЯ́ДОМ *adv.*
1. nearby. Магази́н нахо́дится ря́дом. *The shop is nearby.*
2. by. Стоя́ть ря́дом с бра́том. *To stand by one's brother.*

С, с

С *prep.*
I. + *gen.*
1. off, from. Взять кни́гу с по́лки. *To take a book off the shelf.*
2. from. Верну́ться с рабо́ты. *To come back from work.*
3. from. С утра́ до ве́чера. *From morning till evening.* С ра́нних лет. *From one's early years.*
4. from. Перевести́ с ру́сского языка́ на францу́зский. *To translate from Russian into French.*
II. + *instr.*
1. with. Челове́к с портфе́лем. *A man with a brief-case.* Брат с сестро́й. *The brother and the sister.* Говори́ть с друзья́ми. *To speak to one's friends.* Встре́титься с това́рищами. *To meet one's friends.*
2. with, and. Ко́фе с молоко́м. *Coffee and milk.*
3. with. Рабо́тать с удово́льствием. *To work with pleasure.* Смотре́ть фильм с интере́сом. *To see a film with interest.*

САД *m.*, *prepos.* в саду́ & о са́де; *pl.* сады́ garden
Дом стоя́л в саду́. *The house stood in a garden.* Фрукто́вый сад. *An orchard.* Ботани́ческий сад. *Botanical garden.*
◇ Де́тский сад. *A kindergarten.*

СА|ДИ́ТЬСЯ, -жу́сь, -ди́шься, -дя́тся *imp.* куда́? & + *inf.* / *р.* сесть, ся́д|у, -ешь, -ут, *past* сел, -а, -о, -и
1. to sit down. Сади́ться на стул. *To sit down on a chair.* Сесть за стол. *To sit down to table.*

2. to get on, in. Садиться в поезд, в автомобиль. *To get on a train, in a motor-car.*
3. to set (to work). Сесть за работу. *To set to work.*
4. to set. Со́лнце сади́тся. *The sun is setting.*

САЖА́|ТЬ, -ю, -ешь, -ют к о г о́? ч т о? к у д а́? *imp./p.* посади́ть, посажу́, поса́дишь, поса́дят
1. to put, to place. Посади́ть пти́цу в кле́тку. *To put the bird into a cage.*
2. to plant. Сажа́ть цветы́. *To plant flowers.*

САЛА́Т *m.*
1. lettuce. Све́жий сала́т. *Fresh lettuce.*
2. salad. Сала́т из огурцо́в, из помидо́ров. *A cucumber salad, a tomato salad.*

САЛФЁТ|КА *f., gen. pl.* -ок napkin
Чи́стая салфе́тка. *A clean napkin.* Бума́жная салфе́тка. *A paper napkin.* По́льзоваться салфе́ткой. *To use a napkin.*

САМ, сама́, само́, са́ми *pron.*
1. myself, yourself, himself, herself, itself, ourselves, yourselves, themselves. Не на́до мне помога́ть, я сам всё сде́лаю. *Don't help me, I'll do everything myself.*
2. myself, yourself, himself, herself, itself, ourselves, yourselves, themselves. Он сам говори́л об э́том. *He himself told me that.*

САМОДЕЯ́ТЕЛЬНОСТЬ *f., no pl.* amateur talent activities
Худо́жественная самодея́тельность. *Amateur theatricals.* Ве́чер самодея́тельности. *An amateur concert.*

САМОЛЁТ *m.* aeroplane
Лете́ть на самолёте. *To go by air.* Реакти́вный самолёт. *A jet plane.*

САМООБСЛУ́ЖИВАНИЕ *neut.* self-service
Самообслу́живание в столо́вой. *Self-service in a cafeteria.* Магази́н самообслу́живания. *A self-service shop.*

САМОСТОЯ́ТЕЛЬН|ЫЙ, -ая, -ое, -ые; *adv.* самостоя́тельно independent, self-dependent
Самостоя́тельная рабо́та. *Inde-*

pendent work. Самостоя́тельный челове́к. *A self-dependent person.* Жить самостоя́тельно. *To live independently.* Он самостоя́тельно изуча́ет ру́сский язы́к. *He studies Russian by himself.*

СА́М|ЫЙ, -ая, -ое, -ые *pron.*
1. the very. Это кни́га, кото́рую ты иска́л? — Да, э́то та са́мая кни́га. *"Is this the book you were looking for?" "Yes, that's the very book."*
2. very. Магази́н нахо́дится в са́мом конце́ у́лицы. *The shop is at the very end of the street.* Я знал э́то с са́мого нача́ла. *I knew it from the very start.*
3. most. Са́мый хоро́ший. *The best.* Са́мый краси́вый го́род. *The most beautiful city.*
◊ В са́мом де́ле, он прав. *As a matter of fact, he is right.* Мы ду́мали, он бо́лен, а на са́мом де́ле он здоро́в. *We thought he was ill, but in fact he is all right.*

СА́ХАР *m.* sugar
Килогра́мм са́хара. *A kilogramme of sugar.* Чай с са́харом. *Tea with sugar.*

СБО́РНИК *m.* collection
Сбо́рник стате́й. *A collection of articles.*

СВА́ДЬБА *f., gen. pl.* сва́деб wedding
Весёлая сва́дьба. *A merry wedding.* Быть на сва́дьбе. *To be present at a wedding.* Пра́здновать сва́дьбу. *To celebrate one's wedding.*
◊ До сва́дьбы заживёт (proverb). *It'll have healed before your wedding.*

СВАРИ́ТЬ see **ВАРИ́ТЬ**

СВЕ́Ж|ИЙ, -ая, -ее, -ие, *short form* свеж, свежа́, све́ж|е, -и; *adv.* свежо́
1. fresh. Све́жее мя́со. *Fresh meat.* Све́жие цветы́. *Fresh flowers.* Све́жие фру́кты. *Fresh fruit.* Све́жие о́вощи. *Fresh vegetables.*
2. fresh. Све́жий во́здух. *Fresh air.* На све́жем во́здухе. *In the fresh air.*
3. cool. Све́жее у́тро. *A cool morning.* | *predic. impers.* Сего́дня свежо́! *It's cool today!*

4. fresh. Све́жие газе́ты. *Fresh newspapers.*

◇ Бра́ться за рабо́ту со све́жими си́лами. *To tackle the work with renewed strength.*

СВЕРКА|ТЬ, *1st & 2nd pers. not used, 3rd pers.* -ет, -ют *imp.* / *p.* сверкн|у́ть, *1st & 2nd pers. not used, 3rd pers.* -ёт, -у́т to flash, to sparkle
В не́бе сверкну́ла мо́лния. *Lightning flashed in the sky.* Мо́ре сверка́ло. *The sea was sparkling.*

СВЕРКНУ́ТЬ *see* **СВЕРКА́ТЬ**

СВЕ́РХУ *adv.*
1. о т к у́ д а? from above. Све́рху упа́л ка́мень. *A stone fell from above.* Смотре́ть све́рху вниз. *To look down.*
2. г д е? on the surface. Жир пла́вает све́рху. *Fat floats on the surface.*

СВЕТ[1] *m., no pl.*
1. light. Со́лнечный свет. *Sunlight.*
2. light. Заже́чь свет. *To switch on the light.* Погаси́ть свет. *To switch off the light.* Посмотре́ть на свет. *To look (at something) against the light.* Чита́ть при све́те ла́мпы. *To read by lamplight.*

◇ Уче́нье — свет, а неуче́нье — тьма (proverb). Cf. *He that neglects learning in his youth, loses the past and is dead for the future.*

СВЕТ[2] *m., no pl.* world
Путеше́ствие вокру́г све́та. *A journey round the world.*

СВЕТИ́ТЬ, *1st & 2nd pers. not used, 3rd pers.* све́тит, све́тят
Со́лнце я́рко све́тит. *The sun is shining brightly.*

СВЕ́ТЛ|ЫЙ, -ая, -ое, -ые; *adv.* светло́
1. light. Све́тлая ко́мната. *A light room.* | *predic. impers.* На у́лице светло́. *It is light in the street.*
2. light. Све́тлый костю́м. *A light suit.*
3. *fig.* lucid. Све́тлый ум, све́тлая голова́. *A lucid mind.*

СВИДА́НИЕ *neut.* appointment, meeting
Идти́ на свида́ние. *To go to keep*

an appointment. Назна́чить свида́ние. *To make an appointment.*

◇ До свида́ния! *Good-bye!* До ско́рого свида́ния! *See you soon!*

СВОБО́ДА *f.*
1. *only sing.* freedom. Борьба́ за свобо́ду. *Struggle for freedom.* Завоева́ть свобо́ду. *To win freedom.*
2. freedom. Свобо́да сло́ва. *The freedom of speech.* Свобо́да печа́ти. *Freedom of press.*

СВОБО́ДН|ЫЙ, -ая, -ое, -ые, *short form* свобо́ден, свобо́дн|а, -о, -ы; *adv.* свобо́дно
1. free. Свобо́дный наро́д. *A free people.*
2. *only complete form* free of charge. Свобо́дный вход. *Free admission.*
3. *adv.* fluently. Я свобо́дно говорю́ по-англи́йски. *I speak English fluently.*
4. vacant. Свобо́дное ме́сто. *A vacant seat.* Э́то ме́сто свобо́дно? *Is this seat vacant?*
5. free. Свобо́дное вре́мя. *Free time.* Сего́дня ве́чером я свобо́ден. *I am free tonight.*

СВОЙ, своя́, своё, свои́ *pron.* one's (own)
Я иду́ к своему́ това́рищу. *I am going to my friend's.* Он наде́л свой костю́м. *He put on his suit.* Я проси́л това́рища принести́ мне свою́ кни́гу. *I asked my friend to bring me his book.*

СВО́ЙСТВО *neut.* property

СВЯЗА́ТЬ *see* **СВЯ́ЗЫВАТЬ**

СВЯ́ЗЫВА|ТЬ, -ю, -ешь, -ют *imp.* кого́? что? с кем? с чем?/ *p.* связа́ть, свяжу́, свя́жешь, свя́жут
1. to tie together. Связа́ть одну́ верёвку с друго́й. *To tie one rope to another.*
2. *fig.* to involve. Э́то свя́зано с больши́ми тру́дностями. *This involves great difficulties.*

СВЯЗЬ *f.*
1. tie. Укрепля́ть свя́зи с наро́дами всех стран. *To strengthen the ties with the peoples of all countries.*
2. communication. Телегра́фная связь. *Telegraph communication.*
3. connection.

◇ В связи́ с тем, что... *In*

connection with... **В связи с этим...**
In this connection...
СГОРЕ́ТЬ *see* **ГОРЕ́ТЬ**
СДА|ВА́ТЬ, -ю, -ёшь, -ют *imp.* ч т о?/
p. сдать, сдам, сдашь, сдаст,
сдади́м, сдади́те, сдаду́т, *past*
сдал, -а́, сда́л|о, -и
1. to return. Сдать кни́гу в биб-
лиоте́ку. *To return the book to
the library.*
2. to let. Сдава́ть да́чу, ко́мнату.
To let a summer cottage, a room.
3. to take. Сдава́ть экза́мены. *To
take examinations.*
СДАТЬ *see* **СДАВА́ТЬ**
СДА́ЧА *f.*, *no pl.* change
Получи́ть сда́чу. *To get some
change.* Дать 10 копе́ек сда́чи. *To
give 10 copecks change.*
СДЕ́ЛАТЬ *see* **ДЕ́ЛАТЬ**
СДЕРЖА́ТЬ *see* **ДЀРЖА́ТЬ**, 2
СЕБЯ́ *pron.*, *no nom.*; *gen.*, *acc.* себя́,
dat., *prepos.* себе́, *instr.* собо́й
myself, yourself, himself, herself,
itself; ourselves, yourselves, themselves
Пригласи́ть к себе́ домо́й. *To invite to one's place.* В доро́гу я
взял с собо́й мы́ло, полоте́нце
и зубну́ю щётку. *I took soap, a
towel, and a toothbrush with me on
my trip.* Рабо́тать у себя́ до́ма. *To
work at home.*
◇ Чита́ть про себя́. *To read to
oneself.* Вы́йти из себя́. *To be
beside oneself.* Прийти́ в себя́. *To
come to one's senses.*
СЕ́ВЕР *m.*, *no pl.*
1. north. Самолёт лети́т на се́вер.
The plane is flying northward.
К се́веру от чего́-либо. *North
of some place.*
2. north. Жить на се́вере. *To live
in the North.*
СЕ́ВЕРН|ЫЙ, -ая, -ое, -ые north(ern)
Се́верный ве́тер. *A north wind.*
Се́верный по́люс. *The North Pole.*
СЕГО́ДНЯ [-во́-] *adv.* today
Сего́дня бу́дет дождь. *It will rain
today.* Сего́дня у́тром. *This morning.* Сего́дня ве́чером. *Tonight.*
СЕГО́ДНЯШН|ИЙ, -яя, -ее, -ие to-
day's
Сего́дняшняя газе́та. *Today's newspaper.*

СЕД|О́Й, -а́я, -о́е, -ы́е, *short form* сед,
седа́, се́ды
1. grey. Седы́е во́лосы. *Grey hair.*
2. grey-haired. Седо́й стари́к. *A
grey-haired old man.*
СЕЙЧА́С *adv.*
1. now. Сейча́с я чу́вствую себя́
хорошо́. *Now I feel well.* Сей-
ча́с идёт уро́к. *A lesson is in
progress now.*
2. right now. Я сейча́с приду́.
I'll come right now Сейча́с же
иди́ сюда́! — Сейча́с! "*Come
here at once!*" "*Just a moment!*"
СЕКРЕТА́Р|Ь *m.*, *gen.* -я́ secretary
СЕКУ́НДА *f.* second
Две секу́нды, пять секу́нд. *Two
seconds, five seconds.*
◇ Сию́ секу́нду! *Just a moment!*
СЕЛО́ *neut.*, *pl.* сёла village
СЕ́ЛЬСК|ИЙ, -ая, -ое, -ие country,
village
Се́льская ме́стность. *Country local-
ity.* Се́льская жизнь. *Country life.*
Се́льский врач. *A country doctor.*
◇ Се́льское хозя́йство. *Agriculture.*
СЕМЬЯ́ *f.*, *pl.* се́мьи, семе́й family
Дру́жная семья́. *A united family.*
У меня́ больша́я семья́. *I have a
large family.*
СЕНТЯ́БР|Ь *m.*, *gen.* -я́ September
За́втра пя́тое сентября́. *Tomorrow
is the fifth of September.* В сен-
тябре́ у нас ещё тепло́. *It is still
warm in September in our parts.*
СЕРДЕ́ЧН|ЫЙ, -ая, -ое, -ые, *short
form* серде́чен, серде́чн|а, -о, -ы;
adv. серде́чно cordial
Переда́ть серде́чный приве́т. *To
give one's warmest regards.* Серде́ч-
ный приём, серде́чная обстано́вка.
*A cordial reception, a cordial at-
mosphere.*
СЕРДИ́Т|ЫЙ, -ая, -ое, -ые, *short form*
серди́т, -а, -о, -ы; *adv.* серди́то
angry
Серди́тый челове́к. *An angry person.* Я сержу́сь на него́. *I am angry
with him.* Серди́тый взгляд. *An
angry look.*
СЕРДИ́ТЬСЯ, сержу́сь, се́рдишься,
се́рдятся *imp.* н а к о г о?
н а ч т о? / *p.* рассерди́ться,

рассержу́сь, рассе́рдишься, рассе́рдятся to be angry
Не серди́сь! *Don't be angry!* Мать рассерди́лась на сы́на за опозда́ние. *The mother was angry with her son for being late.*

СЕ́РДЦ|Е *neut.*, *pl.* -а́, серде́ц, сердца́м, *etc.*
1. heart. У него́ больно́е се́рдце. *He has a bad heart.*
2. *fig.* heart. Он замеча́тельный челове́к, у него́ золото́е се́рдце. *He is a wonderful man, he has a heart of gold.*
◇ **Поздравля́ть от всего́ се́рдца.** *To congratulate with all one's heart.* **Говори́ть от чи́стого се́рдца.** *To speak from the bottom of one's heart.* **У меня́ не лежи́т к э́тому се́рдце.** *I have no liking for this.*

СЕРЕДИ́НА *f.* middle
Середи́на кру́га. *The centre of a circle.* В середи́не ле́са. *In the middle of the forest.* Середи́на ле́та. *The middle of the summer.*

СЕ́Р|ЫЙ, -ая, -ое, -ые grey
Се́рый костю́м. *A grey suit (costume).* Се́рые глаза́. *Grey eyes.*

СЕРЬЁЗН|ЫЙ, -ая, -ое, -ые, *short form* серьёзен, серьёзн|а, -о, -ы; *adv.* серьёзно
1. serious. Серьёзный челове́к. *A serious person.*
2. serious. Серьёзная кни́га. *A serious book.* Серьёзная му́зыка. *Serious music.* Серьёзный разгово́р. *A serious talk.* Серьёзно заду́маться. *To think seriously.*
3. serious. Серьёзное положе́ние. *A serious situation.* Серьёзная боле́знь. *A serious illness.*

СЕСТРА́ *f.*, *pl.* сёстры, сестёр, сёстрам, *etc.*
1. sister. Ста́ршая сестра́. *Elder (eldest) sister.* Мла́дшая сестра́. *Younger (youngest) sister.* Родна́я сестра́. *A sister.* Двою́родная сестра́. *A cousin.*
2. nurse. Медици́нская сестра́. *A (hospital) nurse.*

СЕСТЬ *see* **САДИ́ТЬСЯ**

СЕ́|ЯТЬ, -ю, -ешь, -ют *imp.* что?/ *р.* посе́|ять, -ю, -ешь, -ют to sow
Се́ять пшени́цу, кукуру́зу. *To sow wheat, maize.*

СЖЕЧЬ *see* **ЖЕЧЬ**

СЗА́ДИ
1. *adv.* behind. Он шёл сза́ди. *He was walking behind.*
2. *prep.* + *gen.* behind. Сза́ди до́ма был сад. *There was a garden behind the house.* Я сиде́л сза́ди шофёра. *I was sitting behind the driver.*

СИ|ДЕ́ТЬ, -жу́, -ди́шь, -дя́т *imp.* г д е?
1. to sit. Сиде́ть на дива́не, на сту́ле. *To sit on the divan, on a chair.*
2. to stay. Це́лый день он сиде́л оди́н. *He stayed at home alone the whole day.*
◇ **Сиде́ть на ше́е у кого́-либо.** *To be on somebody's hands.* **Сиде́ть сложа́ ру́ки.** *To sit idle.*

СИ́ЛА *f.*
1. strength. Челове́к большо́й физи́ческой си́лы. *A man of great physical strength.*
2. power. Си́ла сло́ва. *The power of the word.* Си́ла привы́чки. *Force of habit.*
3. *usu. pl.* forces. Вооружённые си́лы. *The armed forces.* Си́лы ми́ра и прогре́сса. *The forces of peace and progress.*
4. force. Си́ла тя́жести. *Force of gravity.*
◇ **Бежа́ть изо всех сил.** *To run as fast as one can.* **Де́лать что́-либо че́рез си́лу.** *To force oneself to do something.* **Я не в си́лах сде́лать э́то.** *I am unable to do that.* **Э́то свы́ше мои́х сил.** *This is beyond my powers.* **Мне э́то не под си́лу.** *This is beyond my powers.* **Э́то в на́ших си́лах.** *We are able to do that.*

СИ́ЛЬН|ЫЙ, -ая, -ое, -ые, *short form* силён, сильна́, си́льно, сильны́; *adv.* си́льно
1. strong, powerful. Си́льный челове́к. *A strong man.* Си́льный взрыв. *A powerful explosion.* Си́льно уда́рить. *To hit a heavy blow.* | *fig.* Его́ речь произвела́ на меня́ си́льное впечатле́ние. *His speech made a strong impression on me.* У него́ си́льная во́ля. *He is a man of strong will.*
2. loud, severe. Си́льный шум. *A loud noise.* Си́льный моро́з. *Severe frost.*

СИН|ИЙ, -яя, -ее, -ие blue
Си́нее мо́ре. *Blue sea.* Си́ние глаза́. *Blue eyes.*

СИРОТА́ *m. & f., pl.* сиро́ты orphan
Он оста́лся сирото́й. *He became an orphan.*
◇ Кру́глый **сирота́**. *A complete orphan.*

СКАЗА́ТЬ *see* **ГОВОРИ́ТЬ**

СКА́З|КА *f., gen. pl.* -ок fairy-tale
Наро́дные ска́зки. *Folk tales.*

СКАМЕ́ЙКА *f., gen. pl.* -ек bench
Сиде́ть на скаме́йке. *To sit on a bench.*

СКА́ТЕРТ|Ь *f., gen. pl.* -ей table-cloth
Бе́лая ска́терть. *A white table-cloth.* Постели́ть ска́терть. *To spread a table-cloth.* Стол покры́т краси́вой ска́тертью. *The table is covered with a beautiful table-cloth.*

СКВЕР *m.* public garden
В скве́ре игра́ли де́ти. *Children were playing in the public garden.*

СКВОЗЬ *prep.* + *acc.* through
Сквозь листву́ бы́ло ви́дно не́бо. *The sky was visible through the foliage.*
◇ Смотре́ть на что́-либо **сквозь** па́льцы. *To close one's eyes to something.*

СКО́ЛЬЗК|ИЙ, -ая, -ое, -ие; *adv.* ско́льзко slippery
Ско́льзкий пол. *A slippery floor.* |*predic. impers.* На у́лице ско́льзко. *It is slippery outside.*

СКО́ЛЬКО how much, how many
Ско́лько челове́к пришло́? *How many people have come?* Ско́лько сто́ит э́та кни́га? *How much is this book?* Ско́лько вре́мени? *What time is it?* Ско́лько вам лет? *How old are you?* Посмотри́те, ско́лько здесь краси́вых цвето́в! *Look what a lot of beautiful flowers there are here!*
◇ Ско́лько голо́в, сто́лько умо́в. *As many men, as many minds.*

СКОРЕ́Е
1. *comp. of adv.* ско́ро
2. *adv.* rather, sooner. Он скоре́е умрёт, чем призна́ет свою́ оши́бку! *He will rather die than admit his mistake!*
◇ Скоре́е всего́ э́то так. *Most likely it is true.*

СКО́РО *adv., comp.* скоре́е soon
Ско́ро наступи́т весна́. *Spring will come soon.* Я ско́ро приду́. *I'll come soon.* Приходи́ скоре́е! *Come sooner!* Как мо́жно скоре́е. *As soon as you can.*

СКО́РОСТЬ *f.* speed
Е́хать с большо́й ско́ростью. *To drive at a high speed.*

СКО́Р|ЫЙ, -ая, -ое, -ые
1. fast. Ско́рый по́езд. *A fast train.* Ско́рая по́мощь. *First aid.*
2. soon. До ско́рой встре́чи! *See you soon!* До ско́рого свида́ния! *See you soon!*

СКРИ́П|КА *f., gen. pl.* -ок violin
Игра́ть на скри́пке. *To play the violin.*

СКРО́МН|ЫЙ, -ая, -ое, -ые; *adv.* скро́мно
1. modest. Скро́мный челове́к. *A modest person.* Скро́мно вести́ себя́. *To behave modestly.*
2. moderate. Скро́мные успе́хи. *Moderate success.*

СКРЫВА́|ТЬ, -ю, -ешь, -ют *imp.* что? от кого́? от чего́?/ *p.* скрыть, скро́|ю, -ешь, -ют to conceal
Скрыва́ть взгля́ды. *To conceal one's views.* Он скрыва́ет, что пи́шет стихи́. *He conceals the fact that he writes poetry.*

СКРЫВА́|ТЬСЯ, -юсь, -ешься, -ются *imp.* где? от кого́? / *p.* скры́ться, скро́|юсь, -ешься, -ются
1. *only imp.* to hide. Скрыва́ться от поли́ции. *To hide from the police.*
2. to escape. Престу́пник скры́лся. *The criminal escaped.*
3. to disappear. По́езд скры́лся вдали́. *The train disappeared in the distance.* Челове́к скры́лся за угло́м. *The man disappeared round the corner.*

СКРЫТЬ *see* **СКРЫВА́ТЬ**

СКРЫ́ТЬСЯ *see* **СКРЫВА́ТЬСЯ**

СКУЧА́|ТЬ, -ю, -ешь, -ют *imp.* по кому́? по чему́? to miss, to be lonesome
Скуча́ть по роди́телям. *To miss one's parents.* Скуча́ть по до́му. *To be homesick.*

СКУ́ЧН|ЫЙ, -ая, -ое, -ые, *short form* скучен, скучна́, скучн|о, -ы; *adv.* скучно
1. dull. Ску́чный челове́к. *A dull man.*
2. boring. Ску́чный разгово́р. *A boring conversation.*
3. adv., *predic. impers.* (to be) bored. Мне ску́чно. *I am bored.*

СЛА́Б|ЫЙ, -ая, -ое, -ые, *short form* слаб, слаба́, слаб|о, -ы; *adv.* сла́бо
1. weak. Сла́бый челове́к. *A weak person.* Сла́бый уда́р. *A feeble blow.* Сла́бое се́рдце. *A weak heart.*
2. *fig.* weak. Сла́бая во́ля. *A weak will.* Сла́бый хара́ктер. *A weak character.*
◇ Это его́ сла́бое ме́сто. *It's his weak point.* Сла́бая наде́жда. *A feeble hope.*

СЛА́ВА *f.*, *no pl.* fame; glory
Гро́мкая сла́ва. *Great fame.* К нему́ пришла́ сла́ва. *He has become famous.* Сла́ва покори́телям ко́смоса! *Glory to the conquerors of Space!*

СЛА́ВН|ЫЙ, -ая, -ое, -ые fine, nice
Он сла́вный па́рень. *He is a fine fellow.*

СЛА́ДК|ИЙ, -ая, -ое, -ие, *short form* сла́док, сладка́, сла́дк|о, -и; *adv.* сла́дко; *comp.* сла́ще sweet
Сла́дкое я́блоко. *A sweet apple.* Сла́дкий чай. *Sweet tea.* | *fig.* Сла́дкая улы́бка. *A sweet smile.*

СЛЕ́ВА *adv.* (*cf.* НАЛЕ́ВО, 2) to (on) the left
Сле́ва — окно́, спра́ва — дверь. *On the left is a window, on the right is a door.* Сле́ва от меня́ сиде́л мой ста́рый друг. *On my left sat an old friend of mine.*

СЛЕД *m.*, *pl.* следы́
1. track. Следы́ на снегу́. *Tracks on the snow.* Идти́ по следа́м. *To follow in the tracks.*
2. *gen.* -а́ trace. Следы́ кра́ски. *Traces of paint.*
3. *fig.* trace. Следы́ войны́. *The traces of the war.*
◇ Оста́вить след. *To leave a trace.* Исче́знуть без следа́. *To disappear without leaving a trace.*

СЛЕ́|ДИТЬ, -жу́, -ди́шь, -ди́т *imp.* за ке́м? за че́м?
1. to follow. Следи́ть за движе́нием

спу́тника. *To follow the movement of a satellite.*
2. to have an eye (on). Следи́ть за нови́нками литерату́ры. *To have an eye on the latest publications.*
3. to watch. Следи́ть за враго́м. *To watch the enemy.*

СЛЕ́ДОВАТЕЛЬНО *conj.* therefore, consequently
А равно́ В, сле́довательно В равно́ А. *A equals B, therefore B equals A.*

СЛЕ́ДУЮЩ|ИЙ, -ая, -ее, -ие next
В сле́дующий раз. *Next time.* На сле́дующий день. *On the next day.*

СЛЕЗА́ *f.*, *pl.* слёзы, слёз, слеза́м, *etc.*
1. tear. По её лицу́ текли́ слёзы. *Tears were streaming down her face.*
2. *pl.* tears. Говори́ть сквозь слёзы. *To speak through tears.*
◇ Оби́дно до слёз. *It is enough to make one cry.* Смея́ться до слёз. *To laugh until one cries.* Слеза́ми го́рю не помо́жешь (proverb). Cf. *It's no use crying over spilt milk.*

СЛЕП|О́Й, -а́я, -о́е, -ы́е blind
Слепо́й ма́льчик. *A blind boy.*

СЛИ́ШКОМ *adv.* too
Ты поёшь сли́шком гро́мко. *You are singing too loud.*
◇ Это (уж) сли́шком! *That's really too much!*

СЛОВА́Р|Ь *m.*, *gen.* -я́ dictionary, vocabulary
Англо-ру́сский слова́рь. *An English-Russian dictionary.* Орфографи́ческий слова́рь. *A spelling dictionary.* Толко́вый слова́рь. *An explanatory dictionary.*

СЛО́В|О *neut.*, *pl.* -а́
1. word. Дли́нное сло́во. *A long word.* Хоро́шие слова́. *Good words.*
2. speech. Свобо́да сло́ва. *Freedom of speech.*
3. *only sing.* remark. Заключи́тельное сло́во. *Concluding remarks.* Предоста́вить сло́во. *To give the floor.*
4. *only sing.* word. Сдержа́ть сло́во. *To keep one's word.* Дать

чéстное слóво. *To give one's word of honour.*

5. word. Ромáнс на словá Пýшкина. *Romance, words by Pushkin.*

◇ **По словáм брáта.** *According to one's brother.* **Рассказáть свóими словáми.** *To tell in one's own words.* **Вéрить нá слово...** *To take somebody's word for...* **Сдéлать по послéднему слóву наýки и тéхники.** *To do something according to the last word in science and technology.* **В двух словáх.** *In a nutshell.*

СЛÓЖН|ЫЙ, -ая, -ое, -ые, *short form* слóжен, сложнá, слóжн|о, -ы; *adv.* слóжно

1. complex. Слóжная машúна. *A complex machine.*
2. complicated. Слóжная задáча. *A complicated task.* Слóжная обстанóвка. *Difficult situation.* Всё э́то óчень слóжно. *This is all very complicated.*

СЛОМÁТЬ *see* **ЛОМÁТЬ**

СЛОМÁТЬСЯ *see* **ЛОМÁТЬСЯ**

СЛОН *m., gen.* -á elephant

СЛУЖАЩ|ИЙ *m., gen.* -его employee

СЛУЖÚТЬ, служý, слýжишь, слýжат *imp.*

1. к о м ý? ч е м ý? to serve. Служúть нарóду. *To serve one's people.* Служúть дéлу мúра. *To serve the cause of peace.*
2. г д е? к е м? to serve, to work. Служúть в áрмии. *To serve in the army.* Служúть в бáнке. *To work in a bank.* Служúть экономúстом. *To work as an economist.*
3. ч е м? to be. Служúть примéром для другúх. *To be an example for others.*

СЛУХ *m.* hearing

У ребёнка хорóший слух. *The child has a good ear.* Музыкáльный слух. *A good ear for music.*

СЛУЧАЙ *m.* incident

Слýчай из жúзни. *An incident from life.*

◇ **Несчáстный слýчай.** *An accident.* **На всякий слýчай я записáл его áдрес.** *I wrote down his address just in case.* **В отдéльных слýчаях э́то возможно.** *In some cases it is possible.* **В том слýчае, éсли я заболéю, звонúте мне домóй.** *In case I fall ill, ring me up at home.* **Ни в кóем слýчае.** *On no account.*

СЛУЧÁЙН|ЫЙ, -ая, -ое, -ые; *adv.* случáйно accidental

Случáйная ошúбка. *A slip, a fortuitous mistake.* Случáйно встрéтиться. *To meet by accident.*

СЛУЧÁ|ТЬСЯ, *1st & 2nd pers. not used, 3rd pers.* -ется, -ются *imp.* с к е м?/*р.* случ|úться, *1st & 2nd pers. not used, 3rd pers.* -úтся, -áтся to happen

Что случúлось? *What's happened?* Со мной случúлось несчáстье. *I have had a misfortune.*

СЛУЧÚТЬСЯ *see* **СЛУЧÁТЬСЯ**

СЛУША|ТЬ, -ю, -ешь, -ют *imp.* к о г ó? ч т о?

1. to listen. Внимáтельно слýшать мýзыку. *To listen to music attentively.*
2. to attend. Слýшать лéкции (курс лéкций). *To attend lectures (a course of lectures).*
3.: Я слýшаю! *Hallo! Yes!*

СЛУША|ТЬСЯ, -юсь, -ешься, -ются *imp.* к о г ó? ч е г ó? / *р.* послýша|ться, -юсь, -ешься, -ются to obey

Ребёнок не слýшается мáтери. *The child won't obey his mother.* Послýшайся меня! *Listen to me! Do as I tell you!*

СЛЫШ|АТЬ, -у, -ишь, -ат *imp.* к о г ó? ч т о? о кóм? о чём?/ *р.* услыш|ать, -у, -ишь, -ат

1. to hear. Плóхо слýшать. *To hear badly.* Я слышу тебя. *I can hear you.*
2. to hear. Мы слышали об э́той нóвости. *We heard about that news.* Мы слышали, что он придёт зáвтра. *We heard that he would come tomorrow.*

СЛЫШНО к о г ó? ч т о? *predic. impers.* (it is) heard

Мне не слышно тебя. *I can't hear you.* Здесь хорошó слышно. *One can hear well here.*

СМÉЛ|ЫЙ, -ая, -ое, -ые, *short form* смел, смелá, смéл|о, -ы; *adv.* смéло

1. brave. Смéлый человéк. *A brave*

man. Действовать смело. *To act bravely.*
2. *fig.* bold. Смелое решение. *A bold decision.* Смелая идея. *A bold idea.*

СМЕНА *f.*
1. succession. Смена дня и ночи. *Succession of day and night.*
2. *fig.* successors. Дети — наша смена. *Children are our successors.*
3. shift. Учиться в первую смену. *To go to school in the first shift.* Работать в дневную смену. *To work in the day shift.*
◇ Прийти на смену кому-либо. *To succeed (relieve) somebody.*

СМЕРТЬ *f., pl.* смерти, смертей, смертям, *etc.* death
◇ Пасть смертью героя. *To die the death of a hero.* Это вопрос жизни и смерти. *This is a question of life and death.* Надоесть до смерти. *To bore to death.*

СМЕХ *m., no pl.* laughter
Громкий смех. *Loud laughter.*
◇ Поднять на смех кого-либо. *To make fun of somebody.*

СМЕШН|ОЙ, -ая, -ое, -ые, *short form* смешон, смешн|а, -о, -ы; *adv.* смешно
1. funny. Смешной рассказ. *A funny story.*
2. ridiculous. Он был смешон. *He was ridiculous.*
3. *predic. impers.* (it is) funny. Мне смешно. *It makes me laugh.*

СМЕ|ЯТЬСЯ, -юсь, -ёшься, -ются *imp.* н а д к е м? н а д ч е м? to laugh
Все громко смеялись. *Everybody laughed loudly.* Я смеялся над словами брата. *I laughed at my brother's words.*

СМОТРЕТЬ, смотрю, смотришь, смотрят *imp.* ч т о? *or* н а к о г о? н а ч т о? в о ч т о? / *p.* посмотреть, посмотрю, посмотришь, посмотрят
1. to look. Смотреть на товарища. *To look at a friend.* Смотреть в окно. *To look out of the window.*
2. to see. Смотреть фильм. *To see a film.* Смотреть спектакль. *To see a performance.*

3. *only imper.* to look out. Смотри(те), не опоздай(те)! *Look out, don't you be late!*
◇ Смотреть свысока на кого-либо. *To look down on somebody.* Смотреть сквозь пальцы (на что-либо). *To close one's eyes (to something).*

СМОЧЬ *see* **МОЧЬ**

СМУТИТЬСЯ *see* **СМУЩАТЬСЯ**

СМУЩА|ТЬСЯ, -юсь, -ешься, -ются *imp./p.* смутиться, -щусь, -тишься, -тятся to be embarrassed
Он вдруг очень смутился, покраснел. *He was suddenly quite embarrassed and flushed.*

СМЫСЛ *m., no pl.* meaning, sense
Понять смысл событий. *To understand the meaning of events.* В полном смысле слова. *In the true sense of the word.* В прямом (переносном) смысле. *In the literal (figurative) sense.* В этом нет смысла. *There's no sense in that.* Нет смысла идти туда. *There is no sense in going there.*

СНАЧАЛА *adv.*
1. at first. Сначала я с трудом понимал русскую речь. *At first I understood spoken Russian with difficulty.*
2. from the beginning. Повторите сначала. *Repeat from the beginning.* Читайте сначала! *Read from the beginning!*

СНЕГ *m., prepos.* о снеге & в, на снегу snow
Сильный снег. *Heavy snow.* Кругом всё в снегу. *All around is covered with snow.* На снегу были видны следы зверей. *There were tracks of animals on the snow.* Идёт снег. *It is snowing.* Идёт сильный снег. *It is snowing hard.*

СНИЗУ *adv.* о т к у д а? from below
Смотреть снизу вверх. *To look upward.*

СНИМА|ТЬ, -ю, -ешь, -ют *imp.* к о г о? ч т о?/*p.* снять, сниму, снимешь, снимут, *past* снял, -а, снял|о, -и
1. to take (from). Снять книгу с полки. *To take a book from the shelf.* Снять пальто с вешалки. *To take one's coat from the peg.*
2. to take off. Снять шапку,

перчáтки, ботúнки. *To take off one's hat, gloves, boots.*
3. to shoot. Снять кинофúльм. *To shoot a film.*

СНÓВА *adv.* again
Снóва пришлá зимá. *Winter came again.*

СНЯТЬ *see* **СНИМÁТЬ**

СОБÁКА *f.* dog

СОБИРÁ|ТЬ, -ю, -ешь, -ют *imp.* к о-
г ó? ч т о? / *p.* собрáть, собер|ý,
-ёшь, -ýт, *past* собрáл, собралá,
собрáл|о, -и
1. to collect. Собрáть вéщи в до-
рóгу. *To collect one's things for a journey.* Собрáть людéй. *To assemble people.*
2. to gather. Собрáть урожáй. *To gather in the crop.*
3. *imp.* to collect. Собирáть
кнúги, мáрки. *To collect books, stamps.* Собрáть коллéкцию,
библиотéку. *To make a collection, a library.*
4. to put together. Собрáть мотóр,
машúну. *To put together an engine, a machine.*

СОБИРÁ|ТЬСЯ, -юсь, -ешься, -ются
imp. / *p.* собрáться, собер|ýсь,
-ёшься, -ýтся, *past* собр|áлся,
-алáсь, -лóсь, -лúсь
1. to gather. Учáстники конфе-
рéнции собралúсь в зáле. *Those taking part in the conference gathered in the hall.* Собирáют-
ся тýчи. *Clouds are gathering.*
2. to decide; to intend. Мы со-
бралúсь пойтú на вýставку. *We decided to go to the exhibition.*

СОБРÁНИЕ *neut.*
1. meeting. Торжéственное собрáние. *A ceremonial meeting.* Ид-
тú на собрáние. *To go to a meeting.* Присýтствовать на
собрáнии. *To be present at a meeting.* Собрáние состоúтся во
вторник. *The meeting takes place on Tuesday.*
2. collection. Собрáние сочинéний.
A collection of works.

СОБРÁТЬ *see* **СОБИРÁТЬ**
СОБРÁТЬСЯ *see* **СОБИРÁТЬСЯ**

СÓБСТВЕННОСТЬ *f., no pl.* property
Госудáрственная сóбственность.
State property. Чáстная сóбствен-
ность. *Private property.* Лúчная

сóбственность. *Personal property.*
Сóбственность на зéмлю. *Owner-
ship of land.*

СÓБСТВЕНН|ЫЙ, -ая, -ое, -ые
1. own. Сóбственный дом. *One's own house.*
2. self-. Чýвство сóбственного до-
стóинства. *Self-respect.*

СОБÝТИЕ *neut.* event
Историческое собýтие. *An historic event.* Междунарóдное собýтие.
An international event. В мúре про-
исхóдят вáжные собýтия. *Impor-
tant events are taking place in the world.*

СОВЕРШÁ|ТЬ, -ю, -ешь, -ют *imp.*
ч т о?/*p.* соверш|úть, -ý, -úшь,
-áт to perform, to accomplish
Совершúть пóдвиг. *To accomplish a feat.* Совершúть путешéствие.
To make a journey. Совершúть
поéздку по странé. *To tour a country.* Совершúть преступлéние.
To commit a crime.

СОВЕРШÚТЬ *see* **СОВЕРШÁТЬ**

СÓВЕСТЬ *f., no pl.* conscience
Чúстая сóвесть. *A clear conscience.*
◇ По сóвести говоря. *Honestly (speaking).*

СОВÉТ[1] *m.* advice
Отéц дал совéт сýну. *The father gave his son a piece of advice.* Цéн-
ный совéт. *Valuable advice.* Благо-
дарúть за совéт. *To thank for advice.* Обратúться за совéтом к спе-
циалúсту. *To turn to a specialist for advice.* Ей не нужны вáши со-
вéты! *She doesn't need your advice!*

СОВÉТ[2] *m.* council, Soviet
Верхóвный Совéт СССР. *The Su-
preme Soviet of the USSR.* Совéт
Минúстров.*The Council of Ministers.*

СОВÉТ|ОВАТЬ, -ую, -уешь, -уют
imp. к о м ý? + *inf.* / *p.* посовé-
т|овать, -ую, -уешь,-уют to advise
Совéтую вам прочитáть эту кнúгу. *I advise you to read this book.*

СОВÉТ|ОВАТЬСЯ, -уюсь, -уешься,
-уются *imp.* с к е м?/*p.* посовé-
т|оваться, -уюсь, -уешься, -уются
to ask advice
Совéтоваться с родúтелями. *To ask advice from one's parents.*

СОВÉТСК|ИЙ, -ая, -ое, -ие
1. Soviet. Совéтская власть. *Soviet power.* Совéтское правúтельство.

The *Soviet Government*. Со-
вётский Союз. *The Soviet
Union*.
2. Soviet. Советские заводы. *Soviet
plants*. Советские специалис-
ты. *Soviet specialists*. Совет-
ская наука. *Soviet science*.
СОВЕЩА́НИЕ *neut*. conference
Совеща́ние глав прави́тельств. *A
conference of the heads of States*.
Уча́ствовать в совеща́нии. *To take
part in a conference*. Прису́тство-
вать на совеща́нии. *To be present
at a conference*.
СОВРА́ТЬ *see* **ВРАТЬ**
СОВРЕМЕ́НН|ЫЙ, -ая, -ое, -ые mod-
ern
Совреме́нное иску́сство. *Modern
art*. Совреме́нная те́хника. *Modern technology*. Совреме́нный про-
мы́шленный го́род. *A modern industrial city*.
СОВСЕ́М *adv*.
1. quite. Он совсе́м ма́ленький. *He
is quite small*.
2. *in negative constructions* not at all.
Ты совсе́м не уме́ешь пла́вать.
You cannot swim at all.
СОВХО́З *m*. state farm
Передово́й совхо́з. *A foremost state-
farm*. Дире́ктор совхо́за. *The
director of a state farm*.
СОГЛА́СЕН, согла́сн|а, -о, -ы *short
adj*.
1. н а ч т о? ready. Я согла́сен
е́хать вме́сте. *I am ready to go
with you*. Он согла́сен на всё.
He is ready for anything.
2. с кем? с чем? agreeable. Я
согла́сен с ва́ми. *I agree with
you*. Мы не согла́сны с твои́м
мне́нием. *We don't agree with
your opinion*. Я согла́сна. *I
agree*.
СОГЛАСИ́ТЬСЯ *see* **СОГЛАША́ТЬСЯ**
СОГЛАША́|ТЬСЯ, -юсь, -ешься, -ются
imp. с кем? с чем? & + *inf*./
p. согла|си́ться, -шу́сь, -си́шься,
-ся́тся
1. to agree. Он согласи́лся выполнить э́ту рабо́ту. *He agreed
to do that work*.
2. to agree. Согласи́ться с това́-
рищем. *To agree with a friend*.
Согласи́ться с предложе́нием.
To agree to a proposal. Я

согласи́лся с тем, что он сказа́л
мне. *I agreed with what he told
me*.
СОГЛАШЕ́НИЕ *neut*. agreement
Торго́вое соглаше́ние. *A trade
agreement*. Заключи́ть соглаше́ние
с други́ми стра́нами. *To conclude
an agreement with other countries*.
◊ Прийти́ к соглаше́нию. *To
come to an agreement*.
СОГРЕ́ТЬ *see* **ГРЕТЬ**
СОДЕРЖА́НИЕ *neut*., *no pl*. contents
Рассказа́ть содержа́ние кни́ги. *To
tell the contents of a book*.
СОЕДИНИ́ТЬ *see* **СОЕДИНЯ́ТЬ**
СОЕДИНИ́ТЬСЯ *see* **СОЕДИНЯ́ТЬСЯ**
СОЕДИНЯ́|ТЬ, -ю, -ешь, -ют *imp*.
ч т о? с чем?/*p*. соедин|и́ть, -ю́,
-и́шь, -я́т
1. to connect, to link. Соедини́ть
два го́рода желе́зной доро́гой.
*To connect two cities by a rail-
way*.
2. to combine. Соедини́ть тео́рию
с пра́ктикой. *To combine theory with practice*.
СОЕДИНЯ́|ТЬСЯ, *1st & 2nd pers.
not used, 3rd pers*. -ется, -ются
imp./*p*. соедин|и́ться, *1st & 2nd
pers. not used, 3rd pers*. -и́тся,
-я́тся to join together, to unite
А́рмии соедини́лись на рассве́те.
The armies joined together at dawn.
Пролета́рии всех стран, соеди-
ня́йтесь! *Workers of the world,
unite!*
СОЗДА|ВА́ТЬ, -ю́, -ёшь, -ю́т *imp*.
ч т о?/*p*. созда́ть, созда́м, созда́шь,
созда́ст, создади́м, создади́те, со-
здаду́т, *past* со́здал, создала́, со́-
здал|о, -и to create
Созда́ть но́вую тео́рию. *To create
a new theory*. Созда́ть хоро́шие
усло́вия для рабо́ты. *To provide
good conditions for work*.
СОЗДА|ВА́ТЬСЯ, *1st & 2nd pers. not
used, 3rd pers*. -ётся, -ю́тся *imp*. /
p. созда́ться, *1st & 2nd pers. not
used, 3rd pers*. созда́стся, созда-
ду́тся to be created
Создаю́тся но́вые пла́ны. *New
plans are created*. Создало́сь серьё-
ное положе́ние. *A serious situation has been created*.
СОЗДА́ТЬ *see* **СОЗДАВА́ТЬ**
СОЗДА́ТЬСЯ *see* **СОЗДАВА́ТЬСЯ**

СОЗНА́НИЕ *neut.*
1. consciousness. Потеря́ть созна́-
ние. *To lose consciousness.* Быть
без созна́ния. *To be unconscious.*
2. *philos.* consciousness. Бытие́
определя́ет созна́ние. *Being
determines consciousness.*
3. understanding, sense. Созна́ние
до́лга. *Sense of duty.*

СОЗНА́ТЕЛЬН|ЫЙ, -ая, -ое, -ые;
adv. созна́тельно
1. conscientious. Созна́тельное от-
ноше́ние к рабо́те. *A conscientious
attitude to one's work.* Созна́-
тельный челове́к. *A conscientious person.*
2. deliberate. Он сде́лал э́то со-
зна́тельно. *He did it deliberate-
ly.*

СОЙТИ́ *see* **СХОДИ́ТЬ**[1]
СОЙТИ́СЬ *see* **СХОДИ́ТЬСЯ**

СОЛДА́Т *m., gen. pl.* солда́т soldier
Сме́лый солда́т. *A courageous soldier.* Отря́д солда́т. *A detachment
of soldiers.*

СОЛЁН|ЫЙ, -ая, -ое, -ые
1. salt. Солёный суп. *Salt soup.*
2. salted. Солёные огурцы́. *Salted
cucumbers.*

СОЛИДА́РНОСТЬ *f., only sing.* solidarity
Солида́рность трудя́щихся всех
стран. *Solidarity of the workers of
the world.*

СО́ЛНЕЧН|ЫЙ, -ая, -ое, -ые
1. sun, solar. Со́лнечный свет.
Sunlight. Со́лнечная систе́ма.
The solar system. Со́лнечное
затме́ние. *An eclipse of the sun.*
2. sunny. Со́лнечный день. *A sunny day.*

СО́ЛНЦЕ [сонце] *neut.*
1. Sun. От Земли́ до Со́лнца
сто пятьдеся́т миллио́нов кило-
ме́тров. *It's 150 million kilometres from the Earth to the Sun.*
2. sun. Со́лнце све́тит я́рко. *The
sun is shining brightly.*
3. sun. Лежа́ть на со́лнце. *To lie
in the sun.*

СОЛЬ *f.*
1. *only sing.* salt. Хлеб с со́лью.
Bread and salt.
2. salt. Со́ли ка́льция. *Calcium
salts.*
◇ **Хлеб-соль.** *Bread and salt*

(symbol of hospitality). **Встре-
ча́ть хле́бом-со́лью.** *To welcome
somebody with bread and salt.*
В чём здесь соль? *What's the
point?*

СОМНЕВА́|ТЬСЯ, -юсь, -ешься, -ются
imp. в ком? в чём? to doubt
Сомнева́ться в успе́хе. *To doubt
one's success.* Не сомнева́ться в
дру́ге. *Not to doubt one's friend.*
Мы не сомнева́емся, что вы вы́пол-
ните э́ту зада́чу. *We have no doubt
that you will carry out this task.*

СОН *m., gen.* сна
1. *only sing.* sleep. Он спит кре́п-
ким сном. *He is fast asleep.* Он
улыба́лся во сне́. *He smiled in
his sleep.*
2. dream. Я ви́дел во сне́ своего́
това́рища. *I dreamt of my
friend.* Ему́ сни́лись хоро́шие
сны. *He had pleasant dreams.*

СООБЩА́|ТЬ, -ю, -ешь, -ют *imp.*
что? кому́? о ко́м? о
чём?/р. сообщ|и́ть, -у́, -и́шь, -а́т
to report
Сообщи́ть но́вости друзья́м. *To
tell the news to one's friends.* Газе́-
ты сообща́ют об успе́шном выпол-
не́нии пла́на. *The newspapers report the successful fulfilment of the
plan.* По ра́дио сообщи́ли, что
на́ши спортсме́ны вы́ступили ус-
пе́шно. *The radio reported that our
sportsmen had achieved good success.*

СООБЩЕ́НИЕ *neut.*
1. announcement, communication
Ва́жное сообще́ние. *An important announcement (communication).* Де́лать сообще́ние. *To
make an announcement.*
2. communication. Пути́ сообще́-
ния. *Ways of communication.*
Прямо́е сообще́ние. *A through
service.*

СООБЩИ́ТЬ *see* **СООБЩА́ТЬ**
СОПРОТИВЛЕ́НИЕ *neut., no pl.* resistance
Оказа́ть сопротивле́ние проти́в-
нику. *To offer resistance to the
enemy.*

СОРЕВНОВА́НИЕ *neut., no pl.*
1. emulation.
2. competition. Спорти́вные сорев-
нова́ния. *Sports competition.*

Соревнова́ния по лы́жам. *Skiing competition.* Уча́ствовать в соревнова́ниях. *To take part in a competition.*

СОРЕВН|ОВА́ТЬСЯ, -у́юсь, -у́ешься, -у́ются *imp.* с к е м? с ч е м? to emulate, to compete Наш заво́д соревну́ется с сосе́дним предприя́тием. *Our plant competes with a nearby enterprise.*

СОСЕ́Д *m., pl.* -и, -ей neighbour Дру́жные сосе́ди. *Friendly neighbours.*

СОСЕ́ДН|ИЙ, -яя, -ее, -ие neighbouring, adjoining Сосе́дняя ко́мната. *An adjoining room.* Сосе́дние дере́вни. *Neighbouring villages.*

СОСНА́ *f., pl.* со́сны, со́сен pine-tree Высо́кая сосна́. *A tall pine-tree.*
◇ **Заблуди́ться в трёх со́снах** (proverb). Cf. *To lose one's way in broad daylight.*

СОСТА́В *m.* composition Соста́в кома́нды. *The composition of a team.*
◇ **Делега́ция в соста́ве пяти́ челове́к.** *A five-member delegation.*

СОСТА́ВИТЬ *see* **СОСТАВЛЯ́ТЬ**

СОСТАВЛЯ́|ТЬ, -ю, -ешь, -ют *imp.* ч т о? / *p.* соста́|вить, -влю, -вишь, -вят
1. to make (up). Соста́вить спи́сок уча́стников. *To make a list of participants.* Соста́вить катало́г книг. *To make a book catalogue.*
2. to form. Соста́вить определённое мне́ние. *To form a definite opinion.*
◇ **Соста́вить компа́нию кому́-ли́бо** (colloq.). *To keep somebody company.*

СОСТОЯ́НИЕ *neut., no pl.*
1. condition. Экономи́ческое состоя́ние страны́. *The economic situation in a country.* Больно́й в тяжёлом состоя́нии. *The patient is in a critical condition.* Состоя́ние дел. *The state of affairs.*
2. fortune. Кру́пное состоя́ние. *A large fortune.*
◇ **Я не в состоя́нии продолжа́ть разгово́р.** *I am unable to continue our conversation.*

СОСТО|Я́ТЬ, *1st & 2nd pers. not used, 3rd pers.* -и́т, -я́т *imp.*
1. и з к о г о? и з ч е г о? to consist. Орке́стр состои́т из изве́стных музыка́нтов. *The orchestra consists of well-known musicians.*
2. в ч ё м? to consist in. Зада́ча состои́т в том, что́бы бы́стро овладе́ть передовы́ми ме́тодами. *The task is to quickly master progressive methods.*

СОСТО|Я́ТЬСЯ, *1st & 2nd pers. not used, 3rd pers.* -и́тся, -я́тся *p.* to take place Собра́ние состоя́лось в за́ле. *The meeting took place in the hall.* Ле́кция не состои́тся из-за боле́зни ле́ктора. *The lecture will not take place owing to the lecturer's illness.*

СОСУЩЕСТВОВА́НИЕ *neut., no pl.* co-existence Ми́рное сосуществова́ние. *Peaceful co-existence.*

СОСЧИТА́ТЬ *see* **СЧИТА́ТЬ**, 1

СО́Т|НЯ *f., gen. pl.* -ен hundred Со́тни люде́й пришли́ на пло́щадь. *Hundreds of people came to the square.* Три со́тни рубле́й. *Three hundred roubles.*

СОХРАНИ́ТЬСЯ *see* **СОХРАНЯ́ТЬСЯ**

СОХРАНЯ́|ТЬСЯ, *1st & 2nd pers. not used, 3rd pers.* -ется, -ются *imp./ p.* сохран|и́ться, *1st & 2nd pers. not used, 3rd pers.* -и́тся, -я́тся
1. to be preserved. Ста́рая карти́на хорошо́ сохрани́лась. *The old picture was well preserved.* Я́блоки хорошо́ сохрани́лись в я́щике. *The apples had kept well in the box.*
2. to survive. Не́которые ста́рые обы́чаи сохрани́лись до на́ших дней. *Some old customs have survived up to our time.*

СОЦИАЛИ́ЗМ *m., no pl.* socialism

СОЦИАЛИСТИ́ЧЕСК|ИЙ, -ая, | -ое, -ие
1. socialist. Социалисти́ческая револю́ция. *The socialist revolution.* Социалисти́ческие стра́ны. *The socialist countries.*
2. socialist. Социалисти́ческое отноше́ние к труду́. *A socialist attitude to work.*

СОЦИА́ЛЬН|ЫЙ, -ая, -ое, -ые
1. social. Социа́льное положе́ние. *Social status.*
2. social. Социа́льная револю́ция. *A social revolution.* Социа́льные рефо́рмы. *Social reforms.*

СОЧИНЕ́НИЕ *neut.*
1. work. По́лное собра́ние сочине́ний А. С. Пу́шкина. *The complete works of A. S. Pushkin.*
2. composition. Сочине́ние о тво́рчестве Пу́шкина. *A composition on Pushkin's works.* Написа́ть сочине́ние на да́нную те́му. *To write a composition on a given subject.*

СОЮ́З *m.*
1. union. Сою́з рабо́чих и крестья́н. *The union of workers and peasants.*
2. alliance. Вое́нный сою́з. *A military alliance.*
3. union. Сою́з Сове́тских Социалисти́ческих Респу́блик. *The Union of Soviet Socialist Republics.*
4. union. Профессиона́льный сою́з. *A trade union.*

СПА́Л|ЬНЯ *f., gen. pl.* -ен bedroom

СПАСА́|ТЬ, -ю, -ешь, -ют *imp.* к о г о́? ч т о? от кого́? от чего́? *or* к о м у́? ч т о?/*p.* спас|ти́, -у́, -ёшь, -у́т, *past* спас, -ла́, -ло́, -ли to save
Врач спас жизнь больно́му. *The doctor saved the patient's life.*

СПАСА́|ТЬСЯ, -юсь, -ешься, -ются *imp.* от кого́? от чего́?/*p.* спас|ти́сь, -у́сь, -ёшься, -у́тся, *past* спас|ся, -ла́сь, -ло́сь, -ли́сь to save oneself, to escape
Лётчик едва́ спа́сся от сме́рти. *The flyer barely escaped death.* Жи́тели спаса́лись от враго́в в лесу́. *The inhabitants fled from the enemy to the forest.*

СПАСИ́БО thank you
Спаси́бо за письмо́. *Thank you for the letter.* Спаси́бо за сове́т. *Thank you for your advice.* Большо́е спаси́бо! *Thank you very much indeed!*

СПАСТИ́ *see* **СПАСА́ТЬ**
СПАСТИ́СЬ *see* **СПАСА́ТЬСЯ**

СПАТЬ, сплю, спишь, спят, *past* спал, -а́, спа́л|о, -и *imp.* to sleep
Спать всю ночь. *To sleep the whole*

night. Кре́пко спать. *To sleep soundly.*
◇ Он спал, как уби́тый. *He slept like a log.*

СПЕКТА́КЛЬ *m.* show
Интере́сный спекта́кль. *An interesting show.* Телевизио́нный спекта́кль. *A television show.* Спекта́кль Большо́го теа́тра. *A Bolshoi Theatre show.* Прису́тствовать на спекта́кле. *To be present at a show.*

СПЕТЬ *see* **ПЕТЬ**
СПЕЦИА́ЛЬНОСТЬ *f.* profession, speciality
Ну́жная специа́льность. *A necessary profession.* Ре́дкая специа́льность. *A rare profession.* Он по специа́льности инжене́р. *He is an engineer by profession.*

СПЕЦИА́ЛЬН|ЫЙ, -ая, -ое, -ые; *adv.* специа́льно
1. special. Специа́льная оде́жда. *Special clothes.*
2. professional. Специа́льное образова́ние. *Professional training.*
3. special. Он сде́лал э́то специа́льно для меня́. *He did that specially for me.*

СПЕШ|И́ТЬ, -у́, -и́шь, -а́т *imp.* к у д а́? & + *inf.*
1. to hurry. Спеши́ть домо́й. *To hurry home.* Он спеши́л написа́ть роди́телям о свои́х впечатле́ниях. *He was in a hurry to write to his parents about his impressions.*
2. to gain, to be fast. Часы́ спеша́т на 5 мину́т. *The clock is 5 minutes fast.*

СПИНА́ *f., acc.* спи́ну; *pl.* спи́ны back
Лежа́ть на спине́. *To lie on one's back.* Он стоя́л спино́й к нам. *He stood with his back to us.* Уда́р в спи́ну. *A stab in the back.*

СПИС|ОК *m., gen.* -ка list
Спи́сок ученико́в. *A list of the pupils.* Соста́вить спи́сок. *To make a list.*

СПИ́Ч|КА *f., gen. pl.* -ек match
Заже́чь спи́чку. *To light a match.* Коро́бка спи́чек. *A box of matches.*

СПОКО́ЙН|ЫЙ, -ая, -ое, -ые, *short form* споко́ен, споко́йн|а, -о, -ы; *adv.* споко́йно
1. quiet. Споко́йная река́. *A quiet*

river. Стоя́ть споко́йно. *To stand quietly.* Сиди́те споко́йно! *Sit still!*

2. serene, tranquil. Споко́йная улы́бка. *A serene smile.* Споко́йная жизнь. *A quiet life.* Споко́йный челове́к. *A calm person.* Споко́йный хара́ктер. *An even temper.*

◇ Споко́йной но́чи! *Good night!*

СПО́Р|ИТЬ, -ю, -ишь, -ят *imp.* о ко́м? о чём? с кем? / *р.* поспо́р|ить, -ю, -ишь, -ят to argue
Спо́рить с това́рищем о кни́ге. *To have an argument with a friend about a book.*

СПОРТ *m., no pl.* sport
Лы́жный спорт. *Skiing.* Ви́ды спо́рта. *Kinds of sport.* Занима́ться спо́ртом. *To go in for sport.*

СПОРТИ́ВН|ЫЙ, -ая, -ое, -ые sports
Спорти́вная площа́дка. *A sports ground.* Спорти́вный костю́м. *A sports costume.* Спорти́вные соревнова́ния. *Sports competitions.*

СПО́СОБ *m.* way, method
Спо́соб приготовле́ния лека́рства. *The method of making up a medicine.* Найди́те како́й-нибудь спо́соб встре́титься с ним. *Find a way of meeting him.*

СПОСО́БНОСТЬ *f.* к чему́?
1. ability. По́сле ране́ния он потеря́л спосо́бность дви́гаться. *After being wounded he lost the ability to move.*
2. *usu. pl.* aptitude. У него́ больши́е спосо́бности к матема́тике. *He has a great aptitude for mathematics.*

СПОСО́БН|ЫЙ, -ая, -ое, -ые capable
Спосо́бный ю́ноша. *A capable youth.*

СПРА́ВА *adv.* (*cf.* НАПРА́ВО, 2) on (to) the right
Мой стул стои́т спра́ва. *My chair is on the right.* Спра́ва от до́ма нахо́дится кинотеа́тр. *To the right of the house is a cinema.*

СПРАВЕДЛИ́В|ЫЙ, -ая, -ое, -ые, *short form* справедли́в, -а, -о, -ы; *adv.* справедли́во just
Справедли́вый челове́к. *A just person.* Справедли́вое реше́ние. *A just decision.* Поступа́ть справедли́во. *To act justly.*

СПРА́ШИВА|ТЬ, -ю, -ешь, -ют *imp.* кого́? о ком? о чём?/ *р.* спроси́ть, спрошу́, спро́сишь, спро́сят to ask
Учи́тель спроси́л ученика́. *The teacher asked a pupil.* Спра́шивать о здоро́вье. *To ask after somebody's health.*

СПРОСИ́ТЬ *see* СПРА́ШИВАТЬ
СПРЯ́ТАТЬ *see* ПРЯ́ТАТЬ
СПРЯ́ТАТЬСЯ *see* ПРЯ́ТАТЬСЯ

СПУСКА́|ТЬСЯ, -юсь, -ешься, -ются *imp.* куда́? отку́да?/ *р.* спусти́ться, спущу́сь, спу́стишься, спу́стятся to descend
Спусти́ться с горы́. *To descend from the mountain.* Спусти́ться по ле́стнице с тре́тьего этажа́ на пе́рвый. *To go downstairs from the second floor to the ground floor.* Спуска́ться на ли́фте. *To go down in the lift.*

СПУСТИ́ТЬСЯ *see* СПУСКА́ТЬСЯ

СПУ́ТНИК *m.*
1. companion, fellow-traveller. Мой спу́тник был врачо́м. *My companion was a doctor.*
2. satellite. Луна́ — спу́тник Земли́. *The Moon is the Earth's satellite.* Иску́сственный спу́тник. *An artificial satellite.* Запусти́ть спу́тник. *To launch a satellite.* Вы́вести спу́тник на орби́ту. *To put a satellite in orbit.* Наблюде́ние за спу́тником. *Tracking a satellite.*

СРАВНЕ́НИЕ *neut.*
1. comparing. Сравне́ние двух явле́ний, двух люде́й. *Comparing two phenomena, two people.*
2. simile. Литерату́рное сравне́ние. *A simile.*

◇ По сравне́нию... с кем? с чем? *Compared with...* По сравне́нию с тем, что я ви́дел ра́ньше, го́род о́чень измени́лся. *Compared with what I saw before, the city has changed a lot.*

СРА́ВНИВА|ТЬ, -ю, -ешь, -ют *imp.* кого́? что? с кем? с чем? / *р.* сравн|и́ть, -ю́, -и́шь, -я́т
1. to compare. Сравни́ть ци́фры. *To compare figures.* Сравни́ть два явле́ния. *To compare two phenomena.*

2. to compare. Сравни́ть пове́рхность воды́ с зе́ркалом. *To compare the surface of the water to a mirror.*

СРАВНИ́ТЬ *see* **СРА́ВНИВАТЬ**

СРА́ЗУ *adv.* immediately
Он сра́зу по́нял. *He understood immediately.* Мы ушли́ сра́зу по́сле обе́да. *We left immediately after dinner.*

СРЕДА́[1] *f., pl.* сре́ды, сред, сре́дам, *etc.*
1. medium. Возду́шная среда́. *Air medium.*
2. *only sing.* surroundings. Окружа́ющая среда́. *Surroundings.* Он воспи́тывался в рабо́чей среде́. *He was brought up in working-class surroundings.*

СРЕДА́[2] *f., acc.* сре́ду; *pl.* сре́ды, сред, среда́м, *etc.* Wednesday
Сего́дня среда́. *Today is Wednesday.* Ле́кции чита́ются по среда́м. *Lectures are delivered on Wednesdays.* В сре́ду прилети́т на́ша спорти́вная делега́ция. *Our sports delegation arrives on Wednesday.*

СРЕДИ́ *prep.* + *gen.*
1. in the middle of. Дом стоя́л среди́ ле́са. *The house was in the middle of the forest.* Среди́ но́чи разда́лся звоно́к. *A bell rang in the middle of the night.*
2. among. Среди́ студе́нтов был мой друг. *Among the students was my friend.* Рабо́та среди́ молодёжи. *Work among youth.*

СРЕ́ДН|ИЙ, -яя, -ее, -ие
1. middle. Сре́днее окно́. *The middle window.*
2. medium. Челове́к сре́днего ро́ста. *A person of medium height.*
3. *fig.* average. Сре́дние спосо́бности. *Average abilities.*
◇ Сре́дняя шко́ла. *Secondary school.* Получи́ть сре́днее образова́ние. *To get secondary education.* Сре́дние века́. *The Middle Ages.*

СРЕ́ДСТВО *neut.*
1. means. Сре́дства произво́дства. *The means of production.* Сре́дства передвиже́ния. *Means of transportation.*
2. method; remedy. Но́вые сре́дства лече́ния боле́зни. *New methods of treating a disease.*

Это еди́нственное сре́дство! *This is the only remedy!*

СРОК *m.* time
Сде́лать рабо́ту в срок. *To do the work in time.* Все сро́ки прошли́. *All time limits have passed.*

СРО́ЧН|ЫЙ, -ая, -ое, -ые; *adv.* сро́чно urgent
Сро́чное сообще́ние. *An urgent communication.* Уе́хать по сро́чному де́лу. *To go away on urgent business.* Сро́чно уе́хать. *To leave at once.* Сро́чная телегра́мма. *An urgent telegram.*

ССО́Р|ИТЬСЯ, -юсь, -ишься, -ятся *imp.* с ке́м? / *p.* поссо́р|иться, -юсь, -ишься, -ятся to quarrel
Не на́до ссо́риться. *You shouldn't quarrel.* Поссо́риться с това́рищем. *To quarrel with a friend.*

СТА́|ВИТЬ, -влю, -вишь, -вят *imp.* кого́? что? куда́? /*p.* поста́|вить, -влю, -вишь, -вят
1. to put. Ста́вить стака́н на стол. *To put a glass on the table.* Поста́вить цветы́ в во́ду. *To put flowers in water.* Поста́вить кни́ги на ме́сто. *To put the books in their place.*
2. to give. Ста́вить отме́тку. *To give a mark.*
3. to make. Ста́вить о́пыты. *To make experiments.*
4. to set. Поста́вить зада́чу пе́ред коллекти́вом. *To set a task before a collective.*
5. to stage. Ста́вить пье́су. *To stage a play.*
◇ Поста́вить реко́рд. *To set up a record.* Ста́вить диа́гноз. *To diagnose.* Ста́вить усло́вия кому́-либо. *To lay down terms to somebody.* Поста́вить кого́-либо в тру́дное положе́ние. *To place somebody in an embarrassing situation.*

СТАДИО́Н *m.* stadium
Но́вый стадио́н. *A new stadium.* Соревнова́ния состоя́тся на стадио́не. *The competition will take place at the stadium.*

СТАКА́Н *m.* glass
Чи́стый стака́н. *A clean glass.* Стака́н молока́. *A glass of milk.*

СТАЛЬ *f.* steel
Нож из ста́ли. *A knife made of*

steel. Варить сталь. *To found steel.*

СТАЛЬН|ОЙ, -а́я, -о́е, -ы́е
1. steel. Стально́й нож. *A steel knife.*
2. steel(y). Стально́й цвет. *Steel colour.*
3. *fig.*: Стальна́я во́ля. Cf. *An iron will.*

СТАНОВИ́ТЬСЯ, становлю́сь, стано́вишься, стано́вятся *imp.* кем? каки́м? / *p.* ста|ть, -ну, -нешь, -нут
1. to stand. Стать у двере́й, стать к дверя́м, стать к станку́. *To stand at the entrance, to take up a position near the door, to take one's place at the lathe.*
2. *only p.* to stop. Часы́ ста́ли. *The clock has stopped.*
3. to become. Он стал инжене́ром. *He became an engineer.* Пого́да станови́лась холо́дной. *The weather was getting cold.* Ста́ло темно́. *It became dark.*
4. *only p. + inf.* to start. Мы ста́ли петь. *We started singing.*
5. *only p.* to become (of). Что с ним ста́ло пото́м? *What became of him afterwards?*
◇ **Во что́ бы то ни ста́ло.** *By all means.*

СТАН|О́К *m., gen.* -ка́ machine-tool, lathe
Тока́рный стано́к. *A lathe.* Рабо́тать на но́вом станке́. *To work at a new machine-tool.*

СТА́НЦИЯ *f.*
1. station. Ста́нция метро́. *An underground station.* Ждать на ста́нции. *To wait at a station.*
2. exchange. Телефо́нная ста́нция *A telephone exchange.*

СТАРА́|ТЬСЯ, -юсь, -ешься, -ются *imp. + inf. / p.* постара́|ться, -юсь, -ешься, -ются
1. to try. У него́ не всегда́ всё хорошо́ получа́ется, хотя́ он о́чень стара́ется. *He doesn't always succeed in everything, though he tries hard.*
2. to try. Он стара́лся вы́полнить рабо́ту в срок. *He tried to do the work in time.*

СТАРИ́К *m., gen.* -а́ old man
СТА́РОСТЬ *f., no pl.* old age

Глубо́кая ста́рость. *Extreme old age.* В ста́рости. *In one's old age.* В ста́рости он стал пло́хо слы́шать. *As he grew old, his hearing became poor.*

СТАРУ́ХА *f.* old woman
СТА́РШ|ИЙ, -ая, -ее, -ие
1. elder, eldest. Моя́ ста́ршая сестра́ — врач. *My elder (eldest) sister is a doctor.* У них три сы́на. Ста́рший рабо́тает на заво́де, сре́дний у́чится в шко́ле, а мла́дший хо́дит в де́тский сад. *They have three sons. The eldest works at a plant, the middle one goes to school and the youngest goes to the kindergarten.*
2. senior. Ста́рший нау́чный сотру́дник. *A senior research associate.*

СТА́Р|ЫЙ, -ая, -ое, -ые, *short form* стар, стара́, ста́р|о, -ы
1. old. Ста́рый челове́к. *An old person.* Она́ о́чень стара́. *She is very old.* Ста́рое де́рево. *An old tree.*
2. old. Ста́рое пальто́. *An old overcoat.*
3. old. Ста́рый друг. *An old friend.*
4. old. Ста́рый обы́чай. *An old custom.*

СТАТЬ *see* **СТАНОВИ́ТЬСЯ**
СТАТ|ЬЯ́ *f., gen. pl.* -е́й article
Газе́тная статья́. *A newspaper article.* Написа́ть статью́. *To write an article.*

СТЕКЛО́ *neut., pl.* стёкла, стёкол, стёклам, *etc.*
1. glass. Прозра́чное стекло́. *Transparent glass.*
2. pane. Разби́ть стекло́ в окне́. *To break a window-pane.*

СТЕКЛЯ́НН|ЫЙ, -ая, -ое, -ые glass
Стекля́нная дверь. *A glass door.*

СТЕНА́ *f., acc.* сте́ну, *pl.* сте́ны, стен, стена́м, *etc.* wall
СТЕРЕ́ТЬ *see* **СТИРА́ТЬ¹**
СТИРА́|ТЬ¹, -ю, -ешь, -ют *imp.* что? чем? / *p.* стере́ть, сотр|у́, -ёшь, -у́т, *past* стёр, -ла, -ло, -ли to wipe off, to rub off, to erase
Стира́ть тря́пкой с доски́. *To clean the blackboard with a duster.* Стере́ть пыль со стола́. *To dust the table.* Стере́ть напи́санное. *To erase what has been written.*

◇ **Стере́ть с лица́ земли́ что́-ли-бо.** *To raze something to the ground.*

СТИРА́|ТЬ², -ю, -ешь, -ют, *imp.* ч т о? ч е м?/*p.* вы́стира|ть, -ю, -ешь, -ют to wash
Вы́стирать бельё. *To wash the linen.* Рука́ми стира́ть тру́дно. *It's difficult to do the washing by hand.*

СТИХИ́ *pl.* poetry
Стихи́ Пу́шкина. *Pushkin's poetry.* Сбо́рник стихо́в. *A collection of poetry.* Учи́ть стихи́ наизу́сть. *To learn poetry by heart.*

СТИХОТВОРЕ́НИЕ *neut.* poem
Стихотворе́ние Маяко́вского. *A poem by Mayakovsky.* Лири́ческое стихотворе́ние. *A lyrical poem.*

СТО́|ИТЬ, *1st & 2nd pers. not used, 3rd pers.* -ит, -ят *imp.*
1. to cost. Кни́га сто́ит 5 рубле́й. *The book costs 5 roubles.* Биле́т сто́ит до́рого. *The ticket is expensive.*
2. *impers.* is worth. Не сто́ит меня́ благодари́ть. *There's nothing to thank me for.* Это́ сто́ит посмотре́ть! *It is worth seeing!*
◇ Игра́ не сто́ит свеч (proverb). *The game is not worth the candle.*

СТОЛ *m., gen.* -а́ table
Сесть за сто́л. *To sit down to table.* Сиде́ть за столо́м. *To sit at the table.* Встать из-за стола́. *To rise from the table.* Пи́сьменный стол. *A desk.*

СТОЛИ́ЦА *f.* capital (city)
Дре́вняя столи́ца. *The ancient capital.* Пари́ж — столи́ца Фра́нции. *Paris is the capital of France.*

СТОЛО́В|АЯ *f., gen.* -ой
1. dining-room. Здесь у ·на́с столо́вая, а напра́во — дверь в ку́хню. *This is our dining-room and on the right is the door to the kitchen.*
2. dining-hall, canteen. Студе́нческая столо́вая. *A students' canteen.*

СТО́ЛЬКО *adv.*
1. so many, so much. Ско́лько люде́й, сто́лько хара́ктеров. Cf. *So many people, so many minds.*
2. such a lot. Он сто́лько сде́лал! *He's done such a lot!*

СТОРОНА́ *f., acc.* сто́рону; *pl.* сто́роны, сторо́н, сторона́м, *etc.* side
Пра́вая сторона́. *The right-hand side.* С ле́вой стороны́. *From the left-hand side.* На друго́й стороне́ у́лицы. *On the opposite side of the street.* Со все́х сторо́н. *On all sides.*

СТО|Я́ТЬ, -ю́, -и́шь, -я́т *imp.* г д е?
1. to stand. Челове́к сто́ит у окна́. *The man is standing at the window.*
2. to stand, to be (situated). Стол сто́ит в ко́мнате. *The table stands in the room.* Дом сто́ял на берегу́ реки́. *The house stood on the riverbank.* Пари́ж сто́ит на Се́не. *Paris is situated on the Seine.*
3. to be. Сто́ит хоро́шая пого́да. *The weather is fine.*
4. to face. Пе́ред на́ми сто́ят ва́жные пробле́мы. *Important problems face us.*
5. to stand (still). Часы́ стоя́т. *The watch has stopped.* По́езд сто́ит. *The train is standing still.*
◇ Стоя́ть во главе́ чего́-ли́бо. *To be at the head of something.* Стоя́ть у вла́сти. *To be in power.*

СТРАНА́ *f., pl.* стра́ны
1. land. Моя́ родна́я страна́. *My native land.* Ю́жные стра́ны. *Southern lands.*
2. country. Стра́ны Лати́нской Аме́рики. *The countries of Latin America.*
◇ Стра́ны све́та. *The cardinal points.*

СТРАНИ́ЦА *f.* page
В кни́ге 100 страни́ц. *There are 100 pages in the book.*
◇ На страни́цах журна́ла. *In the columns of the magazine.*

СТРА́НН|ЫЙ, -ая, -ое, -ые; *adv.* стра́нно strange
Стра́нная фигу́ра. *A strange figure.* Стра́нный взгляд. *A strange look.* Это́ о́чень стра́нно. *It is very strange.*

СТРАХ *m.* fear
Дрожа́ть от стра́ха. *To quake with fear.*

СТРА́ШН|ЫЙ, -ая, -ое, -ые; *adv.* стра́шно
1. terrible. Стра́шная исто́рия. *A terrible story.*

2. *colloq.* awful. Стра́шная боль. *An awful pain.* Это стра́шно интере́сно! *It's awfully interesting!*
3. *adv., predic. impers.* (to be) afraid. Мне стра́шно. *I am afraid.*

СТРЕЛЯ|ТЬ, -ю, -ешь, -ют *imp.* в кого́? во что́? to shoot Стреля́ть в цель. *To shoot at a target.*

СТРЕ|МИ́ТЬСЯ, -млю́сь, -ми́шься, -мя́тся *imp.* к кому́? к чему́? & + *inf.* to strive Стреми́ться к це́ли, к свобо́де. *To strive to achieve one's goal, to strive for freedom.* Стреми́ться победи́ть. *To strive to win.*

СТРИ|ЧЬСЯ, -гу́сь, -жёшься, -гу́тся, *past* стри́гся, стри́гл|ась, -ось, -ись *imp./p.* постри́|чься, -гу́сь, -жёшься, -гу́тся, *past* постри́гся, постри́гл|ась, -ось, -ись to have one's hair cut Стри́чься в парикма́херской. *To have one's hair cut at a barber's.*

СТРО́Г|ИЙ, -ая, -ое, -ие, *short form* строг, строга́, стро́г|о, -и; *adv.* стро́го
1. strict, severe. Стро́гий учи́тель. *A strict teacher.* Оте́ц стро́го посмотре́л на сы́на. *The father looked severely at his son.* Стро́гий го́лос. *A severe tone of voice.*
2. *fig.* strict. Стро́гие пра́вила. *Strict rules.*

СТРОЙ́ТЕЛЬСТВО *neut.*
1. construction. Строи́тельство заво́дов и фа́брик. *The construction of plants and factories.* Культу́рное строи́тельство. *Cultural construction.*
2. building. Рабо́тать на строи́тельстве. *To be engaged in building.*

СТРО́|ИТЬ, -ю, -ишь, -ят *imp.* что? / *p.* постро́|ить, -ю, -ишь, -ят
1. to build. Стро́ить дом. *To build a house.* Стро́ить желе́зную доро́гу. *To build a railway.*
2. *fig.* to build. Стро́ить коммуни́зм. *To build communism.*

СТРОЙ *m., no pl.* system Госуда́рственный строй. *A state system.* Колхо́зный строй. *The collective-farm system.*

СТУДЕ́НТ *m.* student Студе́нт 5-го ку́рса. *A fifth-year student.*

СТУЛ *m., pl* сту́лья, сту́льев chair Сесть на сту́л. *To sit down on a chair.*

СТУЧ|А́ТЬ, -у́, -и́шь, -а́т *imp.* во что́? по чему́? чем?/*p.* посту́ч|ать, -у́, -и́шь, -а́т Стуча́ть в окно́. *To knock at the window.* Стуча́ть кулако́м по́ столу́. *To bang one's fist on the table.*

СТЫ́ДНО *predic. impers.* (to be) ashamed Мне сты́дно. *I am ashamed.* Сты́дно за това́рища. *To be ashamed of a friend.* Сты́дно пе́ред друзья́ми. *To be ashamed to face one's friends.* Сты́дно слу́шать э́ти слова́. *I am ashamed to hear such words.*

СУББО́ТА *f.* Saturday В суббо́ту был интере́сный конце́рт. *There was an interesting concert on Saturday.*

СУД *m., gen.* -а́
1. law-court.
2. trial.

СУДИ́ТЬ, сужу́, су́дишь, су́дят *imp.* кого́? что́?
1. to judge. Мы су́дим по тому́, что ви́дели. *We judge from what we saw.*
2. to try. Суди́ть престу́пника. *To try a criminal.*
3. to referee. Суди́ть футбо́льную встре́чу. *To referee a football match.*
◇ Су́дя по тому́, что... *Judging from what...*

СУДЬБА́ *f., pl.* су́дьбы, су́деб fortune, fate Ду́мать о судьбе́ наро́да. *To think of the fate of the people.* Судьба́ мои́х друзе́й. *The fortunes of my friends.*

СУДЬЯ́ *m., pl.* су́дьи, суде́й
1. judge. Справедли́вый судья́. *A just judge.* Наро́дный судья́. *A people's judge.*
2. referee. Спорти́вный судья́. *A referee, an umpire.*

СУМЕ́ТЬ *see* **УМЕ́ТЬ**

СУ́М|КА *f., gen. pl.* -ок bag Ко́жаная су́мка. *A leather bag.* Су́мка для проду́ктов. *A shopping-bag.*

СУП *m.*, *pl.* -ы́ soup
Ри́совый суп. *Rice soup.* Таре́лка
су́па. *A plate of soup.*

СУРО́В|ЫЙ, -ая, -ое, -ые, *short form*
суро́в, -а, -о, -ы; *adv.* суро́во
1. stern. Суро́вый челове́к. *A stern person.*
2. rugged. Суро́вая приро́да. *Rugged countryside.*
3. rigorous. Суро́вая жизнь. *A rigorous life.*

СУ́Т|КИ *no sing.*, *gen.* -ок day, 24 hours
Е́хать це́лые су́тки. *To be driving the whole day.* Дво́е су́ток *Two days.*

СУХ|О́Й, -а́я, -о́е, -и́е, *adv.* су́хо;
comp. су́ше
1. dry. Вы́три ру́ки, они́ должны́ быть сухи́ми. *Wipe your hands, they must be dry.* Суха́я оде́жда. *Dry clothes.* Сухо́й во́здух. *Dry air.*
2. dry. Суха́я ко́мната. *A dry room.* Суха́я земля́. *Dry earth.*
3. *fig.* dried-up. Сухо́й челове́к. *A dried-up person.* Он су́хо поздоро́вался. *He greeted (somebody) coldly.*
◇ Сухо́е вино́. *Dry wine.*

СУЩЕСТВ|ОВА́ТЬ, -у́ю, -у́ешь, -у́ют
imp. to exist
Жизнь на Земле́ существу́ет мно́гие миллио́ны лет. *Life has existed on Earth for many millions of years.* Существу́ет не́сколько ви́дов упражне́ний. *There are several kinds of exercises.*

СФОТОГРАФИ́РОВАТЬ *see* **ФОТОГРАФИ́РОВАТЬ**

СХВАТИ́ТЬ *see* **ХВАТА́ТЬ**[1]

СХОДИ́ТЬ[1], схожу́, схо́дишь, схо́дят
imp./p. сойти́, сойд|у́, -ёшь, -у́т,
past сошёл, сошл|а́, -о́, -и́
1. to go down. Сходи́ть по ле́стнице. *To go downstairs.*
2. to get off. Вы схо́дите на сле́дующей остано́вке? *Are you getting off at the next stop?*
◇ Сойти́ с ума́. *To go out of one's mind.*

СХОДИ́ТЬ[2], схожу́, схо́дишь, схо́дят
p. куда́? & + *inf.* to go to some place and return
Сходи́ть в магази́н. *To go to the shop (and return).* Сходи́ть погуля́ть. *To go for a walk.*

СХОДИ́ТЬСЯ, *1st & 2nd pers. sing.*
not used, *3rd pers.* схо́дится, схо́дятся *imp.* / *p.* сойти́сь, *1st & 2nd pers. not used*, *3rd pers.* сойдётся, сойду́тся, *past* сошёлся, сошл|а́сь, -о́сь, -и́сь
1. to come together. Сойти́сь в за́ле. *To gather in the hall.* Коло́нны демонстра́нтов сошли́сь на пло́щади. *Columns of demonstrants converged in the square.*
2. to suit one another. Они́ сошли́сь хара́ктерами. *They suited one another.*

СЦЕ́НА *f.*
1. stage. Он вы́шел на сце́ну. *He came on to the stage.*
2. scene. Интере́сная сце́на в спекта́кле. *An interesting scene in a play.*
◇ Сойти́ со сце́ны. *To leave the stage.*

СЧАСТЛИ́В|ЫЙ [щасли́вый], -ая,
-ое, -ые, *short form* сча́стлив, -а,
-о, -ы; *adv.* сча́стливо
1. happy. Счастли́вая жизнь. *A happy life.* Счастли́вый челове́к. *A happy man.* Как я сча́стлив! *How happy I am!*
2. lucky. Ты счастли́вый! *You're lucky!*
◇ Счастли́вого пути́! *A happy journey!*

СЧА́СТЬЕ [ща́стье] *neut.*, *no pl.*
1. happiness. Большо́е сча́стье. *Great happiness.* Жела́ю вам сча́стья! *I wish you happiness!*
2. good luck.
◇ Где сча́стье, там и ра́дость (proverb). *Where there is happiness, there is joy.*

СЧИТА́|ТЬ [щита́ть], -ю, -ешь, -ют
imp.
1. кого́? что?/*р.* сосчита́|ть, -ю, -ешь, -ют to count. Сосчита́ть до ста́. *To count to one hundred.* Счита́ть по поря́дку. *To count in the order in which things are.* Счита́ть де́ньги. *To count money.*
2. кого́? что? кем? чем? to consider, to think. Я счита́л тебя́ свои́м дру́гом. *I considered you to be my friend.* Счита́ю, что ты поступи́л пра́вильно.

I think you acted in the right way.

СШИТЬ *see* **ШИТЬ**

СЪЕЗД *m.* congress
Партийный съезд. *A party congress.* Съезд профсоюзов. *A trade-union congress.*

СЪЕЗ|ДИТЬ, -жу, -дишь, -дят *p.* к у д а́? & + *inf.* (cf. **ЕЗДИТЬ**) to go to some place and return
Съездить в другой город. *To go to another town (and come back).* Съездить отдохнуть. *To go on a holiday.*

СЪЕЗЖА́|ТЬ, -ю, -ешь, -ют *imp.* к у д а́? о т к у́ д а? / *p.* съехать, съе́д|у, -ешь, -ут to go (come) down
Съехать с горы́. *To go (come) down the hill.*

СЪЕЗЖА́|ТЬСЯ, *1st & 2nd pers. sing. not used, 3rd pers.* -ется, -ются *imp./p.* съехаться, *1st & 2nd pers. sing. not used, 3rd pers.* съе́д|ется, -утся to come together, to gather
К ве́черу на́чали съезжа́ться го́сти. *Towards evening the guests began to arrive.*

СЪЕСТЬ *see* **ЕСТЬ**[1]

СЪЕ́ХАТЬ *see* **СЪЕЗЖА́ТЬ**

СЪЕ́ХАТЬСЯ *see* **СЪЕЗЖА́ТЬСЯ**

СЫГРА́ТЬ *see* **ИГРА́ТЬ**

СЫН *m., pl.* сыновья́, сынове́й son
Ста́рший сын. *The eldest (elder) son.* Мла́дший сын. *The youngest (younger) son.*

СЫР *m., pl.* -ы́ cheese
Бутербро́д с сы́ром. *A cheese sandwich.*

СЫР|О́Й, -а́я, -о́е, -ы́е; *adv.* сы́ро
1. damp. Сыра́я земля́. *Damp earth.* Сыро́й во́здух. *Damp air.* Сыра́я ко́мната. *A damp room.* | *predic. impers.* Здесь о́чень сы́ро. *It is very damp here.*
2. raw, unboiled. Сыро́е мя́со. *Raw meat.* Сыро́е молоко́. *Unboiled milk.*

СЫ́Т|ЫЙ, -ая, -ое, -ые, *short form* сыт, сыта́, сы́т|о, -ы replete
Я сыт. *I am full.*

СЮДА́ *adv.* к у д а́? here
Я пришёл сюда́ у́тром. *I came here in the morning.*

Т, т

ТАБА́К *m., gen.* -а́ tobacco
Кре́пкий таба́к. *Strong tobacco.* Кури́ть таба́к. *To smoke tobacco.*

ТАБЛИ́ЦА *f.* table
Табли́ца умноже́ния. *The multiplication table.* Табли́ца вы́игрышей. *The list of winning numbers.*

ТА́ЙНА *f.* mystery
Та́йны приро́ды. *Mysteries of nature.* Храни́ть в та́йне. *To keep secret.* Держа́ть в та́йне. *To keep (something) secret.*

ТАК *adv.*
1. as. Де́лать так, как ну́жно. *To do as one should.* Мы та́к же дово́льны пое́здкой, как и вы. *We are as pleased with the trip as you are.*
2. so. Он так мно́го ходи́л, что уста́л. *He walked so much that he got tired.*
3. *as part of compound conj.* та́к как, та́к что so.
◇ И так да́лее. *And so on.* Так сказа́ть. *So to speak.* Так называ́емый. *So-called.* Та́к себе́. *So-so.* Так и быть. *Let it be so.* Не та́к ли? *Is it not so?*

ТА́КЖЕ *adv.* also
Мы та́кже бы́ли дово́льны. *We were also pleased.*

ТАК|О́Й, -а́я, -о́е, -и́е *pron.*
1. such. Тако́й ве́чер я бу́ду по́мнить до́лго. *I'll remember such an evening for a long time.*
2. so. Сего́дня така́я хоро́шая пого́да! *Today the weather is so good!*
3. the same as. Он купи́л таку́ю же кни́гу, как и ты. *He bought the same book as you did.*
◇ В тако́м слу́чае. *In this case.* Таки́м о́бразом. *In this way.* Что тако́е? *What's that?*

ТАКСИ́ *neut., indecl.* taxi
Легково́е такси́. *A taxi-cab.* Е́хать на такси́. *To go by taxi.* Нам ну́жно взять такси́. *We should take a taxi.* Вы́звать такси́ по телефо́ну. *To call a taxi by telephone.*

ТАЛА́НТ *m.* talent, gift
У него́ большо́й тала́нт. *He is very gifted.*

ТАЛА́НТЛИВ|ЫЙ, -ая, -ое, -ые talented, gifted
Тала́нтливый учёный, писа́тель. *A gifted scientist, writer.* Тала́нтливая рабо́та, кни́га. *A work, book of great talent.*

ТАМ *adv.* г д е? there
Там живёт мой оте́ц. *My father lives there.* Там, где я роди́лся, существу́ет мно́го интере́сных обы́чаев. *Where I was born, there exist many interesting customs.*

ТА́Н|ЕЦ *m., gen.* -ца dance
Бы́стрый та́нец. *A quick dance.* Испо́лнить наро́дный та́нец. *To perform a folk dance.* Посеща́ть шко́лу та́нцев. *To attend a dancing school.*

ТАНЦ|ЕВА́ТЬ, -у́ю, -у́ешь, -у́ют *imp.* ч т о? to dance
Танцева́ть вальс. *To dance a waltz.* Танцева́ть с де́вушкой. *To dance with a girl.*

ТАРЕ́Л|КА *f., gen. pl.* -ок plate
Глубо́кая таре́лка. *A soup plate.* Ме́лкая таре́лка. *A flat plate.* Есть из таре́лки. *To eat from a plate.*

ТАЩ|И́ТЬ, тащу́, та́щишь, та́щат *imp.*
1. к о г о? ч т о? to carry. Тащи́ть мешо́к. *To carry a sack.*
2. ч т о? *p.* вы́тащ|ить, -у, -ишь, -ат to pull out. Вы́тащить гвоздь из стены́. *To pull a nail out of the wall.*

ТА́|ЯТЬ, *1st & 2nd pers. not used, 3rd pers.* -ет, -ют *imp./p.* раста́|ять, *1st & 2nd pers. not used, 3rd pers.* -ет, -ют
1. to thaw. Снег та́ет. *The snow is thawing.*
2. *only imp., fig.* to dwindle, to waste away. Запа́сы та́ют. *The supplies are dwindling.* Больно́й та́ет на глаза́х. *You can see the sick man waste away.*

ТВЁРД|ЫЙ, -ая, -ое, -ые, *short form* твёрд, тверда́, твёрд|о, -ы; *adv.* твёрдо
1. solid. Твёрдое те́ло. *A solid substance.*
2. hard. Твёрдая земля́. *Hard ground.*
3. *fig.* firm, sound. Твёрдые зна́ния. *Sound knowledge.* Приня́ть твёрдое реше́ние. *To take a firm decision.*

ТВОЙ, твоя́, твоё, твои́ *pron.* your(s)

ТВО́РЧЕСТВО *neut., no pl.* creative work
Тво́рчество Шо́лохова. *Sholokhov's works.* Расцве́т тво́рчества. *The height of one's creative activity.* Наро́дное тво́рчество. *The creative work of the people.*

ТЕА́ТР *m.* theatre
Теа́тр о́перы и бале́та. *A theatre of opera and ballet.* Драмати́ческий теа́тр. *A play-house.* Смотре́ть в теа́тре но́вую пье́су. *To see a new play at a theatre.* Ходи́ть в теа́тр. *To go to the theatre.*

ТЕЛЕВИ́ЗОР *m.* television set
Смотре́ть переда́чу по телеви́зору. *To watch a television programme.* Включи́ть (вы́ключить) телеви́зор. *To turn on (off) television.*

ТЕЛЕГРА́ММА *f.* telegram
Сро́чная телегра́мма. *An urgent telegram.* Посла́ть (дать) телегра́мму. *To send a telegram.*

ТЕЛЕГРА́Ф *m., no pl.* telegraph-office
Центра́льный телегра́ф. *The central telegraph-office.* Идти́ на телегра́ф. *To go to the telegraph-office.* Рабо́тать на телегра́фе. *To work at a telegraph-office.*

ТЕЛЕФО́Н *m.* telephone
Но́мер телефо́на. *A telephone number.* Междугоро́дний телефо́н. *A trunk line.* Говори́ть по телефо́ну. *To speak over the telephone.*
◇ Телефо́н-автома́т. *A public telephone.*

ТЕ́Л|О *neut., pl.* -а́
1. substance. Твёрдое те́ло. *A solid substance.* Жи́дкое те́ло. *A liquid substance.*
2. body. Ча́сти те́ла. *Parts of the body.*

ТЕ́МА *f.* subject, theme
Те́ма уро́ка. *The subject (theme) of a lesson.* Те́ма докла́да. *The subject of a report.*

ТЁМН|ЫЙ, -ая, -ое, -ые, *adv.* темно́
1. dark. Тёмная ко́мната. *A dark room.* | *predic. impers.* На у́лице темно́. *It is dark outside.*
2. dark. Тёмный костю́м. *A dark suit.* Тёмные во́лосы. *Dark hair.* Тёмные глаза́. *Dark eyes.*

3. *fig.* dark. Тёмные си́лы. *Dark forces.*

ТЕМП *m.* tempo, speed, rate
Бы́стрый темп. *A quick tempo.* Темп ре́чи. *The tempo (speed) of speech.* Те́мпы разви́тия эконо́мики. *The rate of economic development.*

ТЕМПЕРАТУ́РА *f.*
1. temperature. Температу́ра воды́. *The temperature of water.* Изме́рить температу́ру. *To take a temperature.*
2. temperature. У него́ высо́кая температу́ра. *He has a high temperature.* ‖ *colloq.* high temperature, fever. У ребёнка температу́ра. *The child has a fever.*

ТЕНЬ *f., prepos.* в тени́ shade; shadow.
Тень от де́рева. *The shade of a tree.* Сиде́ть в тени́. *To sit in the shade.* Он боя́лся со́бственной те́ни. *He was afraid of his own shadow.*

ТЕО́РИЯ *f.* theory
Нау́чная тео́рия. *A scientific theory.* Изуча́ть тео́рию. *To study a theory.* Соединя́ть тео́рию с пра́ктикой. *To combine theory with practice.*

ТЕПЕ́РЬ *adv.* now
Тепе́рь он живёт в Сиби́ри, а ра́ньше рабо́тал в Москве́. *Now he lives in Siberia, but before he worked in Moscow.*

ТЁПЛ|ЫЙ, -ая, -ое, -ые, *short form* тёпел, тепла́, -о́, -ы́; *adv.* тепло́
1. warm. Тёплая ко́мната. *A warm room.* Тёплый во́здух. *Warm air.* Ра́зве э́то горя́чий суп? Он чуть тёплый. *Do you call this hot soup? It is hardly warm.* Тёплое пальто́. *A warm coat.* ‖ *predic. impers.* (is) warm. Мне тепло́. *I feel warm.* Здесь тепло́. *It is warm here.*
2. *fig.* warm, cordial. Тёплые чу́вства. *Warm feelings.* Они́ тепло́ прости́лись с гостя́ми. *They said good-bye to their guests cordially.*

ТЕРПЕЛИ́В|ЫЙ, -ая, -ое, -ые, *short form* терпели́в, -а, -о, -ы; *adv.* терпели́во patient
Терпели́вый учи́тель. *A patient teacher.* Терпели́во объясня́ть. *To explain patiently.*

ТЕРЯ́|ТЬ, -ю, -ешь, -ют *imp.* кого́? что?/*p.* потеря́|ть, -ю, -ешь, -ют
1. to lose. Потеря́ть су́мку. *To lose one's bag.*
2. *fig.* to lose. Теря́ть дру́га. *To lose a friend.* Теря́ть наде́жду. *To lose hope.* Теря́ть слух. *To lose one's hearing.* Теря́ть вре́мя. *To waste time.*
◇ Теря́ть го́лову. *To lose one's head.* Вы не ви́дели э́ту карти́ну? Нет? Вы ничего́ не потеря́ли. *"Have you seen this picture? No? You have missed nothing."*

ТЕ́СН|ЫЙ, -ая, -ое, -ые, *short form* те́сен, тесна́, те́сн|о, -ы; *adv.* те́сно
1. cramped. Те́сная кварти́ра. *A cramped flat.* ‖ *predic. impers.* Здесь те́сно. *There is no room here.*
2. tight. Те́сные боти́нки. *Tight shoes.* Руба́шка мне тесна́. *The shirt is too tight for me.*
3. close. Быть те́сно свя́занным с ке́м-либо. *To be closely connected with somebody.*

ТЕТРА́ДЬ *f.* copy-book
То́лстая тетра́дь. *A thick copy-book.* То́нкая тетра́дь. *A thin copy-book.* О́бщая тетра́дь. *A thick, general-purpose copy-book.* Тетра́дь в лине́йку. *A lined copy-book.* Писа́ть в тетра́ди. *To write in a copy-book.*

ТЁТЯ *f.* aunt

ТЕ́ХНИКА *f., no pl.*
1. technique, technology. Передова́я те́хника. *Advanced technology.* Овладе́ть те́хникой. *To master technique.*
2. technique. Те́хника игры́ на скри́пке. *The technique of playing the violin.*

ТЕХНИ́ЧЕСК|ИЙ, -ая, -ое, -ие
1. technical. Техни́ческий прогре́сс. *Technical progress.*
2. technical. Техни́ческий институ́т. *A technical institute.*
3. technical. Техни́ческая рабо́та. *Technical work.*

ТЕЧЕ́НИЕ *neut.* current, stream
Ни́жнее тече́ние реки́. *The lower reaches of the river.*
◇ Плыть по тече́нию (про́тив тече́ния). *To go with (against) the stream.*

ТЕ|ЧЬ, *1st & 2nd pers. not used, 3rd pers.* -чёт, -кýт, *past* тёк, тек|лá, -лó, -лú *imp.*
1. to flow, to stream. Рекá течёт. *The river flows.* По лицý её текли слёзы. *Tears were streaming down her cheeks.*
2. *fig.* to fly by. Врéмя течёт незамéтно. *Time goes by imperceptibly.*

ТИХ|ИЙ, -ая, -ое, -ие, *short form* тих, тихá, тúх|о, -и; *adv.* тúхо; *comp.* тúше
1. soft. Тúхий гóлос. *A soft voice.* Тúхо петь. *To sing softly.* Говорú тúше! *Don't speak so loud!*
2. quiet. Тúхое ýтро. *A quiet morning.*
3. quiet. Тúхий ребёнок. *A quiet child.*

ТИШИНÁ *f., no pl.* silence
Пóлная тишинá. *Complete silence.* Нарушáть тишинý. *To break the silence.* Стоáла мёртвая тишинá. *It was dead silent.*

ТКАНЬ *f.* fabric
Шерстянáя ткань. *A woollen fabric.*

ТО *particle* then
Éсли бýдет врéмя, то я придý. *If I have time I'll come.*

ТО... ТО *conj.* now... now
То ты говорúшь однó, то другóе, — как же мне тебé вéрить? *Now you say one thing, now another, how am I to believe you?*

ТОВÁР *m.*
1. ware. Промышленные товáры. *Industrial wares.*
2. *usu. pl.* goods. Товáры широкого потреблéния. *Consumer goods.*

ТОВÁРИЩ *m.*
1. friend. Вéрный товáрищ. *A true friend.*
2. *used in addressing people:* Товáрищ Петрóва! *Comrade Petrova!* Товáрищ Вóлков! *Comrade Volkov!*

ТОГДÁ *adv.*
1. then. Где ты был в июле? — Я был тогдá в другóм гóроде. *"Where were you in July?" "I was then in another town."*
2. then. Ты не знáешь этого? Тогдá возьмú кнúгу и прочитáй! *"You don't know that? Then take the book and read it!"*

3. then. Когдá прочитáю кнúгу, тогдá отдáм её тебé. *When I have read the book I'll give it back to you.*

ТÓ ÉСТЬ *conj.* that is (to say)
Сейчáс март. Я вернýсь в июне, тó есть чéрез двá мéсяца. *Now it is March. I'll come back in June, that is in two months.*

ТÓЖЕ *adv.* also
Я тóже придý на вéчер. *I'll also come to the evening-party.* Я тóже устáл. *I am also tired.* Ты не хóчешь этого? Я тóже. *"You don't want that? Neither do I."*

ТОЛПÁ *f., pl.* тóлпы crowd
Толпá людéй. *A crowd of people.*

ТÓЛСТ|ЫЙ, -ая, -ое, -ые, *short form* толст, толстá, тóлст|о, -ы; *comp.* тóлще
1. thick. Тóлстая нúтка. *A thick thread.* Тóлстая кнúга. *A thick book.*
2. fat. Тóлстый человéк. *A fat man.*

ТÓЛЬКО
1. *adv.* only. В кóмнате тóлько одúн стул. *There is only one chair in the room.* Он приéхал тóлько вчерá. *He came only yesterday.*
2. *conj.* only. Я соглáсен, тóлько не сейчáс. *I agree, only not now.*
3. *particle* only. Тóлько бы уéхать! *I wish only to go away!* И зачéм тóлько он сдéлал это? *Why on earth did he do that?*
4. *as part of compound conj.* a) тóлько что just. Он тóлько что пришёл. *He has just come.* b) как тóлько the moment. Как тóлько мы вошлú в зал,... *The moment we entered the hall...*

ТОН *m.* tone
Враждéбный тон. *A hostile tone.* Говорúть дрýжеским тóном. *To speak in a friendly tone.*

ТÓНК|ИЙ, -ая, -ое, -ие, *short form* тóнок, тонкá, тóнк|о, -и; *adv.* тóнко; *comp.* тóньше
1. thin. Тóнкая тетрáдь. *A thin copy-book.* Тóнкое дéрево. *A thin tree.* Тóнкие брóви. *Fine eyebrows.* Тóнко нарéзать сыр. *To cut the cheese thin.*
2. thin. Тóнкий гóлос. *A thin voice.*

3. delicate, keen. То́нкий вкус. *A delicate taste.* То́нкий слух. *A keen ear.*

4. fine. Кольцо́ то́нкой рабо́ты. *A ring of fine workmanship.*

◇ Где то́нко, там и рвётся (proverb). Cf. *The strength of a chain is determined by its weakest link.*

ТО́ННА *f.* ton
Ве́сом в 500 тонн. *500 tons in weight.*

ТОНУ́ТЬ, тону́, то́нешь, то́нут *imp.*
1. *p.* потону́ть, потону́, потонешь, потонут to sink. Кора́бль потону́л. *The ship has sunk.*
2. *p.* утону́ть, утону́, уто́нешь, уто́нут to get drowned. Ма́льчик утону́л в реке́. *The boy got drowned in the river.*
3. *no p.* to sink. Мета́лл то́нет в воде́. *Metal sinks in water.*

ТОРГО́ВЛЯ *f.* trade
Вне́шняя торго́вля. *Foreign trade.* Вну́тренняя торго́вля. *Home trade.* Торго́вля овоща́ми. *The vegetable trade.* Развива́ть торго́влю. *To develop trade.*

ТОРЖЕ́СТВЕНН|ЫЙ, -ая, -ое, -ые; *adv.* торже́ственно
1. festive. Торже́ственный день. *A festive day.*
2. solemn. Торже́ственный тон. *A solemn tone.*

ТОРОПИ́ТЬСЯ, тороплю́сь, торо́пишься, торо́пятся *imp.* to hurry
Торопи́ться в теа́тр. *To hurry to the theatre.*

ТОТ *pron.*
1. that. Тот дом. *That house.* В тот день. *(On) that day.*
2. other. На той стороне́. *On the other side.* На том берегу́. *On the other bank.*
3.: Мы уве́рены в том, что... *We are sure that...* Я спрошу́ у того́, кто зна́ет. *I'll ask somebody who knows.*
4. that. Э́то тот дом? *Is that the house?* Э́то та вещь? *Is that the thing?* Э́то не та́ вещь! *This is not the thing!* Э́то совсе́м не то́! *It is not that at all!*

◇ И то́т и друго́й. *Both (one and the other).* Ни то́т ни друго́й. *Neither (one nor the other).* То́т же, то́т же са́мый. *The same*

one, the very same one. В ту́ же мину́ту. *That very moment.* Одно́ и то́ же. *The (very) same thing.* Де́ло в том, что... *The thing is that...* Мне не до того́. *I've other things to attend to.* И тому́ подо́бное (и т. п.). *And so on (etc.).*

5. *as part of compound conj.*: вме́сто того́, чтобы *instead of;* тем не ме́нее *nevertheless;* по́сле того́ как *after, following;* до того́ как, перед те́м как *before;* несмотря́ на то, что *in spite of the fact that;* в то вре́мя как *while*

ТО́Ч|КА *f., gen. pl.* -ек point, full stop
Поста́вить то́чку. *To put a full stop.*

◇ То́чка с запято́й. *A semicolon.* То́чка зре́ния. *One's point of view.* С мое́й то́чки зре́ния. *From my standpoint.*

ТО́ЧН|ЫЙ, -ая, -ое, -ые, *short form* то́чен, точна́, то́чн|о, -ы; *adv.* то́чно
1. exact. То́чный перево́д. *An exact translation.* То́чно знать. *To know for certain.* То́чные часы́. *A good time-keeping watch.* То́чное вре́мя. *The exact time.*
2. punctual. То́чный челове́к. *A punctual man.*

◇ То́чные нау́ки. *The exact sciences.*

ТРАВА́ *f., pl.* тра́вы
1. grass. Зелёная трава́. *Green grass.* Высо́кая трава́. *Tall grass.*
2. *only pl.* herbs. Лека́рственные тра́вы. *Medicinal herbs.*

ТРА́КТОР *m., pl.* трактора́, тракторо́в & тра́кторы, тра́кторов tractor

ТРАМВА́Й *m.* tram
Два́дцать шесто́й трамва́й. *A number 26 tram.* Е́хать на трамва́е. *To go by tram.* Сесть на трамва́й. *To take a tram.* Сойти́ с трамва́я. *To get off the tram.*

ТРА́НСПОРТ *m., no pl.* transport
Городско́й тра́нспорт. *City transport.* Ви́ды тра́нспорта. *Kinds of transport.*

ТРА́|ТИТЬ -чу, -тишь, -тят *imp.* что? на что?/*p.* истра́|тить, -чу, -тишь, -тят to spend
Тра́тить де́ньги на пита́ние. *To spend money on food.* Истра́тить

мнóго дéнег. *To spend much money.*
Он трáтит мнóго врéмени на дорóгу. *He spends a lot of time travelling.*

ТРÉБ|ОВАТЬ, -ую, -уешь, -уют *imp.* что? *or* чего? у когó? от когó?+чтóбы *or* +*inf./ p.* потрéб|овать, -ую, -уешь, -уют
1. to demand. Я трéбую слóва. *I demand the right to be heard.* Учи́тель трéбовал, чтóбы мы дéлали домáшние задáния. *The teacher demanded that we should do our home-task.*
2. to take. Эта рабóта трéбует мнóго врéмени. *This work takes a lot of time.*

ТРЕВÓЖН|ЫЙ, -ая, -ое, -ые, *short form* тревóжен, тревóжн|а, -о, -ы; *adv.* тревóжно
1. anxious. Тревóжный взгляд. *An anxious look.*
2. alarming. Тревóжное положéние. *An alarming situation.* Тревóжное врéмя. *An uneasy time.* Тревóжные нóвости. *Alarming news.*

ТРÓГА|ТЬ, -ю, -ешь, -ют *imp.* когó? что? чем?/*p.* трóн|уть, -у, -ешь, -ут *(momentaneous action)* & потрóга|ть, -ю, -ешь, -ют
1. to touch. Экспонáты в музéе нельзя́ трóгать рукáми. *The exhibits in the museum should not be touched.* Ему́ хотéлось потрóгать кáждую вещь. *He wanted to touch every thing.*
2. *p. only* трóнуть *fig.* to move. Это егó не трóгает. *It doesn't move him.* Меня́ э́то óчень трóнуло. *It moved me deeply.*
3. *p. only* трóнуть to touch. Не трóгайте егó! *Leave him alone!*

ТРÓЕ *num.* three
Трóе студéнтов. *Three students.* У негó трóе детéй. *He has three children.* Нас бы́ло трóе. *There were three of us.* Прошлó трóе су́ток. *Three days had passed.*

ТРОЛЛÉЙБУС *m.* trolleybus
Пя́тый троллéйбус. *A number 5 trolleybus.* Останóвка троллéйбуса. *A trolleybus stop.* Ехать на троллéйбусе. *To go by trolleybus.* Сесть на троллéйбус. *To take a trolley-*

bus. Сойти́ с троллéйбуса. *To get off the trolleybus.*

ТРÓНУТЬ *see* **ТРÓГАТЬ**

ТРУБÁ *f.,* *pl.* трубы
1. tube. Произвóдство труб. *Production of tubes.*
2. chimney. Заводскáя трубá. *A factory chimney.* Трубá дóма. *The chimney of a house.*
3. trumpet. Игрáть на трубé. *To play (to blow) the trumpet.*

ТРУ́Б|КА *f.,* *gen. pl.* -ок pipe
Кури́ть тру́бку. *To smoke a pipe.*

ТРУД *m.,* *gen.* -á
1. *no pl.* work; labour. Умственный труд. *Brain work.* Физи́ческий труд. *Manual work.*
2. difficulty. Он с трудóм встал. *He stood up with difficulty.* Он вы́учил э́то без трудá. *He learned it without any difficulty.*
3. work. Нау́чный труд. *A scientific work.* Труды́ Гéгеля. *The works by Hegel.*

ТРУДИ́ТЬСЯ, тружу́сь, тру́дишься, тру́дятся *imp.* to work
Лаборатóрия тру́дится над решéнием э́той задáчи. *The laboratory works at solving this problem.*

ТРУ́ДН|ЫЙ, -ая, -ое, -ые, *short form* тру́ден, труднá, тру́дн|о, -ы; *adv.* тру́дно
1. difficult. Тру́дный экзáмен. *A difficult examination.* Тру́дное задáние. *A difficult task.* Нам тру́дно поня́ть вас. *It is difficult for us to understand you.* Эта кни́га труднá для вáс. *This book is too difficult for you.*
2. difficult, hard. Тру́дная обстанóвка. *A difficult situation.* Тру́дное врéмя. *A hard time.*

ТРУДОВ|ÓЙ, -áя, -óе, -ы́е
1. working, labour. Трудовóе воспитáние. *Labour education.*
2. working. Трудовáя молодёжь. *Working youth.*
3. hard-earned. Трудовы́е дéньги. *Hard-earned money.*
4. working. Трудовóй день. *The working day.*
◇ Трудовы́е резéрвы. *Labour-reserves.*

ТРУДЯ́Щ|ИЙСЯ *m.,* *gen.* -егося worker
Трудя́щиеся всех стран. *The workers*

of the world. Советы депутатов трудящихся. *Soviets of workers' deputies.*

ТРУС *m.* coward
Он оказался трусом. *He turned out to be a coward.*

ТРУСЫ *no sing.* shorts
Спортсмены были в красных майках и чёрных трусах. *The sportsmen wore red jerseys and black shorts.*

ТРЯП|КА *f., gen. pl.* -ок rag, duster
Стирать пыль тряпкой. *To remove dust with a rag.* Мыть пол тряпкой. *To wash the floor with a rag.*

ТУДА *adv.* к у д а? there
Вот магазин, но мы туда не пойдём. *Here is the shop, but we shall not go there.* Как доехать до центра? — Туда можно ехать на метро. *"How can I get to the centre?"*— *"You can get there by the underground."* Вы идёте не туда. *You are not going the right way.*

ТУМАН *m.* mist, fog
Утренний туман. *A morning mist.* Густой туман. *A dense fog.* На улице сегодня туман. *It is foggy outside today.*

ТУП|ОЙ, -ая, -ое, -ые
1. blunt. Тупой нож. *A blunt knife.*
2. not pointed. Тупой носок ботинка. *A rounded toe-cap.*
3. *fig.* meaningless. Тупой взгляд. *A meaningless look.*
4. *fig.* dull. Тупой ученик. *A dull pupil, a dunce.*
5. *fig.* dull. Тупая боль. *A dull pain.*

ТУРИСТ *m.* tourist, hiker
Туристы ходили в летний поход. *The hikers went on a summer walking tour.* Иностранные туристы. *Foreign tourists.*

ТУТ *adv.* г д е? (*colloq.*) here
Тут стоит стол, а там — диван. *There is a table here, and a divan over there.*

ТУФЛИ *pl., gen. pl.* туфель; *sing.* туфля *f.* shoes
Кожаные туфли. *Leather shoes.* Туфли на высоком (низком) каблуке. *High-(low-)heeled shoes.* Домашние туфли. *Slippers.*

ТУЧА *f.*
1. cloud. Чёрные тучи. *Black clouds.* Низкие тучи. *Low clouds.*
2. *fig.* cloud. Тучи пыли. *Clouds of dust.*

ТЫ *pron., gen., acc.* тебя, *dat.* тебе, *instr.* тобой, *prepos.* о тебе you
Ты мой друг. *You are my friend.* Что ты делаешь сейчас? *What are you doing now?*
◇ Быть на «ты» с кем-либо. *To thee-and-thou somebody.*

ТЫЛ *m., prepos.* в тылу; *pl.* тылы rear
Тыл и фронт. *The rear and the front.* Работать в тылу. *To work on the home front.*

ТЮРЬМА *f., pl.* тюрьмы, тюрем, тюрьмам, *etc.* prison
Посадить в тюрьму. *To put into prison.* Бросить в тюрьму. *To fling into prison.* Сидеть в тюрьме. *To be in prison.*

ТЯЖЁЛ|ЫЙ, -ая, -ое, -ые, short form тяжёл, тяжел|а, -о, -ы; *adv.* тяжело
1. heavy. Тяжёлый ящик. *A heavy box.* | *predic. impers.* Тебе тяжело нести этот чемодан. *It is difficult for you to carry that suit-case.*
2. *fig.* hard, difficult. Тяжёлая работа. *Hard work.* Тяжёлая жизнь. *A hard life.* Тяжёлое задание. *A difficult task.* У него была тяжёлая молодость. *He had a hard youth.* У него тяжёлый характер. *He is a difficult person.* Совершить тяжёлое преступление. *To commit a heinous crime.* Тяжёлая болезнь. *A grave illness.* Тяжёлая операция. *A serious operation.* Тяжёлое чувство. *A hard feeling.* Тяжёлый день. *A hard day.* | *predic. impers.* Мне тяжело вспоминать об этом. *It is painful for me to recollect that.*
◇ У неё тяжело на душе. *She has misgivings.* Тяжёлая промышленность. *The heavy industry.*

ТЯНУТЬ, тяну, тянешь, тянут *imp.* к о г о? ч т о? /*p.* потянуть, потяну, потянешь, потянут
1. to pull. Он потянул отца за

рука́в. *He pulled his father's sleeve.*
2. *colloq., fig.* to draw out. Не тяни́, расска́зывай быстре́е. *Don't draw it out, say it quickly.*
◇ Тяну́ть с отве́том. *To delay one's answer.*

У, у

У *prep. + gen.*
1. by. Стол стои́т у окна́. *The table is by the window.*
2. at. Я живу́ у бра́та. *I live at my brother's.*
3. from. Я узна́л у моего́ учи́теля мно́го интере́сного. *I learned a lot of interesting things from my teacher.* Мой това́рищ взял у меня́ мою́ кни́гу. *My friend has borrowed a book from me.*
4.: У неё боли́т голова́. *She has a headache.*
5.: У меня́ есть э́тот журна́л. *I have got that magazine.* У това́рища больша́я семья́. *My friend has a large family.*

УБЕДИ́ТЬ *see* **УБЕЖДА́ТЬ**
УБЕДИ́ТЬСЯ *see* **УБЕЖДА́ТЬСЯ**
УБЕЖДА́|ТЬ, -ю, -ешь, -ют *imp.* кого́? в чём? & + *inf./p.* убе-д|и́ть, *1st pers. sing. not used*, -и́шь, -я́т to convince, to persuade
Наш инжене́р убеди́л нас в пра́вильности своего́ прое́кта. *Our engineer has convinced us of the correctness of his project.* Мы убеди́ли това́рища поступи́ть в институ́т. *We persuaded our friend to enter an institute.*
УБЕЖДА́|ТЬСЯ, -юсь, -ешься, -ются *imp.* в чём?/ *p.* убед|и́ться, *1st pers. sing. not used*, -и́шься, -я́тся to get convinced
Убеди́ться в ве́рности дру́га. *To get convinced of one's friend's loyalty.* Мы убеди́лись в том, что э́то пра́вда. *We got convinced that it was true.*
УБИВА́|ТЬ, -ю, -ешь, -ют *imp.* кого́? что?/*p.* уби́ть, убь|ю́, -ёшь, -ю́т
1. to kill. Уби́ть во́лка из ружья́. *To kill a wolf with a gun.* Уби́ть ножо́м. *To kill with a knife.*

2. *fig.* to kill. Изве́стие о сме́рти сы́на убьёт её. *The news of her son's death will kill her.*
◇ Хоть убе́й, не зна́ю. *I couldn't tell you to save my life.*
УБИРА́|ТЬ, -ю, -ешь, -ют *imp.* что?/ *p.* убра́ть, убер|у́, -ёшь, -у́т, *past* убра́л, -а́, убра́л|о, -и
1. to remove. Убра́ть тетра́ди со стола́. *To take the copy-books from the desk.*
2. to put away. Убра́ть кни́ги в шкаф. *To put away books in a bookcase.*
3. to gather (in). Убра́ть урожа́й. *To gather (in) the crops.*
4. to tidy up. Убра́ть ко́мнату. *To tidy up the room.* Убра́ть посте́ль. *To make the bed.*
УБИ́ТЬ *see* **УБИВА́ТЬ**
УБРА́ТЬ *see* **УБИРА́ТЬ**
УВАЖА́|ТЬ, -ю, -ешь, -ют *imp.* кого́? что? за что? to respect
Уважа́ть роди́телей. *To respect one's parents.* Уважа́ть това́рища за сме́лость. *To respect one's friend for his bravery.* Мы должны́ уважа́ть друг дру́га. *We must respect one another.*
УВАЖЕ́НИЕ *neut., no pl.* respect
По́льзоваться уваже́нием това́рищей. *To be held in respect by one's friends.* Я сде́лал э́то из уваже́ния к дру́гу. *I did that out of respect for my friend.*
УВЕЛИ́ЧИВА|ТЬ, -ю, -ешь, -ют *imp.* что?/*p.* увели́ч|ить, -у, -ишь, -ат
1. to increase. Увели́чить вы́пуск тка́ней. *To increase the output of fabrics.*
2. to raise. Увели́чить за́работную пла́ту. *To raise one's salary (wages).*
УВЕЛИ́ЧИВА|ТЬСЯ, *1st & 2nd pers. not used, 3rd pers.* -ется, -ются *imp./p.* увели́ч|иться, *1st & 2nd pers. not used, 3rd pers.* -ится, -ат-ся to increase, to grow
Коли́чество студе́нтов увели́чивается. *The number of students is growing.*
УВЕЛИ́ЧИТЬ *see* **УВЕЛИ́ЧИВАТЬ**
УВЕЛИ́ЧИТЬСЯ *see* **УВЕЛИ́ЧИ ВАТЬСЯ**

УВЕ́РЕНН|ЫЙ, -ая, -ое, -ые; *adv.*
уве́ренно
1. *part.*, *short form* уве́рен, уве́-
рен|а, -о, -ы sure, certain.
Уве́ренные в побе́де, мы про-
должа́ли борьбу́. *Certain of
victory, we continued the fight.*
Мы уве́рены в на́шей побе́де.
We are sure of our victory. Я
уве́рен в том, что он прав. *I am
sure he is right.*
2. *used as adj.*, *short form* уве́-
рен, уве́рен|на, -но, -ны confi-
dent, sure. Уве́ренные де́йствия.
Confident actions. Его́ движе́-
ния бы́ли бы́стры и уве́рен-
ны. *His actions were quick and
sure.* Он говори́л уве́ренно
(adv.). He spoke confidently.

УВИ́ДЕТЬ *see* **ВИ́ДЕТЬ**

УВЛЕКА́|ТЬСЯ, -юсь, -ешься, -ются
imp. кем? чем?/ *p.* увле́|чься,
-ку́сь, -чёшься, -ку́тся, *past* ув-
лёкся, увлек|ла́сь, -ло́сь, -ли́сь to
be carried away, to be keen (on
doing something)
Увлека́ться спо́ртом, рабо́той. *To
go in for sports, to be carried away
with one's work.*

У́ГОЛ *m.*, *gen.* угла́, *prepos.* в углу́
1. corner. У́гол до́ма. *The corner
of a house.* Стоя́ть на углу́ у́ли-
цы. *To stand at the corner of the
street.* Сиде́ть в углу́ ко́мнаты.
To sit in the corner of the room.
2. angle. Под угло́м 45° (со́рок пять
гра́дусов). *At an angle of 45°.*
◇ Ходи́ть из угла́ в у́гол. *To
walk up and down the room.* У́гол
зре́ния. *A point of view.* Из-за
угла́. *From round the corner.*

У́ГОЛЬ *m.*, *gen.* у́гля coal
Ка́менный у́голь. *Coal.* Добыва́ть
у́голь. *To mine coal.* Увели́чивать
добы́чу угля́. *To increase the coal
output.*

УГОСТИ́ТЬ *see* **УГОЩА́ТЬ**

УГОЩА́|ТЬ, -ю, -ешь, -ют *imp.* ко-
го́? чем? / *p.* уго|сти́ть, -щу́,
-сти́шь, -стя́т to treat
Угости́ть това́рища ча́ем. *To treat
one's friend to tea.*

УДА|ВА́ТЬСЯ, *1st & 2nd pers. not
used, 3rd pers.* -ётся, -ются *imp.*/
p. уда́ться, *1st & 2nd pers. not used,*

3rd pers. уда́стся, удаду́тся, *past*
уда́|лся, -ла́сь, -ло́сь, -ли́сь
1. to be a success. О́пыт уда́лся.
The experiment was a success.
2. *impers.* кому́? + *inf.* to manage. Мне удало́сь прие́хать на
вокза́л во́время. *I managed to
come to the station in time.* Нам
не удало́сь попа́сть на вы́став-
ку. *We didn't manage to get to
the exhibition.*

УДА́Р *m.*
1. blow, clap. Си́льный уда́р. *A
strong blow.* Уда́р гро́ма. *A clap
of thunder.*
2. *fig.* blow. Это для него́ тяжёлый
уда́р. *This is a hard blow to him.*
◇ Быть в уда́ре. *To be at one's
best.*

УДА́РИТЬ *see* **УДАРЯ́ТЬ**
УДА́РИТЬСЯ *see* **УДАРЯ́ТЬСЯ**
УДА́РНИК *m.* shock-worker
Уда́рник коммунисти́ческого тру-
да́. *A shock-worker of communist
labour.*

УДАРЯ́|ТЬ, -ю, -ешь, -ют *imp.* ко-
го́? чем? по чему́? во что?/
p. уда́р|ить, -ю, -ишь, -ят to
strike, to hit, to kick
Уда́рить ного́й в дверь. *To kick
at the door.* Уда́рить кого́-либо
руко́й по плечу́. *To strike somebody
on the shoulder.*

УДАРЯ́|ТЬСЯ, -юсь, -ешься, -ются
imp. обо что? чем?/ *p.* уда́-
р|иться, -юсь, -ишься, -ятся
to strike oneself, to hit oneself
Я уда́рился руко́й о край стола́.
*I knocked my hand against the edge
of the table.*

УДА́ТЬСЯ *see* **УДАВА́ТЬСЯ**
УДИВИ́ТЬСЯ *see* **УДИВЛЯ́ТЬСЯ**
УДИВЛЯ́|ТЬСЯ, -юсь, -ешься, -ются
imp. кому́? чему́?/*p.* уди|ви́ть-
ся, -влю́сь, -ви́шься, -вя́тся to be
surprised
Я удиви́лся его́ слова́м. *I was
surprised at his words.*

УДО́БН|ЫЙ, -ая, -ое, -ые, *short form*
удо́бен, удо́бн|а, -о, -ы; *adv.* удо́бно
1. comfortable. Удо́бное кре́сло.
A comfortable chair. Он удо́бно
сиде́л в кре́сле. *He sat comfort-
ably in an armchair.* | *predic.
impers.* (it is) comfortable. Здесь
о́чень удо́бно рабо́тать. *It is very*

comfortable to work here. Вам
удо́бно сиде́ть? *Are you sitting
comfortably?*
2. *predic. impers.* (it is) convenient. Удо́бно ли говори́ть
об э́том? *Isn't it awkward to
speak about that?*

УДОВО́ЛЬСТВИЕ *neut.* pleasure
Конце́рт доста́вил мне большо́е
удово́льствие. *I enjoyed the concert
very much.* Я слу́шал певца́ с удо-
во́льствием. *I listened to the singer with pleasure.*

УЕЗЖА́|ТЬ, -ю, -ешь, -ют *imp./
p.* уе́хать, уе́д|у, -ешь, -ут to go
away
Уе́хать отдыха́ть. *To go on one's
holiday.* Уе́хать из го́рода в дере́в-
ню. *To go from town to the country.*
Обы́чно он уезжа́ет на рабо́ту
ра́но у́тром. *He usually goes
to work early in the morning.*
В про́шлом году́ я никуда́ не
уезжа́л из до́ма. *Last year I didn't
go away anywhere.*

УЕ́ХАТЬ *see* **УЕЗЖА́ТЬ**

УЖ *particle emphasising the meaning
of the word to which it refers* really,
Очень уж пло́хо он сде́лал э́то.
He really did that very badly. Ты
уж не говори́ ему́ об э́том. *Don't
you tell him about that.*

УЖЕ́ *adv.* already
Я уже́ чита́л э́ту кни́гу. *I have
already read that book.* Уже́ пора́
идти́ домо́й. *It's already time to go
home.* Мой сын уже́ взро́слый.
My son is already grown-up.

У́ЖИН *m.* supper
Холо́дный у́жин. *A cold supper.*
Съесть у́жин. *To eat one's supper.*
Пригото́вить у́жин. *To cook one's
supper.* Бесе́довать за у́жином.
To talk at supper. Сего́дня на у́жин
ры́ба. *There is fish for supper to-
day.* По́сле у́жина. *After supper.*

У́ЖИНА|ТЬ, -ю, -ешь, -ют *imp./
p.* поу́жина|ть, -ю, -ешь, -ют to
have supper
Вку́сно поу́жинать. *To have a tasty
supper.*

У́ЗЕЛ *m., gen.* узла́
1. knot. Кре́пкий у́зел. *A tight knot.*
Завяза́ть у́зел. *To tie a knot.*
2. *fig.* knot. У́зел противоре́чий.
A knot of contradictions.

У́ЗК|ИЙ, -ая, -ое, -ие, *short form*
у́зок, узка́, у́зк|о, -и; *comp.* у́же
1. narrow. У́зкая у́лица. *A narrow street.* У́зкие брю́ки. *Narrow trousers.* Брю́ки ну́жно сде́-
лать у́же. *The trousers must be
made narrower.*
2. *fig.* narrow, particular. У́зкая
специа́льность. *A narrow speciality.* У́зкие интере́сы. *Narrow
interests.*
3. *only short form* у́зок, узка́,
-о́, -и́ too tight. Это пла́тье уз-
ко́ мне. *This dress is too tight
for me.*

УЗНА|ВА́ТЬ, -ю́, -ёшь, -ю́т *imp./
p.* узна́|ть, -ю, -ешь, -ют
1. кого́? что? to recognise. Я
сра́зу узна́л свою́ у́лицу. *I rec-
ognised my street at once.*
2. что? о ко́м? о чём? to
learn. Узна́ть интере́сную но́-
вость. *To learn interesting news.*
От него́ мы узна́ли о после́д-
них собы́тиях. *We learned the
latest events from him.* Узна́ть
мно́го интере́сного. *To learn a
lot of interesting things.*
3. to know. Со вре́менем мы
узна́ли его́ лу́чше. *Later we got
to know him better.*

УЗНА́ТЬ *see* **УЗНАВА́ТЬ**

УЙТИ́ *see* **УХОДИ́ТЬ**

УКРА́СИТЬ *see* **УКРАША́ТЬ**

УКРА́СТЬ *see* **КРАСТЬ**

УКРАША́|ТЬ, -ю, -ешь, -ют *imp.*
что? чем? / *p.* укра́|сить, -шу,
-сишь, -сят
1. to deck. Украша́ть го́род фла́-
гами. *To deck a town with flags.*
2. to decorate. Цветы́ украша́ют
ко́мнату. *Flowers decorate a room.*

УКРЕПИ́ТЬ *see* **УКРЕПЛЯ́ТЬ**

УКРЕПЛЯ́|ТЬ, -ю, -ешь, -ют *imp.*
что? чем?/*p.* укре|пи́ть, -плю́,
-пи́шь, -пя́т
1. to fortify. Укрепля́ть го́род. *To
fortify a town.*
2. *fig.* to strengthen. Укрепи́ть
здоро́вье. *To strengthen one's
health.* Укрепля́ть дру́жествен-
ные свя́зи. *To strengthen friendly ties.*

У́ЛИЦА *f.*
1. street. Гла́вная у́лица. *The
main street.* Я живу́ на у́лице

Го́рького. *I live in Gorky Street.* Идти́ по у́лице. *To go along the street.*
2. outside. Вы́йти на у́лицу. *To go out.* На у́лице холодне́е, чем до́ма. *It's colder outside than inside.*

УЛУЧША́|ТЬ, -ю, -ешь, -ют *imp.* что?/ *p.* улу́чш|ить, -у, -ишь, -ат to improve
Улучша́ть жизнь наро́да. *To improve the people's life.* Улучша́ть усло́вия рабо́ты. *To improve working conditions.*

УЛУЧША́|ТЬСЯ, *1st & 2nd pers. not used, 3rd pers.* -ется, -ются *imp./p.* улу́чш|иться, *1st & 2nd pers. not used, 3rd pers.* -ится, -атся to improve
Моё здоро́вье улу́чшилось. *My health has improved.* Отноше́ния ме́жду э́тими стра́нами улучша́ются. *The relations between these countries are improving.*

УЛУ́ЧШИТЬ *see* **УЛУЧША́ТЬ**

УЛУ́ЧШИТЬСЯ *see* **УЛУЧША́ТЬСЯ**

УЛЫБА́|ТЬСЯ, -юсь, -ешься, -ются *imp.* кому́? чему́?/*p.* (*momentaneous action*) улыбн|у́ться, -у́сь, -ёшься, -у́тся to smile
Улыбну́ться дру́гу. *To smile to a friend.*

УЛЫ́Б|КА *f., gen. pl.* -ок smile
Ра́достная улы́бка. *A joyous smile.* Говори́ть с улы́бкой. *To say with a smile.* Смотре́ть на ребёнка с ла́сковой улы́бкой. *To look at a child with a kind smile.*

УЛЫБНУ́ТЬСЯ *see* **УЛЫБА́ТЬСЯ**

УМ *m.*
1. *no pl.* intellect, mind, intelligence. Глубо́кий ум. *A profound intellect.* Челове́к большо́го ума́. *A man of great intelligence.*
2. intellect. Лу́чшие умы́ челове́чества. *The greatest intellects of mankind.*
◇ **Счита́ть в уме́.** *To count mentally.* **Мне пришло́ на ум.** *It occurred to me.* **Де́лать что́-ли́бо с умо́м.** *To do something cleverly.* **Возьми́сь за ум.** *Be reasonable.* **Сойти́ с ума́.** *To go mad.* **Быть без ума́ от кого́-либо.** *To dote on somebody.* **Быть себе́**

на уме́. *To know which side one's bread is buttered on.* **Ум хорошо́, а два лу́чше** (proverb). Cf. *Two heads are better than one.*

УМЕНЬША́|ТЬ, -ю, -ешь, -ют *imp.* что?/ *p.* уме́ньш|ить, -у, -ишь, -ат to lessen, to reduce
Уме́ньшить давле́ние. *To lessen the pressure.* Уме́ньшить ско́рость. *To reduce the speed.* Уме́ньшить коли́чество рабо́чих. *To cut down the number of workers.*

УМЕНЬША́|ТЬСЯ, *1st & 2nd pers. not used, 3rd pers.* -ется, -ются *imp./p.* уме́ньш|иться, *1st & 2nd pers. not used, 3rd pers.* -ится, -атся to lessen, to decrease
Давле́ние уме́ньшилось. *The pressure has decreased.* Расстоя́ние ме́жду на́ми бы́стро уменьша́лось. *The distance between us was fast growing shorter.*

УМЕ́НЬШИТЬ *see* **УМЕНЬША́ТЬ**

УМЕ́НЬШИТЬСЯ *see* **УМЕНЬША́ТЬСЯ**

УМЕРЕ́ТЬ *see* **УМИРА́ТЬ**

УМЕ́|ТЬ, -ю, -ешь, -ют *imp. usu.* + *imp. inf./p.* суме́|ть, -ю, -ешь, -ют + *p. inf.* to be able, can
Я уме́ю чита́ть. *I can read.* Он уме́ет игра́ть в те́ннис. *He can play tennis.* Она́ суме́ла доби́ться уваже́ния. *She succeeded in winning respect.*

УМИРА́|ТЬ, -ю, -ешь, -ют *imp./ p.* умере́ть, умр|у́, -ёшь, -у́т, *past* у́мер, умерла́, у́мерл|о, -и
1. to die. Умере́ть в бою́. *To die in battle.* Умере́ть от го́лода. *To die of hunger.*
2. *fig.* to die. Э́ти иде́и не умру́т. *These ideas are immortal.*
◇ **Умира́ть со́ смеху.** *To die of laughing.* **Умира́ть с го́лоду** (*fig.*). *To be starving.*

У́МН|ЫЙ, -ая, -ое, -ые, *short form* умён, умна́, у́мн|о́, -ы́; *adv.* умно́ clever
У́мный челове́к. *A clever person.* Он умён. *He is clever.* Он вёл себя́ умно́. *He behaved cleverly.*

УМЫВА́|ТЬ, -ю, -ешь, -ют *imp.* кого́? что? чем?/*p.* умы́ть, умо́|ю, -ешь, -ют to wash
Умыва́ть лицо́ холо́дной водо́й.

To wash one's face with cold water. Умыва́ть ребёнка. *To wash a child.*

УМЫВА́|ТЬСЯ, -юсь, -ешься, -ются *imp.* ч е м?/*p.* умы́ться, умо́|юсь, -ешься, -ются to wash Умыва́ться тёплой водо́й. *To wash with warm water.* Умыва́ться с мы́лом. *To wash with soap.*

УМЫ́ТЬСЯ *see* **УМЫВА́ТЬСЯ**

УНИВЕРМА́Г *m.* department store Центра́льный универма́г. *The central department store.* Купи́ть пальто́ в универма́ге. *To buy an overcoat at a department store.*

УНИВЕРСИТЕ́Т *m.*
1. university. Моско́вский госуда́рственный университе́т. *Moscow State University.* Учи́ться в университе́те. *To study at a university.*
2. university. Университе́т культу́ры. *A university of culture.*

УНИЧТОЖА́|ТЬ, -ю, -ешь, -ют *imp.* к о г о́? ч т о? ч е м?/*p.* уничто́ж|ить, -у, -ишь, -ат to destroy Уничто́жить вра́жескую а́рмию. *To wipe out the enemy army.*

УНИЧТО́ЖИТЬ *see* **УНИЧТОЖА́ТЬ**
УПА́СТЬ *see* **ПА́ДАТЬ**
УПОТРЕБИ́ТЬ *see* **УПОТРЕБЛЯ́ТЬ**
УПОТРЕБЛЯ́|ТЬ, -ю, -ешь, -ют *imp.* ч т о?/*p.* употре|би́ть, -блю́, -би́шь, -бя́т to use Употребля́ть посло́вицы в ре́чи. *To use proverbs when speaking.* Употребля́ть но́вые слова́. *To use new words.*

УПРАВЛЯ́|ТЬ, -ю, -ешь, -ют *imp.* к е м? ч е м?
1. to drive. Управля́ть маши́ной. *To drive a motor-car.*
2. to govern. Управля́ть страно́й. *To govern a country.*

УПРАЖНЕ́НИЕ *neut.* exercise Лёгкое упражне́ние. *An easy exercise.* Тру́дное упражне́ние. *A difficult exercise.* Сде́лать упражне́ние. *To do an exercise.*

УПРЯ́М|ЫЙ, -ая, -ое, -ые, *short form* упря́м, -а, -о, -ы; *adv.* упря́мо stubborn Упря́мый челове́к. *A stubborn person.* Он о́чень упря́м. *He is very stubborn.*

У́РОВ|ЕНЬ *m.,* gen. -ня
1. level. У́ровень жи́дкости в

ко́лбе. *The level of the liquid in a flask.*
2. *fig.* standard, level. У́ровень жи́зни наро́да. *The living standard of the people.* Культу́рный у́ровень. *The level of culture.*

УРОЖА́Й *m.* harvest Бога́тый урожа́й. *A rich harvest.* Собра́ть урожа́й. *To gather in the harvest.*

УРО́К *m.*
1. lesson. Интере́сный уро́к. *An interesting lesson.* Быть на уро́ке. *To be at a lesson.* Опозда́ть на уро́к. *To be late for a lesson.* Уро́к ру́сского языка́. *A Russian lesson.*
2. lesson, homework. Вы́учить уро́к. *To learn one's lesson.* Сде́лать уро́ки. *To do one's homework.*
3. *fig.* lesson. Пусть э́то бу́дет вам уро́ком. *Let that be a lesson to you.*

УСИ́ЛИВА|ТЬ, -ю, -ешь, -ют *imp.* ч т о?/*p.* уси́л|ить, -ю, -ишь, -ят to strengthen Уси́лить дисципли́ну. *To strengthen discipline.* Уси́лить наблюде́ние. *To intensify observation.*

УСИ́ЛИВА|ТЬСЯ, *1st & 2nd pers. not used, 3rd pers.* -ется, -ются *imp./p.* уси́л|иться, *1st & 2nd pers. not used, 3rd pers.* -ится, -ятся to increase Шум уси́лился. *The noise was growing louder.*

УСИ́ЛИТЬ *see* **УСИ́ЛИВАТЬ**
УСИ́ЛИТЬСЯ *see* **УСИ́ЛИВАТЬСЯ**
УСЛО́ВИЕ *neut.*
1. data, condition. Поня́ть усло́вие зада́чи. *To understand the data of a problem.* Э́то гла́вное усло́вие успе́ха. *This is the chief condition for success.*
2. *only pl.* conditions. Приро́дные усло́вия. *Natural surroundings.* Усло́вия жи́зни. *Living conditions.* Рабо́тать в тяжёлых усло́виях. *To work under difficult conditions.* Созда́ть норма́льные усло́вия для рабо́ты. *To provide normal conditions for work.*
◇ **В таки́х (э́тих) усло́виях...** *Under such (these) conditions.*

УСЛЫ́ШАТЬ *see* **СЛЫ́ШАТЬ**

УСПЕВА|ТЬ, -ю, -ешь, -ют *imp.*
+ *inf.*/ *p.* успе́|ть, -ю, -ешь, -ют
usu.+*p. inf.*
1. to have enough time (to do
something). Он успе́л прочита́ть
кни́гу в срок. *He managed to
finish the book in time.* Он успе́л
прийти́ к у́жину. *He was in
time for supper.*
2.: Не успе́ли мы вы́ехать из
го́рода, как пошёл дождь.
*Hardly had we left the town when
it began raining.*
3. *only imp.*: Этот студе́нт не
успева́ет по фи́зике. *This student is backward in physics.*

УСПЕ́ТЬ *see* **УСПЕВА́ТЬ**

УСПЕ́Х *m.* success
Доби́ться успе́ха в рабо́те. *To
achieve success in one's work.* Спек-
та́кль име́л большо́й успе́х. *The
performance was a great success.*
Жела́ю вам успе́хов! *I wish you
success!*

УСПОКА́ИВА|ТЬ, -ю, -ешь, -ют *imp.*
к о г о́? / *p.* успоко́|ить, -ю, -ишь,
-ят to calm, to reassure
Успоко́ить больно́го. *To reassure
the patient.* Успоко́ить не́рвы. *To
calm one's nerves.*

УСПОКА́ИВА|ТЬСЯ, -юсь, -ешься,
-ются *imp.*/*p.* успоко́|иться, -юсь,
-ишься, -ятся
1. to quieten, to become calm. Ребёнок успоко́ился. *The child has
quietened.* Мо́ре успоко́илось.
The sea became calm.
2. to soothe, to abate. Боль успо-
ко́илась. *The pain has abated.*
3. to rest. Не успока́иваться на
дости́гнутом. *Not to rest on
one's achievements.*

УСПОКО́ИТЬ *see* **УСПОКА́ИВАТЬ**
УСПОКО́ИТЬСЯ *see* **УСПОКА́И-
ВАТЬСЯ**

УСТА|ВА́ТЬ, -ю́, -ёшь, -ю́т *imp.* +
inf./*p.* уста́|ть, -ну, -нешь, -нут
to get tired
Вчера́ я о́чень уста́л. *I got very
tired yesterday.* Уста́ть от спо́ра.
To get tired of arguing. Уста́ть
танцева́ть. *To get tired of dancing.*

УСТА́Л|ЫЙ, -ая, -ое, -ые; *adv.* уста́-
ло tired
Уста́лый челове́к. *A tired person.*
Уста́лый взгляд. *A tired look.*

Уста́лое лицо́. *A haggard face.* Он
вы́глядел уста́ло. *He looked tired.*

УСТА́ТЬ *see* **УСТАВА́ТЬ**

У́СТН|ЫЙ, -ая, -ое, -ые; *adv.* у́стно
oral
У́стный экза́мен. *An oral examination.* У́стное заявле́ние. *An oral
statement.* Отвеча́ть у́стно. *To
answer orally.*

УСТРА́ИВА|ТЬ, -ю, -ешь, -ют *imp.*
ч т о?/*p.* устро́|ить, -ю, -ишь, -ят
1. to arrange. Устро́ить конце́рт.
To arrange a concert. Устро́ить
ве́чер. *To arrange an evening-
party.*
2. к о г о́? *colloq.* to suit. Меня́ э́то
не устра́ивает. *That doesn't
suit me.*

УСТРО́ИТЬ *see* **УСТРА́ИВАТЬ**

УСЫ́, *sing.* ус *used rarely* mous-
tache(s)
Дли́нные усы́. *A long moustache.*
Носи́ть усы́. *To wear a moustache.*

УТОНУ́ТЬ *see* **ТОНУ́ТЬ**

У́ТРЕНН|ИЙ, -яя, -ее, -ие morning
У́треннее со́лнце. *The morning sun.*
У́тренняя прогу́лка. *A morning
stroll.*

У́ТРО *neut.*, *dat. pl.* по утра́м morning
Све́жее у́тро. *A cool morning.* С са́-
мого утра́. *From early in the morning.* Чита́ть кни́гу до утра́. *To
read the book till morning.* В 7 ча-
со́в утра́. *At 7 o'clock in the morning.*

У́ТРОМ *adv.* in the morning
Встава́ть ра́но у́тром. *To get up
early in the morning.* За́втра у́т-
ром мы всё реши́м. *We'll settle
everything tomorrow morning.*

УТЮ́Г *m.*, *gen.* -а́ iron
Горя́чий утю́г. *A hot iron.* Гла́-
дить утюго́м. *To iron (to press).*

У́ХО *neut.*, *pl.* у́ши, уше́й ear
Больны́е у́ши. *Bad ears.*
◇ Сказа́ть на́ ухо. *To whisper
into somebody's ear.* Не ве́рить
свои́м уша́м. *Not to believe one's
ears.* По́ уши влюби́ться в кого́-
ли́бо. *To be head over heels in love
with somebody.*

УХОДИ́ТЬ, ухожу́, ухо́дишь, ухо́-
дят *imp.*/*p.* уйти́, уйд|у́, -ёшь,
-у́т, *past* ушёл, ушл|а́, -о́, -и́ to go
away, to leave

Он купи́л кни́гу и ушёл из магази́на. *He bought the book and left the shop.* Все ушли́ на экску́рсию. *Everybody has gone on an excursion.* ◇ **Он ушёл с голово́й в рабо́ту.** *He is up to his eyes in work.*

УХУДША|ТЬ, -ю, -ешь, -ют *imp.* ч т о? / *р.* уху́дшить, уху́дш|у, -ишь, -ат to make worse Уху́дшить своё положе́ние. *To make one's situation worse.*

УХУДША|ТЬСЯ, *1st & 2nd pers. not used, 3rd pers.* -ется, -ются *imp.*/ *р.* уху́дш|иться, *1st & 2nd pers. not used, 3rd pers.* -ится, -атся to deteriorate, to become worse Положе́ние в стране́ уху́дшилось. *The situation in the country has deteriorated.* Здоро́вье больно́го уху́дшилось. *The patient's health has become worse.*

УХУ́ДШИТЬ *see* **УХУДША́ТЬ**
УХУ́ДШИТЬСЯ *see* **УХУДША́ТЬСЯ**

УЧА́СТВ|ОВАТЬ, -ую, -уешь, -уют *imp.* в ч ё м? to take part Уча́ствовать в соревнова́ниях. *To take part in competitions.*

УЧА́СТИЕ *neut., no pl.* в ч ё м? participation Приня́ть уча́стие в конце́рте. *To take part in a concert.*

УЧА́СТНИК *m.* participant

УЧА́СТ|ОК *m., gen.* -ка
1. section. Лесно́й уча́сток. *A section of a forest.*
2. sector. Ва́жный уча́сток рабо́ты. *An important sector of work.*
3. district. Избира́тельный уча́сток. *An electoral district.*

УЧЕ́БНИК *m.* text-book
Уче́бник ру́сского языка́. *A Russian text-book.* Уче́бник для техни́ческих институ́тов. *A text-book for technical institutes.*

УЧЕ́БН|ЫЙ, -ая, -ое, -ые school, academic
Уче́бный год. *A school (academic) year.* Уче́бное посо́бие. *An aid to study, a teaching aid.*

УЧЕНИ́К *m., gen.* -а́
1. pupil. Учени́к сре́дней шко́лы. *A secondary-school pupil.*
2. pupil, disciple. Учени́к знамени́того профе́ссора. *The famous professor's pupil.*

УЧЁН|ЫЙ, -ая, -ое, -ые
1. scientific, academic. Учёная сте́пень. *An academic degree.*
2. *used as n.* scientist. Изве́стный учёный. *A well-known scientist.*

УЧИ́ТЕЛ|Ь *m., pl.* -я́ teacher
Учи́тель фи́зики. *A physics teacher.* Рабо́тать учи́телем в шко́ле. *To work as a schoolmaster.* Стать учи́телем. *To become a teacher.*

УЧИ́ТЬ, учу́, у́чишь, у́чат *imp.*
1. *р.* вы́уч|ить, -у, -ишь, -ат ч т о? to learn. Учи́ть уро́к. *To learn one's lesson.* Вы́учить стихотворе́ние. *To learn a poem.*
2. *р.* научи́ть, научу́, нау́чишь, нау́чат ч е м у́? & + *inf.* to teach. Учи́ть чита́ть и писа́ть. *To teach to read and to write.* Учи́ть ру́сскому языку́. *To teach Russian.*

УЧИ́ТЬСЯ, учу́сь, у́чишься, у́чатся *imp.* ч е м у́? & + *inf.*/*р.* научи́ться, научу́сь, нау́чишься, нау́чатся
1. to learn, to study. Учи́ться пла́вать. *To learn to swim.* Учи́ться ру́сскому языку́. *To study Russian.*
2. *no р.* to study. Мой брат у́чится в университе́те. *My brother studies at the university.*
◇ **Век живи́ — век учи́сь** (proverb). Cf. *Live and learn.*

УЮ́ТН|ЫЙ, -ая, -ое, -ые; *adv.* ую́тно cosy, comfortable
Ую́тная ко́мната. *A cosy room.* Здесь о́чень ую́тно. *It is very comfortable here.*

Ф, ф

ФА́БРИКА *f.* factory
Тексти́льная фа́брика. *A textile factory.* Рабо́тать на фа́брике. *To work at a factory.*

ФАКТ *m.* fact
Действи́тельный факт. *A real fact.* Фа́кты говоря́т о то́м, что он был прав. *The facts show that he was right.*

ФАКУЛЬТЕ́Т *m.* faculty, department
Филосо́фский факульте́т. *The philosophy department.* Учи́ться на хими́ческом факульте́те. *To study at the chemistry department.* Посту-

пи́ть на физи́ческий факульте́т. *To enter the physics department.*

ФАМИ́ЛИЯ *f.* (sur)name
Фами́лия студе́нта. *The student's name.* Как ва́ша фами́лия? *What's your name?* Моя́ фами́лия Ивано́в. *My name is Ivanov.*

ФЕВРА́Л|Ь *m., gen.* -я́ February
В феврале́ ча́сто быва́ют мете́ли. *In February there are often snowstorms.* За́втра пя́тое февраля́. *Tomorrow is the fifth of February.* Он уезжа́ет восьмо́го февраля́. *He leaves on the eighth of February.*

ФИГУ́РА *f.*
1. figure. Стро́йная фигу́ра. *A slender form.* У неё хоро́шая фигу́ра. *She has a good figure.*
2. figure. Геометри́ческая фигу́ра. *A geometrical figure.*

ФИ́ЗИКА *f.* physics
Пробле́мы фи́зики. *The problems of physics.* Занима́ться фи́зикой. *To study physics.* Ле́кции по фи́зике. *Lectures on physics.* Я́дерная фи́зика. *Nuclear physics.*

ФИЗИ́ЧЕСК|ИЙ, -ая, -ое, -ие
1. physical. Физи́ческая си́ла. *Physical strength.* Занима́ться физи́ческим трудо́м. *To do physical work.*
2. physics. Физи́ческий факульте́т. *The physics department.*

ФИЗКУЛЬТУ́РА *f.* (= физи́ческая культу́ра) physical culture
Занима́ться физкульту́рой. *To go in for physical culture.* Заня́тия по физкульту́ре. *Physical culture lessons.*

ФИЛЬМ *m.* film
Нау́чно-популя́рный фильм. *A popular science film.* Документа́льный фильм. *A documentary film.* Худо́жественный фильм. *A feature film.*

ФЛАГ *m.* flag
Госуда́рственный флаг. *The national flag.*

ФЛОТ *m.* fleet
Вое́нно-морско́й флот. *The navy.* Торго́вый флот. *The merchant marine.* Возду́шный флот. *The air fleet.*

ФОНТА́Н *m.*
1. fountain. На пло́щади был фонта́н. *There was a fountain in the square.*

2. gusher. Нефтяно́й фонта́н. *An oil-gusher.*

ФО́РМА *f.*
1. shape. Стол кру́глой фо́рмы. *A round table.* Предме́т име́ет фо́рму ша́ра. *The object has the shape of a ball.*
2. form. Содержа́ние и фо́рма. *The content and the form.*
3. uniform. Вое́нная фо́рма. *Military uniform.*
◇ Быть в фо́рме. *To be in good form.* Быть не в фо́рме. *Not to be in good form.*

ФО́РТОЧ|КА *f., gen. pl.* -ек fortochka *(a small hinged window pane used for ventilation)*
Откры́ть фо́рточку. *To open the fortochka.* Спать при откры́той фо́рточке. *To sleep with the fortochka open.*

ФОТОАППАРА́Т *m.* camera
Снима́ть фотоаппара́том. *To photograph.*

ФОТОГРАФИ́Р|ОВАТЬ, -ую, -уешь, -уют *imp.* к о г о? ч т о? / *p.* сфотографи́р|овать, -ую, -уешь, -уют to photograph
Фотографи́ровать ребёнка. *To photograph a child.*

ФРОНТ *m., pl.* -ы́ front
Идти́ на фро́нт. *To go to the front.* Сража́ться на фро́нте. *To be fighting at the front.*

ФРУ́КТЫ *only pl.* fruit
Све́жие фру́кты. *Fresh fruit.* Покупа́ть фру́кты в магази́не. *To buy fruit at a shop.*

ФУТБО́Л *m.* football
Игра́ть в футбо́л. *To play football.* Соревнова́ния по футбо́лу. *Football competitions.*

X, x

ХАЛА́Т *m.* overalls
Рабо́чий хала́т. *Overalls.* Купа́льный хала́т. *A bath-robe.* Дома́шний хала́т. *A dressing-gown.*

ХАРА́КТЕР *m.*
1. character. Си́льный хара́ктер. *A strong character.* Твёрдый хара́ктер. *A strong character.* Волево́й хара́ктер. *A strong-willed*

person. Черты́ хара́ктера. *Traits of character.*
2. nature. Хара́ктер ме́стности. *The nature of the country.*

ХВАЛИ́ТЬ, хвалю́, хва́лишь, хва́лят *imp.* к о г о́? ч т о? з а ч т о?/ *p.* похвали́ть, похвалю́, похва́лишь, похва́лят to praise Хвали́ть ученика́ за хоро́ший отве́т. *To praise a pupil for his good answer.* Хвали́ть но́вый стано́к. *To praise a new machine-tool.*

ХВАТА́|ТЬ¹, -ю, -ешь, -ют *imp.* к о г о́? ч т о?/*p.* схвати́ть, схвачу́, схва́тишь, схва́тят to seize Он схвати́л меня́ за́ руку. *He seized my hand.*

ХВАТА́|ТЬ², -ет, *past* -ло *impers., imp. / p.* хвати́ть, хва́тит, *past* хвати́ло to have enough Им хва́тит вре́мени сде́лать уро́ки. *They'll have enough time to do their lessons.* Ему́ не хвата́ет вре́мени хорошо́ учи́ть уро́ки. *He has no time to learn his lessons well.*
◇ **Э́того ещё не хвата́ло!** *As if we didn't have enough trouble without that!*

ХВАТИ́ТЬ *see* **ХВАТА́ТЬ²**
ХВОСТ *m., gen.* -á tail
ХИМИ́ЧЕСК|ИЙ, -ая, -ое, -ие
1. chemical. Хими́ческий элеме́нт. *A chemical element.*
2. chemistry, chemical. Хими́ческий факульте́т. *The chemistry department.* Хими́ческая лаборато́рия. *A chemical laboratory.*

ХИ́МИЯ *f.* chemistry
Неоргани́ческая хи́мия. *Inorganic chemistry.* Органи́ческая хи́мия. *Organic chemistry.* Изуча́ть хи́мию. *To study chemistry.*

ХИ́ТР|ЫЙ, -ая, -ое, -ые
1. cunning, crafty. Хи́трый челове́к. *A cunning person.* Хи́трые глаза́. *Crafty eyes.* Хи́трая улы́бка. *A cunning smile.*
2. *fig.* tricky. Хи́трый вопро́с. *A tricky question.*

ХЛЕБ *m.*
1. *no pl.* bread. Бе́лый хлеб. *White bread.* Чёрный хлеб. *Brown bread.* Све́жий хлеб. *Fresh bread.* Мя́гкий хлеб. *Soft bread.* Чёрствый хлеб. *Stale bread.*

2. *pl.* хле́бы, *gen. pl.* хле́бов loaf. Кру́глый хлеб. *A round loaf.*
3. *pl.* хлеба́, *gen. pl.* хлебо́в corn. Убо́рка хлебо́в. *The corn harvest.*

ХЛО́П|ОК *m., gen.* -ка cotton
ХОДИ́ТЬ, хожу́, хо́дишь, хо́дят *imp.* (*cf.* **СХОДИ́ТЬ²**)
1. to walk. Он до́лго ходи́л по ко́мнате. *He walked about the room for a long time.*
2. to go. Де́ти хо́дят в шко́лу. *Children go to school.* Они́ ча́сто хо́дят в го́сти. *They often go visiting.* Ка́ждую суббо́ту студе́нты хо́дят на вечера́. *Every Saturday the students go to evening-parties.*
3. to wear. Он всегда́ хо́дит в чёрном костю́ме. *He always wears a black suit.*
◇ **Ходи́ть пешко́м.** *To go on foot*

ХОЗЯ́ИН *m., pl.* хозя́ева, хозя́ев
1. host. Хозя́ин до́ма. *The master of the house.* Хозя́ин пригласи́л госте́й к столу́. *The host asked the guests to take their places at table.*
2. owner, master. Хозя́ин уса́дьбы, фа́брики. *The owner of an estate, factory.* || *fig.* Хозя́ин своего́ вре́мени. *The master of one's time.* Хозя́ин свое́й судьбы́. *The master of one's own destiny.*

ХОЗЯ́ЙСТВО *neut.*
1. *no pl.* economy. Социалисти́ческое хозя́йство. *Socialist economy.* Наро́дное хозя́йство. *National economy.* Се́льское хозя́йство. *Agriculture.*
2. farm. Колле́кти́вное хозя́йство *A collective farm.* Передово́е хозя́йство. *A progressive farm.* Отста́лое хозя́йство. *A backward farm.*

ХОЛОДИ́ЛЬНИК *m.* refrigerator
Доста́нь ма́сло из холоди́льника! *Get the butter out of the refrigerator!*

ХОЛО́ДН|ЫЙ. -ая, -ое, -ые, *short form* хо́лоден, холодна́, хо́лодн|о, -ы; *adv.* хо́лодно
1. cold. Холо́дный ве́тер. *A cold wind.* Холо́дный чай. *Cold tea.*
2. *fig.* cold. Холо́дный отве́т. *A*

cold answer. Холо́дные отноше́-
ния. Cold relations. Холо́дный
взгляд. A cold look. Он отве́-
тил хо́лодно. He answered coldly.
|predic. impers. На у́лице бы́ло
хо́лодно. It was cold outside.
◇ Поли́тика холо́дной войны́.
Cold war policy.

ХОРО́Ш|ИЙ, -ая, -ее, -ие, short form
хоро́ш, -а́, -о́, -и́; adv. хорошо́;
comp. лу́чше (q. v.) good
Хоро́шая пого́да. Fine weather. Хо-
ро́шее настрое́ние. A good mood.
Хоро́ший го́лос. A good voice. Хоро́-
ший отве́т. A good answer. Хорошо́
игра́ть в ша́хматы. To play chess
well. Э́то о́чень хорошо́. It is very
good.|predic. impers. Хорошо́ бы́ло
за́ го́родом! It was good in the
country! Хорошо́ бы пое́хать за́
го́род! It would be good to go to
the country!
◇ Всего́ хоро́шего! All the best!

ХОТЕ́ТЬ, хочу́, хо́чешь, хо́чет, хоти́м,
хоти́те, хотя́т imp. чего́? or+
inf./p. захоте́ть, захочу́, захо́-
чешь, захо́чет, захоти́м, захоти́те,
захотя́т to want
Он хоте́л ви́деть её. He wanted to
see her. Ребёнок хоте́л конфе́т.
The child wanted some sweets. Я
хочу́, чтобы ты пришёл сего́дня
ве́чером. I want you to come tonight.

ХОТЕ́ТЬСЯ impers. хо́чется imp.
кому́? чего́? or + inf. /p.
захоте́ться, захо́чется to want
Мне хо́чется пойти́ в теа́тр. I want
to go to the theatre. Мне хо́чется
пить. I am thirsty. Ему́ хоте́лось
скоре́е пойти́ к ней. He wanted to
go to her as soon as possible.

ХОТЯ́ (ХОТЬ) conj. though
Путеше́ственники дви́нулись в
путь, хотя́ бы́ло темно́. The trav-
ellers started on their journey though
it was dark.

ХРА́БР|ЫЙ, -ая, -ое, -ые; adv. хра́б-
ро brave
Хра́брый солда́т. A brave soldier.
Хра́брый посту́пок. A brave action. Хра́бро сража́ться. To fight
bravely.

ХРАН|И́ТЬ, -ю, -и́шь, -я́т imp. что?
1. to keep. Храни́ть ма́сло в

холоди́льнике. To keep butter in
a refrigerator.
2. to keep. Храни́ть пи́сьма дру́-
га. To keep one's friend's letters. Храни́ть в па́мяти о́браз
ма́тери. To keep the image of
one's mother in one's memory.

ХУДО́ЖЕСТВЕНН|ЫЙ, -ая, -ое, -ые
artistic
Худо́жественное произведе́ние. A
work of art. Худо́жественная ли-
терату́ра. Fiction. Худо́жествен-
ный фильм. A feature film.
◇ Худо́жественная самодея́тель-
ность. Amateur theatricals.

ХУДО́ЖНИК m.
1. artist, painter. Тала́нтливый
худо́жник. A gifted artist.
2. master. Худо́жник сло́ва. A
master of elocution.

ХУД|О́Й, -а́я, -о́е, -ы́е thin
Худо́й ребёнок. A thin child.

ХУ́ЖЕ comp. of adj. плохо́й & adv.
пло́хо
1. worse, not so good. Пого́да
сего́дня ху́же, чем вчера́. Today the weather is not so good
as it was yesterday.
2. worse. Он чу́вствует себя́ ху́-
же, чем вчера́. He feels worse
than he did yesterday.

Ц, ц

ЦАР|Ь m., gen. -я́
1. tsar. Ру́сский царь. The Russian Tsar.
2. king. Царь звере́й. The king of
animals. Царь птиц. The king of
birds.
◇ При царе́ Горо́хе. In olden
times. Без царя́ в голове́. None
too clever.

ЦВЕ|СТИ́, -ту́, -тёшь, -ту́т, past цвёл,
цвел|а́, -о́, -и́ imp. to blossom
Цветёт сире́нь. The lilacs are in
blossom. Ви́шня цветёт. The cherry-
trees are in blossom.

ЦВЕТ m., pl. -а́ colour
Како́го цве́та ва́ше пальто́? What
colour is your coat? Пальто́ се́рого
цве́та. A grey coat. Пла́тья я́рких
цвето́в. Gay-coloured dresses.

ЦВЕТН|О́Й, -а́я, -о́е, -ы́е coloured
Цветны́е карандаши́. Coloured

pencils. Цветно́й фильм. *A colour film.*

◇ **Цветны́е мета́ллы.** *Non-ferrous metals.*

ЦВЕТ|О́К *m., gen.* -ка́; *pl.* цветы́, цвето́в flower
Души́стые цветы́. *Sweet-smelling flowers.* Выра́щивать цветы́. *To grow flowers.* Она́ пришла́ с цветко́м в волоса́х. *She came with a flower in her hair.*

ЦЕЛИНА́ *f.* virgin soil
Поднима́ть целину́. *To plough virgin lands.* Осва́ивать целину́. *To bring virgin lands under the plough.*

ЦЕЛ|ОВА́ТЬ, -у́ю, -у́ешь, -у́ют *imp.* к о г о́? ч т о?/*p.* поцел|ова́ть, -у́ю, -у́ешь, -у́ют to kiss
Целова́ть ребёнка. *To kiss a child.* Поцелова́ть мать. *To kiss the mother.*

ЦЕЛ|ОВА́ТЬСЯ, -у́юсь, -у́ешься, -у́ются *imp.* с к е м?/*p.* поцел|ова́ться, -у́юсь, -у́ешься, -у́ются to kiss one another
Кре́пко поцелова́ться с дру́гом. *To kiss one's friend affectionately.*

ЦЕ́Л|ЫЙ, -ая, -ое, -ые, *short form* цел, цела́, це́л|о, -ы
1. unbroken. Стака́н упа́л, но оста́лся це́лым. *The glass fell, but it did not break.*
2. *only complete form* whole. Он вы́пил це́лый кувши́н воды́. *He drank the whole jug of water.*
◇ **Цел и невреди́м.** *Safe and sound.*

ЦЕЛЬ *f.*
1. target. Стреля́ть в цель. *To shoot at a target.*
2. objective. Поста́вить себе́ це́лью. *To set oneself as an objective.* Дости́чь свое́й це́ли. *To achieve one's objective.* Доби́ться це́ли. *To succeed in one's aim.* Цель жи́зни. *One's object in life.*
◇ **С це́лью, в це́лях...** *With the object of...*

ЦЕНА́ *f., acc.* це́ну; *pl.* це́ны
1. price. Высо́кая цена́. *A high price.* Ни́зкие це́ны. *Low prices.* Цена́ костю́ма. *The price of a suit.* Повыша́ть це́ны на проду́кты. *To raise prices of food-stuffs.* Снижа́ть це́ны на

оде́жду. *To cut the prices of clothes.* Повыше́ние цен на 10% (проце́нтов). *A 10 per cent price rise.* Сниже́ние цен на 20% (проце́нтов). *A 20 per cent price cut.*
2. *fig.* value.
◇ **Любо́й цено́й.** *At any price.*

ЦЕНТР *m.*
1. centre. Центр го́рода. *The centre of the city (town).* В це́нтре го́рода. *In the centre of the town.*
2. centre. Райо́нный центр. *The centre of a region.* Промы́шленные це́нтры страны́. *The industrial centres of the country.* Центр нау́ки. *A scientific centre.*
◇ **Центр тя́жести.** *The centre of gravity.*

ЦЕНТРА́ЛЬН|ЫЙ, -ая, -ое, -ые central
Центра́льный телегра́ф. *The central telegraph office.* Центра́льные газе́ты. *Central newspapers.* Центра́льные у́лицы. *Central streets.*

ЦЕПЬ *f., prepos.* о це́пи & на цепи́
1. chain. Соба́ка на цепи́. *The dog is on a chain.*
2. *fig.* chain. Це́пи гор. *Chains of mountains.*

ЦЕ́РКОВЬ *f., gen.* це́ркви; *pl.* це́ркви, церкве́й, церква́м, *etc.* church
Стари́нная це́рковь. *An old church.*

ЦЕХ *m., prepos.* в цеху́ & о (в) це́хе; *pl.* цеха́ (work)shop
Нача́льник це́ха. *A shop foreman.* Рабо́тать в цеху́ (це́хе). *To work at a shop.*

ЦИРК *m.* circus
Пойти́ в цирк. *To go to the circus.* В ци́рке бы́ло мно́го наро́ду. *There were many people at the circus.*

ЦИ́ФРА *f.* figure
Ребёнок учи́лся писа́ть ци́фры. *The child was learning to write figures.*

Ч, ч

ЧАЙ *m.*
1. tea. Грузи́нский чай. *Georgian tea.* Пить чай. *To drink tea.* Ча́шка ча́я. *A cup of tea.* Кре́пкий чай. *Strong tea.* Жи́дкий чай. *Weak tea.*

2. tea. Бесе́довать за ча́ем. *To talk over tea.*

◇ Пригласи́ть на ча́шку ча́я. *To ask to tea.*

ЧА́ЙНИК *m.* teapot; teakettle

ЧАС *m., gen.* ча́са & часа́ *(with cardinal num.), prepos.* о ча́се, в ча́се & в... часу́; *pl.* -ы́ hour
Кото́рый час? *What time is it?* В час дня. *At one o'clock in the afternoon.* В четвёртом часу́. *Between 3 and 4 o'clock.* Че́рез два́ часа́. *In two hours.* Опозда́ть на ча́с. *To be an hour late.* Три часа́ пролете́ли незаме́тно. *Three hours flew by without anyone noticing it.*

◇ Часы́ пик. *The rush hours.*
В до́брый час! *Good luck!*

ЧА́СТН|ЫЙ, -ая, -ое, -ые
1. particular. Ча́стный слу́чай. *A particular case.* Ча́стный вопро́с. *A particular question.*
2. private. Ча́стная со́бственность. *Private property.*

ЧА́СТО *adv., comp.* ча́ще (q.v.) often
Ча́сто встреча́ть челове́ка. *To meet a person often.* Ча́сто ходи́ть в теа́тр. *To go to the theatre often.* Ча́сто боле́ть. *To be often ill.*

ЧАСТ|Ь *f., gen. pl.* -е́й
1. part. Часть маши́ны. *A part of a machine.* Бо́льшая часть до́ма была́ за́нята столо́вой. *Most of the house was occupied by a dining-hall.* Часть люде́й ушла́ с собра́ния. *Some people left the meeting.*
2. part. Пе́рвая часть рома́на. *The first part of the novel.*
3. part. Ча́сти све́та. *Parts of the world.*

ЧАСЫ́ *pl., no sing.* timepiece
Ручны́е часы́. *A wrist watch.* Стенны́е часы́. *A wall clock.* Часы́ спеша́т на 5 мину́т. *The clock is 5 minutes fast.* Часы́ отстаю́т на 3 мину́ты. *The clock is 3 minutes slow.* Часы́ иду́т хорошо́. *The clock keeps good time.* Часы́ останови́лись. *The clock has stopped.* Часы́ стоя́т. *The clock doesn't go.*

ЧА́Ш|КА *f., gen. pl.* -ек cup
Ча́йная ча́шка. *A teacup.* Кофе́йная ча́шка. *A coffee cup.* Вы́пить ча́шку ча́ю. *To drink a cup of tea.*

ЧА́ЩЕ *comp. of adv.* ча́сто oftener
Ра́ньше ты ходи́л ко мне ча́ще. *You used to come and see me oftener.* Я ча́ще тебя́ хожу́ в кино́. *I go to the cinema oftener than you do.*

ЧЕЙ, чья, чьё, чьи *pron.* whose
Чей э́то слова́рь? *Whose dictionary is it?* Чья э́то тетра́дь? *Whose copy-book is this?* Чьё э́то перо́? *Whose pen is this?* Чьи э́то кни́ги? *Whose books are these?*

ЧЕЙ-ТО, чья́-то, чьё-то, чьи́-то *pron.* somebody's
Я по оши́бке взял чей-то портфе́ль. *I took somebody's brief-case by mistake.*

ЧЕЛОВЕ́К *m., pl.* лю́ди, люде́й, лю́дям, людьми́, о лю́дях man, person
Свобо́дный челове́к. *A free person.* Хоро́ший челове́к. *A good person.* Нас бы́ло пять челове́к. *There were five of us.*

◇ Молодо́й челове́к. *A young man.*

ЧЕЛОВЕ́ЧЕСК|ИЙ, -ая, -ое, -ие
1. human. Челове́ческое о́бщество. *Human society.*
2. humane, kind. Челове́ческое отноше́ние. *Humane attitude.*

ЧЕЛОВЕ́ЧЕСТВО *neut.* mankind

ЧЕМ *conj.* than
Брат ста́рше, чем сестра́. *The brother is older than the sister.* Он пришёл позднее, чем вчера́. *He came later than yesterday.*

◇ Чем ра́ньше, тем лу́чше. *The earlier, the better.*

ЧЕМОДА́Н *m.* suit-case, trunk

ЧЕМПИО́Н *m.* champion
Чемпио́н по ша́хматам. *A chess champion.* Чемпио́н по пла́ванию. *A swimming champion.*

ЧЕ́РЕЗ *prep. + acc.*
1. across. Перейти́ че́рез пло́щадь. *To cross a square.* Переплы́ть че́рез ре́ку. *To swim across a river.*
2. over. Пры́гнуть че́рез забо́р. *To jump over a fence.*
3. through. Влезть че́рез окно́. *To climb through the window.* Идти́ че́рез лес. *To go through the wood.*
4. in. Они́ верну́лись че́рез ме́сяц. *They returned a month later.* Че́рез три дня он уе́хал. *He left in three days.*

5. every other.... Принима́ть лека́рство чѐрез ча́с. *To take medicine every other hour.* Ходи́ть куда́-либо чѐрез де́нь. *To go somewhere every other day.*

ЧЕРНИ́ЛА *pl., no sing.* ink
Чёрные черни́ла. *Black ink.* Писа́ть черни́лами. *To write in ink.*

ЧЁРН|ЫЙ, -ая, -ое, -ые black
Чёрные во́лосы. *Black hair.*
◇ Чёрный хлеб. *Brown bread.* Чёрная икра́. *Black caviare.* Чёрный ко́фе. *Black coffee.*

ЧЁРТ *m., pl.* че́рти, черте́й devil
◇Посла́ть к чёрту. *To send to hell.* Чёрт возьми́! *The deuce take it!* Чёрт с ним! *Let him go to hell!*

ЧЕРТА́ *f.*
1. line. Провести́ черту́. *To draw a line.*
2. boundary. Черта́ го́рода. *The city (town) boundary.*
3. trait. Черты́ хара́ктера. *Traits of character.*
◇ Черты́ лица́. *Features.*

ЧЕ́СТН|ЫЙ, -ая, -ое, -ые, *short form* че́стен, честна́, че́стн|о, -ы; *adv.* че́стно honest
Че́стный челове́к. *An honest person.* Че́стные глаза́. *Honest eyes.* Поступи́ть че́стно. *To act honestly.*
◇ Дать че́стное сло́во. *To give one's word of honour.*

ЧЕ́ТВЕРО *num.* four
Че́тверо друзе́й. *Four friends.* Их бы́ло че́тверо. *There were four of them.*

ЧЕ́ТВЕРТ|Ь *f., gen. pl.* -е́й
1. quarter. Че́тверть я́блока. *A quarter of an apple.*
2. quarter. Че́тверть часа́. *A quarter of an hour.* Без че́тверти пять. *It is a quarter to five.* Сейча́с че́тверть шесто́го. *It is a quarter past five.*

ЧИНИ́ТЬ, чиню́, чи́нишь, чи́нят *imp.* что? / *p.* почини́ть, починю́, почи́нишь, почи́нят to mend
Почини́ть часы́. *To mend a watch.* Чини́ть носки́. *To mend socks.*

ЧИСЛО́ *neut., pl.* чи́сла, чи́сел, чи́слам, *etc.*
1 number. Це́лое число́. *A whole number.* Большо́е число́ люде́й. *A large number of people.* Быть

в числе́ друзе́й. *To be among one's friends.*
2. date. Како́е сего́дня число́? *What is the date today?* В пе́рвых чи́слах ма́рта. *Early in March.*
◇ В том числе́... *Including...*

ЧИ́|СТИТЬ, -щу, -стишь, -стят *imp.* что? чем?
1. *p.* почи́|стить, -щу, -стишь, -стят to clean. Чи́стить зу́бы щёткой. *To clean one's teeth with a toothbrush.* Чи́стить боти́нки. *To clean one's boots.*
2. *p.* очи́|стить, -щу, -стишь, -стят to peel. Чи́стить карто́шку. *To peel potatoes.* Очи́стить апельси́н. *To peel an orange.*

ЧИ́СТ|ЫЙ, -ая, -ое, -ые, *short form* чист, чиста́, чи́ст|о, -ы; *adv.* чи́сто; *comp.* чи́ще
1. clean. Чи́стая вода́. *Clean water.* Чи́стые ру́ки. *Clean hands.* Чи́стая руба́шка. *A clean shirt.*
2. pure. Чи́стое зо́лото. *Pure gold.* Чи́стая шерсть. *Pure wool.*
3. *fig.* clear. Чи́стая со́весть. *Clear conscience.* Говори́ть на чи́стом ру́сском языке́. *To speak good Russian.* Сде́лать пода́рок от чи́стого се́рдца. *To give a present without any ulterior motives.*

ЧИТА́|ТЬ, -ю, -ешь, -ют *imp.* что? / *p.* прочита́|ть, -ю, -ешь, -ют
1. to read. Чита́ть газе́ту. *To read a newspaper.* Чита́ть Пу́шкина. *To read Pushkin.* Чита́ть вслух. *To read aloud.* Чита́ть про себя́. *To read to oneself.*
2. to deliver. Чита́ть ле́кцию. *To deliver a lecture.*

ЧЛЕН *m.* member
Член семьи́. *A member of the family.* Член па́ртии. *A member of a party.* Чле́ны прави́тельства. *Members of the government.*

ЧТЕ́НИЕ *neut.*
1. reading. Кни́га для чте́ния. *A reader, a reading book.*
2. reading. Дома́шнее чте́ние. *Home-reading.*

ЧТО[1] [што] *pron., gen.* чего́ [чиво́] *dat.* чему́, *acc.* что, *instr.* чем, *prepos.* о чём what
Что де́лать? *What is to be done?* Что он сказа́л? *What did he say?* О чём он ду́мает? *What is he*

thinking about? Я сказа́л, что ду́мал. *I said what I thought.*

◇ **Что́ э́то за ве́щь?** *What sort of thing is that?*

ЧТО² [што] *conj.* that
Я ду́мала, что э́то интере́сно. *I thought it would be interesting.*

ЧТО́БЫ [што́бы] *conj.*
1. in order (to) *or rendered by the inf.* Что́бы хорошо́ знать язы́к, на́до мно́го занима́ться. *To know a language well one must study a lot.* Он встал о́чень ра́но, что́бы не опозда́ть. *He got up very early in order not to be late.*
2. that. Все лю́ди на земле́ хотя́т, что́бы не́ было войны́. *All the people in the world wish that there should be no war.* Вам проси́ли переда́ть, что́бы вы пришли́ за́втра. *They asked me to tell you to come tomorrow.*

ЧТО́-НИБУ́ДЬ [што-] *pron., gen.* чего́-нибудь [чиво́-], *dat.* чему́-нибудь, *acc.* что́-нибудь, *instr.* че́м-нибудь, *prepos.* о чём-нибудь something
Расскажи́ мне что́-нибудь. *Tell me something.*

ЧТО́-ТО [што-] *pron., gen.* чего́-то [чиво́-], *dat.* чему́-то, *acc.* что́-то, *instr.* чём-то, *prepos.* о чём-то something
Что́-то упа́ло в сосе́дней ко́мнате. *Something fell in the adjoining room.*

ЧУ́ВСТВО [чу́ства] *neut.* feeling
Испыта́ть глубо́кое чу́вство ра́дости. *To feel great joy.* Чу́вство солида́рности. *A feeling of solidarity.*

ЧУ́ВСТВ|ОВАТЬ [чу́ствавать], -ую, -уешь, -уют *imp.* ч т о?/р. почу́вств|овать, -ую, -уешь, -уют to feel
Чу́вствовать боль. *To feel a pain.* Почу́вствовать го́лод. *To feel hungry.* Чу́вствовать глубо́кое уваже́ние. *To have profound respect.*

◇ **Как вы себя́ чу́вствуете?** *How do you feel?* **Я чу́вствую себя́ пло́хо (хорошо́).** *I feel bad (all right).*

ЧУДЕ́СН|ЫЙ, -ая, -ое, -ые, *short form* чуде́сен, чуде́сн|а, -о, -ы; *adv.* чуде́сно wonderful

Чуде́сная де́вушка. *A wonderful girl.* Чуде́сная пого́да. *Wonderful weather.* Я чуде́сно себя́ чу́вствую. *I feel fine.*

ЧУЖ|О́Й, -а́я, -о́е, -и́е
1. somebody else's. Чужо́й портфе́ль. *Somebody else's brief-case.*
2. strange. Чужо́й челове́к. *A strange man.*
3. foreign. Чужа́я земля́. *A foreign land.*

ЧУЛО́К *m., gen.* чулка́; *pl.* чулки́, чуло́к, чулка́м, *etc.* stocking
Просты́е чулки́. *Ordinary stockings.* Шерстяны́е чулки́. *Woollen stockings.* Капро́новые чулки́. *Kapron stockings.*

ЧУТЬ *adv.* nearly, scarcely
Он чуть не опозда́л на по́езд. *He was nearly late for his train.* Он говори́л чуть слы́шно. *He spoke scarcely audibly.*

ЧУТЬ-ЧУ́ТЬ *adv.* nearly, a little bit
Я чуть-чу́ть не упа́л. *I nearly fell.* Говори́ чуть-чу́ть гро́мче. *Speak a little louder.*

Ш, ш

ШАГ *m., gen.* ша́га & шага́ *(with cardinal num.); pl.* шаги́
1. step. Широ́кий шаг. *A long step.*
2. *fig.* step. Это но́вый шаг вперёд. *This is a new step forward.*

◇ **Наш дом нахо́дится в двух шага́х от остано́вки трамва́я.** *Our house is a few steps away from a tram stop.* **На ка́ждом шагу́ встреча́лись магази́ны.** *There were shops at every step.*

ША́П|КА *f., gen. pl.* -ок cap
Мехова́я ша́пка. *A fur cap.* Носи́ть ша́пку. *To wear a cap.* Ходи́ть без ша́пки. *To go without a cap.*

ШАР *m., pl.* -ы́
1. sphere. Центр ша́ра. *The centre of a sphere.* Ра́диус ша́ра. *The radius of a sphere.*
2. globe. Земно́й шар. *The terrestrial globe.* Возду́шный шар. *A balloon.*

ШАРФ *m.* scarf
Тёплый шарф. *A warm scarf.*

ША́ХМАТЫ *pl.*, *no sing.* chess
Игра́ть в ша́хматы. *To play chess.*
Чемпио́н ми́ра по ша́хматам. *The world chess champion.*

ША́ХТА *f.* mine, pit
Уго́льная ша́хта. *A coal mine.*
Добыва́ть у́голь в ша́хте. *To mine coal in a pit.*

ШЁЛК *m.*, *pl.* шелка́ silk
Пла́тье из шёлка. *A dress made of silk.* Натура́льный шёлк. *Natural silk.* Иску́сственный шёлк. *Artificial silk.*

ШЁЛКОВ|ЫЙ, -ая, -ое, -ые silk
Шёлковый плато́к. *A silk scarf.*
Шёлковая руба́шка. *A silk shirt.*

ШЁПОТОМ *adv.* in a whisper
Говори́ть шёпотом. *To speak in a whisper.*

ШЕПТА́ТЬ, шепчу́, ше́пчешь, ше́пчут *imp.* ч т о? к о м у́?/*p.* прошепта́ть, прошепчу́, проше́пчешь, проше́пчут to whisper
Гу́бы её что́-то шепта́ли. *Her lips were whispering something.* Он прошепта́л но́вость на́ ухо сосе́ду. *He whispered the news into his neighbour's ear.*

ШЕРСТЬ *f.*, *no pl.*
1. hair (of an animal). Дли́нная шерсть. *Long hair.*
2. wool. Гру́бая шерсть. *Coarse wool.*
3. wool. Костю́м из чи́стой ше́рсти. *A suit of pure wool.* Шерсть на пла́тье. *A length of woollen material for a dress.*

ШЕРСТЯН|О́Й, -а́я, -о́е, -ы́е woollen
Шерстяны́е носки́. *Woollen socks.*
Шерстяно́е пла́тье. *A woollen dress.*

ШЕ́Я *f.* neck
Дли́нная ше́я. *A long neck.* То́нкая ше́я. *A thin neck.* Носи́ть бу́сы на ше́е. *To wear beads around one's neck.*
◇ Сиде́ть на ше́е у роди́телей. *To be on one's parents' hands.*

ШИРО́К|ИЙ, -ая, -ое, -ие, short form широ́к, -а́, -о́, -и́; *adv.* широко́; *comp.* ши́ре
1. broad, wide. Широ́кая река́. *A wide river.* Широ́кий по́яс. *A broad belt.* Я хочу́, чтобы ю́бка была́ ши́ре. *I want the skirt wider.*

2. *fig.* Широ́кие возмо́жности. *Great possibilities.* Широ́кая нату́ра. *A generous person.*
3. only short form too wide. Пла́тье мне широко́ в по́ясе. *The dress is too large in the waist for me.*

ШИТЬ, шь|ю, -ёшь, -ют, *imper.* шей *imp.* ч т о? к о м у́? ч е м у́? / *p.* сшить, сошь|ю́, -ёшь, -ю́т to sew, to make
Шить пла́тье для до́чери. *To make a dress for one's daughter.* Сшить костю́м в ателье́. *To have a costume made at a dressmaker's.*

ШКАФ *m.*, *prepos.* в шкафу́ & о шка́фе; *pl.* шкафы́
Кни́жный шкаф. *A bookcase.* Кни́га стои́т в шкафу́ на по́лке. *The book is on a shelf in the bookcase.* Платяно́й шкаф. *A wardrobe.* Несгора́емый шкаф. *A safe.*

ШКО́ЛА *f.*
1. school. Учи́ться в шко́ле. *To go to school.* Поступи́ть в шко́лу. *To enter school.* Око́нчить шко́лу. *To finish school.*
2. *fig.* school. Он прошёл хоро́шую шко́лу жи́зни. *Life has been a good school to him.*
◇ Нача́льная шко́ла. *A primary school.* Сре́дняя шко́ла. *A secondary school.* Вы́сшая шко́ла. *A higher school.* Музыка́льная шко́ла. *A musical school.* Шко́ла-интерна́т. *A boarding-school.*

ШЛЯ́ПА *f.* hat
Весе́нняя шля́па. *A spring hat.* Шля́па с широ́кими поля́ми. *A wide-brimmed hat.*

ШОССЕ́ *neut.*, *indecl.* highway
Е́хать по широ́кому шоссе́. *To drive along a wide highway.* Вдоль шоссе́ расту́т дере́вья. *There are trees on both sides of the highway.*

ШОФЁР *m.* chauffeur, driver
Шофёр такси́. *A taxi-driver.*

ШПИО́Н *m.* spy

ШТУ́КА *f.* piece, thing
10 штук папиро́с. *10 cigarettes.*

ШУМ *m.*
1. noise, sound. Мы услы́шали си́льный шум. *We heard a loud noise.* Шум дождя́. *The sound of rain.*
2. *fig.* row. Подня́ть шум вокру́г

собы́тия. *To raise a hue and cry over an event.*

ШУ|МЕ́ТЬ, -млю́, -ми́шь, -мя́т *imp.*
to make a noise
Мо́ре шуми́т. *The sea is noisy.* Де́ти шумя́т. *The children are making a noise.*

ШУТИ́ТЬ, шучу́, шу́тишь, шу́тят *imp./p.* пошути́ть, пошучу́, пошу́тишь, пошу́тят
1. to joke. Шути́ть с друзья́ми. *To joke with one's friends.*
2. над ке́м? to joke. Шути́ть над рассе́янным това́рищем. *To joke at an absent-minded friend.*

ШУТ|КА *f., gen. pl.* -ок joke
Остроу́мная шу́тка. *A witty joke.* Зла́я шу́тка. *A malicious joke.*
◇ Сказа́ть в шу́тку. *To say (something) in jest.*

Щ, щ

ЩЕДР|ЫЙ, -ая, -ое, -ые
1. generous. Ще́дрый хозя́ин. *A generous host.* Ще́дрое се́рдце. *A generous heart.*
2. *fig.* lavish, rich. Ще́драя приро́да. *Lavish nature.* Ще́дрый урожа́й. *A rich harvest.*

ЩЕКА́ *f., acc.* щёку; *pl.* щёки, щёк, щека́м, *etc.* cheek

ЩЁТ|КА *f., gen. pl.* -ок brush
Зубна́я щётка. *A toothbrush.* Щётка для оде́жды. *Clothes-brush.* Сапо́жная щётка. *A shoe-brush.* Чи́стить щёткой ту́фли. *To clean one's shoes with a brush.*

Э, э

ЭКЗА́МЕН *m.* examination
Тру́дный экза́мен. *A difficult examination.* Лёгкий экза́мен. *An easy examination.* Госуда́рственный экза́мен. *A State examination.* Сдава́ть (сдать) экза́мен. *To take (pass) an examination.* Провали́ться на экза́мене. *To fail in an examination.*

ЭКОНО́МИКА *f. no pl.* economics
Эконо́мика се́льского хозя́йства. *The economics of agriculture.*

ЭКОНО́МИЯ *f. no pl.*
1. economy. Эконо́мия эне́ргии.

The economy of energy. Соблюда́ть эконо́мию. *To observe economy.*
2. economy. Полити́ческая эконо́мия. *Political economy.*

ЭКРА́Н *m.* screen
Экра́н телеви́зора. *The screen of a T.V. set.* Экра́н в кинозáле. *The screen in a cinema.* Широ́кий экра́н. *A wide screen* На экра́нах кинотеа́тров демонстри́руется но́вый фильм. *A new film is on at the cinemas.*

ЭКСКУ́РСИЯ *f.* excursion
За́городная экску́рсия. *An outing to the country.* Экску́рсия в музе́й. *An excursion to a museum.* Е́хать на экску́рсию. *To go on an excursion.*

ЭКСКУРСОВО́Д *m.* excursion guide

ЭКСПЕДИ́ЦИЯ *f.* expedition
Нау́чная экспеди́ция. *A scientific expedition.* Экспеди́ция на Се́верный по́люс. *An expedition to the North Pole.* Уча́ствовать в экспеди́ции. *To take part in an expedition.*

ЭКСПЛУАТИ́Р|ОВАТЬ, -ую, -уешь, -уют кого́? *imp.*
1. to exploit. Эксплуати́ровать рабо́чих. *To exploit workers.*
2. to make full use of. Эксплуати́ровать те́хнику. *To make full use of technique.*

ЭЛЕКТРИ́ЧЕСК|ИЙ, -ая, -ое, -ие electric(al)
Электри́ческий ток. *Electric current.* Электри́ческий свет. *Electric light.* Электри́ческая ла́мпочка. *An electric bulb.* Электри́ческий утю́г. *An electric iron.* Электри́ческий ча́йник. *An electric teakettle.*

ЭЛЕКТРОСТА́НЦИЯ *f.* electric power station
Кру́пная электроста́нция. *A large electric power station.* Пусти́ть но́вую электроста́нцию. *To put a new electric power station into operation.* Электроста́нция даёт ток. *The electric power station is now giving power.*

ЭЛЕМЕ́НТ *m.*
1. element. Периоди́ческая систе́ма элеме́нтов. *The periodic system of elements.*

2. element. В статье́ есть элеме́нты кри́тики. *There are elements of criticism in the article.*
3. element. Прогресси́вные элеме́нты о́бщества. *The progressive elements of society.*

ЭНЕРГИ́ЧН|ЫЙ [энэ-], -ая, -ое, -ые energetic
Энерги́чный челове́к. *An energetic person.* Энерги́чные движе́ния. *Energetic movements.* Энерги́чная похо́дка. *A wilful gait.*

ЭНЕ́РГИЯ [энэ-] *f.*
1. energy. Эне́ргия воды́. *The energy of water.*
2. energy. Рабо́тать с большо́й эне́ргией. *To work with great energy.*

ЭТА́Ж *m., gen.* -а́ floor, storey
Жить на пе́рвом этаже́. *To live on the ground floor.* Второ́й эта́ж. *The first floor.* Дом в 7 этаже́й. *A seven-storeyed house.*

ЭТО see **ЭТОТ**

ЭТОТ, э́та, э́то, э́ти *pron.*
1. this. Э́тот дом. *This house.* Э́то окно́. *This window.* Э́тот учени́к ча́сто опа́здывает. *This pupil is often late.*
2. that. В э́тот день мы все собрали́сь у него́. *On that day we all gathered at his place.*
3. э́то *neut.* it; this; these; that, those. Э́то стол. *This is a table.* Э́то сту́лья. *These are chairs.* Э́то была́ она́. *That was she.* Э́то бы́ло давно́. *That was a long time ago.* Кто́ э́то? — Э́то мой брат. *"Who is that?" "It's my brother."* Что́ э́то тако́е? *"What's that?"* Э́то уче́бник? — Нет, э́то слова́рь. *"Is it a text-book?" "No, it is a dictionary."* Что́ э́то за челове́к? *What sort of person is he?* Что́ э́то за вещь? *What sort of thing is that?* Чей э́то стол? — Э́то стол Ивано́ва. *"Whose desk is it?" "It's Ivanov's desk."* Кто́ там? — Э́то я. *"Who is there?" "It's me."*

Ю, ю

ЮБ|КА *f., gen. pl.* -ок skirt
Она́ была́ в широ́кой ю́бке. *She wore a wide skirt.*

ЮГ *m., no pl.*
1. south. Он пошёл пря́мо на юг. *He went straight south.*
2. south. Отдыха́ть на ю́ге. *To have one's holidays in the south.* Пое́хать на юг. *To go to the south.*

ЮЖН|ЫЙ, -ая, -ое, -ые south(ern)
Ю́жный ве́тер. *A southern wind.* Ю́жный по́люс. *The South Pole.*

ЮМОР *m., no pl.* humour
Име́ть чу́вство ю́мора. *To have a sense of humour.* Расска́зывать с ю́мором. *To tell with humour.*

Ю́НОСТЬ *f., no pl.* youth
Счастли́вая ю́ность. *Happy youth.* В ю́ности он мечта́л стать арти́стом. *In his youth he dreamt of becoming an actor.*

ЮНОШ|А *m., gen. pl.* -ей a youth
Сме́лый ю́ноша. *A brave youth.* Краси́вый ю́ноша. *A handsome youth.*

ЮН|ЫЙ, -ая, -ое, -ые young
Ю́ные го́ды он провёл в Ита́лии. *He spent his youth in Italy.* Ю́ная де́вушка. *A young girl.*

Я, я

Я *pron., gen., acc.* меня́, *dat., prepos.* мне, *instr.* мной I
Меня́ не́ было до́ма вчера́ ве́чером. *I was not at home last night.* Кто́ э́то? — Э́то я. *"Who is it?" "It's me."* Я иду́ в теа́тр; ты пойдёшь вме́сте со мно́й? *I'm going to the theatre; will you go with me?* Мне ску́чно. *I am bored.* Мне хо́лодно. *I am cold.* Ты встре́тишь меня́? *Will you meet me?* Приходи́ ко мне́ сего́дня! *Come to see me today!*

ЯБЛОК|О *neut., pl.* я́блоки, я́блок apple
Большо́й урожа́й я́блок. *A rich harvest of apples.*

ЯВИ́ТЬСЯ see **ЯВЛЯ́ТЬСЯ**

ЯВЛЕ́НИЕ *neut.* phenomenon

ЯВЛЯ́|ТЬСЯ, -юсь, -ешься, -ются *imp./p.* яви́ться, явлю́сь, я́вишься, я́вятся
1. to come, to turn up. Он по́здно яви́лся на ле́кцию. *He turned up late for the lecture.*

2. *only* *imp.* Пу́шкин явля́ется вели́ким ру́сским поэ́том. *Push-kin is a great Russian poet.*

ЯГОДА *f.* berry
Собира́ть грибы́ и я́годы. *To gather mushrooms and berries.* Ягоды клубни́ки. *Strawberries.* Вку́сная садо́вая я́года. *A tasty cultivated berry.* Варе́нье из я́год. *Jam made from berries.*

ЯДРО́ *neut.*, *pl.* я́дра, я́дер, я́драм, *etc.* nucleus
Ядро́ а́тома. *The nucleus of the atom.* Ядро́ кле́тки. *The nucleus of a cell.*

ЯЗЫ́К *m.*, *gen.* -а́
1. tongue. Показа́ть язы́к. *To show one's tongue.*
2. language. Изуча́ть иностра́нный язы́к. *To study a foreign language.* Владе́ть не́сколькими иностра́нными языка́ми. *To know several foreign languages.*
◇ Держа́ть язы́к за зуба́ми. *To keep a still tongue in one's head.* Найти́ о́бщий язы́к с ке́м-ли-бо́. *To speak a common language with somebody.*

ЯЙЦО́ *neut.*, *pl.* я́йца, яи́ц egg
Кури́ные я́йца. *Hen's eggs.*
◇ Яйцо́ всмя́тку. *A soft-boiled egg.* Яйцо́ вкруту́ю. *A hard-boiled egg.* Яйцо́ в мешо́чек. *A well-boiled egg.* Яйца́ ку́рицу не у́чат (proverb). Cf. *Don't teach your grandmother to suck eggs.*

ЯНВА́Р|Ь *m.*, *gen.* -я́ January
Ночь в январе́. *A night in January.* Пе́рвое января́. *The first of January.*

ЯРК|ИЙ, -ая, -ое, -ие, *short form* я́рок, ярка́, я́рк|о, -и; *adv.* я́рко; *comp.* я́рче
1. bright. Я́ркий свет. *A bright light.*
2. bright. Я́ркие кра́ски. *Bright colours.*
3. *fig.* striking, brilliant. Я́ркий приме́р. *A striking example.* Я́ркий тала́нт. *A brilliant talent.*

ЯСН|ЫЙ, -ая, -ое, -ые, *short form* я́сен, ясна́, я́сн|о, -ы; *adv.* я́сно
1. clear, fine. Я́сное не́бо. *A clear sky.* Я́сный день. *A fine day.*
2. *fig.* lucid. Я́сный ум. *A lucid mind.* Я́сная мысль. *A clear thought.* Э́тот вопро́с мне я́сен. *This question is clear to me.* Вам э́то я́сно? *Is that clear to you?* Он говори́т о́чень я́сно. *He speaks very clearly.*

ЯЩИК *m.*
1. box. Я́щик я́блок. *A box of apples.* Я́щик с консе́рвами. *A box of preserves.*
2. drawer. Я́щик пи́сьменного стола́. *A drawer of a desk.*
3. box. Почто́вый я́щик. *A postbox.*

THEMATIC GROUPS OF WORDS

Names of Nationalities, of People inhabiting Various Countries and Continents, Geographical Names and corresponding Adjectives

австрали́ец *Australian (man)*, австрали́йка *Australian (woman)*, австрали́йцы *Australians*, Австра́лия *Australia;* австрали́йский *Australian*

австри́ец *Austrian (man)*, австри́йка *Austrian (woman)*, австри́йцы *Austrians*, Австрия *Austria;* австри́йский *Austrian*

азиа́т *Asian (man)*, азиа́тка *Asian (woman)*, азиа́ты *Asians*, Азия *Asia;* азиа́тский *Asian*

алба́нец *Albanian (man)*, алба́нка *Albanian (woman)*, алба́нцы *Albanians*, Алба́ния *Albania;* алба́нский *Albanian*

алжи́рец *Algerian (man)*, алжи́рка *Algerian (woman)*, алжи́рцы *Algerians*, Алжи́р *Algeria;* алжи́рский *Algerian*

америка́нец *American (man)*, америка́нка *American (woman)*, америка́нцы *Americans*, Аме́рика *America;* америка́нский *American*

англича́нин *Englishman*, англича́нка *Englishwoman*, англича́не *English*, Англия *England;* англи́йский *English*

ара́б *Arab (man)*,[1] ара́бы *Arabs;* ара́бский *Arab*

аргенти́нец *Argentinean (man)*, аргенти́нка *Argentinean (woman)*, аргенти́нцы *Argentineans*, Аргенти́на *Argentine;* аргенти́нский *Argentine*

афга́нец *Afghan (man)*, афга́нка *Afghan (woman)*, афга́нцы *Afghans*, Афганиста́н *Afghanistan;* афга́нский *Afghan*

африка́нец *African (man)*, африка́нка *African (woman)*, африка́нцы *Africans*, Африка *Africa;* африка́нский *African*

бельги́ец *Belgian (man)*, бельги́йка *Belgian (woman)*, бельги́йцы *Belgians*, Бе́льгия *Belgium;* бельги́йский *Belgian*

бирма́нец *Burmese (man)*, бирма́нка *Burmese (woman)*, бирма́нцы *Burmese*, Би́рма *Burma;* бирма́нский *Burmese*

болга́рин *Bulgarian (man)*, болга́рка *Bulgarian (woman)*, болга́ры *Bulgarians*, Болга́рия *Bulgaria;* болга́рский *Bulgarian*

боливи́ец *Bolivian (man)*, боливи́йка *Bolivian (woman)*, боливи́йцы *Bolivians*, Боли́вия *Bolivia;* боливи́йский *Bolivian*

брази́лец *Brazilian (man)*, брази́льцы *Brazilians*, Брази́лия *Brazil;* брази́льский *Brazilian*

валли́ец *Welshman*, валли́йка *Welshwoman*, валли́йцы *Welsh*, Уэ́льс *Wales;* валли́йский *Welsh*

венгр *Hungarian (man)*, венге́рка *Hungarian (woman)*, ве́нгры *Hun-*

---

[1] The feminine forms of a number of nouns denoting nationality either do not exist or are not used in the literary language.

garians, Ве́нгрия *Hungary;* венге́рский *Hungarian*

венесуэ́лец *Venezuelan (man),* венесуэ́лка *Venezuelan (woman),* венесуэ́льцы *Venezuelans,* Венесуэ́ла *Venezuela;* венесуэ́льский *Venezuelan*

вьетна́мец *Vietnamese (man),* вьетна́мка *Vietnamese (woman),* вьетна́мцы *Vietnamese,* Вьетна́м *Vietnam;* вьетна́мский *Vietnamese*

га́нец *Ghanean (man),* га́нка *Ghanean (woman),* га́нцы *Ghaneans,* Га́на *Ghana;* га́нский *Ghanean*

гватема́лец *Guatemalan (man),* гватема́льцы *Guatemalans,* Гватема́ла *Guatemala;* гватема́льский *Guatemalan*

гвине́ец *Guinean,* гвине́йцы *Guineans,* Гвине́я *Guinea;* гвине́йский *Guinean*

Герма́ния *Germany;* герма́нский *German (see* не́мец)

голла́ндец *Dutchman,* голла́ндка *Dutchwoman,* голла́ндцы *Dutch,* Голла́ндия *Holland;* голла́ндский *Dutch*

грек *Greek (man),* греча́нка *Greek (woman),* гре́ки *Greeks,* Гре́ция *Greece;* гре́ческий *Greek*

датча́нин *Dane (man),* датча́нка *Dane (woman),* датча́не *Danes,* Да́ния *Denmark;* да́тский *Danish*

евре́й *Jew,* евре́йка *Jewess,* евре́и *Jews;* евре́йский *Jewish*

европе́ец *European (man),* европе́йцы *Europeans,* Евро́па *Europe;* европе́йский *European*

египтя́нин *Egyptian (man),* египтя́нка *Egyptian (woman),* египтя́не *Egyptians,* Еги́пет *Egypt;* еги́петский *Egyptian*

инди́ец *Indian (man),* индиа́нка *Indian (woman),* инди́йцы *Indians,* Индия *India;* инди́йский *Indian*

индонези́ец *Indonesian (man),* индонези́йка *Indonesian (woman),* индонези́йцы *Indonesians,* Индоне́зия *Indonesia;* индонези́йский *Indonesian*

иорда́нец *Jordanian (man),* иорда́нцы *Jordanians,* Иорда́ния *Jordan;* иорда́нский *Jordanian*

ира́кец *Iraqi (man),* ира́кцы *Iraqis,* Ира́к *Iraq;* ира́кский *Iraq*

ира́нец *Persian (man),* ира́нка *Persian (woman),* ира́нцы *Persians,* Ира́н *Persia (Iran);* ира́нский *Persian (Iranian)*

ирла́ндец *Irishman,* ирла́ндка *Irishwoman,* ирла́ндцы *Irish,* Ирла́ндия *Ireland;* ирла́ндский *Irish*

исла́ндец *Icelander (man)* исла́ндка *Icelander (woman),* исла́ндцы *Icelanders,* Исла́ндия *Iceland;* исла́ндский *Iceland*

испа́нец *Spaniard,* испа́нка *Spanish (woman),* испа́нцы *Spanish,* Испа́ния *Spain;* испа́нский *Spanish*

италья́нец *Italian (man),* италья́нка *Italian (woman),* италья́нцы *Italians,* Ита́лия *Italy;* италья́нский *Italian*

йе́менец *Yemeni,* йе́менцы *Yemeni,* Йе́мен *Yemen;* йе́менский *Yemeni*

камбоджи́ец *Cambodian,* камбоджи́йцы *Cambodians,* Камбо́джа *Cambodia;* камбоджи́йский *Cambodian*

кана́дец *Canadian (man),* кана́дка *Canadian (woman),* кана́дцы *Canadians,* Кана́да *Canada;* кана́дский *Canadian*

киприо́т *Cypriot,* киприо́ты *Cypriots,* Кипр *Cyprus;* ки́прский *Cyprian*

кита́ец *Chinese (man),* китая́нка *Chinese (woman),* кита́йцы *Chinese,* Кита́й *China;* кита́йский *Chinese*

колумби́ец *Colombian (man),* колумби́йцы *Colombians,* Колу́мбия *Colombia;* колумби́йский *Colombian*

конголе́зец *Congolese (man),* конголе́зцы *Congolese,* Ко́нго *The Congo;* конголе́зский *Congolese*

коре́ец *Korean (man),* коре́йка *Korean (woman),* коре́йцы *Koreans,* Коре́я *Korea;* коре́йский *Korean*

куби́нец *Cuban (man),* куби́нка *Cuban (woman),* куби́нцы *Cubans,* Ку́ба *Cuba;* куби́нский *Cuban*

лаотя́нин *Laotian* *(man)*, лаотя́нка
Laotian *(woman)*, лаотя́не & лаос-
цы *Laotians*, Лаос *Laos;* лаотя́н-
ский & лао́сский *Laotian*

латиноамерика́нец *Latin American*
(man), латиноамерика́нка *Latin*
American *(woman)*, латиноамери-
ка́нцы *Latin Americans*, Лати́нская
Аме́рика *Latin America;* латино-
америка́нский *Latin American*

лива́нец *Lebanese*, лива́нцы *Lebanese*,
Лива́н *The Lebanon;* лива́нский
Lebanese

ливи́ец *Libian*, ливи́йцы *Libians*, Ли́-
вия *Libia;* ливи́йский *Libian*

мала́ец *Malayan* *(man)*, мала́йка *Ma-*
layan *(woman)*, мала́йцы *Malayans*,
Мала́йя *Malaya;* мала́йский *Ma-*
layan

мали́ец *Mali* *(man)*, мали́йка *Mali*
(woman), мали́йцы *Malis*, Мали́
Mali; мали́йский *Mali*

мальга́ш *Malagasi*, мальга́ши *Mala-*
gasi; мальга́шский *Malagasi*

марокка́нец *Moroccan* *(man)*, марок-
ка́нка *Moroccan* *(woman)*, марок-
ка́нцы *Moroccans*, Маро́кко *Moroc-*
co; марокка́нский *Moroccan*

мексика́нец *Mexican* *(man)*, мекси-
ка́нка *Mexican* *(woman)*, мекси-
ка́нцы *Mexicans*, Ме́ксика *Mexico;*
мексика́нский *Mexican*

монго́л *Mongolian* *(man)*, монго́лка
Mongolian *(woman)*, монго́лы *Mon-*
golians, Монго́лия *Mongolia;* мон-
го́льский *Mongolian*

негр *Negro* *(man)*, негритя́нка *Ne-*
gro *(woman)*, не́гры *Negroes;* негри-
тя́нский *Negro*

не́мец *German*, не́мка *German* *(woman)*,
не́мцы *Germans;* неме́цкий *German*

непа́лец *Nepalese*, непа́льцы *Nepa-*
lese, Непа́л *Nepal;* непа́льский
Nepal

нигери́ец *Nigerian*, нигери́йцы *Nige-*
rians, Ниге́рия *Nigeria;* нигери́й-
ский *Nigerian*

новозела́ндец *New Zealander* *(man)*,
новозела́ндка *New Zealander* *(wom-*

an), новозела́ндцы *New Zealand-*
ers, Но́вая Зела́ндия *New Zea-*
land; новозела́ндский *New Zealand*

норве́жец *Norwegian* *(man)*, норве́жка
Norwegian *(woman)*, норве́жцы
Norwegians, Норве́гия *Norway;*
норве́жский *Norwegian*

пакиста́нец *Pakistani*, пакиста́нцы
Pakistanis, Пакиста́н *Pakistan;*
пакиста́нский *Pakistani*

пана́мцы *Panamanians*, Пана́ма *Pana-*
ma; пана́мский *Panamanian*

перуа́нец *Peruvian* *(man)*, перуа́нка
Peruvian *(woman)*, перуа́нцы *Peru-*
vians, Пе́ру *Peru;* перуа́нский *Pe-*
ruvian

поля́к *Pole* *(man)*, по́лька *Pole* *(wom-*
an), поля́ки *Poles*, По́льша *Po-*
land; по́льский *Polish*

португа́лец *Portuguese* *(man)*, порту-
га́лка *Portuguese* *(woman)*, порту-
га́льцы *Portuguese*, Португа́лия
Portugal; португа́льский *Portu-*
guese

румы́н *Rumanian* *(man)*, румы́нка
Rumanian *(woman)*, румы́ны *Ru-*
manians, Румы́ния *Rumania;* ру-
мы́нский *Rumanian*

ру́сский *Russian* *(man)*, ру́сская *Rus-*
sian *(woman)*, ру́сские *Russians*,
Росси́я *Russia;* ру́сский *Russian*

сенега́лец *Senegalese*, сенега́льцы *Se-*
negalese, Сенега́л *Senegal;* сене-
га́льский *Senegalese*

серб *Serbian* *(man)*, се́рбка *Serbian*
(woman), се́рбы *Serbs*, Се́рбия
Serbia; се́рбский *Serbian*

сири́ец *Syrian* *(man)*, сири́йка *Syrian*
(woman), сири́йцы *Syrians*, Си́рия
Syria; сири́йский *Syrian*

слова́к *Slovak* *(man)*, слова́чка *Slo-*
vak *(woman)*, слова́ки *Slovaks*,
Слова́кия *Slovakia;* слова́цкий
Slovak

сомали́ец *Somali* *(man)*, сомали́йка
Somali *(woman)*, сомали́йцы *So-*
malis, Сомали́ *Somaliland;* сома-
ли́йский *Somali*

суда́нец *Sudanese* *(man)*, суда́нка *Su-*
danese *(woman)*, суда́нцы *Suda-*

nese, Судáн *The Sudan;* судáнский *Sudanese*

таилáндец *Thai*, таилáндцы *Thais*, Таилáнд *Thailand;* таилáндский *Thai*

тоголéзец *Togolese*, тоголéзцы *Togolese*, Тóго *Togo;* тоголéзский *Togolese*

тунúсец *Tunisian (man)*, тунúска *Tunisian (woman)*, тунúсцы *Tunisians*, Тунúс *Tunis;* тунúсский *Tunisian*

тýрок *Turk (man)*, турчáнка *Turk (woman)*, тýрки *Turks*, Тýрция *Turkey;* турéцкий *Turkish*

укрáинец *Ukrainian (man)*, украúнка *Ukrainian (woman)*, украúнцы *Ukrainians*, Украúна *The Ukraine;* украúнский *Ukrainian*

уругвáец *Uruguayan (man)*, уругвáйцы *Uruguayans*, Уругвáй *Uruguay;* уругвáйский *Uruguayan*

уэ́льсцы *Welsh*, Уэ́льс *Wales;* уэ́льский *Welsh*

филиппúнец *Filipino*, филиппúнцы *Filipinos;* Филиппúны *The Philippines*

финн *Finn (man)*, фúнка *Finn (woman)*, фúнны *Finns*, Финля́ндия *Finland;* фúнский *Finnish*

францýз *Frenchman*, францýженка *Frenchwoman*, францýзы *French*, Фрáнция *France;* францýзский *French*

хорвáт *Croat (man)*, хорвáтка *Croat (woman)*, хорвáты *Croats*, Хорвáтия *Croatia;* хорвáтский *Croatian*

цейлóнец *Ceylonese (man)*, цейлóнка *Ceylonese (woman)*, цейлóнцы *Ceylonese*, Цейлóн *Ceylon;* цейлóнский *Ceylonese*

чех *Czech (man)*, чéшка *Czech (woman)*, чéхи *Czechs;* Чéхия *Czechia;* чéшский *Czech*

чилúец *Chilian (man)*, чилúйка *Chilian (woman)*, чилúйцы *Chilians*, Чúли *Chile;* чилúйский *Chilian*

швейцáрец *Swiss (man)*, швейцáрка *Swiss (woman)*, швейцáрцы *Swiss;*

Швейцáрия *Switzerland;* швейцáрский *Swiss*

швед *Swede (man)*, швéдка *Swede (woman)*, швéды *Swedes*, Швéция *Sweden;* швéдский *Swedish*

шотлáндец *Scotsman*, шотлáндка *Scotswoman*, шотлáндцы *Scots*, Шотлáндия *Scotland;* шотлáндский *Scotch*

эфиóп *Ethiopian (man)*, эфиóпка *Ethiopian (woman)*, эфиóпы *Ethiopians*, Эфиóпия *Ethiopia;* эфиóпский *Ethiopian*

югослáвы *Yugoslavs*, Югослáвия *Yugoslavia;* югослáвский *Yugoslav*

япóнец *Japanese (man)*, япóнка *Japanese (woman)*, япóнцы *Japanese*, Япóния *Japan;* япóнский *Japanese*

NUMERALS

1 одúн, однá, однó; пéрв|ый, -ая, -ое, -ые first
2 два, две; втор|óй, -áя, -óе, -ы́е second
3 три; трéт|ий, -ья, -ье, -ьи third
4 четы́ре; четвёрт|ый, -ая, -ое, -ые fourth
5 пять; пя́т|ый, -ая, -ое, -ые fifth
6 шесть; шест|óй, -áя, -óе, -ы́е sixth
7 семь; седьм|óй, -áя, -óе, -ы́е seventh
8 вóсемь; восьм|óй, -áя, -óе, -ы́е eighth
9 дéвять; девя́т|ый, -ая, -ое, -ые ninth
10 дéсять; деся́т|ый, -ая, -ое, -ые tenth
11 одúннадцать; одúннадцат|ый, -ая, -ое, -ые eleventh
12 двенáдцать; двенáдцат|ый, -ая, -ое, -ые twelfth
13 тринáдцать; тринáдцат|ый, -ая, -ое, -ые thirteenth
14 четы́рнадцать; четы́рнадцат|ый, -ая, -ое, -ые fourteenth
15 пятнáдцать; пятнáдцат|ый, -ая, -ое, -ые fifteenth
16 шестнáдцать; шестнáдцат|ый, -ая, -ое, -ые sixteenth
17 семнáдцать; семнáдцат|ый, -ая, -ое, -ые seventeenth

18 восемна́дцать; восемна́дцат|ый,
-ая, -ое, -ые eighteenth
19 девятна́дцать; девятна́дцат|ый,
-ая, -ое, -ые nineteenth
20 два́дцать; двадца́т|ый, -ая, -ое,
-ые twentieth
21 два́дцать оди́н; два́дцать пе́р-
в|ый, -ая, -ое, -ые twenty-first
30 три́дцать; тридца́т|ый, -ая, -ое,
-ые thirtieth
40 со́рок; сороков|о́й, -а́я, -о́е, -ы́е
fortieth
50 пятьдеся́т; пятидеся́т|ый, -ая,
-ое, -ые fiftieth
60 шестьдеся́т; шестидеся́т|ый,
-ая, -ое, -ые sixtieth
70 се́мьдесят; семидеся́т|ый, -ая,
-ое, -ые seventieth
80 во́семьдесят; восьмидеся́т|ый,
-ая, -ое, -ые eightieth
90 девяно́сто; девяно́ст|ый, -ая,
-ое, -ые ninetieth
100 сто; со́т|ый, -ая, -ое, -ые one
hundredth
101 сто оди́н, сто одна́, сто одно́;
сто пе́рв|ый, -ая, -ое, -ые one
hundred and first
110 сто де́сять; сто деся́т|ый, -ая,
-ое, -ые one hundred and tenth
200 две́сти; двухсо́т|ый, -ая, -ое,
-ые two hundredth
300 три́ста; трёхсо́т|ый, -ая, -ое,
-ые three hundredth
400 четы́реста; четырёхсо́т|ый, -ая,
-ое, -ые four hundredth
500 пятьсо́т; пятисо́т|ый, -ая, -ое,
-ые five hundredth
600 шестьсо́т; шестисо́т|ый, -ая,
-ое, -ые six hundredth
700 семьсо́т; семисо́т|ый, -ая, -ое,
-ые seven hundredth
800 восемьсо́т; восьмисо́т|ый, -ая,
-ое, -ые eight hundredth
900 девятьсо́т; девятисо́т|ый, -ая,
-ое, -ые nine hundredth
1000 ты́сяча; ты́сячн|ый, -ая, -ое,
-ые thousandth
1961 ты́сяча девятьсо́т шестьдеся́т
оди́н; ты́сяча девятьсо́т шесть-
деся́т пе́рв|ый, -ая, -ое, -ые one
thousand nine hundred and sixty-
first
10000 де́сять ты́сяч; десятиты́сяч-
н|ый, -ая, -ое, -ые ten thousandth
1000000 миллио́н; миллио́нн|ый,
-ая, -ое, -ые millionth

1000000000 миллиа́рд; миллиа́рд-
н|ый, -ая, -ое, -ые milliardth

DAYS OF THE WEEK, MONTHS, SEASONS, TIME-UNITS

Days of the Week

понеде́льник *m.* Monday
вто́рник *m.* Tuesday
среда́ *f.*, *pl.* сре́ды Wednesday
четве́рг *m.*, *gen.* четверга́ Thursday
пя́тница *f.* Friday
суббо́та *f.* Saturday
воскресе́нье *neut.* Sunday

Months

янва́рь *m.*, *gen.* января́ January
февра́ль *m.*, *gen.* февраля́ February
март *m.* March
апре́ль *m.* April
май *m.* May
ию́нь *m.* June
ию́ль *m.* July
а́вгуст *m.* August
сентя́брь *m.*, *gen.* сентября́ September
октя́брь *m.*, *gen.* октября́ October
ноя́брь *m.*, *gen.* ноября́ November
дека́брь *m.*, *gen.* декабря́ December

Seasons

весна́ *f.* spring
ле́то *neut.* summer
о́сень *f.* autumn
зима́ *f.* winter

Time-Units

секу́нда *f.* second
мину́та *f.* minute
час *m.*, *pl.* часы́, часо́в hour
год *m.*, *prepos.* в году́ & о го́де; *gen.*
pl. лет year
век *m.*, *pl.* века́ century

COLOURS

бе́л|ый, -ая, -ое, -ые white
голуб|о́й, -а́я, -о́е, -ы́е light-blue
жёлт|ый, -ая, -ое, -ые yellow
зелён|ый, -ая, -ое, -ые green
кра́сн|ый, -ая, -ое, -ые red
кори́чнев|ый, -ая, -ое, -ые brown
лило́в|ый, -ая, -ое, -ые lilac
ора́нжев|ый, -ая, -ое, -ые orange
ро́зов|ый, -ая, -ое, -ые pink
си́н|ий, -яя, -ее, -ие blue

сер|ый, -ая, -ое, -ые grey
светл|ый, -ая, -ое, -ые light
тёмн|ый, -ая, -ое, -ые dark
фиолетов|ый, -ая, -ое, -ые violet
чёрн|ый, -ая, -ое, -ые black

PARTS OF THE BODY

голова *f.*, *acc.* голову, *pl.* головы,
  голов, головам, *etc.* head
шея *f.* neck
плечо *neut.*, *pl.* плечи shoulder
грудь *f.*, *prepos.* на груди chest
спина *f.*, *acc.* спину, *pl.* спины back
бок *m.*, *pl.* бока side
живот *m.*, *gen.* живота stomach
рука *f.*, *acc.* руку, *pl.* руки hand, arm
ладонь *f.* palm
локоть *m.*, *gen.* локтя, *gen. pl.* лок-
  тей elbow
кулак *m.*, *gen.* кулака fist
нога *f.*, *acc.* ногу, *pl.* ноги foot, leg
колено *neut.*, *pl.* колени knee
палец *m.*, *gen.* пальца finger, toe
ноготь *m.*, *gen.* ногтя, *gen. pl.* ног-
  тей nail
сердце *neut.*, *pl.* сердца heart
лёгкое *neut.*, *pl.* лёгкие lung
желудок *m.*, *gen.* желудка stomach
волосы *pl.*, *gen. pl.* волос hair
ухо *neut.*, *pl.* уши, ушей ear
лоб *m.*, *gen.* лба forehead
нос *m.*, *pl.* носы nose
глаз *m.*, *pl.* глаза eye
бровь *f.*, *gen. pl.* бровей eyebrow
ресница *f.* eyelash
щека *f.*, *pl.* щёки cheek
рот *m.*, *gen.* рта mouth
губа *f.*, *pl.* губы lip
зуб *m.*, *gen. pl.* зубов tooth
висок *m.*, *gen.* виска temple
язык *m.*, *gen.* языка tongue
подбородок *m.*, *gen.* подбородка chin
ус *m.*, *pl.* усы moustache
затылок *m.*, *gen.* затылка back [of
  the head
борода *f.*, *acc.* бороду, *pl.* бороды,
  бород beard

TRAITS OF CHARACTER AND
MAN'S QUALITIES

аккуратн|ый, -ая, -ое, -ые painstak-
  ing
активн|ый, -ая, -ое, -ые active
беспокойн|ый, -ая, -ое, -ые restless

бодр|ый, -ая, -ое, -ые cheerful
вежлив|ый, -ая, -ое, -ые polite
весёл|ый, -ая, -ое, -ые gay
внимательн|ый, -ая, -ое, -ые atten-
  tive
гениальн|ый, -ая, -ое, -ые of genius
глуп|ый, -ая, -ое, -ые stupid
горд|ый, -ая, -ое, -ые proud
груб|ый, -ая, -ое, -ые rude, coarse
добр|ый, -ая, -ое, -ые kind
жадн|ый, -ая, -ое, -ые stingy
жесток|ий, -ая, -ое, -ие cruel
заботлив|ый, -ая, -ое, -ые solicitous
задумчив|ый, -ая, -ое, -ые thought-
  ful
искренн|ий, -яя, -ее, -ие frank, sin-
  cere
ласков|ый, -ая, -ое, -ые affectionate
лжив|ый, -ая, -ое, -ые untruthful
легкомысленн|ый, -ая, -ое, -ые
  light-headed
ленив|ый, -ая, -ое, -ые lazy
ловк|ий, -ая, -ое, -ие adroit
любопытн|ый, -ая, -ое, -ые curious
любознательн|ый, -ая, -ое, -ые in-
  quisitive
мудр|ый, -ая, -ое, -ые wise
мужественн|ый, -ая, -ое, -ые coura-
  geous
настойчив|ый, -ая, -ое, -ые persis-
  tent
нежн|ый, -ая, -ое, -ые gentle
нервн|ый, -ая, -ое, -ые nervous
осторожн|ый, -ая, -ое, -ые careful
остроумн|ый, -ая, -ое, -ые witty
правдив|ый, -ая, -ое, -ые truthful
робк|ий, -ая, -ое, -ие timid
рассеянн|ый, -ая, -ое, -ые absent-
  minded
самолюбив|ый, -ая, -ое, -ые touchy
самоуверенн|ый, -ая, -ое, -ые self-
  opinionated
серьёзн|ый, -ая, -ое, -ые serious
скромн|ый, -ая, -ое, -ые modest
смел|ый, -ая, -ое, -ые courageous
спокойн|ый, -ая, -ое, -ые quiet,
  calm
способн|ый, -ая, -ое, -ые capable
справедлив|ый, -ая, -ое, -ые just
старательн|ый, -ая, -ое, -ые assid-
  uous
странн|ый, -ая, -ое, -ые strange, queer
строг|ий, -ая, -ое, -ие exacting,
  strict
суров|ый, -ая, -ое, -ые severe
талантлив|ый, -ая, -ое, -ые talented

трусли́в|ый, -ая, -ое, -ые cowardly
у́мн|ый, -ая, -ое, -ые clever
упря́м|ый, -ая, -ое, -ые stubborn
хи́тр|ый, -ая, -ое, -ые sly, cunning
хра́бр|ый, -ая, -ое, -ые brave
че́стн|ый, -ая, -ое, -ые honest
ще́др|ый, -ая, -ое, -ые generous
энерги́чн|ый, -ая, -ое, -ые energetic

THE FAMILY

роди́тели pl., gen. роди́телей parents
оте́ц m., gen. отца́ father
мать f., gen., dat., prepos. ма́тери,
   instr. ма́терью; pl. ма́тери, мате-
   ре́й, матеря́м, etc. mother
сын m., pl. сыновья́, сынове́й son
дочь f., gen., dat., prepos. до́чери,
   instr. до́черью; pl. до́чери, доче-
   ре́й, дочеря́м, дочерьми́ daughter
брат m., pl. бра́тья, бра́тьев brother
сестра́ f., pl. сёстры, сестёр, сёстрам, etc. sister
ро́дственники pl. relatives
де́душка m., gen. pl. де́душек grandfather
ба́бушка f., gen. pl. ба́бушек grandmother
внук m. grandson
вну́чка f., gen. pl. вну́чек grand-
   daughter
дя́дя m. uncle
тётя f. aunt
племя́нник m. nephew
племя́нница f. niece
двою́родный брат m. cousin
двою́родная сестра́ f. cousin

CLOTHES, FOOTWEAR, LINEN

пальто́ neut., indecl. overcoat
шу́ба f. fur coat
плащ m., gen. плаща́ raincoat
костю́м m. suit, costume
брю́ки no sing. trousers
трусы́ no sing. shorts
пиджа́к m., gen. пиджака́ jacket, coat
руба́шка f., gen. pl. руба́шек shirt
га́лстук m. tie
сви́тер m. sweater, pull-over
дже́мпер m. jumper
пижа́ма f. pyjamas
хала́т m. dressing-gown, housecoat

носки́ pl., sing. носо́к m., gen. носка́
   socks
шля́па f. hat
ша́пка f., gen. pl. ша́пок cap
шарф m. scarf
перча́тки pl., gen. перча́ток; sing.
   перча́тка f. gloves
пла́тье neut. dress
ю́бка f., gen. pl. ю́бок skirt
блу́зка f., gen. pl. блу́зок blouse
ко́фта f. jacket
жаке́т m. jacket
чулки́ pl., gen. чуло́к; sing. чуло́к
   m., gen. чулка́ stockings
боти́нки pl., gen. боти́нок; sing. бо-
   ти́нок m., gen. боти́нка boots
ту́фли pl., gen. pl. ту́фель; sing.
   ту́фля f. shoes
гало́ши pl., sing. гало́ша f. galoshes
бо́ты pl. overshoes
босоно́жки pl., gen. босоно́жек; sing.
   босоно́жка f. sandals
та́почки pl., gen. та́почек; sing. та́-
   почка f. slippers
сапоги́ pl., gen. сапо́г; sing. сапо́г m.,
   gen. сапога́ riding boots, high-
   boots
ва́ленки pl., gen. ва́ленок; sing. ва́-
   ленок m., gen. ва́ленка felt boots
воротни́к m., gen. воротника́ collar
рука́в m., gen. рукава́, pl. рукава́
   sleeve
по́яс m., pl. пояса́ belt
карма́н m. pocket
пу́говица f. button
шнуро́к m., gen. шнурка́ lace, shoe-
   lace
пря́жка f., gen. pl. пря́жек buckle
одея́ло neut. blanket, quilt
ска́терть f., gen. pl. скатерте́й table-
   cloth
салфе́тка f., gen. pl. салфе́ток napkin
пододея́льник m. quilt cover
поду́шка f., gen. pl. поду́шек pillow,
   cushion
простыня́ f., pl. про́стыни, про-
   стынь, простыня́м bedsheet
на́волочка f., gen. pl. на́волочек
   pillow-case
полоте́нце neut., gen. pl. полоте́нец
   towel
плато́к m., gen. платка́ scarf;
   носово́й плато́к handkerchief
бельё neut., no pl. underwear; linen
ни́жнее бельё underwear

ARTICLES OF TOILET

мы́ло *neut.*, *no pl.* soap
зубна́я па́ста *f.* toothpaste
крем для бритья́ shaving cream
зубно́й порошо́к *m.*, *gen.* порошка́ toothpowder
губна́я пома́да lipstick
щётка *f.*, *gen. pl.* щёток brush; 1. зубна́я щётка toothbrush, 2. щётка для воло́с (оде́жды, о́буви) hairbrush (clothes-brush, shoe-brush)
расчёска *colloq. f.*, *gen. pl.* расчёсок comb
зе́ркало *neut.*, *pl.* зеркала́, зерка́л looking-glass
бри́тва *f.* razor
духи́ *no sing.*, *gen.* духо́в perfume
одеколо́н *m.* eau-de-Cologne
пу́дра *f.* powder
крем *m.* cream

THE HOUSE AND ITS PARTS

дом *m.*, *pl.* дома́ house
зда́ние *neut.* building
помеще́ние *neut.* premises
эта́ж *m.*, *gen.* этажа́ floor, storey
подъе́зд *m.* entrance
кварти́ра *f.* flat
коридо́р *m.* passage
ко́мната *f.* room
зал *m.* hall
кабине́т *m.* study
ку́хня *f.*, *gen. pl.* ку́хонь kitchen
спа́льня *f.*, *gen. pl.* спа́лен bedroom
столо́вая *f.* dining-room
ва́нная *f.* bathroom
балко́н *m.* balcony
кры́ша *f.* roof
труба́ *f.*, *pl.* тру́бы chimney
лифт *m.* lift
ле́стница *f.* staircase
пери́ла *no sing.* railings
дверь *f.*, *gen. pl.* двере́й door
окно́ *neut.*, *pl.* о́кна, о́кон, о́кнам window
пол *m.*, *prepos.* на полу́, *pl.* полы́ floor
потоло́к *m.*, *gen.* потолка́ ceiling
стена́ *f.*, *acc.* сте́ну, *pl.* сте́ны wall
подоко́нник *m.* window-sill
замо́к *m.*, *gen.* замка́ lock, padlock
ключ *m.*, *gen.* ключа́ key

FURNITURE

стол *m.*, *gen.* стола́ table
стул *m.*, *pl.* сту́лья chair
шкаф *m.*, *prepos.* в шкафу́ & о шка́фе, *pl.* шкафы́ cupboard, wardrobe
кни́жный шкаф *m.* bookcase
буфе́т *m.* buffet, dresser
серва́нт *m.* sideboard
дива́н *m.* divan
кре́сло *neut.*, *gen. pl.* кре́сел armchair
крова́ть *f.* bed
ту́мбочка *f.*, *gen. pl.* ту́мбочек bedside table
ве́шалка *f.*, *gen. pl.* ве́шалок hanger

PLATES, DISHES, ETC.

таре́лка *f.*, *gen. pl.* таре́лок plate
стака́н *m.* glass, tumbler
ча́шка *f.*, *gen. pl.* ча́шек cup
блю́дце *neut.*, *gen. pl.* блю́дец saucer
ви́лка *f.*, *gen. pl.* ви́лок fork
ло́жка *f.*, *gen. pl.* ло́жек spoon
нож *m.*, *gen.* ножа́ knife
кастрю́ля *f.* sauce-pan
сковорода́ *f.*, *pl.* ско́вороды frying-pan
подно́с *m.* tray
ча́йник *m.* teapot, teakettle
кру́жка *f.*, *gen. pl.* кру́жек mug
кувши́н *m.* jug
ба́нка *f.*, *gen. pl.* ба́нок jar
буты́лка *f.*, *gen. pl.* буты́лок bottle
ва́за *f.* vase
графи́н *m.* carafe
бока́л *m.* wine-glass
рю́мка *f.*, *gen. pl.* рю́мок liqueur glass

FOOD-STUFFS

хлеб *m.* bread
ма́сло *neut.*, *no pl.*: сли́вочное ма́сло butter, расти́тельное ма́сло oil
яйцо́ *neut.*, *pl.* я́йца, яи́ц egg
сыр *m.*, *pl.* сыры́ cheese
сли́вки *pl.* cream
смета́на *f.*, *no pl.* sour cream
творо́г *m.*, *no pl.* cottage cheese
кефи́р *m.*, *no pl.* kefir
молоко́ *neut.*, *no pl.* milk
мя́со *neut.*, *no pl.* meat
ры́ба *f.* fish
консе́рвы *pl.* preserves

колбаса *f.* sausage
горчица *f.* mustard
перец *m.*, *gen.* перца pepper
соль *f.*, *no pl.* salt
крупа *f.*, *pl.* крупы groats
сахар *m.*, *no pl.* sugar
конфета *f.* sweet
печенье *neut.*, *no pl.* pastry, biscuits
варенье *neut.* jam
шоколад *m.*, *no pl.* chocolate
мёд *m.*, *no pl.* honey
мороженое *neut.*, *gen.* мороженого, *no pl.* ice-cream
пирожное *neut.*, *gen.* пирожного, *pl.* пирожные fancy cake
вино *neut.*, *pl.* вина wine
водка *f.* vodka

Dishes

a) винегрет *m.* Russian salad
   икра *f.*, *no pl.* caviare
   сельдь *f.*, *gen. pl.* сельдей herring
   салат *m.* salad
b) бульон *m.* broth
   суп *m.*, *pl.* супы soup
   щи *pl.*, *no sing.* щей, щам, щами, (о) щах cabbage soup
   борщ *m.*, *gen.* борща borsch (beetroot soup)
   рассольник *m.* soup with pickled cucumbers, capers, etc.
   лапша *f.*, *no pl.* noodle soup
c) бифштекс *m.* beefsteak
   гуляш *m.* goulash
   котлета *f.* rissole, cutlet
   ромштекс *m.* rumpsteak
   печёнка *f.*, *no pl.* liver
   сырники *pl.* cottage-cheese pancakes
   шницель *m.* schnitzel
   яичница [-шн-] *f.* fried eggs
d) макароны *pl.* macaroni
   каша *f.* cereal pudding
   рис *m.*, *no pl.* rice
e) какао *neut. indecl.* cocoa
   кофе *m.*, *indecl.* coffee
   чай *m.*, *no pl.* tea
   компот *m.* stewed fruit
   кисель *m.*, *gen.* киселя thin (fruit) jelly

Fruit, Berries, Vegetables

абрикос *m.* apricot
ананас *m.* pineapple

апельсин *m.* orange
банан *m.* banana
груша *f.* pear
лимон *m.* lemon
мандарин *m.* tangerine
персик *m.* peach
яблоко *neut.*, *pl.* яблоки, *gen.* яблок apple
виноград *m.* grapes
морковь *f.*, *no pl.* carrots
огурец *m.*, *gen.* огурца cucumber
помидор *m.* tomato
вишня *f.*, *gen.* вишен cherry
клубника *f.*, *no pl.* strawberries
слива *f.* plum
черешня *f.*, *gen. pl.* черешен sweet cherry
арбуз *m.* water-melon
дыня *f.* melon
горох *m.*, *no pl.* peas
капуста *f.*, *no pl.* cabbage
картофель *m.*, *no pl.* potatoes
лук *m.*, *no pl.* onion(s)
свёкла *f.*, *no pl.* beetroot
редис *m.*, *no pl.* radishes
редиска *f.*, *colloq.* radishes
фасоль *f.*, *no pl.* French beans

PLANTS

Trees

берёза *f.* birch
дуб *m.*, *pl.* дубы, -ов oak
ель *f.* fir-tree
ива *f.* willow
кедр *m.* cedar
клён *m.* maple
осина *f.* aspen
пальма *f.* palm
сосна *f.*, *pl.* сосны, сосен pine-tree

Flowers

астра *f.* aster
василёк *m.*, *gen.* василька cornflower
ландыш *m.* lily-of-the-valley
мак *m.* poppy
незабудка *f.*, *gen. pl.* незабудок forget-me-not
фиалка *f.*, *gen. pl.* фиалок violet
ромашка *f.*, *gen. pl.* ромашек daisy
роза *f.* rose

Cereals

кукуру́за *f.*, *no pl.* maize
овёс *m.*, *gen.* овса́ oats
пшени́ца *f.*, *no pl.* wheat
рожь *f.*, *gen.* ржи, *no pl.* rye
рис *m.*, *no pl.* rice

ANIMALS AND BIRDS
Wild Animals

волк *m.*, *gen. pl.* волко́в wolf
ёж *m.*, *gen.* ежа́ hedgehog
за́яц *m.*, *gen.* за́йца hare
крокоди́л *m.* crocodile
лев *m.*, *gen.* льва lion
лиса́ *f.*, *pl.* ли́сы fox
медве́дь *m.* bear
обезья́на *f.* monkey, ape
слон *m.*, *gen.* слона́ elephant
тигр *m.* tiger
черепа́ха *f.* tortoise

Domestic Animals

верблю́д *m.* camel
вол *m.*, *gen.* вола́ ox
коза́ *f.*, *pl.* ко́зы goat
коро́ва *f.* cow
ко́шка *f.*, *gen. pl.* ко́шек cat
ло́шадь *f.*, *gen. pl.* лошаде́й horse
овца́ *f.*, *pl.* о́вцы, ове́ц sheep
осёл *m.*, *gen.* осла́ donkey
соба́ка *f.* dog
свинья́ *f.*, *pl.* сви́ньи, свине́й pig

Birds

воробе́й *m.*, *gen.* воробья́ sparrow
воро́на *f.* crow

го́лубь *m.*, *gen. pl.* голубе́й pigeon, dove
гусь *m.*, *gen. pl.* гусе́й goose
индю́к *m.*, *gen.* индюка́ turkey
ку́рица *f.*, *pl.* ку́ры hen
ле́бедь *m.*, *gen. pl.* лебеде́й swan
орёл *m.*, *gen.* орла́ eagle
попуга́й *m.* parrot
павли́н *m.* pea-cock
стра́ус *m.* ostrich
у́тка *f.*, *gen. pl.* у́ток duck

CHEMICAL ELEMENTS

азо́т *m.* nitrogen
алюми́ний *m.* aluminium
бром *m.* bromine
водоро́д *m.* hydrogen
ге́лий *m.* helium
желе́зо *neut.* iron
зо́лото *neut.* gold
йод *m.* iodine
ка́лий *m.* potassium
се́ра *f.* sulphur
серебро́ *neut.* silver
стро́нций *m.* strontium
свине́ц *m.*, *gen.* свинца́ lead
кислоро́д *m.* oxygen
медь *f.* copper
на́трий *m.* sodium
ни́кель *m.* nickel
о́лово *neut.* tin
ра́дий *m.* radium
ртуть *f.* mercury
углеро́д *m.* carbon
ура́н *m.* uranium
фо́сфор *m.* phosphorus
хлор *m.* chlorine

A CATALOGUE OF SELECTED DOVER BOOKS
IN ALL FIELDS OF INTEREST

A CATALOGUE OF SELECTED DOVER BOOKS
IN ALL FIELDS OF INTEREST

AMERICA'S OLD MASTERS, James T. Flexner. Four men emerged unexpectedly from provincial 18th century America to leadership in European art: Benjamin West, J. S. Copley, C. R. Peale, Gilbert Stuart. Brilliant coverage of lives and contributions. Revised, 1967 edition. 69 plates. 365pp. of text.
21806-6 Paperbound $3.00

FIRST FLOWERS OF OUR WILDERNESS: AMERICAN PAINTING, THE COLONIAL PERIOD, James T. Flexner. Painters, and regional painting traditions from earliest Colonial times up to the emergence of Copley, West and Peale Sr., Foster, Gustavus Hesselius, Feke, John Smibert and many anonymous painters in the primitive manner. Engaging presentation, with 162 illustrations. xxii + 368pp.
22180-6 Paperbound $3.50

THE LIGHT OF DISTANT SKIES: AMERICAN PAINTING, 1760-1835, James T. Flexner. The great generation of early American painters goes to Europe to learn and to teach: West, Copley, Gilbert Stuart and others. Allston, Trumbull, Morse; also contemporary American painters—primitives, derivatives, academics—who remained in America. 102 illustrations. xiii + 306pp. 22179-2 Paperbound $3.50

A HISTORY OF THE RISE AND PROGRESS OF THE ARTS OF DESIGN IN THE UNITED STATES, William Dunlap. Much the richest mine of information on early American painters, sculptors, architects, engravers, miniaturists, etc. The only source of information for scores of artists, the major primary source for many others. Unabridged reprint of rare original 1834 edition, with new introduction by James T. Flexner, and 394 new illustrations. Edited by Rita Weiss. 6⅝ x 9⅝.
21695-0, 21696-9, 21697-7 Three volumes, Paperbound $15.00

EPOCHS OF CHINESE AND JAPANESE ART, Ernest F. Fenollosa. From primitive Chinese art to the 20th century, thorough history, explanation of every important art period and form, including Japanese woodcuts; main stress on China and Japan, but Tibet, Korea also included. Still unexcelled for its detailed, rich coverage of cultural background, aesthetic elements, diffusion studies, particularly of the historical period. 2nd, 1913 edition. 242 illustrations. lii + 439pp. of text.
20364-6, 20365-4 Two volumes, Paperbound $6.00

THE GENTLE ART OF MAKING ENEMIES, James A. M. Whistler. Greatest wit of his day deflates Oscar Wilde, Ruskin, Swinburne; strikes back at inane critics, exhibitions, art journalism; aesthetics of impressionist revolution in most striking form. Highly readable classic by great painter. Reproduction of edition designed by Whistler. Introduction by Alfred Werner. xxxvi + 334pp.
21875-9 Paperbound $3.00

DESIGN BY ACCIDENT; A BOOK OF "ACCIDENTAL EFFECTS" FOR ARTISTS AND DESIGNERS, James F. O'Brien. Create your own unique, striking, imaginative effects by "controlled accident" interaction of materials: paints and lacquers, oil and water based paints, splatter, crackling materials, shatter, similar items. Everything you do will be different; first book on this limitless art, so useful to both fine artist and commercial artist. Full instructions. 192 plates showing "accidents," 8 in color. viii + 215pp. 8⅜ x 11¼. 21942-9 Paperbound $3.75

THE BOOK OF SIGNS, Rudolf Koch. Famed German type designer draws 493 beautiful symbols: religious, mystical, alchemical, imperial, property marks, runes, etc. Remarkable fusion of traditional and modern. Good for suggestions of timelessness, smartness, modernity. Text. vi + 104pp. 6⅛ x 9¼. 20162-7 Paperbound $1.50

HISTORY OF INDIAN AND INDONESIAN ART, Ananda K. Coomaraswamy. An unabridged republication of one of the finest books by a great scholar in Eastern art. Rich in descriptive material, history, social backgrounds; Sunga reliefs, Rajput paintings, Gupta temples, Burmese frescoes, textiles, jewelry, sculpture, etc. 400 photos. viii + 423pp. 6⅜ x 9¾. 21436-2 Paperbound $5.00

PRIMITIVE ART, Franz Boas. America's foremost anthropologist surveys textiles, ceramics, woodcarving, basketry, metalwork, etc.; patterns, technology, creation of symbols, style origins. All areas of world, but very full on Northwest Coast Indians. More than 350 illustrations of baskets, boxes, totem poles, weapons, etc. 378 pp. 20025-6 Paperbound $3.00

THE GENTLEMAN AND CABINET MAKER'S DIRECTOR, Thomas Chippendale. Full reprint (third edition, 1762) of most influential furniture book of all time, by master cabinetmaker. 200 plates, illustrating chairs, sofas, mirrors, tables, cabinets, plus 24 photographs of surviving pieces. Biographical introduction by N. Bienenstock. vi + 249pp. 9⅞ x 12¾. 21601-2 Paperbound $5.00

AMERICAN ANTIQUE FURNITURE, Edgar G. Miller, Jr. The basic coverage of all American furniture before 1840. Individual chapters cover type of furniture—clocks, tables, sideboards, etc.—chronologically, with inexhaustible wealth of data. More than 2100 photographs, all identified, commented on. Essential to all early American collectors. Introduction by H. E. Keyes. vi + 1106pp. 7⅞ x 10¾. 21599-7, 21600-4 Two volumes, Paperbound $11.00

PENNSYLVANIA DUTCH AMERICAN FOLK ART, Henry J. Kauffman. 279 photos, 28 drawings of tulipware, Fraktur script, painted tinware, toys, flowered furniture, quilts, samplers, hex signs, house interiors, etc. Full descriptive text. Excellent for tourist, rewarding for designer, collector. Map. 146pp. 7⅞ x 10¾. 21205-X Paperbound $3.00

EARLY NEW ENGLAND GRAVESTONE RUBBINGS, Edmund V. Gillon, Jr. 43 photographs, 226 carefully reproduced rubbings show heavily symbolic, sometimes macabre early gravestones, up to early 19th century. Remarkable early American primitive art, occasionally strikingly beautiful; always powerful. Text. xxvi + 207pp. 8⅜ x 11¼. 21380-3 Paperbound $4.00

VISUAL ILLUSIONS: THEIR CAUSES, CHARACTERISTICS, AND APPLICATIONS, Matthew Luckiesh. Thorough description and discussion of optical illusion, geometric and perspective, particularly; size and shape distortions, illusions of color, of motion; natural illusions; use of illusion in art and magic, industry, etc. Most useful today with op art, also for classical art. Scores of effects illustrated. Introduction by William H. Ittleson. 100 illustrations. xxi + 252pp.

21530-X Paperbound $2.00

A HANDBOOK OF ANATOMY FOR ART STUDENTS, Arthur Thomson. Thorough, virtually exhaustive coverage of skeletal structure, musculature, etc. Full text, supplemented by anatomical diagrams and drawings and by photographs of undraped figures. Unique in its comparison of male and female forms, pointing out differences of contour, texture, form. 211 figures, 40 drawings, 86 photographs. xx + 459pp. 5⅜ x 8⅜.

21163-0 Paperbound $3.50

150 MASTERPIECES OF DRAWING, Selected by Anthony Toney. Full page reproductions of drawings from the early 16th to the end of the 18th century, all beautifully reproduced: Rembrandt, Michelangelo, Dürer, Fragonard, Urs, Graf, Wouwerman, many others. First-rate browsing book, model book for artists. xviii + 150pp. 8⅜ x 11¼.

21032-4 Paperbound¹ $2.50

THE LATER WORK OF AUBREY BEARDSLEY, Aubrey Beardsley. Exotic, erotic, ironic masterpieces in full maturity: Comedy Ballet, Venus and Tannhauser, Pierrot, Lysistrata, Rape of the Lock, Savoy material, Ali Baba, Volpone, etc. This material revolutionized the art world, and is still powerful, fresh, brilliant. With *The Early Work*, all Beardsley's finest work. 174 plates, 2 in color. xiv + 176pp. 8⅛ x 11.

21817-1 Paperbound $3.75

DRAWINGS OF REMBRANDT, Rembrandt van Rijn. Complete reproduction of fabulously rare edition by Lippmann and Hofstede de Groot, completely reedited, updated, improved by Prof. Seymour Slive, Fogg Museum. Portraits, Biblical sketches, landscapes, Oriental types, nudes, episodes from classical mythology—All Rembrandt's fertile genius. Also selection of drawings by his pupils and followers. "Stunning volumes," *Saturday Review*. 550 illustrations. lxxviii + 552pp. 9⅛ x 12¼.

21485-0, 21486-9 Two volumes, Paperbound $10.00

THE DISASTERS OF WAR, Francisco Goya. One of the masterpieces of Western civilization—83 etchings that record Goya's shattering, bitter reaction to the Napoleonic war that swept through Spain after the insurrection of 1808 and to war in general. Reprint of the first edition, with three additional plates from Boston's Museum of Fine Arts. All plates facsimile size. Introduction by Philip Hofer, Fogg Museum. v + 97pp. 9⅜ x 8¼.

21872-4 Paperbound $2.50

GRAPHIC WORKS OF ODILON REDON. Largest collection of Redon's graphic works ever assembled: 172 lithographs, 28 etchings and engravings, 9 drawings. These include some of his most famous works. All the plates from *Odilon Redon: oeuvre graphique complet*, plus additional plates. New introduction and caption translations by Alfred Werner. 209 illustrations. xxvii + 209pp. 9⅛ x 12¼.

21966-8 Paperbound $4.50

"ESSENTIAL GRAMMAR" SERIES

All you really need to know about modern, colloquial grammar. Many educational shortcuts help you learn faster, understand better. Detailed cognate lists teach you to recognize similarities between English and foreign words and roots—make learning vocabulary easy and interesting. Excellent for independent study or as a supplement to record courses.

ESSENTIAL FRENCH GRAMMAR, Seymour Resnick. 2500-item cognate list. 159pp.
(EBE) 20419-7 Paperbound $1.50

ESSENTIAL GERMAN GRAMMAR, Guy Stern and Everett F. Bleiler. Unusual short-cuts on noun declension, word order, compound verbs. 124pp.
(EBE) 20422-7 Paperbound $1.25

ESSENTIAL ITALIAN GRAMMAR, Olga Ragusa. 111pp.
(EBE) 20779-X Paperbound $1.25

ESSENTIAL JAPANESE GRAMMAR, Everett F. Bleiler. In Romaji transcription; no characters needed. Japanese grammar is regular and simple. 156pp.
21027-8 Paperbound $1.50

ESSENTIAL PORTUGUESE GRAMMAR, Alexander da R. Prista. vi + 114pp.
21650-0 Paperbound $1.35

ESSENTIAL SPANISH GRAMMAR, Seymour Resnick. 2500 word cognate list. 115pp.
(EBE) 20780-3 Paperbound $1.25

ESSENTIAL ENGLISH GRAMMAR, Philip Gucker. Combines best features of modern, functional and traditional approaches. For refresher, class use, home study. x + 177pp.
21649-7 Paperbound $1.75

A PHRASE AND SENTENCE DICTIONARY OF SPOKEN SPANISH. Prepared for U. S. War Department by U. S. linguists. As above, unit is idiom, phrase or sentence rather than word. English-Spanish and Spanish-English sections contain modern equivalents of over 18,000 sentences. Introduction and appendix as above. iv + 513pp.
20495-2 Paperbound $3.50

A PHRASE AND SENTENCE DICTIONARY OF SPOKEN RUSSIAN. Dictionary prepared for U. S. War Department by U. S. linguists. Basic unit is not the word, but the idiom, phrase or sentence. English-Russian and Russian-English sections contain modern equivalents for over 30,000 phrases. Grammatical introduction covers phonetics, writing, syntax. Appendix of word lists for food, numbers, geographical names, etc. vi + 573 pp. 6⅛ x 9¼.
20496-0 Paperbound $5.50

CONVERSATIONAL CHINESE FOR BEGINNERS, Morris Swadesh. Phonetic system, beginner's course in Pai Hua Mandarin Chinese covering most important, most useful speech patterns. Emphasis on modern colloquial usage. Formerly *Chinese in Your Pocket.* xvi + 158pp.
21123-1 Paperbound $1.75

A HISTORY OF COSTUME, Carl Köhler. Definitive history, based on surviving pieces of clothing primarily, and paintings, statues, etc. secondarily. Highly readable text, supplemented by 594 illustrations of costumes of the ancient Mediterranean peoples, Greece and Rome, the Teutonic prehistoric period; costumes of the Middle Ages, Renaissance, Baroque, 18th and 19th centuries. Clear, measured patterns are provided for many clothing articles. Approach is practical throughout. Enlarged by Emma von Sichart. 464pp. 21030-8 Paperbound $3.50

ORIENTAL RUGS, ANTIQUE AND MODERN, Walter A. Hawley. A complete and authoritative treatise on the Oriental rug—where they are made, by whom and how, designs and symbols, characteristics in detail of the six major groups, how to distinguish them and how to buy them. Detailed technical data is provided on periods, weaves, warps, wefts, textures, sides, ends and knots, although no technical background is required for an understanding. 11 color plates, 80 halftones, 4 maps. vi + 320pp. 6⅛ x 9⅛. 22366-3 Paperbound $5.00

TEN BOOKS ON ARCHITECTURE, Vitruvius. By any standards the most important book on architecture ever written. Early Roman discussion of aesthetics of building, construction methods, orders, sites, and every other aspect of architecture has inspired, instructed architecture for about 2,000 years. Stands behind Palladio, Michelangelo, Bramante, Wren, countless others. Definitive Morris H. Morgan translation. 68 illustrations. xii + 331pp. 20645-9 Paperbound $3.00

THE FOUR BOOKS OF ARCHITECTURE, Andrea Palladio. Translated into every major Western European language in the two centuries following its publication in 1570, this has been one of the most influential books in the history of architecture. Complete reprint of the 1738 Isaac Ware edition. New introduction by Adolf Placzek, Columbia Univ. 216 plates. xxii + 110pp. of text. 9½ x 12¾. 21308-0 Clothbound $12.50

STICKS AND STONES: A STUDY OF AMERICAN ARCHITECTURE AND CIVILIZATION, Lewis Mumford.One of the great classics of American cultural history. American architecture from the medieval-inspired earliest forms to the early 20th century; evolution of structure and style, and reciprocal influences on environment. 21 photographic illustrations. 238pp. 20202-X Paperbound $2.00

THE AMERICAN BUILDER'S COMPANION, Asher Benjamin. The most widely used early 19th century architectural style and source book, for colonial up into Greek Revival periods. Extensive development of geometry of carpentering, construction of sashes, frames, doors, stairs; plans and elevations of domestic and other buildings. Hundreds of thousands of houses were built according to this book, now invaluable to historians, architects, restorers, etc. 1827 edition. 59 plates. 114pp. 7⅞ x 10¾. 22236-5 Paperbound $4.00

DUTCH HOUSES IN THE HUDSON VALLEY BEFORE 1776, Helen Wilkinson Reynolds. The standard survey of the Dutch colonial house and outbuildings, with constructional features, decoration, and local history associated with individual homesteads. Introduction by Franklin D. Roosevelt. Map. 150 illustrations. 469pp. 6⅝ x 9¼. 21469-9 Paperbound $5.00

MATHEMATICAL PUZZLES FOR BEGINNERS AND ENTHUSIASTS, Geoffrey Mott-Smith. 189 puzzles from easy to difficult—involving arithmetic, logic, algebra, properties of digits, probability, etc.—for enjoyment and mental stimulus. Explanation of mathematical principles behind the puzzles. 135 illustrations. viii + 248pp.
20198-8 Paperbound $2.00

PAPER FOLDING FOR BEGINNERS, William D. Murray and Francis J. Rigney. Easiest book on the market, clearest instructions on making interesting, beautiful origami. Sail boats, cups, roosters, frogs that move legs, bonbon boxes, standing birds, etc. 40 projects; more than 275 diagrams and photographs. 94pp.
20713-7 Paperbound $1.00

TRICKS AND GAMES ON THE POOL TABLE, Fred Herrmann. 79 tricks and games—some solitaires, some for two or more players, some competitive games—to entertain you between formal games. Mystifying shots and throws, unusual caroms, tricks involving such props as cork, coins, a hat, etc. Formerly *Fun on the Pool Table*. 77 figures. 95pp.
21814-7 Paperbound $1.25

HAND SHADOWS TO BE THROWN UPON THE WALL: A SERIES OF NOVEL AND AMUSING FIGURES FORMED BY THE HAND, Henry Bursill. Delightful picturebook from great-grandfather's day shows how to make 18 different hand shadows: a bird that flies, duck that quacks, dog that wags his tail, camel, goose, deer, boy, turtle, etc. Only book of its sort. vi + 33pp. 6½ x 9¼. 21779-5 Paperbound $1.00

WHITTLING AND WOODCARVING, E. J. Tangerman. 18th printing of best book on market. "If you can cut a potato you can carve" toys and puzzles, chains, chessmen, caricatures, masks, frames, woodcut blocks, surface patterns, much more. Information on tools, woods, techniques. Also goes into serious wood sculpture from Middle Ages to present, East and West. 464 photos, figures. x + 293pp.
20965-2 Paperbound $2.50

HISTORY OF PHILOSOPHY, Julián Marias. Possibly the clearest, most easily followed, best planned, most useful one-volume history of philosophy on the market; neither skimpy nor overfull. Full details on system of every major philosopher and dozens of less important thinkers from pre-Socratics up to Existentialism and later. Strong on many European figures usually omitted. Has gone through dozens of editions in Europe. 1966 edition, translated by Stanley Appelbaum and Clarence Strowbridge. xviii + 505pp. 21739-6 Paperbound $3.50

YOGA: A SCIENTIFIC EVALUATION, Kovoor T. Behanan. Scientific but non-technical study of physiological results of yoga exercises; done under auspices of Yale U. Relations to Indian thought, to psychoanalysis, etc. 16 photos. xxiii + 270pp.
20505-3 Paperbound $2.50